国家自然科学基金资助项目（41771165）

旅游研究方法

谢彦君 著

中国旅游出版社

项目策划： 段向民
责任编辑： 张芸艳
责任印制： 谢　雨
封面设计： 谢彦君

图书在版编目（CIP）数据

旅游研究方法 / 谢彦君著. -- 北京 : 中国旅游出版社，2018.9（2023.6重印）

ISBN 978-7-5032-6117-6

Ⅰ. ①旅… Ⅱ. ①谢… Ⅲ. ①旅游—研究方法 Ⅳ. ①F59

中国版本图书馆CIP数据核字(2018)第229853号

书　　名： 旅游研究方法

作　　者： 谢彦君　著
出版发行： 中国旅游出版社
（北京静安东里 6 号　邮编：100028）
http://www.cttp.net.cn　E-mail:cttp@mct.gov.cn
营销中心电话：010-57377103，010-57377106
读者服务部电话：010-57377107
排　　版： 北京旅教文化传播有限公司
经　　销： 全国各地新华书店
印　　刷： 三河市灵山芝兰印刷有限公司
版　　次： 2018 年 9 月第 1 版　2023 年 6 月第 4 次印刷
开　　本： 720 毫米 ×970 毫米　1/16
印　　张： 33.5
字　　数： 416 千
定　　价： 69.80 元
I S B N　978-7-5032-6117-6

序

不久前得知彦君走路“马失前蹄”扭伤了脚，被迫休养，取消了原本要来广州参加的“中国旅游研究国际联合会”学术会议。十多天前，突然收到他的短信，因为脚伤成全了他将断断续续写了十多年的《旅游研究方法》脱稿了，嘱我为他的新书写几句话。

确实，相比较国外（境外），中国的旅游学者这些年来特别忙，忙项目、忙论坛、忙开会、忙学习、忙上课……匆匆一年又过去了三分之二，时间哪去了？彦君已经是旅游学术圈中坐得住“冷板凳”的人了，他也要被迫休息才能有整块的时间写书，那其他学者呢？

比起彦君“断断续续”写十多年，我只断断续续几天就将新书草草翻了一遍，作为可能的第一位读者，欣喜地告诉大家，这是国内旅游领域第一部本土作者撰写的从哲学层面入手，兼具理论性和操作性的研究方法的著作，值得细细品读。

多年来，国内旅游学术界为了提高中国旅游研究的质量，做了很多的努力，最早从研究规范入手，之后强调研究问题，再后重视研究观念和研究问题。但是与几何级数增长的论文发表数量不相称的是研究贡献比较大的优秀成果还较少。

为何优秀成果产出少？一个主要原因在于观念上对学术研究的理解存在偏差；另一个重要原因是方法（论）上的研究规范相对欠缺。中国学者在实用主义观念的影响下探索世界，相对而言缺乏刨根问底的意识和科学探索的精神。例如，中国的后发优势在于可以模仿优秀的国外范本，这也会使我们面临缺乏创新和突破的劣势。我们可以在方法上模仿和学习，但是观念上很难改变传统文化基因中“经世致用”的思维方式。

国际上旅游学术研究从20世纪60年代后开始，目前最有影响的学术刊物 *Annals of Tourism Research* 是1973年才创刊的，国内旅游学术研究到1970年年末才开始，《旅游学刊》1986年才创刊。相应的旅游研究方法的专著比较晚才出现，Stephen L. J. Smith 1989年出版的 *Tourism Analysis* 是比较早并实用性强的一本旅游研究方法的书，此书后来由南开大学旅游系主持翻译成中文出版。1995年作者又做了比较大的修订，出了第二版。2010年，Stephen L. J. Smith 出版了一本新的研究方法的教材 *Practical Tourism Research*，这是在 *Tourism Analysis* 基础上一本全新的旅游研究方法的书，从旅游研究的本质讨论入手，将旅游研究建立在社会科学思考的基础上，是一本优秀的旅游研究方法教材（著作）。另一本大家比较熟悉的 *Research Methods for Leisure and Tourism: A Practical Guide*，2008年已翻译成中文出版。

这些英文的著作和教材（还有其他一些专题性的，如预测模型等著作）对中国旅游研究和研究生的培养都起到了重要作用。但始终有一些遗憾，国外的学者在谈研究方法的时候，始终是假设读者（学生）对研究的哲学层面的理解是“约定成俗”的，不需要再专门讲。而国内的旅游研究，甚至其他偏社会科学研究的领域，都存在哲学认识层面的问题。

彦君一直注重哲学的研习和从哲学层面对旅游本质、旅游研究的追问，这从他早期的专著《基础旅游学》（1999）、《旅游体验研究：一种现象学的视角》（2005，2017）及《旅游体验研究：走向实证科学》（2010）就贯穿至今。本书中的第一章《科学研究的规范与原则》和第二章《科学研究的过程、类型与范式》在哲学层面上的思考更进了一层，其论述论证，古今中外，旁征博引，好像信手拈来，但确是几十年孜孜不倦的积累和思考才能达到的。对国内研究存在的问题的诊断总是一针见血，如在谈到科学与哲学、伦理学关系的“应该怎样”的问题时指出，中国知识界未能积累起充分的、与中国古代社会实践发展的实际水平相当的有关“什么样”和“为什么”的知识，从而使近现代中国社会在“应该怎样”类型的知识的传播方面暴露了缺乏理性依据和可操作的实践系统的弊病，也是导致社会层面流于空谈、对策性知识往往出于拍脑壳的一种传统上的缺欠。在理论与应用一节中，又指出，反观现实，我们的一些科学研究文献，却一直在致力于炫耀方法，伪造客观（价值中立），在方法论和认识论的外观上做尽了功夫，却不能给人一个确切的理论（范畴和命题）结论：在本体论上是苍白的或空白的。这样的所谓科学研究，在价值论层面无功于当世，也就无足为怪了。此类研究，可类比于樵夫从山上回来，从不以木材示人，却总是炫耀他的锯如何高效。这可以戏称之为“耍大刀”吧。

国内研究生的培养普遍缺乏科学哲学的训练，而西方科学哲学的原著即便是翻译成中文的也是晦涩难懂，台湾大学黄光国教授的《社会科学的理路》（2006）是我读过的最适合社会科学领域研究生学习科学哲学的著作，先读此书，再学习谢彦君教授的《旅游研究方法》第一章和第二章就容易了。

从第三章、第四章和第五章，彦君将国内外相关的成果与他几十年旅游研究的经验、体验相结合，构造了一个旅游研究从方案设计到具体的定性或定量方法的体系，这对于旅游专业高年级本科生和研究生，以及旅游研究者都会开卷有益，有助于他们掌握旅游研究的基本方法。对于定量研究方法部分，本书只是将最基本和常用的数量分析方法做了介绍，如果要做更复杂的时间序列预测或计量经济模型，可以在此基础上进行专门的学习。

最后，我想引用马波教授在《旅游学纵横——学界五人对话录》书末《对话四君子》的短文中对彦君的评价作为结尾：

在关键的点上，他的只言片语很有力道和效果。他毫不隐藏对轻视基础理论、泛化学术概念、漠视教育规律等倾向的批评，而且话语更是单刀直入。彦君的一些话语，很有深意，让我反刍了好几天。尽管与他相熟已久，我仍然惊讶于他的知识涉猎之广，古今中外，几无不至，深厚的科学与哲学素养，赋予他常人难以企及的深邃和独到。

读本书，识作者。

是为序！

保继刚

2018年9月6日于广州

目录 Contents

第一章　科学研究的规范与原则

第二章 科学研究的过程、类型与范式

第三章　旅游研究方案的设计

第四章 旅游研究的定性方法

第五章　旅游研究的定量方法

第一章 科学研究的规范与原则

第一节　科学的本质与准则

"我们今天所知道的科学，是人类文明普遍进程中一个比较晚的成果。在近代历史以前，很少有什么不同于哲学家传统，又不同于工匠传统的科学传统可言。但是，科学是源远流长的，可以追溯到文明出现以前[①]。"自人类从动物界分离出来而成为一个智慧物种后，就因为独具的两种能力而超拔于其他动物：一种能力是制造和使用劳动工具的能力，这几乎是人类定义其自身与其他物种间的区别的最重要标尺。另一种能力则在很大程度上依赖于前一种能力的发展和贡献，而这种能力可以概括为擅长于形而上的哲学思维的能力。可以说，在近代历史以前，人类社会无不以"形而上的思辨哲学"和"形而下的工匠技艺"两种传统作为社会的两大基本传统。然而，就在这两大传统当中，自古以来就隐藏着不胜枚举的某些带有科学性的技术、事实和见解，只不过它们往往服从于哲学和工艺而已。因此，也可以说，近代科学的历史来源，其实就来自代代相传的技术传统及不断发扬光大的精神传统。这两大传统在近代早期的合流与发展，孕育了近现代社会的第三大传统：科学传统。由于科学传统包含有实践和理论两个部分，因此，它所取得的成果也就具有技术和哲学两方面的意义，并由此而形成了科学对哲学与技术的反哺和影响。

---

① 斯蒂芬·F.梅森.自然科学史［M］.上海外国自然科学哲学著作编译组，译.上海：上海人民出版社，1977：1.

直到现在，人类还存在着很多很多未知的科学之谜。比如，我们会问：宇宙是如何起源的？宇宙中还有其他生命存在吗？万有引力从何而来？宇宙的其他部分在哪里？我们的大脑是如何工作的？地球上的生命到底是怎样起源的？人的自我意识是如何产生的？进化的驱动力是什么？

这些还都是没有答案的未解之谜，是科学家们不断探索的目标。

一、科学的本质：寻求真实

科学究竟是什么？我们很难一句话说清楚科学到底是什么。这样一个问题，早在1923年国内的一场关于玄学与科学的大论战中就已经被提了出来①。在当时，人们虽然不能全面理解科学的内涵，但对科学的重视程度却是空前的。当时胡适就指出，自清末变法维新以来，“有一个名词在国内几乎到了无上尊严的地位；无论懂与不懂的人，无论守旧和维新的人，都不敢对它表示轻蔑或戏侮的态度。那个名词就是‘科学’②。”可以想象，在“五四运动”之后全社会热议“赛先生”和“德先生”的大背景下，人们是何等关注科学的本质及其功用。现在，尽管时光已经过去了将近百年，但并不意味着，今人对科学的内涵已经十分清楚。这是

① 范岱年．科学哲学和科学史研究［M］．北京：科学出版社，2006：121.
② 胡适．科学与人生观［M］．上海：亚东图书馆，1923.

因为理解科学本质不仅会遭遇方法上的困难，而且，事实上，科学作为一种探索方法，一种学习和理解我们周围事物的方法，其自身也在一直经历着变化和发展。

唐·埃思里奇在其《应用经济学研究方法论》一书中，“将科学视为一种系统的探索，而不是将其作为一组预先指明的专业知识领域。”在这样的表述中，他事实上将科学认定为一个过程，一种手段。“研究是为了产生新的可靠知识，而获得可靠知识的主要工具便是科学”，而“这种被积累起来的知识，作为发现和证实过程的结果，可以根据其特点划分为学习或教育的不同种类或分支（例如，化学、工程学、经济学、物理学、艺术、历史），将这些种类或分支确定为不同的专业或研究领域[①]。”在这样一种表述中，回应了爱因斯坦曾对科学的态度：“科学不能创造目的，更不用说把目的灌输给人们；科学至多只能为达到目的提供手段。但目的本身却是由那些具有崇高伦理理想的人构想出来的[②]。”当科学为崇高的人所使用的时候，科学就具有了神圣的意义；而当科学被邪恶所利用，科学也变得并不光彩了。如果想到科学应对氢弹和污染等人类面临的灾难性结果负责，那么，就不难理解爱因斯坦的言中之义了。可能是为了进一步缩小科学的光环，诺贝尔奖获得者、物理学家卢瑟福勋爵就说过：“科学就是科学家们做的事情。”这样的表达，就显得科学的神圣性并不是它自己的一种自足的禀赋了。

在人类历史上，科学的探索过程总是和社会生产实践紧密结合在一起的。科学力求解释事物的真相，而其结果便被人们利用到生产生活实践当中。如果回顾一下古往今来作为现代科学传统两个源头——哲学传

① 唐·埃思里奇.应用经济学研究方法论［M］.朱钢，译.北京：经济科学出版社，1998：40-41.

② 爱因斯坦.爱因斯坦文集［M］.徐良英，等，译.北京：商务印书馆，1979：268.

统和工艺传统，那么，在这两个传统中始终存在的科学元素或精神，就是将探寻世界的本来面目奉为圭臬。换言之，“寻求真实”实际上是人类从其幼年时期就已经开始迈出的步伐。他们为了生存，为了改善生存和生活条件，为了与恶劣的生存环境相抗争，就需要认识自然、评估环境风险和预测未来。这些需要，构成了推动先人探寻世界、弄清事物实在性的原生动力。科学就是在这样的襁褓中孕育和发展起来的，科学传统也就是这样一点点建立起来的。

然而，究竟什么是“真实”？是否真的存在所谓的“真实”？世界的真实性是可以被认知的吗？在人类历史上，人们是否曾遭遇到了某些意义迥异的“真实”的戏弄？

当把这些问题正式地提出来的时候，上述所谓“科学是探寻真实”的观点有时就会显得勉强。比如，即使是写作了非常著名的《科学究竟是什么》一书的 A. F. 查尔默斯，也只能在该书的最后结论部分写下这样一段文字：“我重申，不存在这样一种关于科学和科学方法的普遍主张，它可以适用于所有科学和科学发展的所有历史阶段。当然，科学没有办法提供这样一种说明。从某种意义上说，构成本书标题的问题是被误导的。不过，对不同阶段的不同科学进行表征仍是一项既有意义又重要的工作[①]。”查尔默斯拒绝给出关于科学本质的一般性描述，是基于他在全面梳理了科学发展史上的历次重大的科学革命及理论转向之后，在总结了科学理论范式在获得解释相关现象的特权及这种特权的最终消弭之后，从更高的哲学层面给出的一个解决方案。尽管我们不习惯于这种没有答案的答案，但他恰好保留了对科学进行本质界定的开放性，从而给后人预留了更大的思考空间。

① 查尔默斯．科学究竟是什么［M］．鲁旭东，译．北京：商务印书馆，2007：287.

吵架中的夫妻——后现代观点

假设有一对夫妻正在吵架，图 1–1（1）是太太看到的与她争执的丈夫的样子；图 1–1（2）是丈夫所看到的妻子的样子。他们站在各自的立场，并且都相信自己的观点。你作为第三者，又怎么看他们？

图 1–1（1）　妻子的观点

图 1–1（2）　丈夫的观点

——艾尔·巴比．社会研究方法（上册）[M]．邱泽奇，译．北京：华夏出版社，2000：31–34.

这样一种科学哲学观点，也表明科学所要探讨的真实，其实是诡谲的。艾尔·巴比曾在他颇有影响的著作《社会研究方法》一书中，对“什么是‘真正’的真实”做了十分精彩的归纳[①]。

从前现代的观点看，最古老的观点可能认为“真实是亲眼所见”，眼见必然是真实的，因此并不会轻信假设、预设或传言，也不容易接受他人的观点。这种将事物理解为客观现象、又将个人对这一客观世界的主观见解视为绝对真理，这样的“笃信”心理倾向，这样一种强调客观、否认主观、拒绝异见的态度取向，可以说是“前现代”观点的一种特点。

① 艾尔·巴比．社会研究方法（上册）[M]．邱泽奇，译．北京：华夏出版社，2000：31–34.

很显然，它可能是宗教诞生和滋长的土壤。

现代的观点则与此不同，它把差异的存在看作是正当的，也就是心智上的“仁者见仁，智者见智”。它一方面强调事物的客观性，一方面又承认人类理解事物的主观性，因此也自然会接受人们在意见中的差异。正如丹皮尔在其《科学史及其与哲学和宗教的关系》一书中所说的那样：“一个现象，可从各个不同的观点来观察。一根手杖在小学生眼里，是一长而有弹性的棒杆；自植物学者看去，是一束纤维质及细胞膜；化学家认为是复杂分子的集体；而物理学家则认为是核和电子的集合体①。”在这种基本观点支撑下的科学实践，督促人们努力寻求客观实在性，而竭力排除在科学研究过程中的价值有涉，从而形成了科学研究中的价值中立（Value Free）原则。这一原则继而成为实证主义的基本原则。

不过，人们有时也使用后现代的观点来讨论真实。极端的后现代观点几乎完全否认客观世界的存在，认为根本没有可供观察的客观事实，只有主观的各种观点而已，因此，后现代主义者极力强调主观，把人们对事物的不同看法看作事物的本来面目（参见“吵架中的夫妻”）。显然，这种颇为激进的观点在很多情况下都有悖于人们正常的世界观，甚至让人觉得难以理解，尤其在自然科学领域。不过，在社会现实、社会情境当中，尤其在艺术鉴赏、文学批评、社会互动等领域，这种观点确实具有很大的解释空间。

当后现代的观点逐渐成为一种思潮之后，正如艾尔·巴比所说的那样，也给科学家们带来了批判的困境。科学家的任务是探求真实，但他们作为人，也会在观察和解释中不可避免地加入个人倾向，这就给科学研究中的价值中立原则带来了挑战。同时，由于后现代观点否认客观性，

① W. C.丹皮尔.科学史及其与哲学和宗教的关系（下册）[M].李珩，译.北京：商务印书馆，1997：609.

在这种框架下，因果关系及其解释也就不存在事实根据了。因此，后现代的观点尽管在人文学科有十分巨大的影响，但在科学领域，它所具有的意义，主要还是科学伦理方面，而不是科学研究过程本身。科学研究已经形成了它自己的特有逻辑。基于这些逻辑和规则，科学为人类社会奉献了无可比拟的物质和精神财富。

二、科学的准则

在漫长的人类发展史当中，科学不仅经历了与哲学的暂时的分居，经历了对技术的超越，而且还曾与宗教苦苦抗争，几乎是在充满恐怖的熊熊烈火中诞生和成长的。经历如此命运之后能够发展壮大，甚至成为近现代人类社会的基本理性，那无疑在宣告，科学的生命力来自其内在的成长可能性。而这种可能性，经历了数百年来众多科学家的努力，已经外化为一些基本的科学规则，成为后来者踏入科学殿堂必须遵守的法则。这些法则构成了科学自身的逻辑自洽的基础，在进行解释和预测世界规律的时候发挥着作用。

哥白尼日心说的遭遇①

虽然哥白尼（Nikolaus Copernicus）本人抱有完全纯真的神学信仰，坚决否定他的学说与《圣经》相抵触的看法，但是他的著作的出版，却使神学受到了致命的打击。由于他把地球从几何学上独尊的“宇宙中心”的宝座上撵了下来，基督教神学赋予人类的“天之骄子”的地位也同时消失了，《圣经》、创世说、“天界神圣”的观念及上帝和天上神灵的存在等，也同时受到了怀疑。因此，哥白

① 杨仲耆，申先甲．物理学思想史［M］．长沙：湖南教育出版社，1993：181–182.

尼学说受到来自宗教神学的反对是可以预料的事。负责出版《天体运行论》的教士奥席安德（Andreas Osiander）在书前伪造的一个不署名的前言中说，这个学说只是一种说明天体运动的方便的数学方法和假设，人们不应该由此而动摇自古以来的信仰。甚至新教首领路德也把哥白尼斥为“想要把天文学这门科学全部颠倒过来”的蠢材；加尔文也叫嚷不得“把哥白尼的威信凌驾于圣灵的威信之上”。1616年，罗马教皇宣布哥白尼学说是“荒谬和完全违背《圣经》的”，并把《天体运行论》列为禁书。

（一）价值中立

在科学研究尤其是社会科学研究中，如何能够避免研究者主观价值的影响，达到客观中立，是科学研究的一条基本原则。这个原则也即所谓的价值中立（Value Free）原则。它最早由英国哲学家大卫·休谟（David Hume）提出，首次对“是什么”与“应该怎样”进行了严格的划分。他认为，事实判断与价值判断之间有着不可逾越的鸿沟，因而并不能简单地从“是”与“不是”推论出“应该”与“不应该”。在前人观点基础之上，德国社会学家马克斯·韦伯（Max Weber）在慕尼黑大学所作的演讲《以学术为业》当中提出，应当把价值中立性作为从事社会学研究必须遵守的方法论准则。他认为，每个人都是自己的主人，不能拿自己的标准来衡量别的人或事，在研究中应该保持中立的态度。因此，一旦科学家根据自己的价值观念选定了研究课题，他就必须停止使用自己或他人的价值观，而遵循他所发现的资料的引导。无论研究的结果对他或对其他什么人是否有利，他都不能将自己的价值观念强加于资料。从这个意义上说，从事科学研究的人，应该受科学精神的支配。在这种情况下，既然事实世界和价值世界是两回事，也就不能从实然的判断推导出应然的判断。

这样一种科学原则或观念，几乎是20世纪大多数科学家和公众共同持有的观念。当然，这种观念也不是没有遭受挑战：人们也逐渐认为，从科学研究的初始目的和成果应用这两方面来看，科学家实际上并不能做到完全的客观中立。从科学研究的目的上看，有的科学家也可能是受名利驱使的心胸狭窄的人，有时这种风气还可能弥漫科学界。如果从科学成果的应用上看，科学的崇高感就更令人怀疑。科学让我们受益，也让我们付出代价。不过，直到今天，科学界也未曾放弃价值中立这个原则，而且坚持客观中立原则主要是强调科学研究过程中所应遵循的原则。科学家们相信，即使受制于各种因素的制约，但价值中立作为一个原则或者目标，是保证科学本色的基本尺度。没有了这一点，科学，尤其是社会科学，就有可能走向泛滥和无序、走向庸俗，科学研究中需要遵循的其他原则，就都可能无从谈起。

（二）可重复性

科学研究过程中的可重复性（Repeatability）原则，是客观中立原则的一个直接派生原则。人们相信，要想在研究中摒除研究者的价值涉入，就需要在针对相同对象、相同问题的研究过程中采用相同的方法，使用相同的材料，并在相同的条件下实施研究过程，以求达到不同研究实践的结果之间的一致性。显然，这一指导思想体现了归纳法的哲学思想，将可重复与可验证作为事物内在规律性的一种体现形式。但不可避免地，在科学研究实践中，借助于可重复性而呈现的规律性，只能建立在概率的或然性基础上，而不能建立在逻辑的必然性基础上。因为，这一原则所面临的陷阱与归纳法中的不完全枚举法有关，它们都可能因为重复或枚举的有限性而导致所陈述的规律性最终被某个新发现的反例所颠覆。

从著名的1919年爱丁顿日食观测就可以看出可重复性原则在科学发展史上所遭遇到的挑战。这次实验，是对相对论和牛顿力学对同一现象——日食时的星光偏转角所做的预言的一次观测性检验，其结果却使广义相对论在科学界从此获得更为广泛的认同，并使人们看到了统治科学界200年之久、已经过亿万次科学检验的牛顿力学的局限性。这就是所谓的判决性实验。由此可见，一个理论陈述的正确与否，并不必然以“可重复性”为永恒的圭臬。任何理论都有其适用范围和局限，方法论“原则”也不例外。

另外，与应用于纯自然科学领域的“可重复性”原则相比，在社会科学研究中，这一原则所面临的困难往往会更大。在社会科学领域，存在大量的不可实验现象，加上研究者的生命尺度与所研究的社会现象的发展历程之间的非同步性，以及在有的社会研究过程中难以避免的研究者与研究对象的不可分割性，这些都需要对“可重复性原则”采取更为宽容的态度、更为积极的调整策略和更富有智慧的理解和应用。不过，即使是在这种情况下，发源于自然科学及作为实证主义核心原则之一的“可重复性原则”，对社会科学研究者也始终具有警示和提醒的作用。在这一点上，一方面可以肯定可重复性在某些自然科学领域的科学实验中所具有的巨大理论建构价值，同时也应意识到，借助于波普尔所倡导的证伪主义，则可以对可重复性所揭示的某个规律实施某种致命检验。

（三）逻辑上可信与事实上可验证

逻辑是一种推理的方法和原理。正确的逻辑是建立在人们的经验事实基础上的，具有恰当的论证品质。科学尊重逻辑，因为科学在根本点上相信事物之间的联系和因果关系，并将事物的可解释性建立在恰当的逻辑基础上。根据这种逻辑规则，人们不仅能够描述一个事物的结构和形态，还可以揭示其运动的规律，并进而概括出具有解释力或预测力的模型。所以，进行科学推论和论证，应该坚持的一个基本规则，就是符合逻辑的要求。严谨的逻辑证明过程是使研究结果赢得人们认可的一个基本条件。

逻辑推论与事实验证

在科学史上，关于宇宙的有限性和无限性问题，曾有两个佯谬（理论与观测间的矛盾）阐述了截然不同的观点。

1823 年，德国天文学家奥伯斯（Olbers）提出：若恒星均匀分布在静止无限的欧几里得空间中，则夜空的亮度应与恒星表面亮度相等。就是说，如果宇宙是稳态而且无限的，那么，就意味着由无限恒星所构成的宇宙，即使在夜晚，也应该明亮胜似白昼，而不是黑暗的。这就是著名的奥伯斯佯谬。

接着，在 1884 年，德国天文学家西利格（Seeliger）又提出：若恒星均匀分布在无限宇宙中，则宇宙间任一质点受到的引力应为无限大或为不定值。这就是万有引力佯谬。它说明，如果宇宙是有限的，那么，我们就会观测到星系与星系、星体与星体之间的汇聚现象。

不过，两个同样严谨的逻辑推断，得出的却是截然相反的结论。而事实又是什么？

事实上，在 1964 年，美国物理学家阿诺·彭齐亚斯和罗伯特·威尔逊借助于哈勃望远镜，捕捉到了标志着宇宙膨胀的事实根据：宇宙太空的背景辐射存在红移现象，它说明恒星之间、星系之间不是在聚拢，而是在相互远离。这一观测结果，使得宇宙有限和宇宙无限两种观点失去了事实基础，并催生了宇宙大爆炸理论的产生。

不过，在更为重要的意义上，科学更看重事实，追求科学研究的结果必须在事实上可观测和验证。因此，即使是逻辑上十分严谨的命题或推论，只要不能在事实上得到支持，就不能算作科学结论。

可验证性（Testability）这一科学准则，不仅在历史上至为悠久，而且在现实中的应用也十分广泛。在西方，伽利略从比萨斜塔上同时扔下一个重球和一个轻球的传奇实验使他享有盛名。两个球以相同的速率落下，有力地反驳了物体下落的速率与其重量成正比这一亚里士多德学派的观点，这是伽利略推崇实验观察的绝佳例证。不过，后来经过考据，证明伽利略从未做过这个著名的实验，而他没有做这个实验的原因尤其有趣：他虽然笃信用事实来验证，但他更相信自己（或者准确地说，他更相信自己的推理能力）。伽利略通过逻辑推理解决了这一重要难题，之后力促他的反驳者进行了这个关键实验。这个轶事再一次说明，逻辑上可信和事实上可验证这一对儿科学准则，在历史上也被人们当作检验真知的试金石。

在贯彻可验证性这一科学原则的时候，科学家努力的结果，可能是证实其逻辑假设，也可能是证伪其逻辑假设。传统上，科学界主要依从归纳法谋求对逻辑假设的证实，用被证实的事实堆砌起理论的命题和框架。恰恰由于前文曾经提到的归纳法自身所存在的缺欠，使得波普尔提出了一个“可证伪性”（Falsifiability）的概念，他也因此而蜚声整个科学哲学界。

第二节　科学研究中的几种关系

科学工作者在从事科学研究实践中，需要面对许多具体的问题。这些问题处理得是否得当，不仅会在很大程度上影响科研工作的进程，也会影响科研成果的社会价值。

一、科学与哲学、伦理学

科学与哲学、伦理学之间的关系，既可以通过它们所研究的问题的类型加以区分，也可以通过考察这三个知识领域所能给予人们的理解世界的能力来加以辨别。当然，不管通过什么途径都会发现，其实在三者之间，是存在着联系的，要想获得截然的区别是很困难的，也可能是不合适的。在人类早期历史中，哲学与伦理学、科学本来就是同源同体的，而在当今社会，虽然三者已经分流，但其间的一些关联和相互依赖还照样存在。

如果从人类所面临问题的角度来看，大体上说，无外乎有四种类型的问题：是什么？什么样？为什么？应该怎样？根据人类的探索历程和人们所积累的经验性知识的类型来看，我们大致可以断定，“是什么”的问题是有关事物的本质性探求，主要属于哲学领域；“什么样”和“为什么”的问题属于描述性和解释性的探求，以“真”和“假”为精髓，主要归于科学领域；“应该怎样”的问题作为一种规范性和对策性问题，以“对”与“错”为指针，因此通常应纳入伦理学的范畴。

（一）“是什么”的问题

尽管科学也往往需要以首先解决“是什么”之类的问题为出发点，但此类问题实属哲学领地中最核心和最重要的问题，因为在试图回答这一问题的同时，必然要提出“人心”和“外物”即“心—物”关系的问题。在哲学家看来，近代哲学的重大基本问题，就是思维和存在的关系问题。正是在这个意义上，人们不仅要时刻关切于“何为人”“生命是什么”的终极问题，还可以像罗素那样，从不断地追问类似于“桌子是什么”[①]“苹果是什么”“竹子是什么”这样一些日常生活中常见的问题来获得人类认

① 罗素．哲学问题［M］．何兆武，译．北京：商务印书馆，2007.

识自身的方法和路径。在历史上，这样的发问方式首先是由苏格拉底、柏拉图和亚里士多德发展起来的。他们经常问的就是“美是什么”“善是什么”“勇敢是什么”“虔诚是什么”“正义是什么”之类的问题。苏格拉底通过他充满智慧的盘诘和反问，总是能够从特殊的事例中引申出一般的结论，最终让人归结到能够回答“是什么”这样的关键点上。

苏格拉底论“正直”[①]

苏格拉底巧妙地追问一个名叫欧提德穆斯的青年人，探讨什么是“正直”。

苏：但是，必然有某些行为真正出于正直，正如出于其他职能和技巧一样。

欧：毫无疑问。

苏：那么，你自然能告诉我那些行为是什么？表现出正直的是什么？

欧：我当然能够，而且我还能告诉你非正直的是什么？

苏：很好，让我们在相反的两行中写出什么行为出于正直，什么行为出于非正直。

欧：我同意。

苏：好吧，虚伪怎么样？虚伪放在哪一行？

欧：当然放在不正直的那一行。

苏：欺骗呢？

欧：放在同一行。

苏：偷盗呢？

① 梯利. 西方哲学史［M］. 文竹，译. 北京：中国华侨出版社，2017.

欧：也放在那里。

苏：还有奴役吧？

欧：是的。

苏：这类事情没有一样可放在正直的那一行里吗？

欧：唔，要是那样可没听说过。

苏：好啦。但是，一个将军必须惩处那些极大损害其国家的敌人，他战胜了这个敌人，而且奴役他，这不对吗？

欧：当然不能说不对。

苏：如果他运走敌人的财物，或者在战略上欺骗他，这种行为怎么样？

欧：噢，这自然完全正确。但是，我想你刚才要谈的是欺骗或错待朋友。

苏：那么，在某些情况下同样的行为就得分写在两行里，是不是？

欧：我想，是这样。

苏：好，我们现在专门讨论对待朋友的问题吧。假定一位将军所统率的军队已丧失勇气，又分崩离析。如果他告诉他们增援部队即将到来，欺骗他们相信他，使他们鼓起勇气，取得胜利。这种欺骗朋友的行为怎么样？

欧：唔，我想，我们也得把这个写到正直的一边。

苏：假定一个小孩需要吃药又不肯吃，他的父亲欺骗他，使他相信药是好吃的，哄他把药吃了，救了他的命。这种欺骗怎么样？

欧：那也得归入正直的一边。

苏：假定有人发现一个朋友处于极端疯狂的状态，怕他自杀，偷走他的剑。你怎么样看待这种偷盗？

> 欧：那也算得正直。
>
> 苏：但是，我想你是认为永远不能欺骗朋友吧？
>
> 欧：噢，请让我全部收回。
>
> 苏：很好。但是，还有一点，我想问你。你认为一个有意破坏正直的人比一个无意破坏的人更不正直吗？
>
> 欧：哎呀，苏格拉底，我对我的回答已经失去了信心。因为整个事情已经变得同我原来想象的相反。

不过，尽管人们往往把那些形式呈现为"是什么"的问题看作哲学问题，但并非所有此类形式的问题都具有哲学的内容。比如，设想某甲与同伴乙行走在路上，遇到对面走过来的一个人。当甲看到乙与这个他并不认识的过路人打招呼，甲可能就会问乙："这人是谁？"乙会说："他是张三。"上述问题虽然具有哲学的形式，但它的主题和内容都不是哲学的，因为这样的问题所涉及的都是指向具体和个别事实的经验性内容。这种问题，不同于"人是什么"中的质询所包含的丰富复杂的内容，而且这些内容必须在普遍性和一般性意义上加以呈现，才能具备哲学问题的品质。哲学问题所关涉的主要是类或属的概念，并不局限于个别的或特殊的性状。当我自问"我是谁"的时候，其实并不能用"我是谢某"之类的结论回答，因为我的问题的核心在于探寻"我是什么类型的人"。在这种类或属的概念上，存在着能够使人们相互沟通、理解但又难以言说的某种共性的东西，而这个东西就是哲学要捕捉并回答的。

显然，这类问题都是针对事物的本质规定性的探讨。从这个意义上说，当回答一个事物"是什么"的问题的时候，往往会面临着哲学上的困境。正像罗素所遭遇的困难一样，当人们试图为事物（比如桌子）寻找一种永久性的、稳定的、普遍的本质描述时，却发现这种努力总会遭遇到人类当下功利性认识的局限，因此，有关该事物的永久性本质的描述其实是不存在的，至少是难以捉摸的。事物的本质很可能取决于试图做出这种描述的个人或人群与事物在当下所建立的独特关系的性质。我们不能从颜色、形状、质感、尺寸等元素定义什么是桌子，因为当我们说“桌子”是“家具，上有平面，下有支柱，在上面放东西或做事情”的时候，这种表述如果仔细推敲，也会让人一头雾水。另外，也很难从功能的角度定义什么是桌子，因为一张供吃饭的木制品被称为“桌子”只不过是一种通常情况而已。有的时候，一把凳子也可以符合这样的功能。

在哲学意义上回答“是什么”的问题，是所有知识体系形成的起点。“人类学”知识首先要解决“人是什么”的问题；“心理学”知识首先要解决“心理是什么”的问题，同样，“旅游学”知识也首先要解决“旅游是什么”的问题。当然，在一个大的知识领域，比如在整个旅游学的知识领域，当基本解决了“旅游是什么”的问题之后，接踵而来的，还有很多的“是什么”的问题，诸如“旅游体验是什么”“旅游目的地是什么”“旅行社是什么”“旅游世界是什么”“旅游场是什么”，等等。这些问题的回答，是一个知识体必须面对的问题。

在中国的学术传统中，具有此类哲学色彩的问题，可以追溯到先秦时期的名实之辩，因为“如果从‘名’或‘名言’的字源方面看，先秦所谓‘名’，确实有如古希腊‘逻各斯’这个字，既包含思想语言和文字表述的艺术形式，亦具有自然和社会的思维认识对象[①]。”诸如名家的“白马非马”之论，其实就是在探讨“什么是马”及“什么是白马”的问题，只是名家的这类言说由于充满了诡辩意味，因此，很难将他们的相

① 汪奠基 . 中国逻辑思想史［M］. 上海：上海人民出版社，1979：56.

互辩白看作对事物的本质探寻。在同一时期，老子的“道论”和孔子的“正名论”都涉及了名实关系的问题。俟至宋明理学之际，由朱熹所强调的格物致知，进一步将中国学术传统中的科学成分加以发掘光大，并在哲学意义上提出了“万物各具一理，万理同出一源，此所以可推而通也”（《朱子语类》，卷十八），从而将事物的本质看作客观的、稳定的，甚至是永久的。朱熹的思想明显地具有自然科学的色彩，只是在明清之后这种思想没有得到充分的发展，也未能将格物致知充分推进到认识事物的“什么样”和“为什么”这个科学层面。所以，明清时代中国开始落后于西方，从中国学术传统上看，是儒学中的科学精神发展到朱熹之后便没有得到进一步发扬的一个表现。到了王阳明的心学时代，他的贡献是凸显了格物致知过程中对主体地位的关切，而这种反身性的哲学探索，在很大程度上却是王阳明“反朱”的一个结果，阳明心学因此也在其自身体系中埋下了一个容易被人误解、被人滥用的机关。而在笔者看来，这种具有明显整体论色彩的理论，本是对朱熹“万物各具一理”思想在攸关事物本质这一重大问题上的一个重要发展，但可惜王阳明的心学在中国长期被视为唯心主义的代表，更未能像西方胡塞尔的现象学那样赢得一个科学的地位。其实，王氏的“心外无物”与胡氏的“生活世界”颇有异曲同工之妙。为什么这样说？这就回到了人类求知过程本身的目的性上来了。可以说，人类所有的探求知识的历史，都是出自解决其自身生命、生存和生活问题的目的。在这种情况下，人们在回答有关事物的本质规定性——即“是什么”——这样的问题时所采取的角度，离不开人类对自身的关切，离不开他形成结论的出发点、归结点，一切有关世界本质的陈述，恐怕都要建立在“人—物”关系的基础之上。脱离了这种关系来回答一个事物的本质，这样的回答势必要丧失其意义的依托。

不过，如果抛开“是什么”的问题而走向对“什么样”和“为什么”

的关切，那么，有关此类问题的回答则容许人们秉持更加客观的态度。于是，可以说，人们由此渐渐地离开哲学的领地，开始走向科学的旷野。

“银杏”的植物学描述

【植 物 名】银杏

【别　　名】白果、灵眼、佛指甘、公孙树

【植物形态】落叶乔木，高40余米。树干直立，树皮灰色。枝有长短两枝，叶在短枝上簇生，在长枝上互生。叶片扇形，似革质，长3~6厘米，宽4~8厘米，先端有两浅裂，基部楔形。花单性，雌雄异株，雄花4~6朵生于短枝的叶腋内，雌花2~3朵聚生于短枝上；种子核果状，椭圆形，外种皮肉质有白粉，熟时黄色，有臭气，内种皮灰白色，骨质，两侧有棱边，花期4~6月，果期8~10月。

【生长环境】生于向阳、温暖、土地肥沃之处。

【分　　布】辽宁省内各地区均有栽培。

（二）“什么样”和“为什么”的问题

即使今天的科学研究的使命是始于回答“什么样”而终于回答“为什么”，那也不意味着，哲学与科学确实有着截然的区分。这不仅在历史上曾是显著的事实——从起源上看，哲学和科学曾经是一个连体婴儿，只是在漫长的岁月中，物理、化学、天文学和心理学等学科，才逐渐从哲学中分离出来，是这种分离才逐渐养成了科学与哲学的不同角色。“今天，科学试图解释事物是如何构成、如何运转的，哲学则将自己的任务集中在事物对我们来说有什么意义上；科学在谈论自己的主题时必须采取一种客观化的视角，哲学则总是自觉地保持这样一种意识：知识必须具有一个主体，人类必须是它的主角；科学渴望认识存在的事物和所发生的事件，哲学则会思考为我们所知的发生的事物和存在的事物对我们来说有什么意义；科学可以增加知识的视角和领域，也就是将知识分割和细化，哲学则坚持将一种知识与其他知识联系在一起，试图通过人类思考这个统一的活动形式，将每种知识都安置在一种超越多样性的统一理论框架之中；科学将现实的表象拆分成种种不可见的、波形的、粒子的、可量化的理论因子和无法察觉的抽象元素，哲学虽然既不忽视也不鄙视这种分析，但却强调要从表象中赎回人类的生命现实——我们就是在其中度过我们具体的生命旅程[①]。”通过这段引文的描述，不妨对科学和哲学与人的关系做这样的比喻：科学是搭载人类走向自由王国的航船，哲学是指引科学这艘巨轮航向的灯塔。

科学在履行上述使命的过程中，逐渐形成了其自身的特点。这种特点一方面体现在所研究的问题的类型上，一方面体现在所坚持的研究策略和所使用的研究方法上。就问题来看，科学所热衷的，是回答“什么样”和“为什么”的问题，由此则形成了科学与哲学、伦理学的一个重要分野。比如，科学的人类学通过测量人的体貌、生理数值来获得体质人类学的核心知识，通过参与观察和横向比较来获得不同人类群体的文化特征的描述，从而构成文化人类学的核心知识；科学的生物学则通过实验法、观察描述法、比较法、系统法等获得有关生命系统各个层次的种类、结构、功能、行为、发育和起源进化及生物与周围环境的关系的知识（参见“银杏”的植物学描述）。其他科学领域，在有关其所研究的“问题类型”这一点上，也都充分地体现了力求客观地回答“什么样”和“为什么”的特性，从而将科学研究推向了实证研究的高度。同样，如果旅游学想最终获得它的科学身份，那么，它也必将遵从科学一贯主

① 费尔南多·萨瓦特尔．哲学的邀请——人生的追问［M］．林经纬，译．北京：北京大学出版社，2007.

张的客观、价值中立原则，致力于描述旅游现象的“什么样”，并深刻解释其“为什么”的问题。而从研究方法来看，这种研究必然将经验事实作为获得科学结论的基本逻辑依据。

（三）“应该怎样”的问题

实际上，人类在知识探索过程中不断质询“是什么”“什么样”和“为什么”的问题，其最终的目的，都是为了解决“怎么办”或者“应该怎样”的问题，也就是伦理学的问题。于是，在很大程度上，科学就是一个工具；在一定程度上，哲学也具有工具的色彩。真正以目的存在的知识探求，都集中于伦理学的问题，而这一探求显然又以哲学和科学的成果为前提。在东西方两种文化当中，上溯几千年，我们可以看到，以华夏文化为代表的东方文化和以古希腊为代表的西方文化，就其学术传统的特色而言，也在这一层面形成了分野：东方文化的学术传统直逼目的性，而西方文化的学术传统兼顾了工具性。从文明的发展历程来看，这二者显然是不会截然分离的，只是在中国先秦时期的知识界，除了墨家之外，各派的学术精英往往将形而下的工具性知识留在了社会实践层面不予讨论，而将形而上的目的性知识提升为学术和学理性知识。与之相对的古希腊，则更为自觉地将工具性知识也同时纳入了学术视野，从而孕育了更为突出的科学观念。对此，冯友兰曾说过这样的话：“中国落后，在于它没有科学。这个事实对于中国现实生活状况的影响，不仅在物质方面，而且在精神方面，是很明显的。中国产生它的哲学，约与雅典文化的高峰同时，或稍早一些。为什么它没有在现代欧洲开端的同时产生科学，甚或更早一些？中国没有科学，是因为按照它自己的价值标准它毫不需要[①]。”就在这种以目的性或价值性知识为探

① 冯友兰．中国哲学小史［M］．北京：中国人民大学出版社，2005：82.

求对象的伦理学成为中国古代社会学术的主流的同时，中国知识界未能积累起充分的、与中国古代社会实践发展的实际水平相当的有关“什么样”和“为什么”的知识，从而使近现代中国社会在“应该怎样”类型的知识的传播方面暴露了缺乏理性依据和可操作的实践系统的弊病，也是导致社会层面流于空谈、对策性知识往往出于拍脑壳的一种传统上的缺欠。

在各种类型的研究实践当中，“应该怎样”的研究并不涉及知识创新的问题，只涉及知识应用的问题。在当今时代，由于知识的高度精细化，知识拥有者日益依赖于专业分工，同时也进一步促成了专业分工的深化，因此，在整个知识界，有关“应该怎样”的知识更加突出地表现为一种连接科学研究与社会生产、生活实践之间的一种专门化的对策性知识，并因此而催生了一些专门的应用研究部门或阶层。典型地，在企业部门内部附设的“R&D”部门，作为一种生产研究机构，就是专门负责将科学家所探索的新知识应用于本企业的特殊生产环境和工艺流程的；在西方大学中附设的“推广服务”（Extension Service）部门，则是专门负责将本大学的科学研究成果向实践领域推广应用的机构；而在中国政府机构附设的研究院所，则是负责将科学研究中的创新性成果应用于政府管理实践的决策咨询部门。这三类机构的出现并发展，展示了将“应该怎样”的知识应用在现代社会实践所需要的中间转化机制，因为纯粹的科学研究人员主要致力于解决“什么样”“为什么”之类的理论问题，加上哲学层面的“是什么”的知识，这些都需要借助于一些类似于生产研究的过程，才能使相应的科学知识变成可用的对策建议。

二、规律与反规律

规律这个词，在日常生活中几乎天天会被用到，人们也往往是依从某种规律行事的，如果人们对规律缺乏敬畏之心，就可能会遭到规律的惩罚。历史给人类这方面的教训并不少，而在未来，漠视自然法则、违反规律究竟会给人类带来什么后果，已经是社会各界十分关注的事情了。

相信自然界和人类社会普遍存在着某种客观规律和因果联系，认为万物遵循着秩序原则，相互间存在着内在的、本质的、必然的联系，而且这种联系具有客观性、普遍性和恒久性，不以人的意志为转移，这样的观点被称为决定论（Determinism）。它认为万物都是由“因果关系”联系起来的，一切运动都是由确定的规律决定的；知道了原因以后就一定能知道结果，现在发生的一切都是由过去所决定的。根据这种观点，世界就像一部钟表，各种现象的存在、变化和运动，就像钟表一样走动，未来的一切既有方向也有步调，是已经安排好了的。在整个 18 世纪和 19 世纪，决定论基本上统治了科学界，不仅在自然科学界孕育了进化论等诸多有着深刻影响的理论，而且在社会科学领域，马克思对社会发展阶段的划分，也具有决定论的性质。这种观点得到了当时包括爱因斯坦在内的许多科学家的支持。爱因斯坦在给他的论敌、主张“测不准原理”的玻尔的一封信中写道：“你信仰投骰子的上帝，我却信仰完备的定律和秩序。”在爱因斯坦的诸多科学贡献中，一个被誉为最具美学特征的数学表达式便是质能公式：$E=MC^2$。

通过这个公式，爱因斯坦从新的高度，阐明了物质不灭定律和能量守恒定律的实质，指出了两条定律之间的密切关系，使人类对自然规律的认识又深入了一大步。从整体上说，近代社会的科学研究正是建立在这种笃信规律的基础上，并由此使得科学取得了巨大的成就。在今天，如果用牛顿力学计算某些天体运动，其结果的准确性几乎是百试不爽。

历史地看，人类社会对规律的知识是逐渐积累起来的。比如，在天文学领域，“时间的有系统的测量在巴比伦也开始得很早。随着农业在原始人民中间的发展，认识季节也变得越来越重要了……耕种谷类需要适应季节，又需要大量水源，因此，历法几乎是必不可少的。天文观测为什么起源于幼发拉底河和尼罗河流域，原因之一就在于此。以一天为时间的单位，是大自然使然。当需要有更长的时间单位时，首先采用的是月份，每个月份都从新月出现时算起。人们还想确定四季循环中的月份的数目。在巴比伦尼亚，这是公元前4000年左右的事，在中国，这是稍后的事。公元前2000年左右，巴比伦尼亚的一年已定为360天，或12个月，时常还加入闰月，作必要的调整。一天又分为若干小时、分、秒，还发明了简单的日晷——一根直立的表杆——来标志时间[①]。”进入20世纪，人类对时间和空间的认识，已经相当深刻。在其他自然科学领域，人们也获得了大量的规律性知识。

然而，有时人们也会提出这样的问题：在自然界，规律真的如此普遍吗？这些规律真的很严格吗？在社会生活领域，规律也那样显而易见吗？拿一个最粗浅甚至可能有点庸俗但不失为事实的例子来说，在社会科学领域，是否会存在这种情况：当一个被研究者事先知道了一个社会科学家正在以他的个人行为作为研究对象，于是，他就有意与之作对，采取完全相反的行为策略，以便破坏这位社会科学家的决定论假设，从而也就可以证明，在社会科学领域，并不存在什么规律？这样的质疑在一些不同于经典物理学的“软”的学科中，如心理学，是很容易被提出的。

不仅仅在一般日常生活中人们可以提出上述质疑，而且，在哲学界也早有对“因果律”提出批判的哲学家。其中最有代表性的是大卫·休

---

① W. C. 丹皮尔 . 科学史［M］. 李珩，译 . 北京：商务印书馆，1997：32.

谟。他在《人性论》和后来的《人类理解研究》中，反驳了“因果关系”具有真实性和必然性的理论。按照他的观点，虽然我们能观察到一件事物随着另一件事物而来，如一块石头从窗口飞进来打碎了花瓶，但我们并不能观察到任何两件事物之间的确切关联，因为我们并不能确认除了石头碰触花瓶之外，是否还有其他隐藏的因果过程在起作用。依据他的怀疑论的知识论，我们只能够相信那些依据我们观察所得到的知识。休谟甚至主张，我们对于因果的概念只不过是我们期待一件事物伴随另一件事物而来的想法罢了。“我们无从得知因果之间的关系，只能得知某些事物总是会连结在一起，而这些事物在过去的经验里又是从不曾分开过的。我们并不能看透连结这些事物背后的理性为何，只能观察到这些事物的本身，并且发现这些事物总是透过一种经常的连结而被我们在想象中归类[①]。”也因此我们不能说一件事物造就了另一件事物，我们所知道的只是一件事物跟另一件事物可能有所关联。如果按照这种观点，伽利略的落体定律如果原来采取以下的通常表达形式，即“当在地球表面附近放开一重物时，它会以匀加速度落向地面”，那么就需要加以调整。可能的表达形式应该是“假如重物下落时没有遇到某种可变的阻力，或者不会因风或其他干扰因素而发生倾斜，它们会以匀加速度落向地面”。这种对决定论的不信任态度，在现代物理学发现了测不准原理之后，几乎是宣告科学上的决定论已经失效。当然，也有人主张，这种“测不准”只说明用我们的测量体系去对待物理学领域以外的问题，是不胜任的。由此可以看出，在科学界，对规律是否存在是有着正反两种态度的，只不过其中有些观点十分极端而大多数观点更加调和而已。

① 大卫·休谟.人性论［M］.关文运，译.北京：商务印书馆，2013：93.

站在我们当前的角度来思考科学研究中的规律和反规律的问题，不妨接受爱丁顿将自然律分成三类的观点[①]，以便为我们从事社会科学乃至旅游学研究提供一种科学意义上的理由和必须坚定的信念——如果我们完全不信任决定论，就陷入神秘主义和不可知论；如果我们相信决定论在社会领域的作用力和作用方式完全等同于在自然界的情况，那么，就可能陷入机械论的泥沼。所以，爱丁顿的三种自然律是一种更容易让人接受的观点，他认为定律有三种：①恒等的定律——如经常用数学恒等式表达的质量或能量守恒一类的定律；②统计的定律——如描写群体行为的定律，不论是原子的群体还是人类的群体；③超越经验的定律——那些并非包括在模型设计方案之中的明显恒等式的定律。这样就可以明确：社会科学通常运用概率因果模式，试图追寻的是统计的定律。社会科学家不会去预测一位母亲将能够生出一个男婴或是女婴，但可以基本上预测一个较大规模的人群中母亲生育男婴的概率是多少。社会科学家不奢望去寻找恒定的、严格函数形式的定律，也不涉足那些超验的定律，只是在寻找统计定律的世界中耕耘，其背后所依赖的基本逻辑就是：承认个体具有一定的自由意志，但自由意志会受到环境等因素的约束和限制，因此在群体层面可以形成由大数决定的统计规律。正像艾尔·巴比所说的："社会科学理论处理的是集体的而非个体的行为，目的在于解释为什么即使个体行为随着时间改变，集体行为的模式却会如此有规律。甚至可以说社会科学家并不寻求对个体的解释：他们试图了解人类社会运作的体系，人类行为原因的解释系统，系统的要素是各种变量而不是个体"[②]。

---

① W. C. 丹皮尔 . 科学史［M］李珩，译 . 北京：商务印书馆，1997：608.

② 艾尔·巴比 . 社会研究方法（上册）［M］. 邱泽奇，译 . 北京：华夏出版社，2000：40.

三、个案式与通则式解释模式

如前所述，科学理论尤其是经验科学的理论，相信世界存在因果关系。换言之，人们相信，事物的形成、发展、变化是可以解释和预见的，这便是“因果性原理”，它主张：对任何事件都能做出因果解释——能用演绎对它做出预见。在自然科学当中，在大多数情况下，人们都接受这种决定论的观点，承认自由意志在很大程度上会受到某些限制。而在社会科学领域，正如前文所言，决定论被人们接受的程度显然没有自然科学界那么突出和明显，因为人们很自然地去强调人的主观能动性。这个议题太过于复杂，哲学家们已经辩论了数千年，在此不可能给出断然的答案。我们只是想再次强调一下，由于在社会科学领域，科学家们认为，尽管个体意志存在着自由度，但这个自由度是有限的，因此，以大数规律或概率结论为知识目标的社会因果关系的解释，也照样是可能的。

个案式与通则式解释①

有时候，我们试图详尽地解释某种情况。例如，你们之所以考试成绩不理想是因为：①你们忘了那天有考试；②这本来就是你们表现最差的科目；③碰上堵车、迟到了；④考试前一晚，你们的同屋在宿舍里听音乐吵得你们不能入睡；⑤警察想知道你们是否因此而破坏了同屋的音响或其他东西，将你们留置到清晨；⑥一群山羊把你们的课本吃了。有了以上种种原因，就不难理解你们为什么会考得不好。

这种类型的因果推理被称为个案式解释。当我们使用个案式解释时，会觉得完全了解案例之所以发生的所有因素。但与此同

① 艾尔·巴比．社会研究方法（上册）[M]．邱泽奇，译．北京：华夏出版社，2000：47.

时，我们的视野也局限在个案上。也许对某个个案的解释可以部分地应用在其他情况上，但我们的意图只是在于能够完全地解释某个个案。

现在让我们来看另一种解释模式：①每次你们参加读书小组，就会比独自用功考得好很多；②你们最喜欢的球队在主场总是比在客场表现好；③运动员比起生物研究社的社员，更容易约到女孩子。这种解释方式被称为通则式，即试图解释某一类的状况或事物，而不是某个个案；更进一步地说，这种解释很“经济”，只使用一个或少数几个解释性因素；它只能解释部分，而不是全部。

在每个例子中，你们会发现自己在因果表述中使用了“总体来说”“通常”“其他人也是如此”一类的字眼。参加了读书小组后通常会考得比较好，但不总是如此。同样地，你们喜欢的球队也有在客场获胜、在主场失败的时候。还有，家境富裕的生物研究社社员可能常有约会的机会，而足球队的前锋在星期六晚上可能都得独自在重量训练室里练习。类似这样的例外，就是我们寻求广泛解释所付出的代价。

在做这种因果解释的时候，存在着两种不同的解释模式，我们称为“个案式解释”和“通则式解释”。个案式（Idiographic）解释是寻求对某个事物发生、存在、变化的原因的全面的解释，而通则式（Nomothetic）解释则是寻求对某类事物发生、存在、变化的原因的解释。

比如，当你看到一只麻雀跌落在地上不再飞走的时候，可能会问：“这只鸟儿为什么不飞了？”如果你富有同情心，还会设法弄清楚这只不幸的小鸟到底是因为翅膀折断还是心力衰竭或者别的什么原因才无法飞翔，以便寻求施救的办法。在这个寻找此鸟不能飞翔的原因的过程中，你试图要做的便是“个案式解释”，这种解释所获得的结论，显然仅适用于这个特例。相反，如果你平时仰望天空，看到振翅飞翔的鸟儿，羡慕它们的自由和潇洒，并萌生了想弄清楚其原因的欲望，于是，通过对一只麻雀的解剖学研究，你就可能得出这样的一些结论：这只麻雀长有翅膀；通体覆盖着羽毛，细软柔滑；骨骼轻而中空，内充气体；胸肌大而有力；无牙齿、无膀胱，可以减轻体重；有气囊，可以增加身体的浮力；等等。你会发现，解剖所有的会飞的鸟儿，它们都具有类似的特征。于是，你得出了这样的感叹：“鸟所以会飞，原来是这样的。”你现在得出的结论，不是单独针对某一只能够飞翔的鸟，而是可以推及整个鸟类的知识，所以，这便是通则式解释了。

这样的两种解释模式在日常生活和科学研究当中，都是普遍发生的事情。从医学的角度看，生理解剖学的医生的解释（例如，在解剖一只麻雀时的目的是为了了解所有麻雀的生理构造），往往是通则式的，而法医的生理解剖（例如，解剖某一只麻雀时的目的是为了了解该麻雀的独特死因），却常常是个案式的解释；一个股市的操盘手一旦形成“星期一往往是黑色的”或“领导发话，股灾必下”的认知，那么，这个结论如果是来自科学研究过程，它一定不是个案式解释的结果，而是通则式解释的结果。如果这位操盘手说某只股票的长期呆傻状态并不是因为领导没发话而是因为其他种种理由的话，那么，它就是一个个案式的解释。

当我们想要对一种旅游现象做出个案式或通则式解释的时候，道理也是一样的。比如，你可能特别希望了解凤凰古城为什么会突然在2013年采取全城收取门票的制度。如果采用个案式的解释模式进行研究，可能会发现，在这个事件背后，有很多鲜为人知的利益纠葛，从而使你能列举很多影响因素。这些因素未必是其他旅游地都完全具备的，因此，从中获得的结论也不具有一般性，只是针对凤凰古城的。不过，你也可以把这个案例研究转化为通则式解释，在这种情况下，你的研究结果将停留在更为一般性的水平上，并限于了解几个主要方面的问题。比如，概括一个旅游目的地门票利益相关者集团的类型、构建一个旅游地门票利益博弈模型、考察门票策略导致不同利益集团利益分配的格局，等等。如果想要概括出更为一般性的结论，那么还可以通过考察多个旅游地的门票情况，从而可能总结出类似这样的结论：①越是贫困的地区，政府越容易插手门票利益分配，并主导着相关政策的制定；②现阶段门票经济是旅游资源依托型地区旅游发展的主流意识；③中国各类遗产地旅游发展过程中往往都没有充分重视遗产自身权益的保护、利用和补偿问题。

同样，在研究旅游世界中的旅游情境或旅游场等问题时，个案式和通则式解释也都可以发挥作用。个案式解释可以帮助人们认识旅游情境和旅游场当中旅游者活动的所有背后因素，揭示某个独特的旅游情境和旅游场——比如，英格兰某个乡村旅游地的特殊情境或上海南京路某个具有都市旅游风格的情境——的内容构成。与之相对，通则式解释可以让你获得所有英格兰乡村旅游的基本风格元素，或者大上海都市旅游的典型特色成分。

总之，个案解释和通则解释是两种不同取向的解释模式，各有侧重。但二者并不能总是被截然分开。不仅有的个案解释的结论可以在一定程度上外推于一般（这种情况是有限的），同时，所谓的通则解释也仅仅是在相对的程度上讲的，其结论的普遍性也是有所局限的。当我们把问题的类型越是向一般、抽象的方面倾斜，就会发现，原来所谓的通则性解释已经在逐渐获得某种个案解释的成分了。比如，对“乡村旅游”的通则性解释，就比对“英格兰乡村旅游”的通则性解释要抽象得多；而对“19世纪英格兰乡村旅游”的带有某种个案式色彩的通则性解释，也依然会比“勃朗特三姐妹[①]故乡乡村旅游”这样的个案解释要更具一般性。

四、理论与应用

在科学界以至于整个社会生活领域，人们对于“理论”和“应用”或“理论”和“实践”这几个科学术语无不司空见惯，但究竟什么是理论？什么是应用？二者之间的关系是什么？这些问题并不一定为所有人所透彻地理解。在现实中，最常见的偏误，是对理论和应用之间直接的关联性的割裂，导致理论变成了象牙塔中的空洞说教的代名词，而将应用理解成泛泛而论、不计根源的任何实操性实践行为。

严格地说，理论和应用，就如硬币的两个面，或者如一条溪水的源和流，或者如一棵大树的干和叶。硬币的两面相互依存，缺了任何一面，硬币也就不成其为硬币，由此也就使该物丧失了其本性和功能，在这个意义上，理论与应用是相辅相成的，是双方的共同存在才使对方具有各自存在的意义。但是，理论和应用的关系，除了这种相辅相成的关系之外，还有某种体用、本末、源流的关系，这就可以拿树木或溪流做比喻了。理论作为知识的抽象化存在形式，它是应用赖以存在的基础，没有理论，根本就谈不上应用。应用是对理论的应用，某一应用是对与之相对应、相关联的理论的应用。同时，如果理论不能得到应用，它就变成纯粹的书本知识和教条，失去了其价值和意义。由于理论产生于社

① 即分别发表《简·爱》《呼啸山庄》和《艾格尼斯·格雷》三部不朽名著的夏洛蒂、艾米莉和安妮。她们出生于英格兰北部约克郡霍沃斯（Haworth）的一个乡村牧师家庭。她们的故居目前已经是著名的旅游景点。

会实践或属于对自然现象的抽象，而且是针对特定的问题域而形成的知识及其集合，因此，理论便具有领域或学科上的分野。经济学有经济学的理论及其应用的问题，社会学有社会学的理论和应用，管理学有管理学的理论和应用，旅游学也自然应该有旅游学的理论与应用。由于上文说到的理论与应用在其内在关联上的不可割裂性，所以，当有人说“用管理学或经济学理论指导旅游实践”时，笔者认为这一表述是存在问题、容易造成误导的。严格的正确说法，只能是“用管理学或经济学指导旅游世界中的管理或经济实践”，或者说“用旅游学指导旅游实践”。

说理论是一种抽象化的知识，是指理论所具有的概括性、一般性、普适性特点。尽管这些特点在很多情况下会遇到挑战，但通过科学研究形成有关现象规律性的理论认识，一直是科学家的使命和目标。那些旨在形成概括性、一般性、普适性理论结论的研究，构成了理论研究的内容；同时，将这些理论应用于具体的生活现实或自然世界所遭遇到的具体环境变量的挑战，则构成了应用研究的内容。在现实当中，很多情况下，一些个案式的应用研究过程，也可能发现某些概括性、一般性、普适性的规律，从而成为调整理论、反哺理论甚至推翻并重构理论的科学研究过程。在这个意义上说，理论研究和应用研究有时又是不可分的。正是这种辩证的认识论，使我们可以更好地把握理论和应用二者之间的关系。

理论与实践或应用的这种互为前提的依存关系，可以从多个方面得以证明。

首先，毛泽东在《实践论》中曾明确指出理论与实践的关系，认为马克思主义的哲学辩证唯物论最显著的特点之一就是“它的实践性，强调理论对于实践的依赖关系，理论的基础是实践，又转过来为实践服务。

判定认识或理论之是否真理，不是依主观上觉得如何而定，而是依客观上社会实践的结果如何而定。真理的标准只能是社会的实践。实践的观点是辩证唯物论的认识论之第一的和基本的观点。”对于只强调实践而不重视理论的人，毛泽东称之为庸俗的事务主义家，并且明确指出，“他们尊重经验而看轻理论，因而不能通观客观过程的全体，缺乏明确的方针，没有远大的前途，沾沾自喜于一得之功和一孔之见。这种人如果指导革命，就会引导革命走上碰壁的地步[①]。”

于是，“理论从实践中来，到实践中去”“实践是检验真理的唯一标准”，诸如此类的观念，不仅为人耳熟能详，而且深入人心，广为接受。这些表述明确了理论与实践具有不可分割的内在和必然联系。

此外，在毛泽东的陈述中，有一句“判定认识或理论之是否正确”的表述，它表明，理论并不意味着就是真理，理论可能存在错误。正如尼尔·波兹曼所言：“真理不能，也从来没有，毫无修饰地存在。”事实上，按照波普尔的证伪主义思想，世界是不存在真理的：理论本身就是能够被证伪而且终将被证伪的知识形式。在科学史当中，真理的实在性一直是受到科学哲学的质疑的，而各种范式之间的相互替代正是范式革命的基本形式。在这种情况下，人类对理论价值的评判，总是带有历史性、局部性和功利性。因此，我们只能评判理论的错误与否，却不应该否认理论作为知识形式的存在价值。我们可以在爱因斯坦的理论框架中批判牛顿的理论，在牛顿的理论框架中批判哥白尼的理论，在哥白尼的理论框架中批判地心说的错谬。而且，这些批判只在科学史的层面有意义，在现实当中，只有对理论保持一种开放和欢迎态度，才可能期望在知识海洋中诞生更有价值的理论。如果把理论这种一般知识形态首先在

---

① 刘敬东，张玲玲.《实践论》《矛盾论》导读［M］. 北京：中国民主法制出版社，2017：10.

存在意义层面就送上断头台，那么，这样的社会是不可能催生出某一种具体的新理论的。

上述几点都可以确定无疑地表明，所有想在实践中少走弯路、提高效率、获得预期效果的人，都直接可以从理论中获益。换言之，将理论不分对错而笼统地列为批评对象，这种态度等于不肯承认理论是人类积累的基本知识形态。

说理论是人类的基本知识形态，那就要明确理论自身的样貌或存在形式是什么。正如后文将要详细说明的那样，理论的存在形式有两种：范畴与命题。范畴是人类对事物的概念性解释，命题是范畴与范畴之间的观点性联系。“旅游”是一个范畴，“旅游体验”是另一个范畴；“旅游是体验”是一个命题，而“旅游不是体验而是诗意的栖居”又是另一个不同的命题。在人类的知识大厦中，理论知识就是以范畴与命题的形式存在的。当然，命题本身的形式也是多种多样的，除了上述肯定或否定的命题形式之外，其他还有模型、公式、定理、推论等形式。这些范畴与命题的终极作用在于描述事实、揭示关系，总之，是努力阐释实在。

理论作为阐释实在的知识形式，关涉的其实是本体论的问题，即致力于解答事物是什么、什么样和为什么的问题。在整个知识大厦中，除了这种本体论的知识形态，还有认识论、方法论和价值论的知识。认识论知识是用以衡量本体论知识的“真理性程度”的知识，其通常的轨则或尺度是“价值中立”的程度；方法论知识是用以获得本体论知识的工具或手段，它解决的是效率问题，虽然也涉及认识论层面，但根本的存在意义是为本体论目标服务；价值论知识带有规范性和伦理学意义，是指导人类社会实践的直接也是终极的知识形态，但它必须以本体论知识为前提。换言之，价值论知识的正确与否，取决于一个条件：本体论知识（理论）的一般性与实践环境的特殊性之间的匹配程度。由于理论本身的特点（如抽象性、概括性、一般性），二者间的完美匹配是不可企及的，而近于完美的匹配却是所有理论工作者的梦想。然而，有些本属于价值论与实践环境之间的不匹配，在现实当中很容易被人们转移到本体论层面，从而否定理论存在的意义。这是将价值论知识与本体论知识相混淆所造成的区位谬误，缺乏的是逻辑学的常识。理论与实践之间的关系如图 1–2 所示。

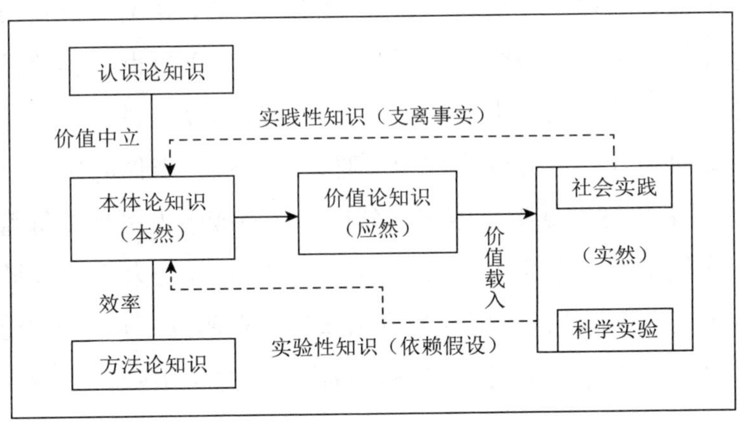

图 1–2　理论与实践之间的关系

从上边所列明的关系来看，人类求知的直接目的，在于获得价值论（或规范性、伦理性）知识；而获得价值论知识的前提，是先要获得本体论知识；本体论知识之可靠性，取决于该知识的认识论评判结果，以科学的认识论而言，其主张必然是价值中立的，当然，标榜价值中立的科学知识，并非知识的全部，它也给其他本体论知识的存在预留了空间；至于方法论知识，则仅仅是有助于获得本体论知识的工具而已，有之，则会提高效率，无之，亦无损于效果。打个比方，人类求知就如樵夫入山打柴，获得木材是他的直接目的（价值论），得到的是不是木材、得到什么样的木材是他的行动前提（本体论），得到的是自以为是的木材还是人人皆以为是的木材，或者说能否被一般性地确认为是木材与否，这是衡量他的工作结果的认识论尺度（是否价值中立），而他以刀、斧或电锯来获得木材，是他的方法论。显然，不管用什么方法，得到实在的木材才是真本事，合于真目的，而做到这一点的樵夫也算得上真樵夫。可是，反观现实，我们的一些科学研究文献，却一直在致力于炫耀方法，伪造客观（价值中立），在方法论和认识论的外观上做尽了功夫，却不能给人一个确切的理论（范畴和命题）结论：在本体论上是苍白的或空白的。这样的所谓科学研究，在价值论层面无功于当世，也就无足为怪了。此类研究，可类比于樵夫从山上回来，从不以木材示人，却总是炫耀他的锯如何高效，这可以戏称为“耍大刀”吧。当你的研究只满足于强调你是使用 SPSS24.0 版本做定量分析却又不能给人呈现有价值的理论贡献时，你就是在“耍大刀”。对于以讨论研究方法为主题且最终会走向应用 SPSS 工具进行科学研究的本书来说，点明这一点是很有必要的。一言以蔽之，本书尽管是讨论方法的书籍，但并不主张科学研究“以方法为导向”。

“耍大刀”的结果，会造成一种错觉：研究成果于世无用，这是理论之罪。这可真是城门失火，殃及池鱼。这显然是把那些所谓的科学研究在本体论层面的失效（因此它们根本算不上理论）进而导致价值论无功的事实嫁祸于理论这种知识形态本身。奇怪的是，这种“不要理论”的调调如今大有燎原之火的架势。很多人认为，只要走出象牙塔，就可以摆脱理论的梦魇；只要躬身于实践，就可以获得真知。这样一种尽管有对的一面但也有偏颇的观点，忽略了一个无法否认的事实：在象牙塔里做研究，这在知识高度分化的当今时代，已经成了一个规模庞大的职业行为。著名的物理学家霍金先生毕生没有失业，就是他一直在做理论探索，因为理论不仅仅来自实践归纳，还可以来自科学实验，当然也可以来自逻辑推演。

其实，对理论的否认，似乎只是在最近一些年的大学里才开始流行，尤其是在一些貌似“应用型”的学科或一些与政府、企业纠缠得比较紧密的研究领域里才能逐渐成长为局部性的主流意识。事实上，在整个基础教育里，包括初中和高中，日常的教学内容都是以理论教学为目标的，物理学、化学、数学等学科讲了那么多定义、定理、公理、推论、命题、假说，它们无不是理论，但不管是社会公众还是基础教育专家，都从来没人怀疑过。反倒到了大学阶段，尤其是在旅游教育与科研领域，人们开始质疑理论了，质疑学术了，开始强调个人实践能力在知识生产中的超凡作用。这种现象不能不说有几分奇怪，值得引起警觉。

对于旅游学科来说，从教育的观点看，真正应该警觉的，是我们的教科书里，到底分布着多少本体论、认识论、方法论和价值论的知识。也许，我们的教科书确实不乏“价值论”知识：很多课程（包括餐饮管理、客房管理、饭店管理总论，等等）都充斥着“应该怎么做”的对策性、规范性、伦理性、道德性知识（此外还有一些技术性知识，则属于方法论知识）。但是，这些知识有多少是基于认真的“本体论”知识（理论）呢？换言之，在没有弄清楚事物“是什么”“什么样”和“为什么”的前提下，价值论知识是如何生成的？另外，从可操作性的角度来说，且不论教育到底是应该教“道”还是教“术”的问题，仅就那些满满的“术”而言，如何在有限的一年半专业课教学中，教遍所有的“术”呢？当这些具体而微的“术”在学生毕业之后的工作实践中遭遇了独特个别的“事儿”的时候，其匹配性如果仍然很低，又该如何评判大学教育“以术为先”教育理念的得失？在面临“术”的实践失效时转而质疑“道”的理论教育，这种嫁祸于“道”的教育思想是不是应该得到澄清了？

不妨来假设一个日常生活的例子，来进一步说清楚理论是什么及理论为什么重要。譬如，有某一位老太太每日在大学门口持篮卖香蕉给学生，并根据学生购买数量调节她的香蕉价格。这显然是一个典型的经济学实践。勤快的老太太每天晚上回去，还通过在地上摆石子的形式总结她的卖价和销售量的关系，这样摆了一个月，地上出现了一个可能被学者称为“散点图”的古怪图案，那么，只要她果断地在散点之间连出一条直线或曲线，那么，这位老太太就可以向世人宣称：她发现了“需求法则”！接下来可以试问几个问题：今天的大学课堂要领着学生跟着老太太跑，还是直接把老太太宣称而得到世人认可的法则拿来讲？若你非要通过自身实践来得到一个“理论”，那么，你的研究结果，是否像老太太那样呈现了一个关于需求与价格之间“是什么”和“什么样”的本体性结论？你的研究必须跟着老太太跑过才能得到，还是也可以在实验室里得到——前者涉及“实践出真知”，后者涉及“职业科学家借助实验取得结论”。审视一下旅游相关领域的课程、教材，其中传播了多少类似于老太太所总结的“需求法则”之类的知识？老太太的这个法则是万能的吗？如果她卖的不是香蕉而是香水，她会画出一条同样的曲线吗？你会因为香水的曲线不同于香蕉的曲线而否认香蕉曲线的理论价值吗？到底应该教什么样的知识才能使学生形成“赅贯万物”的能力？

这里想表达的结论是：如果能够在教科书、在学术论文里提供充分多的有关本体论的知识——它们总是以范畴和命题这种理论形式出现，那么，就会为实践层面所需要的价值论知识提供必要的知识前提。离开了这个前提，或者说，割裂了实践和理论的这个相互依赖的关系，实践的效率会低，实践的效果会差。这就是历来马克思主义经典作家都强调理论研究、理论学习的道理所在。

第三节　科学研究中的四个关键词

在科学研究过程中，经常会用到一些重要的关键术语或关键词。在各个科学领域，不管是自然科学还是社会科学，有四个关键词是极其常用的，它们就是范畴、命题、理论和范式。不仅如此，在这四者之间，还存在着内在的依赖和制约关系：范畴→命题→理论→范式。这一流程图表明，就四个术语所表达的科学研究现象而言，其知识的丰富性在达到了范式状态时接近了顶峰；而就知识体系构建的历史性和逻辑性而言，范式的形成则无不以范畴的丰富性、命题的自洽性及理论的特色化为前提、基础。这说明，这四个关键词所代表的实际内容，既可以成为一次或一系列科学研究的对象，也意味着一个科学知识领域的成长、成熟过程通常所经历的阶段。

一、范畴

范畴（Category）一词在科学研究中已经成为十分重要的词汇。在各种学科领域，这个词汇都是最基本、最重要和最常用的术语之一。有很多成熟的知识领域，都独立拥有众多的学术范畴，它们成了一座座学科知识大厦的砖瓦。

在汉语中，“范畴”一词并非完全是舶来语。在中国古代先秦文献中，就已经有了“范”与“畴”两个词汇（如《尚书·洪范》有“洪范九畴”之记），分别指代模范、规范和规矩、疆域等义，其起源则是先民的手工和农事实践。而在西文中，不管是英语、德语、法语还是俄语，范畴一词都是希腊语的演变，即使词形略有差异，但其内涵无不用以表达种类、类目、部属与等级之意。至于近现代西方科学传入中国之后，在中文中所出现的范畴一词，其内涵既依托于中国古代文献所固有的含义，同时也已经被赋予了新的科学含义。

在《中国大百科全书》(1987)哲学卷中有关“范畴”一词的解释，是这样表述的:“范畴是反映事物本质属性和普遍联系的基本概念”，是人类“理性思维的逻辑形式”。尽管有关范畴的解释远远不限于此，但这个定义还是道出了范畴的本质规定性。

从这个定义来理解，范畴其实是关于一事物的概念，是当人类对该事物的思想或思维趋于成熟或已经成熟时而形成和保存的一种知识形态，是人类关于该事物的理性认识的一种言辞表述。

在各个成熟的学科领域或知识共同体当中，都独立或与其他学科相互关联地拥有一些专门的范畴。此类范畴在数量上越多，在得到学术界共同认可方面越是具有一致性，那么，就说明该学科的发展越成熟、越深入；相反，则表明该学科仍处于幼稚状态，甚至是处于前学科状态。

在经典物理学、数学、天文学甚至是经济学等学科领域，都已经各自发展起丰富而独特的科学范畴，比如牛顿力学中的“力”“惯性”“绝对时间”“绝对空间”，爱因斯坦的“相对”，海德格尔的“存在”，胡塞尔的“意向性”“本质直观”“生活世界”，以及后现代主义的“现代性”“后现代性”或“解构”等，这些术语因其被赋予了解释和界定某一种现象的内在含义而成为相关知识领域的重要范畴。这些范畴如同该知识领域的砖瓦，为知识大厦的构建做着最基础的准备。相反，对于一些新兴学科而言，其范畴的丰富性、独有性和成熟性，却难以和那些传统学科相媲美，由此也决定了这些新型学科较低的知识成熟度，同时也预示着未来该知识体系构建的难度。像管理学、营销学或公共关系学之类，都大致接近这种状态。

至于旅游学领域，在范畴积累和创新这一点上，同样还处于前学科阶段，因为几乎还没有充分发展起这个学科自己独有的范畴。在笔者看来，尽管旅游、旅游者、旅游资源、旅游产品、旅游体验、旅游世界、旅游情境、旅游场等这些原有的和新提出来的范畴确实可以作为旅游学研究的核心范畴，但由这些有限范畴所代表的科学研究的理性共识还远没有达到，范畴数量之少也不足以让旅游学术界体会到明确的身份认同感。这一点，不仅是旅游基础理论研究必须认识到的方向和使命，同时也是旅游学方法论应该予以回应的问题。当然，范畴的建构和运用，毕竟是一个历史过程，需要时间的淘洗和积累，也是急不得的。

二、命题

命题（Proposition）这一术语与范畴是密切相关的。概括起来说，命题是范畴与范畴之间的观点性联系。换言之，命题是借助于若干范畴来表达人们某种观点的一种陈述形式，是人们利用陈述句来表达的所要断定的东西，因此，命题也就是一种判断，而判断也由此构成了知识的根本。诸如“苏格拉底是人”“记忆不完全是可靠的”“旅游给人以体验”等，都是这类命题或判断，它们都肯定或否定一些东西。这一点正如柯匹与科恩在其《逻辑学导论》一书中所说的那样：“命题是一种可以被肯定或否定的东西。也就是说，命题不同于问题、命令和感叹。问题可以被提问，命令可以被下达，感叹可以被发出，但它们本身都不能被肯定或否定。唯有命题断定了事情是或不是如此这般，因而也唯有命题才会是真的或者是假的。真与假并不适用于问题、命令或感叹。”[①]

命题作为一种具有明晰意义的判断性词组或语句，既是人们对世界的认识的一种知识表达，同时也是人类思维的一种逻辑形式。在科学研究实践中，命题常常会以某种有待检验的假设或假定的形式出现，也可以是某种经过了经验性研究而证明了的论断。比如，“宇宙中其他星球上有生命存在”这个命题，就是一个迄今我们还不知道其真假的命题。一般来说，或真或假是命题的一个基本特征。因此，一项研究尤其是实证性研究，往往都是从确立待检验其真假的命题开始的。对于一个知识领域而言，命题的积累是促成相关知识的体系化和理论化的基础和前奏。

我们可以通过一个例子来说明范畴和命题之间的关系。比如，“旅游”“体验”“愉悦”“休闲”“余暇”等术语，都是旅游知识体当中的重要范畴，或者说，是这个知识领域的重要概念。之所以把这些术语作为范畴看待，是因为，人们通过经验性的认知，已经赋予这些术语以专门的内涵和外延，用这些术语表达人们对相关事物的本质认识。

然而，这些代表独立的旅游知识领域的范畴，并不能充分表达人们对相关的旅游现象的全部认识，尤其是在理解现象的关系方面，仅凭范畴的界定还是不够的。实际上，世界上的一切事物，都或远或近地存在着联系。解释这种联系，是人类生活的需要。因此，只有独立的范畴，还不能构建人类有关世界的全部知识。在这种情况下，人们通过命题来运用、调动范畴，从而使范畴和命题成为可以相互依赖的思维表达形式。在旅游知识领域，也不例外。

于是，通过一些经验性观察或专门化的研究，人们形成了这样一

① 欧文·M.柯匹，卡尔·科恩.逻辑学导论［M］.13版，张建军，潘天群，顿新国，等，译.北京：中国人民大学出版社，2014：6.

些可以被肯定或否定的结论："旅游是一种体验"；"旅游是一种休闲行为"；"旅游发生在自由时间或余暇之内"；"旅游能给人带来心理上的愉悦"。

诸如此类的情况，有时是发生在整体上，有时是发生在个别人身上，但不管怎样，上述表达所反映的现象，都可能真切、实在地发生过。由此就构成了人们的一些逻辑判断，一种知识上的认识，这些，就是命题，它们都是在范畴之间关联起了某种判断上的真义。如果这种命题不是来自日常生活的偶然发现，而是来自严谨设计的科学研究过程，我们就可以将这些命题作为科学结论的表达形式，从而提供知识传播的实在内容。

在逻辑学上，命题是构成论证的基本部件。逻辑学的论证过程或者推论，就是指以一个或更多命题作为出发点，得出另一个命题的过程。在实证性的科学研究过程中，命题则常常作为研究的基本假定予以提出，从而成为科学证明的直接目标。

三、理论

前文已经谈到了理论（Theory）的一些内容。从中可见，理论也就是一种知识体系。所谓知识体系，就是一种具有内在自洽性和外在独立性的知识域，是一种具备了自己的内在结构并可以借助这种结构而发挥功能的整体知识形态。如果联系上述命题的概念来加以表达，那么，理论也可以简单表述为"是由诸多自洽的命题所构成的一个知识体系"。换言之，"一种理想的理论应当是一系列相互联系并系统地加以陈述的命题，它们在更概括的水平上描述并解释某些经验现象[①]。"

① 袁方．社会研究方法教程［M］．北京：北京大学出版社，1997：80–81.

在这一表述当中，存在着这样一种根本性的认识：以知识体系形式存在的理论，其自洽性来自命题数量的充分性和命题关系上的协调性，而该理论的外在独立性则来自其所关涉的研究对象的特殊性。换言之，一个理论的形成，离不开丰富的范畴、足够的命题，且各个命题之间是协调的，而不是矛盾的，加之这些命题都是围绕一个独特的问题域展开的，由此所构成的知识体系才能称为理论。

就理论的形式而言，特纳针对当代社会理论所做的分类，比较全面地展示了理论的内涵。这种分类是从理论陈述的不同组织形式上展开的，主要有思辨理论、分析理论、演绎理论和模型理论四种①。

思辨理论并不关注于解释具体现象，它主要从哲学角度探讨理论的核心概念和基本假设。当我们将问题的焦点集中在诸如旅游的本质是什么，旅游体验的本质是什么，旅游体验的基本范畴是什么，旅游学作为一个学科，它的研究对象是什么，等等，并在回答此类问题时主要借助于对相关领域已有的理论家的思想或观点进行分析、综合，进而提出我们自己的核心概念和理论假说，并以此作为理论的公设或前提来抽象地分析旅游世界的社会现实，这种理论结论，就属于思辨理论。思辨理论给人印象最深的特征，恐怕是逻辑上的严谨性和思想上的深刻性。在人类历史上，思辨理论曾占据着东西方学术传统的很长一个时期，并产生了诸如老子、柏拉图、康德等很多哲学巨人。

分析理论侧重于对人类社会做出类型学的划分，它试图建立一套概念体系和分类框架。在这种理论当中，每一个概念都旨在界定人类社会的一种基本现象，而各个分类框架则用于把社会加以分解，使每一经验现象都在分类体系中占有一个确定的位置，同时也就具备了所在类别现

① 乔纳森·H.特纳.社会学理论的结构［M］.吴曲辉，等，译：杭州：浙江人民出版社，1987：9–33.

象的共同特质。这种类型学上的探索，颇类似于生物学传统，其结论对于深化人类对客观世界的认识是很有帮助的，同时，对于现象的类型化过程，也是帮助人们探索关系变量的一个途径。例如，当我们通过深入的分析，理解了旅游体验可以分解为生理体验、心理体验，或者可以划分为认知体验、情感体验、意志体验，或者可以分解为自省体验、互感体验、融入体验等类型时，不仅已经增进了对旅游体验的理解，同时，还可以通过分析各种类型的体验与旅游者主体的综合体验的关系，来深化对旅游体验的认识。

演绎理论也称为形式理论，这种理论在形式上是由一系列不同抽象等级的命题构成的，从高层次命题中可以推演出低层次命题，它们可用以解释具体的经验现象。在社会理论领域，演绎理论无法像自然科学那样，借助于一些公认的公理或公设来展开逻辑推演过程，而只能采用由抽象概念到变量，再由变量到指标的经验演绎，因此，其逻辑过程并不严谨。例如，在经济学领域，整个理论体系都建立在“人是理性的”这一基本假设前提之下，这样，当把人置放到社会、文化和自然环境的某种具体框架当中的时候，经济学对人的行为的解释能力是有限的，它无法诠释人的行为的非理性方面。但这种理论能够使抽象层次与经验层次联系起来，不仅解释的抽象度高，而且还可以接受经验事实的检验，因此这种理论也最具有科学理论的特征。

模型理论一般由经验概括而来，它的抽象层次较低，而实证的色彩最为突出，因此也是目前理论研究领域中一种比较流行的理论形式。在社会科学研究领域中，也包括旅游研究领域在内，大部分模型是依靠数学和统计学的方法，通过对经验数据的因果分析而建立起来的。在构建模型的具体研究过程中，人们可以采用演绎法和归纳法两条不同的路径，但二者可谓殊途同归，最终都在于构建某种理论模型。差别仅在于，演绎法自命题开始，至命题的证实或证伪结束；归纳法自现象观察开始，至命题形成结束。这两种路径都要求研究过程要紧密地与经验事实相联系，要求理论命题必须基于经验事实得出才有效。由于经验事实所代表的现象的局限性，模型理论的结论在谋求一般性拓展时，必然会受到限制。

从整体上说，在旅游学研究领域，目前还缺乏像样的、成熟的理论。做这种判断的根据就是，在当前旅游学这个知识体中，还没有足够多的范畴，没有足够多的命题，尤其是没有足够多的协调自洽的命题。在一些旅游学著作中，从对基本范畴的概念性界定，到各种命题的提出，时常会存在着自相矛盾、互相矛盾的情况。这是理论不成熟的表现。但是，就旅游学研究对象而言，旅游现象的独特性是存在的，因此，旅游学作为一个知识体独立存在的外在条件是具备的，而理论的自立仅仅是时间的问题。随着旅游在丰裕社会的地位日益得到强化，有关旅游的理论，自然会逐渐走向成熟。如果旅游学术界能够在理论构建方面形成自觉，这种走向成熟的进程就会加快。

四、范式

范式（Paradigm）这一概念及相关理论是由美国著名的科学哲学家托马斯·库恩（Thomas Kuhn）提出并在其著作《科学革命的结构》一书中系统阐述的[①]。这一概念指的是一个共同体成员所共享的信仰、价值、技术等的集合。在库恩看来，范式是常规科学所赖以运作的理论基础和实践规范，是对本体论、认识论和方法论的共同承诺，是从事某一科学的研究者群体所共同遵从的世界观和行为

① 托马斯·库恩.科学革命的结构［M］.4版，金吾伦，胡新和，译.北京：北京大学出版社，2016.

方式。

不管从哪个角度来看待范式，就其本质而言，范式的核心仍然是一种理论体系。只是在更大的程度上，范式比一般的理论更具特色、更有影响力或感召力，因此，这种理论不仅在科学认知层面具有为该共同体成员所共同认可的结论或命题，而且在价值层面也多少具有更浓厚的共同信仰成分。这是范式的宿命，就好比一个有很多粉丝的理论终于成了范式一样。在地球生物科学中的进化论，在社会学中的批评主义理论，在政治经济学中的劳动价值论或与之相对的效用理论，它们作为一种理论，同时也因其理论的特色化而具有众多的追随者，从而使该理论具备了范式的特征。从科学发展的阶段性而言，范式的突破可以导致科学革命，从而使得科学获得全新的面貌。从人类从事科学研究的历史来看，自哥白尼的日心说以来，到牛顿力学、爱因斯坦相对论等，即使是在貌似“最科学”的理论语域，也终将出现范式被突破的命运。

在整个旅游学领域，尤其是在中国的旅游学领域，由于范式产生所依赖的范畴、命题和理论仍属匮乏甚至缺位，因此还远谈不上有范式的存在。

第四节　科学研究中的本体论、认识论与方法论

在一般的科学研究当中，各种理论观点或范式都因其对现实世界所给出的独特解释而赢得人们的关注甚或接受，而这些理论范式的独特性往往建立在三个基本维度上：本体论、认识论和方法论，这正如前文所引述的库恩的观点那样：范式是对本体论、认识论和方法论的共同承

诺。詹宁斯所著《旅游研究方法》一书，也采用这三个维度对各种范式予以梳理，从而很好地显示了每一种范式的特征。詹宁斯的讨论是从列举如下的问题开始的[①]：

（1）世界的真实性或本质，这是范式的本体论基础。一种范式如何看待这个世界，决定了该范式与其他范式的本质差异。与认识论相比，这种本体论上的差异往往是类属上的差异，是一种性质不同的断点式差异。本体论的问题在很大程度上属于哲学的问题。

（2）研究者与研究对象或客体之间是一种什么关系，这是范式的认识论基础。通常，认识论可以用一个连续谱来表达，它反映人们在形成有关世界的知识方面，存在着多大程度上的主观性或客观性。因此，认识论的两极是绝对的主观与绝对的客观，而人类社会现实中的各类知识，往往是在这两极之间的某种折中或选择。认识论的问题，在很大程度上也一直是哲学领域的问题，尽管它直接关系到科学的方向和策略。

（3）资料收集和知识建构，这是一种范式的方法论基础。根据不同的理论范式进行科学研究，相关人员所采取的收集和分析资料的策略往往也是不同的。在一项研究中，如何获取资料，如何分析资料，如何从分析的直接结论升华为一种理论命题或理论模型，从而建构起有用的知识，这些都是方法论的问题。方法论的问题，是当科学得以充分发展之后，才逐渐形成其独立的系统的。同时，也正是方法论在历史上的不断出新、丰富，才推动了科学的不断进步。

① 盖尔·詹宁斯.旅游研究方法［M］.谢彦君，陈丽，译.北京：旅游教育出版社，2007：34.

一、本体论

所谓本体论（Ontology），就是如何看待世界，或者说，世界究竟是什么性质的，世界①的实在②是什么。用严格一点的语言来表述的话，本体论是有关存在的本质性的观点。换一种角度来回答，本体论也是专门回答“是什么”之类的问题的一种观点性的认识。

在现实生活中，我们经常会谈论到这样的一些观点：一些人认为世界是物质的，而另一些人则认为世界是精神的，还有些人认为世界是物质与精神的统一。有些人认为世界会有一个开端或起点，一切事物的发展变化都是一种因果关系，因此，世界是可以解释的；而另一些人则可能认为，世界是平面展开的，是多元并列的，万事万物彼此间并不存在像人类所认识的那种依赖或因果关系，因此，试图对世界进行关联性或因果性的解释是徒劳的，对未来进行预测也是人类的一种自大的行为。这种观点上的差别，就属于本体论上的差异。前文曾经谈到，前现代和后现代就如何看待“什么是真正的真实”这一问题，就呈现了不同的观点，此类问题就是有关本体论的问题。

不过，人们通常认为，到底如何解释“世界”“真实”“存在”这些概念，到底“什么是世界的本质”“世界的本原是什么”诸如此类的一些问题，确实是很难回答的。已有的各种观点，可能都带有某种片面性。此类有关“是什么”的问题，正如前文所说过的那样，如果摆脱常识层面的约束，便是一种哲学问题，而对这类哲学问题的探

---

①　本体论意义上的“世界”二字的含义，也有其他不同的类似范畴，它可以指代任何科学研究乃至于人类日常语言交流实践中的元问题。在日常生活中，人们每天会面对各类物象，即万事万物；在佛教当中，有“万有”一词，其实与哲学中的这个“世界”，具有类似的含义。

②　实在一词在哲学领域有很多相近的术语，如本质、原质、本体、本原、本元、真实等，均用以表示事物的根本性质。在不同的哲学流派中，这些术语被赋予一些有细微差别的含义，反映了不同哲学观点在一些根本问题上的不同。

索，事实上贯穿了整个人类历史的进程，并最终演化为分歧很大的理论流派。

本体论的两极：实证主义和后现代主义

就本体论而言，古往今来，有诸多颇有影响的自然科学范式和社会科学范式，它们分别采用了各自不同的看待世界或看待“真实性”的观点。

在当今的学术界，差异最大、最为典型的两种本体论观点，来自实证主义和后现代主义。它们分别代表着互为两极的一元论和多元论思想。

在历史上，一元论思想由来已久。在中国古典哲学领域，先秦时期的诸子百家，凡有其完整体系的，都具有一个看待世界的基本观点。比如，其中道家鼻祖老子及其一派，将世界归结为“道”，这种朴素的唯物主义思想，在本体论意义上阐明了道家的一元论特点：“天下万物生于有，有生于无”，“道生一，一生二，二生三，三生万物”。令人惊异的是，在有关世界的起源这一根本问题上，老子的哲学猜测竟然与20世纪80年代英国剑桥大学卢卡斯数学教授霍金与他的合作者吴忠超一起得到的研究结果有着惊人的巧合。他们的研究结果是，宇宙存在起始点，而且有生于无。这便是宇宙大爆炸理论。宇宙大爆炸理论由此而成为宇宙学的一个新的范式。此类范式承认事物之间的普遍联系，预示着科学对因果关系的解释能力，因此，是一种符合现代实证主义观点的一种前科学范式。后来畅行于科学界的实证主义思想，均与这种一元论观点有着密切的联系，以强调世界的依存关系为其特征。

与此相对，诞生于20世纪60年代的后现代主义，却是一种与科学相反动的理论思潮。在这种理论看来，世界不存在单一的真理，对事物不可做一般性的本质认识，因为事物既无关联，又无因果，世界完全是一种多元化的存在。甚至，这种思潮连他们自身的“理论”都不会承认。

这两种不同的本体论观点，从两极的角度反映了知识在本体论上的特点。

既然本体论是关于世界的认识，那么，这种认识就是人对于外物的意识反映。由于每个人限于其生理和心理的独特性，这种反映就有可能存在差异；但既然每个人都生而为人，那么，每个人对同一事物的意识反映就都会具有某种共性；更进一步而言，既然每个人都生而为中国人，或者生而为美国人，那么，每个人对同一事物的意识反映又会带有其文化或民族烙印。从中可见，如果从本体论的角度考察人对世界的看法，那么，这种看法既有趋同的趋势，也有个体化的倾向。正因为如此，在有关世界的看法方面，才会存在如上所说的互为两极的实证主义和后现代主义两种取向。在某种程度或从某个角度说，这两种本体论取向都有其存在的合理性，其他很多不同的范式，都是这两者间的某种折中或妥协。

如何以更为通俗的形式解释本体论的含义？可以用图 1–3 来解释人们对“世界”（杯子）的看法。

图 1–3 所表达的思想是多方面的：①本体论是关于世界本质的一种意识反映；对世界本质的认识有时可能存在着难以逾越的困难；②由于个人立场的差异，不同的人对同一事物，或同一个人在不同时空状态下对同一事物，会有差异甚大的观点；③人类对事物的认识，存在直观认识和间接认识（如通过文字、概念、命题等知识形式，笔者在《灵水识

谭》一书中将其称为“第二系统”[①]），间接认识增加了对事物本质认识的难度；④本体论自身的特点，展示了它所体现的人类认识世界的观点具有开放性。

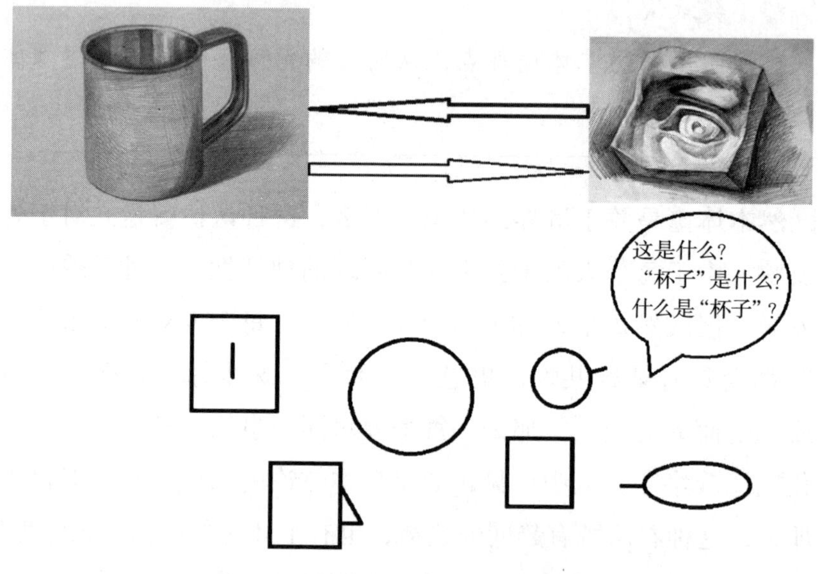

图 1–3　关于本体论含义的直观解释

在图 1–3 中，即使一个简单明了如杯子这样一种事物，人们对它的意识反映及接下来的概念表达都存在着近乎不可逾越的困难，可想而知，对于诸如“什么是德性”“什么是美”“什么是公正”及“什么是旅游”乃至“什么是旅游体验”这类更为复杂的现象，人们存在不同的认识，就是自然而然的了。这个事实表明，要想对一个事物有全面的认识，必须包容因立场或视角不同而形成的不同观点。这种观点积累得越丰富、越充分，对该事物所形成的认识就会越完整、越接近于事物的本来面貌。也正是因为如此，有些学科才显得更为成熟。物理学中有各种本体论观

① 谢彦君 . 灵水识谭［M］. 北京：中国旅游出版社，2017：238–242.

点大不相同的理论范式自不待言（参见本书第二章），社会科学范式更加如此。经济学之所以被称为社会科学皇冠上的明珠，不仅是因为其方法论相当丰富，其认识论更为客观，尤为重要的是，它发展出了丰富多彩的本体论不同的理论范式。如果旅游学能够积累起本体论观点不同甚至相互对立而又各成体系的观点，那么，旅游学科走向成熟也就为期不远了。

值得注意的是，上述有关本体论的解释不应该带出这样一个结论：当观察事物的立场（或视角）完全相同时，允许得出完全不同的结论。这是错误的，这是一种根本性的和重大的谬误。本体论的开放性特征（允许不同观点的存在），其前提是观察角度（立场）的差异。换言之，完全相同的人或一个人在完全相同的条件下观察同一事物，必须得出完全相同的结论。这一条件设置，既是本体论的本质使然，也是知识的本质使然，同时也是以追求“一般性”为宗旨的科学理论得以存在的内在根据。当站在同一立场观察同一事物时却得出不同的结论，那么，结果只有一个：其中必然有一个是对的，另一个是错的，或者二者都是错的。不存在二者都对的情况。对此，韩非子有一个非常精辟的比喻：“夫冰炭不同器而久，寒暑不兼时而至，杂反之学不两立而治[①]。”在学术现实当中，有人混淆了本体论上的两种立场约束，从而为自己的错误观点辩论并美其名曰“观点不同而已”，这是一种概念上的混淆视听，是一种缺乏基本逻辑学和方法论知识的表现，应予批判。

二、认识论

认识论（Epistemology）是有关知识问题的基本观点，是“关于人类

① 韩非．韩非子·显学［M］．北京：北京燕山出版社，1995：443–444.

认识的来源及认识发展过程的哲学学说[①]。”也就是说，认识论探讨的是有关人类认识的本质、结构方面的问题，“是知识的科学[②]”，因此其主要内容涉及人类认识与客观实在的关系。张东荪在其所著《认识论》一书中，这样归纳认识论所要研究的几种问题[③]：一是知识之由来——这个问题所要讨论的是知识是习得的还是天生的？二是知识之性质——这个问题所要讨论的是知识的内容是感觉？是知觉？是概念？是判断？还是其他？三是知识与实在之关系——这个问题所要讨论的是知识的对象是外物？还是心影？抑或兼是？四是知识的标准——这个问题所要讨论的是知识上所有真伪是以何而分的？

认识论的核心，体现在对上述问题的探寻过程中或在知识形成过程中，知识的建构者（问题的研究者）与知识的对象（问题的载体）之间的关系，到底是一种客观的关系还是主观的关系，或者是主观与客观相杂糅的一种关系。比如说，从衡量知识真伪的标准的角度，我们可以问：牛顿所获得的关于天体运动规律的知识，有没有他的主观成分在里边？玛格丽特·米德关于萨摩亚人是否也会遭遇青春期的烦恼的研究结论，是客观的，还是不可避免地掺和了某种主观的价值取向[④]？在这种探寻过程中，各种问题都会很自然地归结为研究者与其研究对象的关系的问题。不过，尽管传统上人们习惯于把这种关系概括为客观的和主观的两种关系模式，而实际上，任何一项具体的研究，都可能是这两极之间的某种状态：人类通过研究所获得的有关现象的知识，既不可能是绝对客观的，

① 逻辑学词典编写组 . 逻辑学辞典［M］. 长春：吉林人民出版社，1983：114.

② 艾尔·巴比 . 社会研究方法（上册）［M］. 8 版，邱泽奇，译 . 北京：华夏出版社，2000：27.

③ 张东荪 . 认识论［M］. 北京：商务印书馆，2011：2.

④ 德里克·弗里曼 . 玛格丽特米德与萨摩亚——一个人类学深化的形成与破灭［M］. 夏循祥，徐豪，译 . 北京：商务印书馆，2008.

也不会是绝对主观的。人作为山河大地中的一分子，不仅其身体生存的物理条件依赖于外在自然，而且其心理取向也往往与外在自然具有某种关联性。人与自然是在二者之间相互关联的约束中相互作用，并实现着各自的发展和演化进程。

如果从哲学的意义上来看认识论，那么，可以说，人类在不断认识客观世界的同时，也对主观世界进行认识，而且一直在探寻主观世界与客观世界的关系。在这个意义上，哲学就是认识论，哲学史也就是人类认识的历史。在这个历史过程当中，认识论所探讨的最基本的矛盾问题就是思维和存在的关系问题。费尔巴哈在研究哲学史时曾说："思维与存在的关系问题，是哲学上最重要的也是最困难的问题，全部哲学史就是在这个问题的周围兜圈子[①]。""哲学家依照他们如何回答这个问题而分成了两大阵营。凡是断定精神对自然界说来是本原的，从而归根到底以某种方式承认创世说的人……组成唯心主义阵营。凡是认为自然界是本原的，则属于唯物主义的各种学派[②]。"由此可以看出，哲学认识论所关注的思维与存在的问题，既是世界观或本体论的问题，又是认识论的问题。古往今来，人们在这一领域展开了激烈的论争，形成了众多的理论派别，也构成了人类知识世界丰富多彩的文化生态。不过，对这些流派及其认识论观点的进一步讨论，将远远超出本书的范围。下面仅拟就科学研究方面的认识论问题略作展开，使读者能够比较直观地把握科学研究中的认识论内涵，并养成科学认识论的自觉，以便于在建构理论时能够与科学界形成认识论方面的共识。

在科学研究领域，由于自然科学和社会科学的分野，使得人们对两

① 中共中央马克思恩格斯列宁斯大林著作编译局．列宁全集［M］. 38卷，北京：人民出版社，1959：63.

② 中共中央马克思恩格斯列宁斯大林著作编译局．马克思恩格斯选集［M］. 4卷，北京：人民出版社，1972：219.

个科学领域的认识论规律会形成颇不相同的观点。通常，在自然科学研究领域，客观唯物主义的认识论很容易获得科学界乃至于社会各方面的理解和认同，并可能将科学研究的客观性（又称为价值中立）作为科学研究的当然原则来对待。人们很自然地会以为：自然科学家以自然为研究对象，以严格排除一切人为干扰的实验方式作为获取理论证据的过程和手段，对研究成果的解释也采用不带任何情感和价值判断色彩的独特语言形式，在这种情况下，自然科学家的研究及其成果——一种对客观世界的知识形态，会做到相当程度的客观和独立。但实际上，在自然科学界也从来就没有真正对此达成过共识。对此，查尔默斯有过如下的叙述。

当有人声称科学的特别之处就在于它是以事实为基础时，这些事实被假定为就是一些关于世界的主张，它们可以通过仔细和无偏见地运用感官直接证实。科学是以我们所能看到、听到和触摸到的东西为基础的，而不是以个人的观点或推测性的想象为基础的。如果对世界的观察是仔细的和无偏见的，那么，以这种方式确定的事实将为科学构建一个可靠的和客观的基础。如果再进一步，推理使我们从这些事实基础到达构成科学知识的定律和理论，而且这种推理是完备的，那么，由此产生的知识本身就可以看作是得到了可靠证实的和客观的。

以上这些评论，就是一个人们耳熟能详的传说的梗概，它在范围广大的有关科学的文献中都有所反映……[①]

① A. F. 查尔默斯 . 科学究竟是什么［M］. 3 版，鲁旭东，译 . 北京：商务印书馆，2007：1.

之后，查尔默斯在该书的前四章中，都对这种观点进行了一种批判性的考察。这说明，即使是在科学界，人们对某个科学研究的结论的客观性，也可能是抱持某种怀疑的态度的。如果这种情况发生在社会科学领域，就更不足为奇了。

作为一个典型的例子，在此可以简略地引述玛格丽特·米德对萨摩亚人青春期问题的研究，来说明社会科学研究中的知识的客观性的问题。在 20 世纪初叶，西方学术界对人类的行为模式是遗传决定的还是环境决定的争论异常激烈。当时还很年轻的玛格丽特·米德所进军的，正是这样一个混乱而狂热的战场。米德在《萨摩亚人的成年》一书中所回答的，正是有关“什么是人类本性”这一科学界当时最重要的问题。她在结论中宣布，后天性因素完全超过先天性因素：在萨摩亚，没有青春期危机。这是一个十分重大的结论，是投向当时科学界中摇摆不定的生物决定论和环境决定论这一天平的重磅秤砣，米德也由此获得了持久不衰的国际声誉，尽管也引起过一些质疑。然而，时隔数十年之后，弗里曼通过系统的研究，几乎全面地否定了米德的结论：由于米德的信息提供者对她撒了谎，导致其结论与相关事实不符，不可能是正确的。为此，弗里曼感慨地说：“人类在科学中犯下的错误，正如在所有其他形式的人类活动中一样，都是家常便饭。”他所要做的和已经做的，就是将神话置于其本来的位置上（而这些位置正在被抛弃），而不去理会有些人如何感受。他还引用了米德当年的信息提供者在 70 多年之后接受问询时所说的话，来表达他对科学研究的态度：科学家应该当心人们给他的解释，他们必须首先审视并确定：人们告诉他们的话是真实的，而不仅仅是一个玩笑。

上述这个例子，尽管更多地涉及了研究伦理的问题，但从米德的研究进程和解释模式来看，也还属于认识论的范畴，只是很难判定米德存在主观上的故意而已。与此不同的，还可以引用另外一位学者的观点，来阐述社会科学中人们对科学研究的认识论所明确主张的不同观点：有些社会科学研究可能根本做不到充分客观，甚至根本不需要追求客观，而应该接纳甚至主张知识建构过程的主观性。这个观点在一部题为《伤心人类学：动情的观察者》的人类学著作中得到了明确的阐释。

然而，在本书以实证方法为主导的方法论探索当中，作者的观点还是会强调科学研究中的价值中立原则。一般而言，这一客观性原则，在旅游研究中的自然科学板块中不难得以落实，而在社会科学板块中，则往往通过大数规律的呈现来落实。当然，由于旅游研究所能采用的理论范式多种多样，所面对的问题的类型纷繁复杂，所采用的方法会千变万化，因此，在认识论层面，不排斥容许研究者根据上述诸种状况及其组合，来采取适当的认识论策略。换言之，在认识论这一从主观到客观的连续谱上，某一项或某个人的一次具体的旅游研究，可能会选择该谱上的任何适当的点，来实现其知识获取或建构过程。最终的判别标准则在于，该项研究在构筑旅游知识大厦方面，是否真正做出了贡献。图 1–4 形象地表达了认识论的含义。

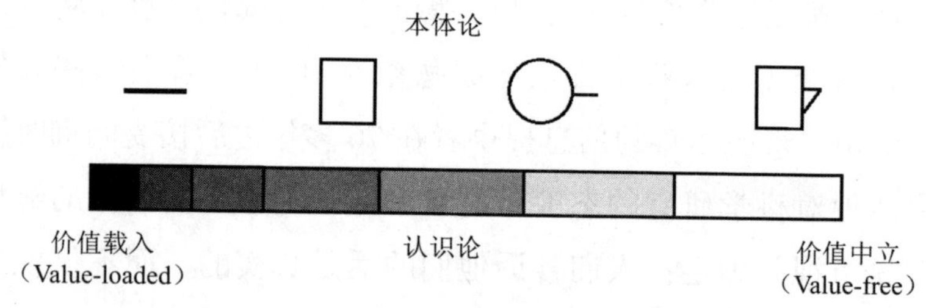

图 1–4　认识论及其与本体论的关系图示

图 1–4 不仅反映了有关人类知识的认识论问题涉及认识主体的个人

价值对知识的影响，而且也表达了认识论实际上是本体论的一个判别指标。在科学的视野中，一直主张价值中立的知识生产原则。但与此同时不得不承认，任何知识都难免会包含着认识主体的价值载入，这种载入极可能贯穿于知识生产过程，也可能贯穿于知识应用过程。

三、方法论

简单地说，方法论（Methodology）就是有关方法的理论，是对方法的研究。换言之，方法论是在探讨研究时所使用的方法是否适当时所逐渐积累起来的一个知识体系。它的目标是通过评估某一研究领域中用于解决相关问题的工具、方法、技巧、途径和程序，以寻求最有效的解决问题的方法和策略，并最终提出较为一般性的原则。

实际上，有关方法论的定义是多种多样的，其中至少可以归纳为广义和狭义两种视角。广义的方法论的定义，是把它与世界观联系起来的，因此，可以界定为“关于认识世界和改造世界的根本方法的学说”[①]，由此则形成了形而上学的方法论、辩证唯物主义的方法论、唯心主义方法论等差别。相反，从更为狭义的视角理解方法论，则主要是一种科学甚至具体学科意义上的方法论。比如，朗内斯在他所编的《哲学辞典》中将方法论定义为“对那些总是指导着科学探索的推理和实验原理及过程的一种系统分析和组织……也称之为科学的方法。因而，方法论是作为每一门科学的特殊方法的一种总称[②]。”而《韦伯斯特大学词典》对方法论的定义则是“一门学科所使用的主要方法、规则和基本原理；对特定领域中关于探索的原则和程序的一种分析”，类似的表述在《韦氏新世界

① 逻辑学辞典编辑委员会 . 逻辑学辞典［M］. 长春：吉林人民出版社，1983：122.

② 转引自唐・埃思里奇 . 应用经济学研究方法论［M］. 北京：经济科学出版社，1998：26.

美国英语词典》中也可见到[①]。

在本书中，除了第二章在介绍方法论的层次时会采用广义视角的方法论定义之外，全书主要是站在科学研究的立场来讨论方法论的，因此所采取的也是一种狭义的视角。在这种情况下基本可以领会旅游学研究方法论的含义，大致就是对旅游学研究领域中所采用的各种方法的适当性的研究。尽管当前这种研究还未能积累起一个比较成熟、完善的知识体系，因此还不能以“旅游学方法论”名之，但其未来的方向，毫无疑问是对旅游学方法论的探索。

在方法论领域，通常还会涉及这样几个术语：方法（Methods）、途径（Approaches）、技术（Techniques）和程序（Procedures）。这些术语既分别是方法论中的一部分内容，但同时也是往往会引起一些概念混淆的地方。比如，方法与方法论之间、方法与途径之间（尤其英文Approaches也往往可以译为“方法”）及技术与程序之间，都存在着如何清晰界定的问题。不过，至今人们并未在方法论层面对这些术语做严格的区分和界定，在很多情况下，它们标志着一项研究过程中所综合采取的方法论策略。在这里，不妨用心理学研究领域的一个经典案例作为例子，来大体说明一项研究中所涉及的这几个方面的问题。

观察到攻击行为……做出攻击行为[②]

攻击行为是心理学史上一个最重要的研究课题。多年以来，在行为科学家之中，一直处于这项研究最前列的是社会心理学家，他们研究的重心是人与人之间的相互作用。他们提出的一个问题是为

① 转引自唐·埃思里奇.应用经济学研究方法论［M］.北京：经济科学出版社，1998：26.

② 罗杰·霍克.改变心理学的40项研究——探索心理学研究的历史［M］.北京：中国轻工业出版社，2004：113–117，引文根据该书相关内容改写而成。

什么人们会做出攻击行为。

心理学史上有一个非常著名、非常有影响的实验，它阐述了儿童是怎样习得攻击行为的。这项研究是阿尔伯特·班杜拉和他的助手于1961年在斯坦福大学完成的。班杜拉认为除直接的鼓励和惩罚之外，行为的塑造还有一种重要的方式，即可以通过简单地观察、模仿（或以别人为榜样）其他人的行为而形成。

【理论假设】

研究者计划让儿童分别观察两名成人，一名表现出攻击行为，另一名不表现出攻击行为，随后在没有榜样出现的新情境中对儿童进行测试，以了解儿童在多大程度上模仿他们观察到的成人攻击行为。为此，班杜拉展开了这项被心理学界称为“波比娃娃”的研究。

【方法】

被试：参加这项研究的被试由36名男孩和36名女孩组成，他们的年龄在3~6岁，平均年龄为4岁零4个月。

实验条件：24名儿童被安排在控制组，他们将不接触任何榜样；其余的48名被试先被分成两组：一组接触攻击性榜样，另一组接触非攻击性榜样，随后再按男女分组。最后，各组分出一半被试接触同性榜样，另一半接触异性榜样。这样最终得出8个实验组和1个控制组。一名实验者和一名教师（都是对这些儿童非常了解的）对这些儿童的身体攻击、语言攻击和对物体的攻击行为进行评定。这些评定结果使实验者可以依据平均攻击水平对各组被试进行匹配。

实验程序：每个儿童分别单独接触不同的实验程序。首先，实验者把一名儿童带入一间活动室。在路上，实验者假装意外地遇到成人榜样，并邀请他过来“参加一个游戏”。儿童坐在房间的一角，面前的桌子上有很多有趣的东西。有土豆印章和一些贴纸，这些贴纸颜色非常鲜艳，还印有动物和花卉，儿童可以把它们贴在一块贴板上。随后，成人榜样被带到房间的另一个角落的一张桌子前，桌子上有一套儿童拼图玩具，一根木槌和一个1.5米高的充气波比娃娃。实验者解释说这些玩具是给成人榜样玩的，然后便离开房间。

无论在攻击情境还是非攻击情境中，榜样一开始都先装配拼图玩具。1分钟后，攻击性榜样便开始用暴力击打波比娃娃。对于在攻击条件下的所有被试，榜样攻击行为的顺序是完全一样的。

这样的情况持续将近10分钟，然后实验者回到房间里，向榜样告别后，把孩子带到另一间活动室。

在无攻击行为的情境中，榜样只是认真地玩10分钟拼图玩具，完全不理波比娃娃。

愤怒或挫折感的激发：10分钟的游戏以后，在各种情境中的所有被试都被带到另一个房间，那里有非常吸引人的玩具。研究者先让被试玩这些有吸引力的玩具，不久以后告诉他这些玩具是为其他儿童准备的。并告诉被试，他可以到另一个房间里去玩别的玩具。

检测对攻击行为的模仿：在最后的实验房间内，有各种攻击性和非攻击性的玩具。允许每个被试在这个房间里玩20分钟，在这期间，评定者在单向玻璃后依据多条指标对每个被试行为的攻击性进行评定。

攻击行为的评定指标：总共评定了被试行为中的八种不同反应。其中最鲜明的有四种：对攻击波比娃娃的行为的模仿；对攻击语言的模仿；用木槌进行的其他攻击行为；自发做出的身体或语言的攻击行为。

【结果】

实验结论是若被试看到榜样的攻击行为，他们也就倾向于模仿这种行为。

在上述所引的班杜拉“波比娃娃”实验研究中，清晰而确切地交代了该项实验所采用的方法、工具、技术和程序，从而保证了该实验可重复进行的科学品质。从方法论的意义上来说，这个实验符合心理学方法论的一般原则。不过，在这项研究中所展示的方法，主要地还局限于实验方法。在旅游学研究领域，除了实验法之外，还有其他可资利用的大量方法。这些方法将在后文陆续介绍，它们的恰当使用，也是本书要集中探讨的方法论问题。

第五节　科学研究中的伦理问题

人们在一般的社会生活中，就其行为的根本动力而言，往往会根据趋利避害的本能来判断外界行为对自身利害的影响，并形成相应的行为策略。在历史的长河中，某个社会群体的此类日常行为策略只要积久成习，就会作为一种文化的集体性选择，从而演化为伦理意义上的行为规则。所以，伦理的本质就是某种文化范围当中的对与错、好与坏的问题。这类问题通常是发生在人与人之间的，不过，在更广泛的意义上，也可以涉及人与自然的关系，但不管是哪一种关系，都是建立在功利性的价值判断的基础之上的。

科学研究作为一种追问真与假的求知过程，它本身也是一个社会活动过程，因此也一定会涉及伦理问题。其伦理问题主要体现在研究过程所涉及的利益相关群体所遭受的影响方面。通常，科学研究的目的是为了人类生活条件的整体改善。但从具体个人的科学研究目的来看，情况会十分复杂。个体科学研究工作者的科学实践，既可能是出自美好的理想和抱负，也可能出自日常生存条件的压力，还可能出自其他私人企图。因此，科学研究工作者的科研活动，会因目标的不同而具有相异的追求，有不同的过程和手段，有好坏判然有别的外部效果或影响。即使在看似完全符合客观性原则基础上实施的自然科学研究，由于研究课题的选择、研究成果的应用，以及研究过程中科学研究人员的某种介入，也同样难以真正摆脱研究的伦理问题。至于一些社会科学研究，不是以人作为直接的研究对象，就是要借助于人的参与来达到对相关问题的进入，因此，这种“关于人”的研究，其伦理的问题就更加突出，有时会直接影响着被研究者的切身利益。在社会学、心理学、行为科学领域所做的很多研究，都存在着此类伦理问题。

科学界对研究伦理的关注，可以追溯到第二次世界大战后《纽伦堡法典》(Nuremberg Code)的颁布与实施。该法典的颁行，起自第二次世界大战期间纳粹集中营使用战俘进行残酷实验的事件被揭露之后。当时，纳粹集中营在那些不情愿的被试者身上进行残酷的“医学实验”，包括将其骨头一次次打断（目的是为了看骨头被打断后相隔多久才能够康复）、把被试者放在温度极高的水中或者温度极低的冰水中（目的是为了看人在这种情况下能活多长时间）。当此类暴行被揭露出来之时，1947年那些对这些罪行负有责任的人在德国纽伦堡受到了审判。此次审判引出了《纽伦堡法典》，由10条伦理准则构成，专门规定了以人作为研究对象时所应遵循的伦理原则。在这一法典的影响下，科学界对科学研究中的伦理问题日益觉醒，从而催生了各种约束科研行为的伦理规则。在国外，很多科学研究的专业机构或组织，都为本领域的科学家设定了从事科学研究的伦理准则。如澳大利亚和新西兰的休闲研究协会（ANZALS）、澳大利亚心理学会（APA）、美国心理学会（APA）。在这些机构所提供的指导研究的伦理准则中，通常都会就科学研究过程中的研究计划设计、研究者的确定、被研究者的确定、资料收集、资料分析、报告结果等各阶段的伦理问题做出规定。在这些规定中，集中体现了两类基本的伦理责任：①要对研究中的人类和非人类被试负责；②必须诚实和准确地报告研究结果。

在詹宁斯所撰著的《旅游研究方法》一书中，对旅游研究的伦理问题做了详细的讨论[①]。他从旅游研究者对社会、对学术界、对参与者、对委托人、对研究者自身的角度，分别阐述了科学研究的伦理责任。这些责任一般都建立在对诸如公正、无害、有益、尊严、坦诚和权利等问题的关切上。概括起来，这些伦理准则主要包括以下几方面。

（1）受益而无害（Beneficence and Nonmaleficence）。受益指的是科学研究中的被研究者及相关个人和群体的利益最大化，无害指的是使被研究者受到的伤害最小化。对此，詹宁斯的书中有详细的阐述。在旅游研究过程中，研究者在这一点上会面临极大的挑战。一些需要在旅游世界、旅游情境或旅游场景中实施的研究过程，可能明显地对旅游者的个体体验过程产生介入效应，这不仅会导致旅游者的体验质量受到影响并从而引发研究过程中的矛盾甚至冲突，而且还会对研究结果的真实性产生影响。

（2）知情同意（Informed Consent）。在研究过程中如果存在对被研究者产生伤害（包括身体、心理、法律等意义上的伤害）的风险，《纽伦堡法典》的两个最直接的贡献就是要保证研究的参与者的自愿参与和知情同意。“知情同意是研究中最基本的伦理准则。参与者应该完全了解研究的

① 盖尔·詹宁斯.旅游研究方法［M］.谢彦君，陈丽，译.北京：旅游教育出版社，2007：98-110.

目的和本质，并且是在不受强制情况下同意参与[①]。”这一准则强调参与研究的被研究者在整个研究阶段都具有自由地进入和退出、质询和了解的权利，知悉参与研究可能给自己甚至他人带来的所有潜在危险和危害。

违背知情同意准则的一个通常手法是欺骗。欺骗是明显的道德失范行为，在科学研究过程中是应该避免的。尽管在科学研究中，研究人员出于种种原因和理由，会在研究过程中实施隐蔽测量、隐蔽观察等被称为隐性研究的情况，但人们还是认为，欺骗和这些隐性研究是有区别的，它是在研究者完全有意地隐瞒信息或误导被试对有关研究的看法时所发生的现象。它有两种形式，即主动欺骗和被动欺骗。主动欺骗是向被试呈现有关研究的误导性信息，最常用的手段是在有关研究的具体目的方面误导被试。被动欺骗是对信息的隐瞒或省略，研究者有意不告诉被试关于研究的某些信息。

知情同意准则在强调研究伦理的同时，也给一些科学研究建立了进入障碍，尤其是对于一些自身本来就包含欺骗性问题的研究带来了挑战。在这种情况下，研究者会面临两难的处境。但无论如何，研究者有保护被试安全的特殊责任。对此，美国心理学会（APA）在其所制定的指南中，区分了三个具体的责任范围：①必须说明欺骗的合理性，欺骗所带来的好处必须超过被试所承担的风险，研究者必须对所有可以选用的欺骗方法进行比较，并对不采用某种程序做出合理性解释；②研究者不能对被试隐瞒有关研究的重要方面，如身体危险等影响被试参加意愿的重要方面；③在被试参加完研究后尽快地为他们提供关于研究的完整解释[②]。

---

① Burns Robert. Introduction to Research Methods［M］. Melbourne：Longman，1997：18.

② Frederick J Gravetter，Lori-Ann B. Forzano. 行为科学研究方法［M］. 邓铸，等，译 . 西安：陕西师范大学出版社，2005：50.

（3）诚实与完整（Fidelity and Integrity）。很多科学研究过程本身就是一种公开的社会行为，而科学研究成果在社会上予以发布更是和公开性密不可分的。在这种情况下，科学家对自身工作及其成果的诚实态度就十分重要。在正规的研究流程当中，每个阶段都会涉及研究者对被研究者、研究的委托人、社会、学术界同行的诚实问题，尤其是在研究的最后环节，研究人员往往要准备一份书面报告，对研究中做了什么、发现了什么进行描述并对这些发现进行解释。在所有流程当中，一个突出的伦理问题是研究人员是否诚实，在整个研究过程中是否始终追求真实、准确、客观、完整地从事研究并报告科学研究的成果。

有违诚实与完整伦理准则的突出表现是欺诈和抄袭。欺诈是在发表研究成果时有意捏造数据，或篡改实验结果。这种行为与科学研究当中可能不可避免的偏误或误差是不同的，因为偏误或误差虽然也可以算作科学研究中的诚实性错误，但这种错误并非出自故意，而且，研究者通过反复检查可以将误差降到最低。欺诈则不同，它是研究者明显极力地进行欺骗和错误地呈现研究数据，以便迎合其原始假设。由于欺诈是科学研究的大敌，因此，科学界已经逐渐建立起了预防欺诈的机制，比如将科学研究的基本特性界定为可重复性，以及在研究者提交研究论文时进行双盲的同行评审。

当把别人的研究成果、思想或数据的大部分内容当作自己的研究而发表的时候，就属于抄袭。抄袭和欺诈一样，也是科学研究中的严重的道德错误。极端的抄袭可能是整篇论文（包括前言、后记）逐字逐句抄袭，这种情况不仅有悖科学伦理，而且可能会触及法律。也有一些抄袭可能十分隐晦、貌似“机巧”，即使利用目前在国内最流行的尖端“侦测”软件也难以甄别出来。不过，虽然机器识别不出来，但抄袭归根结底就是抄袭，如果科学工作者在内心深处尚存一丝“科学良心”，对此类抄袭伎俩也会自警而不取的。还有一些抄袭行为，可能并非出自主观故意，而是个人在日常知识积累和专题性的科研准备阶段潜移默化形成的、被整合了的个人知识储备，最终在研究报告的行文中体现出来。对此，研究者应该有所警觉。

社会和学术界强烈反对抄袭的根本理由，是对科学创新、知识产权的尊重。理解了这个前提，在科学研究实践中，只要充分尊重前人的创新性成果，给予这些成果以充分的声誉上的承认，就符合科学伦理方面的“诚实”准则。因此，一个最简单的原则就是尽可能地将所引用的前人的成果通过文献列举的形式加以诚实地反映。

（4）对作为被试的人及其权益的尊重（Respect for Persons and Their Autonomy）。在很多关于人的社会科学研究当中，保护研究对象的权益是另一条重要的伦理准则。站在研究者的角度来说，科学家为了准确地把握研究对象的行为特征，包括态度、意见、行为及他们的人口统计特征，在研究过程中往往会谋求获得一些个人私密信息，甚至将被试置于某种尴尬的境地。例如，在一些社会调查当中，对于经济状况、财产状况、婚姻状况等信息的调查，就属于一些个人隐私，很多被调查者并不情愿向外人透露。在这种情况下，调查者应努力遵守保密原则，设法通过一些技术手段（如向所有实验者分发一个保密的实验身份号）解决研究者对自己身份泄露的担心。这种在保密性上所做的努力，对研究者和被研究者都有好处。对于被研究者来说，可以使他免受因信息公开而感到窘迫和情绪紧张，而对研究者来说，也比较容易得到被研究者的积极配合。从这里可以看出，要想做到保密，可能最重要的方法就是匿名。

第二章

科学研究的过程、类型与范式

第一节　科学研究的过程

正如上一章所讨论的那样，科学研究作为人类的一种社会实践活动，已经逐渐形成了自身的独特品质，并且在科学共同体内部构筑起了社会普遍认同的总体行动目标，建立起了为科学家所共同依循的独特的规范和原则，也已经积累起了大量的方法和策略。就这点而言，经过培根、笛卡尔、牛顿等人的努力，尤其是到了孔德的时代，科学已经不再是以往那种与神学有瓜葛、与哲学分不开的知识领域，它已经有了自己以经验事实作为知识生产的根据的科学哲学。因此，当我们总结科学研究的过程或程序时，不难发现，人们已经在技术层面归纳出科学研究工作流程的一些基本环节和阶段，并能够明确各个环节的具体工作目标和策略。由于有了此类共识，科学共同体就会达成一个可以相互理解的科学规范，科学家们能够通过彼此领会的语言，沟通交流其科学发现，推动科学研究活动的持续发展。

尽管每一次具体的科学研究实践过程的细节可能千差万别，但科学研究工作的整个过程可以概括为选择研究的领域、确定研究的问题、展开实证研究、构建科学理论四个环节（见图 2–1）。

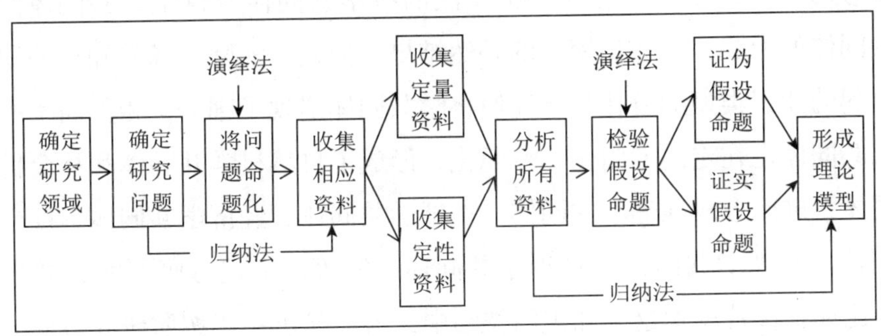

图 2–1　科学研究的过程

一、选择研究的领域

选择研究的领域，既可以针对一次具体的科学研究活动而言，也可以是指一位科学工作者毕生的科研领域选择。在这里，我们不妨将二者结合起来讨论。

一次或一个人的研究领域的确定，可能取决于各种复杂的因素。这当中，研究者本人的内在因素与其所面对的社会因素往往共同发挥作用。内在因素包括个人兴趣、价值判断及知识路径依赖等方面；外在因素则主要包括职业或专业约束、社会潮流影响和功利性社会导向等方面。内外因素错综复杂交织在一起，从而使科学研究人员在确定其研究领域时往往会有不同的策略选择。从经验上看，这种选择未必就是一次性的——即使将要展开的是一次性科研活动；相反，任何一次科研实践，都可能对科研人生产生巨大的影响。因此，在确定研究领域时，应该认真考虑，不宜草率从事。大体上来说，建议处理好以下几种关系。

（一）本位与他位的关系

这里的本位是指研究人员为自己所确立的研究领域，他位是指相对于研究人员的本位领域而存在的其他科研人员的研究领域。在整个科学研究领域，笼统地说，存在一个宽泛的科学共同体及科学家共同体，此类共同体的形成，是知识探索的必然结果。但是，实际上随着知识的积累而引起的知识类型的分化，已经使科学共同体出现了细分，相伴而生的科学家共同体也在走向专门化、专职化，形成了自然科学共同体和社会科学共同体，进而形成地理学共同体、物理学共同体、经济学共同体、社会学共同体、心理学共同体及管理学共同体，等等。上述分野其实还并未终止。比如，在管理学这个知识门类当中，人们又进一步按照研究对象、研究方法等区分出不同的问题域以从事更为专门化的研究，由此形成了市场营销、工商管理、会计学、人力资源管理、物流管理、财务管理等分支学科（即各种专门化的知识共同体），围绕或依据这些不同的学科，便产生了相应各有分工的分支学科科学共同体及相应的科学家共同体。这些共同体的每一个成员能否在各自领域内立足，最基本的条件来自该科学家（The Scientist）对该科学共同体（The Scientific Community）的知识贡献程度和水平。在这句话当中，结合当下旅游研究的现状，笔者要特别强调其中的“该”（The）字，它的深意在于提醒人们，在选择自己的研究领域时，应坚守本分，立足本位，服务于自己所在的知识领域，而不能在别人的地块上跑马，或种了别人的田，荒了自己的地。由于旅游现象自身的复杂性、表面上的复合性，常常使人们意识不到这种坚守本位的必要性和必然性，从而导致旅游学科共同体在其发展过程中呈现出杂乱无章的景象，既影响了为社会服务的科学研究使命的达成，也制约了旅游专业人才培养质量的提升。有关这个问题，笔者及学界几位同人在《旅游学纵横：学界五人对话录》一书中曾有系统阐述，可以参阅[①]。当然，事物没有绝对的，身份也绝非单一的，科学探索也绝不可能单纯靠积累某一种专门化知识就完全可以解决所要探讨的问题。科学作为一种知识创新活动，其对科研人员素养的要求必定是复杂和复合的。但这不意味着容许某一具体科学研究领域的科研人员的研究成果可以毫无约束地游离于本位所在的领域之外。

① 保继刚，等.旅游学纵横：学界五人对话录［M］.北京：旅游教育出版社，2013：15–39；53–71；105–120；126–143.

（二）体与用的关系

体与用的关系，一直是中国学术思想中一个备受关注的话题。在程朱理学体系中，体与用的关系便是最重要的论题，而体用一源说则是程朱理学的宗旨与核心。程颐提出“体用一源，显微无间”这一命题，用以解释理与象、理与事的关系，认为现象是本体自身的显现，本体又同现象融为一体，不相分离，并以此而主张万事万物皆依理而存在的理本论。朱熹则基于这一原则进一步讨论理事关系，提出了理在事上、理在事先和理本身末说，并强调“格物致知”之说，从而完成了建立理学派本体论的任务。程朱理学体系中的体用关系，对中国的学术思想一直影响很大。但与此同时，这种体用分开阐述的方式也自然嵌入了割裂体用关系的可能性。对这一点，王阳明看得很清楚，并倾其毕生来克服将体用一分为二的流弊（例如，在“洋务运动”时期，面对西学东渐的潮流，有人提出“中学为体、西学为用”的观点，便属于体用分裂思想的一种表现）。他借助于“致知格物”“心外无物”“知行合一”等观点，来阐述体与用之间的辩证统一关系。比如，在回答疑问“尊德性”一条时，王阳明便一言以贯其宗旨为：道问学即所以尊德性也[①]。

笔者在此将体用关系作为科学研究工作者选择其研究领域时应该予以考虑的问题，其出发点便是基于当前人们对于理论研究与其应用的关系所存在的一些偏颇思想。其实，大家都知道，科学研究的使命，不外乎探索事物的理、性、规律，这便是理论研究，是知识创新过程，而这种探索的最终效果，确实有可能惠及人类社会以助于去解决其社会生活、生产实践所面临的问题，这也就是理论的应用。但是，

① 王守仁 . 阳明先生集要（上册）[M] . 北京：中华书局，2008：128.

有一点必须明确，理论知识的这种“惠及”，并不必然地存在于一次科学研究的初始目的当中，更不能拿这种“有用”作为判别具体的一次科学研究实践的价值。尽管科学研究所得的理论的价值可能表现为最终的应用，不能应用的理论不仅没有价值，甚至也可能不成其为理论，但有些理论的应用却可能发生在漫长的历史时期之后。如果拿理论的当下能否被应用来评判其科学价值，那很可能会低估其价值；如果此种评价标准流行于世，则恐怕不能产生有长久生命力的理论。因此，从根本上和长期的标准上说，理论的创生与应用，本是一体的、同源的，而不是分裂的、自存自在的。至于具体的研究人员所从事的工作，限于一个人生命之短暂及精力、能力之短长，其职业工作却是可以将单独从事科学（理论）研究或应用研究或对策研究作为事业生涯的。

当今的旅游学术界，有些人在非议理论研究的同时，独独倡导对策研究、应用研究。这不仅是在将旅游的理论研究与应用研究在体用关系上当作两回事儿甚至使之相互对立，将理论与实践的关系割裂为二，而且在判断一项科学研究成果的价值时，表现为强人所难，企图让一个人既从事科学研究，又从事应用研究（或对策研究）。在笔者看来，科学研究就是理论研究，而所谓的应用或对策研究，除了可能对理论有所修补（比如借助于增减变量、调整约束值阈等）之功外，仅仅是一种知识应用，是技术实现，是匠心独运，而不是科学研究。对此，笔者想借用发表于近百年前（1924 年）的罗志希的著作《科学与玄学》中的观点似更为有力[①]。

① 罗志希 . 科学与玄学［M］. 北京：商务印书馆，2012：51–57.

对科学的浮观误解，大约不外两种：因为科学是偏向于应付事实，所以是干燥的，是缺乏美感的领会的，甚至于说它没有新奇的。这完全是浅薄的误解……其余一个错误的观念，就是以为科学是专讲实用的，所以只是功利的。这种错误的观念，在西洋工业社会之中，至今还不能免；而在中国现在震眩于所谓西洋“物质文明”的时候，更容易得这种印象，以为这就可以代表科学的性质。火车、轮船、无线电……都是科学应用原理去发明的结果，是不错的。但是如有人只认火车、轮船、无线电……为科学，那便是读书到“发昏之第十一章”了。科学本身是一种求真务实的精神表现，是一种纯粹的“知识的探索”，它本身自有存在的价值，不必一定借应用为之表彰。它的好处就在于知识的探求成功了，则实际应用也会跟着来。科学的本身，可以说是最不讲功用的。我常说，天上的行星和地上的矢橛，在科学研究的态度中，都是一律看待。科学要讲功用，反而糟了。希腊人以纯粹知识的兴趣去研究圆切体，当时何曾有点实用，但是十几世纪以后，开普勒根据这种原理，发现火星的轨迹，而建设近代天文学。现在许多航海、建筑的原理，都是从这里出来的……

我写到此时，想起英国皇家学会的态度，我想是可佩服的。皇家学会是历史上最有名的一个学会，选作它的会员是科学界一种荣誉。皇家学会因为经当年牛顿、博伊尔等历史上大人物造成的关系，所以会员的资格甚严。要该会认为对于知识总量有根本贡献的人，经公选以后，方能加入。而于国外会员之推选尤严。有年美国大发明家爱迪生（Thomas Edison）的名字，被提出皇家学会评议会，拟举为国外会员，卒遭否决，以为对于科学本身并无贡献……

我所以写到此事，因为我想到“中国学术独立”的基本问题。

> 我以为中国如果想在世界学术上有点贡献，对于人类知识总量的基础上有点增加，则非从纯粹科学上着手不可。就是要谋科学在中国有真正的实用，也须从此着手。不然，则永久是向他人借贷，而不能自起炉灶。

关于科学“理论”与其应用的关系，以及在中国情境中这个更值得忧虑的问题，还有谁比罗志希看得更早、说得更明白、思考得更深入、呼吁得更痛切？恐怕就连那些视自己为罗志希粉丝但却一味主张应用、主张对策的人，也未必想到罗志希曾说过这样的话吧？

如果以一句话作结，那么关于体用关系的问题，在中国的旅游学术界，我的建议是只要为自己定位的角色是科学研究工作者，那么使命就是做理论研究（不排除利用工余甚至工作时间将自己的理论应用于企业或政府以贴补家用，但这种情况另当别论）。不管关注的是宏大叙事，还是微观行为；不管是着眼于整体，还是偏重于局部，任务就是理论探索，而这种探索，则被称为科学。于是，作为科学研究者，在研究领域的选择上，如果理论研究和应用研究、对策研究也都可以作为不同的研究领域来看待的话，那么，只有选择理论研究，才符合科学研究者的身份。

（三）当前与长远的关系

研究领域的确定，对于协调科研人员正确处理科研工作中的当前与长远、生活与工作、事业与职业等关系也至关重要。立足本位的理论研究虽可能惠及长远，但却会面临当前迫切需要解决的问题的挑战；实用导向的对策研究虽然可以解决现实生活和职业功利性问题，但过度追求又可能使科学研究者丧失了科学本色。显然，能在这二者之间做到恰到好处的兼顾，可以说是一种人生智慧。如果一位科学工作者所选择的领域能够成为长期科学研究的领地并为其带来生活与事业上的双重满足，那么，这无疑是研究人员的幸运。在很多情况下，我们难有这种幸运，因此，一些研究人员一直苦于找不到这样一块可耕地，结果，他们不得不到处逡巡、随处挖坑、随时开始，这样做的结果只能是浅尝辄止、终无所获，这便是科学工作者的某种不幸。

二、确定研究的问题

选定了研究领域，并不意味着科学研究工作已经启动，因为这只是确定了研究人员的专业或学科身份，明确了所要从事的科学研究的长期方向。科研工作的真正第一步始于发现问题。

一般来说，研究领域确定了，问题域所归属的知识领域的框架也就跟着确定了——注意，这还不是所要研究的问题。问题域不仅具有量的含义，是各种问题在数量上的集合，同时，它也有质的含义，意味着各种相同或相近类型的问题的汇聚。因此，问题域的含义便是由诸多相互关联的问题所构成的一个有待探索的未知领域。在不同的研究领域，其问题域彼此可能是截然不同的，也可能互相有所关联，因此，经济学领域的问题域，不会与心理学领域的问题域有太多的重合与重复——尽管有时会有所交叉，比如近年获得诺贝尔经济学奖的卡尼曼所做的工作；心理学领域的问题域也不会等同于旅游学领域的问题域——尽管会存在某种重叠和交会。当确定了研究领域，并逐步接近该领域中已经积累并凸显出来的问题域的时候，科学研究过程就开始步入紧锣密鼓的阶段了。因为，在这种情况下，科学研究人员的好奇心、求解心已然被促发，获得答案是满足科研人员求知、破疑需要的唯一途径。因此，到了这个环节，科学研究的课题已经得以确立，后续过程往往变成技术环节的逐渐展开、实施了。

在逐渐接近的问题域当中，存在着不同性质、类型的问题，对它们做适当的筛选才是保证科学研究过程得以顺利进行的前提。除了上一章曾归纳的四种普通类型的问题（是什么、什么样、为什么和应怎样，其中应怎样不属于科学研究的问题）之外，还可以对一个问题域的问题做其他类型的划分。可以借助价值大小和研究的可能性高低两个指标，把问题域中的问题分为有价值的问题和无价值的问题、可以研究的问题和不能研究的问题。在这种分类框架下，对研究人员有现实意义的问题，是那种可以研究且有价值的问题。例如，探讨人的大脑机能如何运作并进而了解它如何控制游客的旅游体验行为，这恐怕是一个很有价值的问题，值得旅游科学工作者投入精力去探索。但是，这个问题我们能否解决得了？展开相关研究是否为我们的能力所能做到？再比如，对科学家共同体及其成员间关系感兴趣的学者可能发现，根据科学研究人员相互间的成果引用情况来解析成员间的学术裙带关系，也许是一个既可行又有趣——尽管不一定真有价值——的问题。正如爱因斯坦所指出的那样："提出一个问题往往比解决一个问题更重要，因为解决一个问题也许仅是一个数学上的或实验上的技能而已。而提出新的问题，新的可能性，从新的角度去看旧的问题，却需要有创造性的想象力，而且标志着科学的真正进步①。"

图 2–2 描述了研究领域、问题域、问题与研究主题之间的关系。

那么，这些既有价值又可以研究的问题（研究主题）从何而来？通常，有几个途径会帮助科研人员在某个问题域中逐渐厘清所要研究的具体问题，并从而确定研究主题。这些途径包括：观察、阅读、讨论和思考，它们有的来自现实社会生活，有的来自个人经历和思想，有的来自

① 爱因斯坦，英菲尔德．物理学的进化［M］．周肇威，译．长沙：湖南教育出版社，1999：66.

相关文献。在所有这些途径中，质疑的精神是发现有价值且可以研究的问题的关键。在寻找问题这一点上，很多教科书也提供了一些常规性的建议。比如，利迪建议大量阅读文献、参加专业研讨会和向专家请教①；詹宁斯则将研究者的个人兴趣、导师的建议，或来自委托人的任务介绍书，或对某一问题的认识（如顾客对质量的抱怨、某旅游目的地的拥挤问题、社区的对抗态度、利润或竞争力的持续下降）等列为确立研究主题的问题来源②。这些建议与上述几个探寻问题的途径也都大同小异。

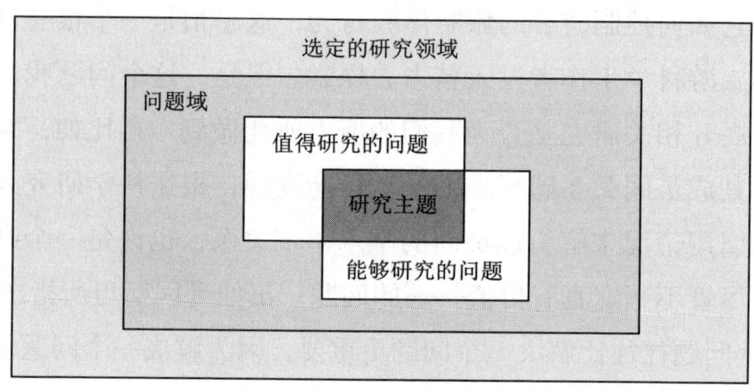

图 2-2　研究主题的筛选过程

在那些既可行又有价值的问题当中，还可以根据科学研究的方法路径，将其进一步划分为两种：要证明的问题和要发现的问题。前者导出演绎研究的路径，后者导出归纳研究的路径。对于演绎研究，可以也应该将问题命题化；而对于归纳研究，则无法将有待探寻的问题命题化。归纳研究路线在社会科学研究领域中衍生出一种系统而有特色的理论生

① 保罗·D. 利迪，珍妮·埃利斯·奥姆罗德. 实用研究方法论［M］. 顾宝炎，牛冬梅，陈国沪，等，译. 北京：清华大学出版社，2005：60.

② 盖尔·詹宁斯. 旅游研究方法［M］. 谢彦君，陈丽，译. 北京：旅游教育出版社，2007：23.

成路径——扎根理论。有关内容将在后文详细讨论，这里仅限于讨论演绎研究路线所需要做的“将问题命题化”的工作。

所谓将问题命题化，是指用某种肯定或否定的表述形式，陈述我们已经发现但有待证明的问题，以便通过演绎逻辑来构建相关理论。此类可供检验的命题，有的可以来自逻辑推演，这在自然科学中十分常见，而有的可以来自经验判断，这在自然科学和社会科学领域都会发生。在很多情况下，逻辑推演和经验判断被结合起来，作为确定命题的技术路线。

就逻辑推演构建待检验的命题而言，可以借用社会学中的例子来加以说明。在社会学的组织理论当中，韦伯的理论可以作为逻辑推演的公设，由此推导出可检验的命题，以构建对组织的复杂性与效率、集中化及形式化之间的关系的理论认识[①]。

公设Ⅰ：一个组织的集中化程度越高，它的形式化程度也越高。

公设Ⅱ：形式化程度越高，效率越高。

公设Ⅲ：复杂性越高，集中化越低。

前两个公设是韦伯提出的，第三个公设是汤普森提出的，由这三个公设可推导出三个命题：

命题 1：集中化程度越高，效率越高（由Ⅰ、Ⅱ推出）。

命题 2：复杂性越高，形式化程度越低（由Ⅲ、Ⅰ推出）。

命题 3：复杂性越高，效率越低（由Ⅲ、Ⅰ、Ⅱ推出）。

由三个公设所推导出的三个命题，都是通过逻辑推演出来的，可作为科学研究的命题，需要通过经验事实来求证其真伪。如果成立，就将成为定理。

---

① 袁方 . 社会研究方法教程［M］. 北京：北京大学出版社，1997：106–107.

借助经验判断来构建待检验的命题，是把一些理论概念与经验变量和指标相联系，然后在经验层次上建立工作假设。这种工作假设可以十分具体，操作性强，可检验性清晰、确切，命题链条容易建立。比如，在旅游研究领域，如果研究主题是“城市居民的社会地位与其旅游消费行为的关系研究”，那么，在这个研究主题当中，所能意识到的问题（已发现的问题）可能包括：社会地位与旅游行为之间存在因果关系吗？如果存在，这种关系的细节是什么？能否通过事实证明，社会地位的高低在选择观光旅游和休闲度假旅游两种方式上呈现显著偏好吗？如果不存在任何因果关系，如何能够证明呢？这些都是研究者已经发现但未经证明的问题。

将上述问题予以命题化，就是构建一个通则性假设，以便通过规范的科学研究过程来予以证明（包括证实或证伪）。因此，可以将上述问题转化为这样的表述：城市居民社会地位的高低，在旅游过程中会转化为明显的观光诉求压力和休闲诉求压力，从而影响其消费行为取向。这样一个通则性的假设，还需要借助于以下若干工作假设来作为待检验的具体命题：

命题 1：城市居民社会地位越高，越倾向于选择休闲度假的旅游方式。

命题 2：城市居民社会地位的高低与旅游体验中的文化含量需求呈正相关。

命题 3：城市居民社会地位高低与旅游购物的消费水平呈正相关。

……

有了这样一些明确的待检验的命题之后，科学研究的技术过程就可以现实地展开了。

三、展开实证研究

到目前为止，尽管我们还没有全面阐释“实证”的严格含义，但从第一章所讨论的内容可以大致看出，科学研究的特征就在于从事实中发现规律，而这也正是实证的主要含义。在本章接下来的内容中，还会通过对研究类型和研究范式中有关“实证”所涉及的内容的讨论，进一步明确科学研究在这一特征上的内涵拓展和意义延伸。在这里，可以明确指出，在很大程度上，实证研究虽不完全是但几乎就是科学研究的代名词。所以，不妨在这里采用“实证”来指代科学研究过程的主要技术环节：研究方案设计、资料收集和资料分析等几个阶段。

在整个实证研究的展开过程中，如上文所述，根据研究问题的类型——要证明的问题和要发现的问题，会导出两个不同的实证研究路径：演绎研究和归纳研究。演绎研究便是首先确定待证明的问题假设（命题），然后，通过收集经验材料，并对其进行深入的分析，从而达到证实或证伪原初命题的目的。详细的过程请参见后文演绎研究所举的例子。

与演绎研究不同的是，归纳研究并无事先已经发现的问题可供设定为待验证的命题。相反，归纳研究直接从实际观察入手，力图从观察资料中进行直接的经验概括，并进而由经验概括上升到理论结论。以这种路径形成的理论结论，被称为扎根理论（Grounded Theory），其名称本身就已经在强调理论是在一个自然的资料处理过程中生成的，事先无定见、无预期、无假设、无命题，是从资料中自然浮现出来的。当然，完全没有任何预设问题的彻头彻尾的扎根理论在现实中可能并不存在——因为很难想象，一项科学研究可以在没有任何想法的前提下展开①。

① 当然，凡事在“理”上一旦走向极端，在现实中就会找不到对应物。然而，在“求理”的过程中，“叩其两端而竭焉”（孔子）的格物致知（朱熹）之法，却是中国先哲交给我们的一个值得发扬光大学术遗产。

四、构建科学理论

构建理论是科学研究的目标、目的。通过第一章对范畴、命题、理论和范式四个范畴的讨论可以发现，理论的构建必然与范畴、命题相关。不管是提出新范畴、重新界定旧范畴，还是提出新命题、重新验证旧命题，都是在做科学研究工作，在做理论工作。理论的部件是范畴和命题，理论的特色则体现在本体论、认识论和方法论方面，有充分特色的理论遂成为一种范式。那么，在一次科学研究实践中，应如何构建理论？

尽管分别采取演绎路径和归纳路径的科学研究在构建理论的具体程序上会有所不同（详见后文有关归纳研究与演绎研究的讨论），但二者在基本目标和策略上都是一样的：通过抽象实现对事物本质和规律的概括性解释。由此可见，构建理论的手段是抽象，理论的形式则是解释性模型。

就科学研究的特点而言，理论抽象的过程必基于具体的经验事实，而其成败则还取决于研究人员的想象力、创造力和概括力。迪尔凯姆（旧译涂尔干）在研究自杀现象时，充分展示了他在理论抽象方面所具有的能力①。一方面，通过考察自杀率这一经验事实在不同类别人群（如新教徒与天主教徒、农村居民与城市居民、穷人与富人、男人与女人）间的差异，提出了社会整合的概念；通过主观思维的运作，他将自杀与犯罪、反叛、抗议等归为同一类现象，它们都是不正常的、反常规、反社会或偏离社会规范的现象，由此他又提出了越轨行为的概念。这都是在范畴层面的理论创新。另一方面，迪尔凯姆又将上述分别作为解释项和被解释项的两个概念结合起来，形成了一个理论命题：社会整合程度影

① 埃米尔·迪尔凯姆．自杀论［M］．马韵文，译．北京：商务印书馆，1996.

响越轨行为；同时，他还努力拓展其命题体系，将社会整合度与心理整合度结合起来，并借助于失范这一概念，将相关范畴与命题共同纳入一个成体系的解释框架，从而形成了“当个体同社会团体或整个社会之间的联系发生障碍或产生离异时，便会发生自杀现象。自杀有利己型自杀、利他型自杀、失范型自杀和宿命型自杀 4 种类型”的理论结论。这一解释超越了原来以个体心理学解释自杀现象的传统理论，产生了巨大而深远的影响。

从迪尔凯姆有关自杀现象的理论抽象过程中可以看出，这种抽象可以概括为：列举关联因素；努力建立新的解释性概念；充分利用已有的概念——必要时要移植其他研究领域的概念；探寻背景联系和因果关系；借助于概念并以命题形式建立起概念和概念间的观点性联系。由此所构建的一个自洽的命题体系，则为理论。

随着科学研究的发展，尤其是受到物理学、数学及一些工程技术和计算机领域快速发展的影响，今天，人们对理论的形态也越来越倾向于模型化。换言之，将科学研究的理论发现以模型形式加以表述，在一定程度上已经成为潮流，而在科学家的日常交流语言中，模型构建或建模也几乎成了一句口头禅。因而，有必要在此简要地讨论一下可资利用的理论模型的一些基本类型。

尽管在日常生活中我们可以听到实物模型、教学模型、数学模型、物理模型、图像模型、仿真模型等，但其中一些模型并不能作为理论模型加以使用，有的则属于专门学科领域所使用的模型统称（如物理模型、经济模型、同态模型等）。在旅游研究领域，大致说来，可以用作理论表述的模型主要有数理模型、流程模型、概念模型等几种。

数理模型可以涵盖数学模型和物理模型等以数理逻辑或关系逻辑为基础构建起来的模型，是理论模型的通常形式，不仅在数学、物理学等领域广泛使用，而且在经济学、地理学、社会学和旅游学领域也十分常见。一些利用定量研究方法所构建的模型，通常属于此类。一般来说，数理模型被看作最严格的模型形式。

流程模型主要是在描述节点、类属、序贯等关系时使用的一种模型，它通常会以框架式流程图或树形图的形式来表示，呈现的是一种概念上的关系。一般地，人们对这种模型的严谨性评价不高，但承认这种模型的描述能力和启发意义。

概念模型也可以称为语言描述性模型，是以文字语言表达理论结论的一种模型形式。马克思经济学的基本观点是“劳动价值论”，而马歇尔所代表的西方经济学的基本观点是“效用论”；马克思的社会学理论是“冲突或批评”“阶级斗争”，而女性主义的社会学理论却是“性别调整社会”。诸如此类的文字表述，都属于对理论发现的语言描述，因此也是一种模型。后文会提到的艾尔·巴比的著作中所引用的有关“人们为何吸食大麻”“人们为什么会信仰宗教”的例子，从中所得到的“寻求慰藉”和“社会约束”两个理论命题，也是一种概念性模型。

上述有关理论模型的讨论，只想说明一个结论：科学研究的成果——理论的表达形式并不局限于一种，尤其不局限于最为炫目的数理模型这一种。数理模型在人类历史上的出现，尤其是利用数理逻辑所建立的一些经济学数理模型，仅仅是近百年的事情。而人类存在的历史，已经数百万年，仅就文明史，也有近万年。因此，很难想象在没有数理模型的漫长人类历史发展进程中，就没有理论模型存在。事实正好相反。

第二节　科学研究的类型

科学研究所涉及的方法和策略，贯穿于上述整个科学研究过程的各个环节，因此其类型也多种多样。从研究问题的确立到研究对象的厘定，从文献资源的利用到经验材料的取得和分析，从实验方案的设计到研究报告的撰写，人们都可以从已有的经验中总结出一些可以共享的方法、策略或技巧，这些都属于方法的范畴。不过，本书在这里只想就人们从事科学研究时通常会面临的方法问题展开一些讨论，其焦点集中在科研人员如何根据不同的标准来对科学研究过程中的方法做出评价和抉择。

实际上，在一个科学研究过程中，单纯使用一种方法的研究已经越来越少，人们更倾向于以某一种方法为主，并辅以其他多种或一种方法，或者对各种方法给予同等重要的地位。由于人们在研究过程中所使用的主要方法的不同，因此也习惯于以该方法来称谓该研究，于是，我们就会听到诸如定量研究、定性研究、实证研究、历时研究等种种表达。本书后文也依从这种习惯，将使用定量方法所展开的研究称为定量研究，余皆类推。尽管这种称谓就此处所探讨的方法的具体内容而言可能未必很严谨，但它却能在另一层面说明，一种研究方法本身，有时并不仅仅是技术层面的，同时也包含着某种本体论和认识论方面的成分。正是在这一意义上，以方法命名的各种研究，其实也不同程度地体现了本体论和认识论上的某种独特性。

在下面有关各种研究类型的讨论中，立足点是通过比较的逻辑，来熟悉采用不同方法所展开的研究的各自特点和彼此关系。因此，所讨论的各种类型均为彼此相对的特点，具有某种极端的色彩。实际上，任何一对儿或一组研究类型，都可能并非截然两分的。它们融合了作为对立面的类型的某种成分或特点，并且具备相互转化的可能性。

一、实证研究与规范研究

中文中的实证研究这一概念，在英文中实际上有两个词汇与之对应，一个是 Empirical Study，或译为经验研究，另一个是 Positive Study，往往译为实证研究。前者是与逻辑思辨相对而用事实说话的研究，后者是与价值涉入相对、旨在回答事物是什么、什么样和为什么的研究，而二者均契合近代以来科学研究的本旨，因此，在英文世界，科学几乎是将上述两个词汇的含义统统收编，构成了现代意义上的实证研究的本质内涵。因此，通俗地说，实证研究就是利用经验事实回答是什么、什么样和为什么之类问题的一种科学研究方法[①]。对于这种方法推崇备至甚至近乎极端的科学工作者，往往被纳入实证主义者之列，这一点在下文讨论科学研究的理论范式时再做进一步阐述。

规范研究（Normative Study）是与实证研究中的 Positive Study 相对的一种研究，旨在回答“应该怎样”的问题，因此，与相对意义上的实证研究相比，这是一种更主张价值判断的研究，因此也脱离了科学的范畴。就此而言，规范研究并非科学研究，尽管它通常会以科学研究（在

① 在实际使用中文的实证研究这一术语时，可以如此理解其含义。但涉及英文术语时，还应该了解两个英文词汇的来源、含义是有所不同的。Empirical/Theoretical 这一对概念在思想史上的来源是欧陆理性主义和英国经验主义的区分。笛卡尔开创的理性主义强调从抽象前提出发进行逻辑演绎并推导出结论，培根开创的经验主义强调从经验现实出发进行归纳从而获得知识。孔德则在社会科学领域首倡经验研究。与此不同，Positive/Normative 的区分在思想史上则来源于大卫·休谟关于事实与价值的区分。相关内容亦可参见后文实证主义范式。

此处即实证研究）作为基础。当然，这里并不存在断然否认一项科学研究最终以规范研究成果的形成为终点的可能性。实际上，正如第一章中已经明确指出的那样：人类、人生的问题的终极目的，都是回答“应该怎样”的问题，科学在此也变成了工具。

举例来说，以“城市居民社会地位与其旅游消费行为的关系研究”这一课题而言，可以想见，有关城市居民人口统计特征的现状描述、社会地位变量的现状统计或描述、这些城市居民在作为旅游者时他们的旅游消费行为表现的描述，以及有关其消费行为特征与其人口统计特征、社会地位特征的因果联系的解释性分析，都属于实证研究的范畴，它们集中要回答的问题，均为“什么样”和“为什么”的问题。此类问题的解答，如果此前没有先例，则属于知识创新，正是科学研究的使命所在，这个研究成果也就构成了一项科学研究成果。可以说，针对此课题的科学研究的过程，也到此结束。不过，如果将这项研究再延伸一步，如果研究人员乐意就“相应地，旅游产品供应商和旅游目的地政府部门应该怎么办”这一问题提出进一步的意见和对策建议，这并不奇怪。只是需要明确一点，这种延伸性的研究，是对前述理论结论的进一步的应用研究、对策研究，属于规范研究的范畴，包含有研究者强烈的价值取舍和对策主张，已经脱离了科学研究的“价值中立”原则，因此，不属于科学研究的范畴。不过，不容否认的是，应用或对策研究过程中也可能产生对原有理论结论的补充或修正，这也正反映了理论与实践之间相辅相成的关系。

二、定量研究与定性研究

定量研究（Quantitative Study）与定性研究（Qualitative Study）之间的区别，主要体现在所采用的经验材料的类型上。简单地说，定量研究是利用数值化的经验材料所进行的研究，而定性研究（又称为质性研究或质的研究）则使用非数值化的经验材料作为分析的对象。因此，对科学研究的这种分类，其立足点是研究过程中所使用的经验材料的形式。

上述关于定量研究和定性研究的含义的解释，看似不甚严谨，但却体现了作者对两种研究的关系的理解，不同于一般方法论书籍的观点。比如，詹宁斯在谈到定量研究和定性研究的定义和彼此间的关系时，曾明确指出定性研究是一种归纳法，是根据真实世界来建构事实的本质；它的本体论观点是把世界看成是由多重客观事实构成的；研究者与参与者的关系是主观的，也就是说这是一种主观认识论；研究者本质上被研究对象视为局中人，等等[①]。再比如，陈向明在其所著的《质的研究方法与社会科学研究》一书中，如此界定质的研究：以研究者本人作为研究工具，在自然情境下采用多种资料收集方法对社会现象进行整体性探究，使用归纳法分析资料和形成理论，通过与研究对象互动对其行为和意义建构获得解释性理解的一种活动[②]。这个定义包含了一些相互矛盾的限定词，同时也限制了质性研究的适用空间。因此，在笔者看来，是不合适的。此类表述与定性研究的事实并不完全相符，定性研究并非完全排斥演绎法，也并非绝对多元化地看待世界的真实性，同时在认识论上也并非只是一种主观形态。当定性研究被当作一种科学方法来加以运用时，恰恰体现了它在上述方面的科学转向，而这种转向自然容许将定性研究纳入科学实证的研究轨道上来。就这一点而言，大多数有关质性研究的著作，都过于偏颇地强调了该种方法的主观特性，而忽视了演绎逻辑和价值中立准则在这种研究中同样适用并越来越被强调的趋势。

---

① 盖尔·詹宁斯.旅游研究方法［M］.谢彦君，陈丽，译.北京：旅游教育出版社，2007：125.

② 陈向明.质的研究方法与社会科学研究［M］.北京：教育科学出版社，2001：12.

就此而言，一些方法论学者对定量研究和定性研究之间关系所做的归纳性比较，虽然有一定的参考、启发价值，但实际上存在着认识上的偏差。此类偏差，在下文探讨归纳研究和演绎研究时可以进一步看出来，因为归纳法并非定性研究的专利，而演绎法也绝非只是定量研究的独门绝技。从知识的起源上看，演绎与归纳始终是前后相随、互为前提、相互照应甚至彼此牵引的，不管是借助于数值化的材料来探寻真理，还是利用非数值化的材料来寻觅真实，都会采用归纳和演绎这两种方法来一同达成目标，只是有时具体的一项研究会对二者各有偏重而已。

下面所引用的陈向明根据有关文献和她自己的研究经验总结出来的两种方法的一些主要区别就存在多处不当。由于作者为了更突出地阐明问题，有意将定量研究与定性研究的特征对立起来。正如作者特别提醒的那样："上面这种将量的研究和质的研究对立起来的方式可以使我们更加清楚地看到它们各自的特点；但与此同时，我们也要注意不要人为地夸大两者之间的差别。其实，即使是在量的研究中也不可能排除主体间性的成分，如选择研究的问题、设定理论假设、设计统计变量等。质的研究与量的研究与其说是相互对立的两种方法，不如说是一个连续统一体，它们相互之间有很多相辅相成之处。"但即使做了这样的特别说明，作者在表中所做的总结，还是有些偏颇之处，容易给读者造成误解。事实上，这里勉强所列举的二者间的区别，基本上是由于作者近乎把定性研究等价于"诠释性研究"而人为地制造了二者的区别，而这恰恰又是不适当的。为此，笔者专门增列一栏，做简括评论。类似的情况亦可见于詹宁斯所著的《旅游研究方法》[①]。限于篇幅，在此不一一予以评论，请读者在阅读时加以注意。

---

① 盖尔·詹宁斯. 旅游研究方法［M］. 谢彦君，陈丽，译. 北京：旅游教育出版社，2007：127–128.

表 2-1 质的研究与量的研究比较

陈向明的原文表述			评论
◄------------	量的研究	质的研究 -------►	
研究的目的	证实普遍情况，预测，寻求共识	解释性理解，寻求复杂性，提出新问题	质的研究也是为了寻求共识，解释性理解恰恰为了建立共识。如类属分析尤其显然。寻求共识、进行预测是科学研究的共同目的
对知识的定义	情境无涉	由社会文化所建构	此结论偏颇。比如，质的研究中利用编码手段而进行的维度抽取，其实也是与情境无涉的，其他情况也不乏例证
价值与事实	分离	密不可分	只有部分质的研究容许价值干涉。总体趋势上，质的研究也在寻求价值中立
研究的内容	事实、原因、影响、凝固的事物、变量	故事、事件、过程、意义、整体研究	研究内容只有侧重，没有截然的分工
研究的层面	宏观	微观	质的研究也被用于构建宏大叙事
研究的手段	数字、计算、统计分析	语言、图像、描述分析	
研究工具	量表、统计软件、问卷、计算机	研究者本人（身份、前设）、录音机	一些手段（如计算机）也在互补地被加以利用
抽样方法	随机抽样，样本较大	目的性抽样，样本较小	质的研究一般不涉及样本的概念，除非研究目的是为了推断全体（这种情况较少）
研究的情境	控制性、暂时性，抽象	自然性、整体性，具体	二者都并不尽然
收集资料的方法	封闭式问卷、统计表、实验、结构性观察	开放式访谈、参与观察、实物分析	
资料的特点	量化的资料，可操作的变量，统计数据	描述性资料，实地笔记，当事人引言等	

续表

陈向明的原文表述			评论
←------------	量的研究	质的研究 ------→	
分析框架	事先设定，加以验证	逐步形成	两种研究都存在相反的情况。换言之，两种研究都可以自归纳或演绎开始
分析方式	演绎法，量化分析，收集资料之后	归纳法，寻求概念和主题，贯穿全过程	两种研究都存在相反的情况。换言之，两种研究都可以自归纳或演绎开始
研究结论	概括性、普适性	独特性、地域性	两种研究都用于寻求概括性、普适性，也都可能有独特性、地域性的局限
结果的解释	文化客位，主客体对立	文化主位，互为主体	二者的差异仅是程度上的，而且互有反例
理论假设	在研究之前产生	在研究之后产生	并不尽然，取决于采用的是归纳还是演绎
理论来源	自上而下	自下而上	并不尽然，取决于采用的是归纳还是演绎
理论类型	大理论，普遍性规范理论	扎根理论，解释性理论、观点、看法	并不尽然，质的研究可形成宏大叙事，量的研究也可仅解释局部性规律，且就普遍性（一般性）而言，也各有短长
成文方式	抽象、概括、客观	描述为主，研究者个人反省	并不尽然，质的研究（如类属分析等）也寻求抽象、概括、客观的结论，其成文自然会力求抽象、概括、客观。描述只是形式
作品评价	简洁、明快	杂乱、深描、多重声音	并不尽然，质的研究（如类属分析等）也寻求抽象、概括、客观的结论，其成文自然会力求抽象、概括、客观。描述只是形式
效度	固定的检测方法，证实	相关关系，证伪，可信性，严谨	两种方法都可用于证实及证伪，这是实证研究的本质内涵

续表

陈向明的原文表述			评论
←------------	量的研究	质的研究 -------→	
信度	可以重复	不能重复	质的研究作为科学研究，也应追求可重复性。事实上，多数质的研究能够做到这一点
推广度	可控制，可推广到抽样总体	认同推广，理论推广，积累推广	部分质的研究（如类属分析的结论）可直接推广到总体
伦理问题	不受重视	非常重视	研究伦理在两种研究中都应予以重视
研究者	客观的权威	反思的自我，互动个体	并不尽然，取决于研究目的和内容
研究者所受训练	理论的，定量统计的	人文的，人类学的，拼接和多面手的	这一表述容易造成误导。实际上，两种研究的终极目的均在于形成理论，因此，理论训练、理论诉求应为二者共同目标
研究者心态	明确	不确定，含糊，多样性	此论过于片面，易给读者造成误导
研究关系	相对分离，研究者独立于研究对象	密切接触，相互影响，变化，共情，信任	并不尽然，其理可总括上述诸评
研究阶段	分明，事先设定	演化，变化，重叠交叉	在利用演绎法进行定量或定性研究时，二者的研究阶段划分有很多相近之处

三、归纳研究与演绎研究

归纳（Induction）与演绎（Deduction）是两种古老的探索知识的方法，也是逻辑学中最基本的推理方法。被称为“逻辑学之父”的亚里士多德不仅建立了逻辑史上演绎推理的第一个公理系统——三段论公理系统，而且对归纳逻辑和归纳法也做了相当有价值的研究。斯蒂芬·F. 梅森在其《自然科学史》中，曾做出这样的评价：“亚里士多德在希腊科学史上标志着一个转折点，因为他是最后一个提出整个世界体系的人，而且是第一个从事广泛经验考察的人。以前的哲学家都是在脆弱的经验基础上建立他们的广泛理论体系；这个趋向，亚里士多德在他早期的天文学著作中也曾遵循过。他的后期动物学著作则包括有大量的观察资料，而他的后继者所发展的也是这种趋向。”由于有了这种观察做基础，亚里士多德得出了这样的一些结论：没有一个动物同时具有长牙和角的；我从来没有看见过一个单蹄兽长有两只角的；长毛的四足动物胎生，有鳞的四足动物卵生；等等[①]。显然，亚里士多德的观察，就属于归纳法的范畴。当然，近代科学研究中真正的归纳逻辑的创始人应该归于培根，而培根的观点恰恰是在对亚里士多德的三段论的激烈批判的基础上建立起来的[②]。

将科学研究按照这种方法分类，主要体现的是对于知识生产的路径和方法的关注。有关归纳法与演绎法在科学研究中的应用，艾尔·巴比在《社会研究方法》一书中已经做了十分精彩的讨论，读者不妨参考他在这部分内容中所做的详细阐述。

对于什么是归纳、什么是演绎，巴比引用了科学哲学家拜佛里奇的描述：“逻辑学家把推理分为归纳（从个别到一般）和演绎（从一般到特殊，把理论运用于个案）两种。归纳法是从观察到的资料发展出概化的通则，可以解释所观察的事项间的关系。而演绎法是把普遍的法则运用到特定的事例上[③]。”

接下来，巴比写道，最具代表性的演绎法例子就是三段论：凡人皆会死；苏格拉底是人；所以苏格拉底也会死。在这个三段论中，同时呈

① 斯蒂芬·F. 梅森 . 自然科学史［M］. 上海外国自然科学哲学著作编译组，译 . 上海：上海人民出版社，1977：32–33.

② 马玉珂 · 西方哲学史［M］. 北京：中国人民大学出版社，1985：205.

③ 艾尔 · 巴比 . 社会研究方法（上册）［M］. 8 版，邱泽奇，译 . 北京：华夏出版社，2000：76.

现了理论和操作。要证实理论，你要针对苏格拉底必死进行实证检验。这是传统科学模式最重要的特色。使用归纳法的时候，你要从观察苏格拉底之死开始，然后再多观察几个人。你可能会发现，所有观察的对象都会死亡，这样，你就得到一个结论：凡是人，都会死。

在巴比的这个例子中，“凡人皆会死”是一个普遍命题，拿到中国情境当中，很容易让我们想到“天下乌鸦一般黑”这个尽人皆知的俗语，它显然也是一个普遍命题，在逻辑学上也被当作全称命题来看待。这样的命题作为一种知识，意味着在科学上获得了一个真理性的普遍认识，这通常就是科学工作的目标。但这个知识到底是真是假，到底能否成为真理，在上述逻辑三段论式的推理过程中，是不能直接得出结论的，因为它本来就是以大前提的形式存在的。而这个全称命题的大前提的取得，则必依赖于观察，也就是归纳。显然，观察命题（它们构成了为普遍的科学定律提供证据的事实，也被称为单称命题）与普遍命题之间存在着不匹配的可能性，由此则构成了从观察命题向普遍命题过渡之间的潜在陷阱。在《后汉书·朱浮传》中，记有这样一段话：“往时辽东有豕，生子白头，异而献之。行至河东，见群猪皆白，怀惭而还。”故事中主人公的推理过程大致是：天下猪皆黑，此猪非黑，则非猪，乃为宝。这样一来，就想把宝物进献朝廷。由于作为大前提的普遍命题“天下猪皆黑”是不完全枚举归纳法所形成的结论，于是才闹出了这样的笑话。这正是归纳法的致命缺欠，也是经验观察在哲学层面的天然短板，正是这一缺欠，导致了波普尔证伪主义或可否证主义的兴起，从而使以效率为导向的科学研究从归纳法转向演绎法[①]。

① A. F. 查尔默斯. 科学究竟是什么［M］. 3版，鲁旭东，译. 北京：商务印书馆，2007：77–94.

艾尔·巴比有关归纳法和演绎法最精彩的讲述，当属他所举的例子。下面对这个例子略作删节引用如下，用以说明科学研究中演绎与归纳是如何配合使用及它们各自在应用上的特点[①]。

> 几年前葛洛克（Charles Glock）、林格（Benjamin Ringer）和我三个人一起研究，为什么美国圣公会教徒参与教会活动的程度不同。不少理论和准理论都暗示了一些可能的答案。这里我只讨论其中的一个：我们称之为“慰藉假设”（Comfort Hypothesis）。
>
> 我们部分采取了基督教的教义：要照顾“跛脚人、残废者和盲人”及“困乏和有重担的人”，同时我们也采用了马克思所说的宗教是人民的鸦片。我们预期教区居民中无法在世俗社会中得到满足和成就的人，会转向教会寻求慰藉和替代物。
>
> 在建构了这样的通则性假设之后，下一步就是假设检验。在世俗社会中无法得到满足的人，真的比那些获得满足的人在宗教上更虔诚吗？要回答这个问题，我们必须分辨出谁没有得到满足。在检验慰藉假设所设计的问卷中，就包括了可以分辨在世俗社会中是否得不到满足的指标性问题。
>
> 首先我们推论，在男性占主导地位的社会中，男性的社会地位比女性高。尽管这不是什么了不起的发现，但它提供了检验慰藉假设的基础。如果我们的假设正确，女性应该比男性在宗教上更虔诚。在收集并分析资料之后，性别和宗教关系的预期得到了清楚的证实。在涉及宗教活动的一项测量上——仪式（如上教堂）、组织（如归属于某个宗教组织）和知识（如阅读教会刊物）——女性都比男性

① 艾尔·巴比. 社会研究方法（上册）[M]. 8版, 邱泽奇, 译. 北京：华夏出版社，2000：76–77.

卷入的程度高。总体上，女性比男性高出50%。

在另一次慰藉假设检验中，要检验的是，在以年轻人为导向的社会中，老年人比青年人在世俗社会中更感到不满足。假设再次获得了资料的证实。老年人比中年人的宗教信仰虔诚，而中年人比年轻人虔诚。

社会阶级——以教育和收入来测量——提供了另一种检验慰藉假设的角度。假设又得到了支持：社会阶级较低者比上流社会的人更经常地卷入宗教活动。

还有一项慰藉假设的检验结果，刚好和一般人的常识相反。虽然教会的海报上常常有年轻夫妇带着子女一起祈祷的画面，而海报上写着“一起祈祷的家庭，会紧密凝聚在一起”，似乎这样的家庭在宗教上最虔诚，不过，慰藉假设暗示，已婚且有子女的家庭（这也正是美国人心目中的理想家庭状况）在世俗社会容易觉得满足，因此，应该比单身或已婚但没有子女的家庭在宗教上更少投入。所以，我们假设单身且没有子女的人在宗教上最为虔诚，已婚且没有子女的人虔诚度差一些，已婚且有子女的是最不虔诚的。检验结果正是如此！

最后，慰藉假设暗示，在社会中的不满足是积累性的：具有造成不满足特性越多的人，卷入宗教的程度应该越高；而完全不具有这些特性的人，卷入宗教的程度最低。当把前述四项测量（性别、年龄、社会阶层、家庭状况）合并起来时，理论上预期的结果得到证实。我们发现，单身、无子女、年老、社会阶级低的教区女性居民的宗教卷入程度，比年轻、已婚、上层社会、为人父母者的宗教卷入程度高出三倍之多。我们的慰藉假设得到了证实。

巴比有关演绎法的这个详尽描述，不仅清楚地阐明了演绎法的起点、要点和终点，而且还让我们饶有趣味地跟着他做了一次实证研究的假设检验。接下来，巴比用这个例子，进一步延伸性地解释了归纳法的流程和内容，从中也可以看出，归纳与演绎总像是一对儿孪生兄弟，不弃不离，相辅相成。这意味着，任何一个理论命题，既可以作为演绎研究的起点，也可以作为归纳研究的终点。因此，演绎法与归纳法在科学研究中的地位，就像巴比所说的那样："在实际运用中，理论和研究的互动是通过永无止境的演绎—归纳—演绎的交替过程来完成的"，"实际的科学探索通常牵涉到演绎和归纳两种逻辑的交替使用"，它们"都是构建理论的必经之路"。巴比在接下来的行文中详细地讨论了两种研究方法在构建理论中的作用，并最终用"科学之轮"来概括二者在科学研究过程中的关系。詹宁斯也用一个类似的图形来描述二者的关系（见图 2-3），特引用如下，以供参考[①]。

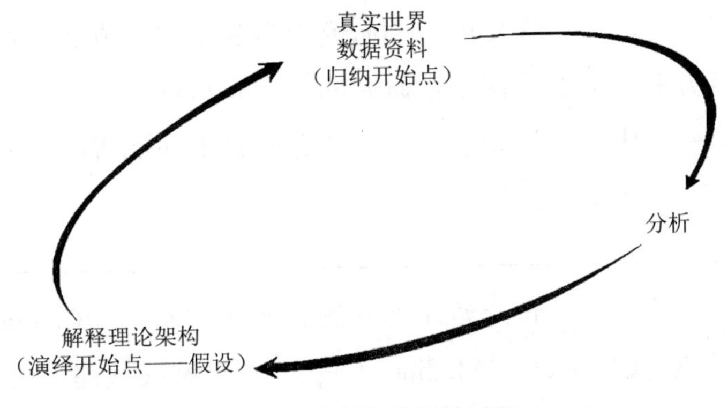

图 2-3　归纳与演绎的过程

① 盖尔·詹宁斯. 旅游研究方法［M］. 谢彦君，陈丽，译. 北京：旅游教育出版社，2007：21.

四、探索性、描述性、解释性与诠释性研究

将科学研究划分为探索性、描述性、解释性和诠释性研究，这一分类模式主要是基于研究目的上的不同。通常，人们将探索、描述、解释和诠释视为科学研究诸多目的中四种基本的和直接的目的。从某种程度上说，这四种研究有时也仿佛处于一次完整的科学研究的不同阶段上，当然，就其本身的含义而言，更主要的还是应该把它们分别看作不同的研究类型。

（一）探索性研究

探索性研究（Explorative Research），有时亦称为探测性研究，是指当对所研究的问题缺乏最基本的了解但却有进一步研究的欲望或必要时，而对相关问题展开的一种初步的或前期的研究工作。

按照艾尔·巴比的观点，他认为探索性研究通常可以满足三类目标：①满足研究者的好奇心和对某事物更加了解的欲望；②探讨对某议题进行细致研究的可行性；③发展后续研究中需要使用的方法。他进而用自己的研究经历来详细说明探测性研究的过程和目标。笔者感觉无法找到更好的例子来替代巴比的说明，因此还是原封不动地将巴比的描述引用如下，谅不至于有掠美之嫌[①]。

> 例如，不久前，我开始注意到流行起来的通灵（Channeling），被称为灵媒（Channel or Medium）的人进入催眠状态，并用另一个人的声音说话。有些声音昭示他们来自灵魂世界，有些则说他们来自其他星球，有些还说他们难以用人类语言形容他们所在的真

① 艾尔·巴比.社会研究方法（上册）[M].8版，邱泽奇，译.北京：华夏出版社，2000：117-118.

实空间。你们也许听说过罗伯兹（Jane Roberts，1974）和麦克琳（Shirley MacLaine，1983）有关灵媒的书。

人们有时候用广播或电视来比喻灵媒声音（通常被称为“存在”）。在一次访谈中，灵媒告诉我：“当你看新闻时，你不相信拉瑟（Dan Rather）真的在电视机里面，如同我的情形一样，我用身体作为媒介，正如拉瑟用电视机作媒介一样。”

通灵引起了我几方面的兴趣，特别是在方法上，如何科学地研究一些违反常理（如空间、时间、因果关系、个人兴趣等等）的现象。

在缺乏理论或确切预期的情形下，我只想对灵媒现象多一些了解。运用各种实地调查方法，我开始收集资料，对观察到的现象进行分类，并获得理解。我阅读与灵媒现象有关的书籍和文章，询问曾经参与过通灵的人。之后，我自己也参与了通灵，并观察其余参与活动的人、灵媒本身，以及“存在”。接着，我还分别访问了一些灵媒和“存在”。

在多数访谈中，我首先询问他们怎样开始灵媒工作，具体情形如何，为什么继续从事这类活动，以及其他一些标准的自传式问题。然后，受访的媒介就会进入催眠状态，接着，“存在”和我谈话。然后我就问“你是谁？”“你从哪里来？”“你为什么在这里？”“我如何分辨你的真伪？”尽管在访谈之前我已经准备了一些问题，但无论议题是什么，似乎都有恰当的、现成的答案。

这个探索性研究的例子说明了社会研究通常是如何开始的。从演绎理论开始的研究者通常事先知道基本变量，我要做的第一件事就是确定那些可能相关的变量。譬如，我注意到灵媒的性别、年龄、教育程度、宗教背景、起源地区，以及先前的玄学经历等都是变量。我还注意到通灵活动的差别。有些灵媒说他们必须进入深眠状态，有些则浅眠，还有一些根本不必进入催眠状态。大多数人在通灵时是坐着的，但也有人站着并走来走去。有些灵媒在一般的环境中活动，另一些人则要求一些形而上的道具，如昏暗的灯光、香气、吟唱等。最初观察时，许多诸如此类的差异就吸引了我。

至于“存在”，我的兴趣在于对他们的来源进行分类。在访谈中，我询问了一组有关“现实”的具体方面的问题，并试图对他们的答案进行分类。同样，我也询问了未来事件的问题。

在研究进程中，对具体问题的考察逐步集中到当初确定的那些变量上，看起来，还值得进一步深入下去。请注意，开始时，我并没有明确的议题。

笔者之所以喜欢巴比的这个自述，正如他自己在行文中所说的那样，“这个探索性研究的例子说明了社会研究通常是如何开始的”。而且不唯如此。巴比的这段描述还可以给所有的初学者以信心：每一个对社会现象抱有基本的好奇心的人，都可以试探着走向研究的境界，而这当中似乎并不存在不可逾越的鸿沟。

（二）描述性研究

描述性研究（Descriptive Research）提供描述性或叙述性知识。什么是叙述性知识？张东荪在《认识论》一书中，曾将叙述性知识界定为“将我们观察所及的事物适如其分地记下来，而不是我们理想或希望其如此。简言之，叙述知识不是规范知识……叙述是事实的知识”。对于什么是事实，他也做了归纳：事实是特殊事物；事实必须假定其在知者之外；事实是能测量的；事实是与其他事实有关系的；事实是现象的[①]。

① 张东荪．认识论［M］．北京：商务印书馆，2011：10–11.

按照笔者在第一章对研究问题所做的分类，可以说，描述性研究力求要回答的问题，便是常识层面的“是什么”和事实层面的“什么样”的问题。例如，前文曾提到，植物学家为了“以文字回答什么是银杏”这个问题，他会通过观察和比较，最终给银杏下一个定义，这个定义便是建立在类推基础上的描述性知识，是对银杏性状的概括性表述。再如，我国政府每隔数年便要进行一次人口普查，其目的就是为了描述全国人口的各种人口统计特征，包括性别、年龄、家庭人口、居住地、职业、受教育程度等。这种描述性知识对于制定全国性的人口政策是最基本的依据。再比如，当一个地方政府决意要以发展旅游业为推动地方社会经济发展的根本策略时，政府官员需要做的第一件事情，便是“摸清家底”，即通过描述性研究，了解本地区旅游资源禀赋情况、现有旅游企业的规模和结构情况、现有旅游产品的类型和数量情况，甚至还要扩展到去了解旅游市场的需求情况，等等。有关这些方面的知识，都属于描述性的知识。

描述性知识的获得，既可以通过定量研究的方法，也可以借助于定性研究的方法。上述列举的几个例子中，人口普查、旅游研究看上去大致是以定量研究为主的，而植物学家的研究则是定性研究。在社会科学领域，许多定性研究的基本目的就是描述。例如，人类学的民族志就是要详细描述一些前文明社会的特殊文化。这种传统也被旅游学界继承并发扬光大。在旅游学界，对许多文化现象的研究，已经积累了丰富的成果，而这些知识往往以描述性知识为主，如中山大学孙九霞等人对一些少数民族族群社区旅游发展的研究，多属此类①。前文在引用陈向明有关定量研究与定性研究的区别方面的观点时，读者也不难发现，陈向明曾将定性研究的成文方式的特点概括为以描述为主，这也说明了一些定性

① 孙九霞，马涛．旅游发展中族群文化的“再地方化”与“去地方化”——以丽江纳西族义尚社区为例［J］．广西民族大学学报（哲学社会科学版），2012（4）：60–67.

研究的目的就是描述。

（三）解释性研究

解释性研究（Explanative Research）旨在回答“为什么”的问题。因此，解释性研究的作用是剖析事物之间的关联性，并对这种关联性的特征做出因果解释，所以，也可以把解释性研究称为因果关系研究。

解释性研究既可以采用定量方法，也可以采用定性方法。如前所述，艾尔·巴比在其《社会研究方法》一书中曾列举了两个精彩的例子，说明“人为什么会信仰宗教”和“人们为何吸食大麻”，这两个例子都是定量研究的范例，值得仔细体会[①]。借助于对人们上教堂、参与教会活动的观察，对夏威夷大学在校学生吸食大麻与否的调查，两项研究者都令人信服地分别得出了“寻求慰藉”和“社会约束”的理论解释。

在利用定量方法进行解释性研究时，人们往往会借助相关分析、回归分析等手段，对事物的因果关系进行剖析。在这种情况下，需要警惕的一个问题，便是在解释因果关系时，要清楚地理解统计相关与逻辑相关及事实相关之间的不同。人们都知道，如果把太阳黑子运动状况逐日记录下来，同时再对应地记录某家啤酒店的每日啤酒销售量，是可以把两组数据并列于同一个表格，并为两个变量计算其相关系数的。很可能，计算出来的相关系数的绝对值会接近于1——这意味着太阳黑子运动与某小店啤酒销售量高度相关！举这样的例子看似可笑，但事实上，在旅游研究领域乃至于整个科学界，做此等游戏的研究文章其实并不乏见。

对此，艾尔·巴比将拉扎斯菲尔德所提出的变量间因果关系的三个标准拿出来讨论，清楚地阐明了在解释性研究中应如何对待因果关系的

① 艾尔·巴比. 社会研究方法（上册）[M]. 8版，邱泽奇，译. 北京：华夏出版社，2000：76–77；85–86.

原则，现将其原文引用如下[①]。

> 双变量因果关系的第一个必要条件是，在时序上，先有因后有果。在科学上，如果原因在后，就根本说不通。子弹离开枪管根本不是火药引爆的原因，事实正好相反。
>
> 虽然这项标准看起来简单明白，但在分析社会科学资料时，我们会发现数不清的问题。通常，两个变量的时序关系并不是很清楚。先有哪一个，权威主义还是偏见？即使时序很明显，也常常会有例外。譬如，一般我们假定父母的受教育水平影响到子女受教育水平。但有些父母会因为子女的受教育程度较高而又回到学校进修。
>
> 因果关系的第二个必要条件是，两个变量之间具有实证相关性。如果观察到的真实情况是，子弹并不是在火药爆炸后才离开枪管的，而我们还要说火药爆炸使得子弹脱离枪管，那就站不住脚了。
>
> 再说一遍，这些看似明显的必要条件对于社会科学研究而言始终是一个难题，至少在通则式解释模式中如此。大部分的保守派投票给多尔，但有些保守派则不然。因此我们要问：实证相关达到何种程度才被认为是因果相关。
>
> 因果关系的第三个必要条件是，两个变量间的实证相关不因为第三个变量的存在而存在。例如，冰激凌的销售量和淹死的人数呈正相关：冰激凌卖得越好，淹死的人就越多，反之亦然。在此，第三个变量是季节或者温度。大多数溺水事故发生在夏季高温季节——这正是冰激凌销售的旺季。冰激凌销售和淹死人数并没有直接的关联。

① 艾尔·巴比.社会研究方法（上册）[M].8版，邱泽奇，译.北京：华夏出版社，2000：98-99.

（四）诠释性研究

诠释性研究（Interpretive Research）也被称作阐释性研究，是社会科学研究尤其是涉及人类行为及其意义问题时的社会科学研究常常会使用的定性研究方法。换言之，当社会科学工作者要辨别某种文化框架之下人类行为的意义，并试图将这种意义以关联、比较、阐释等方式转译或传达给他人的时候，就需要借助诠释性研究来达到其目的。

在诠释性研究中，研究者所面临的问题，可以归结为诠释性问题。此类问题主要涉及的是有关行为、对象或表述对参与者而言所具有的意义，研究者的任务就是从语言和行为两方面了解并阐发这些意义。由于意义在理解人类生活的本质方面所具有的重要性，因此，诠释性研究也为很多社会科学家所重视。以马克斯·韦伯的社会学概念及方法论为基础发展起来的诠释社会学（Interpretive Sociology），就充分体现了这一点。这一学科以韦伯所提出的理解（Verstehen）或移情式理解为核心概念，主张意义这一社会学要素在有关人类行为研究方面扮演着极为重要的角色。其根据在于，一方面，互动性作为社会现象的特征，如果没有行动者对彼此的行为进行意义诠释，相关的立论就无法成立，从这个角度来说，意义是所有社会现象的本质；另一方面，社会学家也必须依靠对观察到的社会现象做意义诠释，才能进行科学的社会研究，也就是说，主观涉入的意义理解便是社会学家的科学方法，正如客观记录与控制变项是物理学家的科学方法一样。

阐明事物的意义并不是一件容易做到的事情，也正因为如此，诠释性研究才作为一种独特的研究而逐渐发育起来，成为对叙事文本和生活故事进行研究的通常方法，甚至形成了一个独立的学科或知识体系，因为早在20世纪60年代，理查德·E. 帕尔默就已经出版了他在这个领域的系统性著作《诠释学》（Hermeneutics）[①]。在社会科学研究领域，事物意义之所以难于阐释，主要在于阐释对象本身的多义性。人类的行为、语言、符号、仪式或制品，有的（如语言、符号、仪式和制品）属于反映人类社会成员之间契约关系的文化现象，有的（如行为）则因其所常带有的神秘性和掩饰性，从而导致在理解其真实意义上的困难。约翰·奥莫亨德罗（John Omohundro）在《人类学入门：像人类学家一样思考》一书中，就曾以格尔兹对印度尼西亚巴厘岛斗鸡现象的研究为例，指出“行为的意义或在表面的行动和意图之外[②]”。这种困难也使得诠释性研究在一定程度上只适合于那些能够容忍含糊混沌的学者。他们能够得出诠释性结论，但如果必要的话，他们还可以通过进一步阅读改变这些结论。正如利布里奇等人所言，这种研究最显著的特征是，不把结果的可复制性作为评价的指标，因此读者需要更多地依赖研究者个人的智慧、技巧和正直。然而诠释并不意味着在推测和直觉方面的绝对自由。准确地说，直觉过程需要理解力来充实，理解是检验直觉的基础，并对照叙事资料反复考查它。换言之，诠释性解释不是任意的，而是需要正当理由的[③]。

关注事物意义的研究者——通常他们都是人类学家，在旅游研究领域，则是那些关心旅游世界中所展现的社会和文化现象的学者——在考察一个群体共有的意义时，会对某个、某种或某类符号及其意义做深入的探究，考察意义是否明晰、传播是否广泛、是否承载了价值、是否多元、是否有意识、是否有争议。经过这种全面的解析，研究者在阐发事物意义的同时，也可能同时构筑某种文化解释模型，从而提升诠释性研

① 理查德·E. 帕尔默 . 诠释学［M］. 潘德荣，译 . 北京：商务印书馆 . 2012：13–18.

② 约翰·奥莫亨德罗 . 人类学入门：像人类学家一样思考［M］. 张经纬，任珏，贺敬，译 . 北京：北京大学出版社，2013：323.

③ 艾米娅·利布里奇，里弗卡·图沃 – 玛沙奇，塔马·奇尔波 . 叙事研究：阅读、分析和诠释［M］. 王红艳，译 . 重庆：重庆大学出版社，2008：9.

究的理论价值。还是以奥莫亨德罗对格尔兹“斗鸡”有关研究结论——认为这些事件“反映”的其实是巴厘岛的男性与文化[①]——与其本人亲自参加菲律宾一场斗鸡时的现场感受，来说明诠释性研究和一般肤浅观察的区别。奥莫亨德罗说，从我的客位观点来看，斗鸡是一场两只爪上绑着利刃的公鸡的决斗。围观的人对结果下注。不过格尔兹从斗鸡中发现了更多的内容：巴厘人男性气质和个人荣誉的弘扬，对死亡和命运的强烈展现，亲属群体和村落之间的隐形竞争[②]。不管格尔兹的诠释是否正确，但人类学家普遍倾向于接受他的诠释，这便是诠释性研究所独享的待遇。

在旅游学界，对符号意义的解释也是一种典型的诠释性研究，因为符号作为一种象征现象，不仅其创造已经成为旅游学界景观呈现的重要手法之一，而且对符号的解读，也已构成旅游体验过程中影响体验深度和广度的重要因素[③]。不妨设想一下，旅游研究人员在观察一群群旅游者在面对不同的异域文化——比如“泰式的微笑”“日本的花园”“印度的湿婆舞”“土耳其的咖啡馆”“巴西的桑巴舞”“波兰的乡村教堂”“朝鲜的泡菜”“德国的交响乐”“意大利的歌剧”“美国的橄榄球”“俄罗斯的芭蕾舞”和“中国人的家庭祭堂”等[④]，这时，他们很显然会特别希望知道旅游者是如何与当地人互动并建构其旅游体验的意义的，而对此类问题的解答，往往属于诠释性研究的范畴。借助于对旅游者行为的观察、对旅游者游记文本、博客日志的话语分析，以及对各种访谈材料的文本

① 克利福德·格尔兹．文化的解释［M］．纳日碧力戈，等，译．上海：上海人民出版社，1999：471–511.

② 约翰·奥莫亨德罗．人类学入门：像人类学家一样思考［M］．张经纬，任珏，贺敬，译．北京：北京大学出版社，2013：323.

③ 谢彦君，彭丹．旅游、旅游体验和符号——对相关研究的一个评述［J］．旅游科学，2005，19（6）：16.

④ 马丁·J. 甘农．异域文化之旅：体悟 23 个国家的文化象征［M］．黄华光，徐立源，译．北京：当代世界出版社，2004.

解读，研究者可以对其意义进行探寻和阐发，做出研究者个人的独特诠释。可以想见，研究者的任一种有见地的诠释都可以增进我们对旅游者行动意义的理解，同时又可能会重构旅游世界的意义谱系。

五、截面研究与历时研究

如果就研究所探讨的问题和所利用的资料的时间属性来看，有些研究所关注的问题，是某个特定时点下有关事物所展现的总体和结构性特征，而另一些研究所关注的问题，则是某个历史时期当中有关事物所呈现的变化趋势。显然，这两类研究试图在纳入时间因素之后完成对事物规律或特征的概化。前者可以称之为截面研究（Cross-sectional Study）或共时研究、横向研究，而后者则可以称为历时研究（Longitudinal Study）或纵向研究。

在某些情况下，截面研究所依赖的资料，可能更多地属于时点资料；而历时研究所依赖的资料，则往往属于时期资料。时点资料的性质体现为某种即时波动，虽然在时间上并不排斥连续性及其影响，但这种资料本身的水平，如某时点上的数值（如全国人口普查所获得的总人口、性比例等数值），却并不具有积累性特征，不同时点同一指标的数值是不可直接相加、汇总的。与此相反，时期资料往往是连续时间过程的累积性结果，因此，将不同时期同一指标的数值直接相加、汇总，就会形成新的总量意义。当然，这里并不等于说，截面研究不采用时期资料，或相反，历时研究不关心时点资料。情况并非如此，甚至往往是相反的：一次截面研究会综合利用时点资料和时期资料来共同反映某一事物在某个时点上所展现的规律和特征。对于历时研究而言，也是如此，它可能会综合历史上各个时期和时点上某事物的发展情况，并结合事件发展变化的全过程，来全面考察该事物的变化规律。

在旅游研究领域，截面研究的例子不胜枚举。比如，对旅游企业的资金占用情况进行调研，会涉及资金（包括固定资金和流动资金）的即时占用额度及在各个经营项目、经营网点上的占用情况；要了解旅游企业人力资源情况，则涉及企业在某个明确的时点上各类人员，从总经理到各职能部门的管理人员，再到基层员工，其数量和岗位安排的情况。同样，历时研究在旅游领域也十分常见。比如，统观中国入境旅游者总量自 1978 年至今的发展变化，透视一个旅游景区在多年内形成的旅游流的季节性波动规律，研究某个旅游目的地居民针对旅游发展的态度演化，这些都属于历时研究的范畴。可以说，任何一种研究，即使那些从表面上看可能并不包含时间变量的定性研究，事实上也摆脱不了时间因素的内在嵌入，从而使相关研究不是带有截面研究的性质，便是具有历时研究的特点。比如，一个旅游文化问题的专家，在展开其一次具体的旅游文化研究课题时，其关注和将要回答的问题，既有可能是对现象的共时性问题进行探测、描述、解释或诠释，也可能是对旅游文化的演化或变迁问题做出解释或预测。

单就历时研究而言，作为一种跨时段观察的研究方法，它可以给人提供历史地看问题的视角，观察事物在一个较长时间跨度上的变化、波动和趋势性特征。采用定量方法进行历时研究最典型的例子便是统计学上对时间数列的分析，其目的是为了识别事物在一个较长的历史时期内所呈现的长期趋势、循环变动和季节波动规律。通常，这类研究所依据的资料（包括时期资料和时点资料）往往是官方长期积累的统计数据，因此以二手资料为主。如果研究者想借助自身的力量，通过大规模问卷调查的形式获得可供长期历时研究的资料，就会相当困难。不过，也许正是由于这种固有困难所带来的挑战的魅力使然，一些研究者却喜欢投注精力来从事此类历时研究。

这里，再介绍两种专门的历时研究方法。一种被称为世代研究（Cohort Study），也称同期群研究；另一种被称为跟踪研究（Panel Study），也称同组研究或定组研究。

世代一词在此专指同龄人群体，而世代研究便是指对这种同龄人群体在某个问题上所展示的变化、演化或差异等特征所进行的研究。例如，在“二战”的参战国家，有“二战”后的婴儿潮一代；在美国，有越战期间出生的一代；在中国，有新中国的同龄人一代，有60后、80后，有恢复高考后的77~78级一代，以及年轻人一代、中年人一代、老年人一代，等等。如果研究者选择世代研究的方法，那意味着可以采取两种策略。一种策略是选择属于不同世代群体的人作为研究对象，来观察他们在同一问题上所表现出来的规律性特征，这种研究最能突出的是不同世代群体之间的差异；另一种策略是选择属于同一世代群体的人（这些人员并不一定是固定的），观察他们在不同的历史时期（如个人的不同年龄段）在同一问题上所表现出来的规律性特征。读者需要特别注意这两种情况的细微差别。举例来说，如果一位旅游学者有意对旅游者消费观念的变化进行研究，可以采取世代研究的方法。一种策略是分别选定若干新中国的同龄人作为一个世代，再选择若干60后作为一个世代，还可以再选择若干90后组成一个世代。通过访谈或问卷调查，可以获得这三个世代有关旅游消费观念的事实性资料，借此可以解释三个世代之间旅游消费观念的差异，并缕析出某种观念演变方面的条理来。

跟踪研究与世代研究颇为相似，因此也极易被混淆。与世代研究相比，尽管跟踪研究也同样是关注事物在不同时期或时点上的变化，但跟踪研究每次研究的对象都是相同的，因此，跟踪研究也有译为“定组研究”的，主要就是体现其调查对象的固定性。也由于这种固定的、跟踪式的研究需要研究对象的长期配合，因此，研究对象的成员群体规模一般也比较小，为此，有人也就把这种研究称为小样本多次访问法。比如，研究者可以采取这样一种策略，那就是可以富有远见地在1978年改革开放初期，旅游刚刚兴起的时候，就针对旅游消费观念这一问题对城市中30~40岁的人做相关研究，方法是选取200名符合这一年龄段的旅游者进行访谈或问卷调查；并且10年之后，也就是在1988年，再次对这200名旅游者做同样的调查研究；2008年的时候，又一次做了这样的调查研究。目前，这位旅游研究人员虽然年龄已届退休，但他希望，他与他的学生能够在2018年再次有机会重续这项调查。从这样的调查研究结果，这位研究者相信，他可以明确地归纳出中国改革开放40年后，人们在旅游消费观念上发生的变化，同时，借助于旅游消费这一现象，还可以从一个侧面折射出中国社会人们消费观念的变化。这就是跟踪研究的作用所在。在中国，由统计局所属的城调队、农调队对城市和农村住户所实行的家计调查，就是在经过多阶段抽样选定调查户之后，固定下来进行连续观察，这种方法便属于跟踪调查的一种。如果仍以旅游研究为例的话，研究人员也可以通过选定若干旅游目的地居民户进行连续数年的旅游家庭收支状况调查，以此判断旅游发展给当地居民的生活所带来的影响。

六、分析性研究与综合性研究

一般的方法论著作中并不包含有关分析性研究与综合性研究的讨论，究其原因，可能是因为，分析和综合这两个词汇在日常生活和科研实践中都已经成为司空见惯的普通术语，似乎算不上两种明确的研究方法。但实际上，在人类整个知识探索的历程当中，确实存在着这样两种不同的知识生产路径。在东西方两种不同的学术体系中，尽管在各自内部并不乏分析与综合这两种不同的治学取向，但就整体而言，东西方两种学术传统已然在宏观层面呈现出分析传统与综合传统的两大分野。包括印度文化在内的东方学术传统，向来被认为是综合取向的，而溯源于苏格拉底的西方学术在经过亚里士多德之后，走的却是一条分析之路。梁漱溟将东西方学术传统的这种差异，归结为东西是两条不同的道路：一面的根本方法与眼光是静的、科学的、数学化的、可分的；一面的根本方法与眼光是动的、玄学的、正在运行中不可分的①。他的这个见解可谓鞭辟入里、切中要害。梁漱溟还拿中西医来做比较，认为中医秉持的是典型的综合思维，而西医坚持的则是分析思维。

在这里，并不存在哪一种传统更优异的问题。实际上，正如俗话所说，尺有所短，寸有所长，分析与综合这两种方法也不例外。分析的方法是将整体离析为部分、为元素的方法，借助于这种方法来深化人们对事物本质的认识，有些知识领域本身更进而发展为成熟的分析性学科，如化学、量子物理等。综合的方法是化局部为整体、合部分为整一，借此来统观事物全貌，在总体层面把握事物的本质和意义。两者在科学研究中的恰当使用的关键在于，都不能过度。过度分析的结果——在心理学曾一度占据统治地位的行为主义、构造主义、还原论即为其例——便是只见树木、不见森林。黑格尔在其《小逻辑》一书中曾警告说："一个化学家取一块肉放在他的蒸馏器上，加以多方面的割裂分解，于是告诉人说，这块肉是氮气、氧气、炭气等元素所构成。但这些抽象的元素已经不复是肉了。同样，当一个经验派的心理学家将人的一个行为分析成许多不同的方面，加以观察，并坚持它们的分离状态时，也一样地不能认识行为的真相。用分析的方法来研究对象就好像剥葱一样，将葱皮一层又一层地剥掉，但原葱已不存在了②。"过度综合的结果则是大而无当、

① 梁漱溟．中国文化的命运［M］．北京：中信出版社，2010：19.

② 黑格尔．小逻辑［M］．贺麟，译．北京：商务印书馆，1980：413.

玄虚无用，甚至存在逻辑上的以偏概全的错误。

在旅游研究领域，过度分析和过度综合的情况都存在，其中负面影响最大、最难以根除的当是过度综合的情况。由于综合的观念在表面上容易给人以系统、全面、整体等印象，因此，对所研究的对象盲目采取综合取向、综合方法的人颇不乏见，这种情况又因为中国学术传统中已长期习惯于综合思维，因此便给过度综合提供了很多隐身之所。人们在界定旅游的相关范畴时，轻车熟路地就走上了过度综合的轨道且不自知，这其中最突出的例子，莫过于对世界旅游组织有关旅游的定义的全盘接受。笔者在 1999 年所做的批评，虽曾引起过一些人的警觉，但在总体层面并无根本改观[①]。

七、在位研究与出位研究

在位研究（Emic Study）和出位研究（Etic Study）是詹宁斯借用人类学家派克（Pike）的观点所使用的一对儿概念，用以指代从认识论层面处于两极的不同研究类型[②]。出位研究遵从的是价值中立（Value-free）原则，实证研究往往走的是这一路线，研究者扮演的是局外人的角色；与此相反，在位研究则主张研究者融入研究对象所在的特定社会情境当中并成为其一员，扮演一种局内人的角色，借此更好地理解研究对象。

不难看出，在位研究与前文曾讨论过的诠释性研究有着密切的关联，因此也是一些人类学家乐于采取的认识论观点。在这些人类学家看来，在位研究在社会科学研究中不可避免、无须回避，甚至应该抱有欢

① 谢彦君 . 基础旅游学［M］. 北京：中国旅游出版社，1999：46–47.

② 盖尔 · 詹宁斯. 旅游研究方法［M］. 谢彦君，陈丽，译. 北京：旅游教育出版社，2007：123–125.

迎的态度，因为在位研究恰好可以建构出一种新的情境，从而创生出一种可供其他人类学家进一步解读的文本。对此有着很大热情的露丝·贝哈的著作《动情的观察者：伤心人类学》的主旨，就在于发扬这一主张。她这样评价在位研究在人类学家当中所遭遇的状况："最近十年对'本土人类学'意义的反思——学者们声称要把自己与工作地点相联系——已经开启了'一种文化中的局内人意味着什么'的重要讨论。那些曾被当成'本土人'的人已经成为学者，研究他们自己的家乡社区和国家，此时参与者和观察者、朋友和陌生人、本土者和外来者之间的界线已经很难区分。我们现在有一群显著的'少数'人类学家，他们与被抛弃但现在又工作其中的'家乡'之间有一种矛盾的连结，这些'本土人类学家'的重要性在于，他们有助于引发一种根本性转变，即把身份认同而非差异作为人类学理论与实践的关键意象。我们已经不再尽力'越过他者本人的肩膀'（格尔兹语）去阅读他者的文化。我们现在与我们的研究对象站在同一条线上；确实如此，如果我们只想与他们面对面，他们只会容忍我们[①]。"贝哈的这种观点，不仅道出了人类学研究在认识论方面的历史事实，而且也折射了社会科学研究在知识本质方面的长久困惑。

在社会学领域，经典的在位研究的例子，当属怀特及其《街角社会》；而迪尔凯姆的《自杀论》则可以算做出位研究的经典案例。在旅游学术界，出位研究与在位研究正如在社会科学其他研究领域一样，成为两股涌动的溪流，有时交融，有时分流，随着旅游学科逐渐走向成熟的历程，这两股溪流也将逐渐显现为两种判然有别的旅游学术景观。

① 露丝·贝哈.动情的观察者：伤心人类学［M］.韩成艳，向星，译.北京：北京大学出版社，2012：25.

八、各种研究类型之间的关系

以上探讨了不同类型的科学研究，这些研究之间的区别，主要是方法方面的，有的也涉及认识论和本体论方面，但即使如此，后者也令人看上去感觉是某种方法上的差别。其实，各种研究类型之间的差异是相对的，而依据不同标准划分出来以便展开上述讨论的各类研究之间，本就是一体的，而不是各成一路的。换言之，所谓的科学研究的各种类型，实际上不过是某一次具体的研究实践所呈现的不同样貌而已。就如同观察一个人，可以同时从其年龄、性别、身高、体重、才貌、性情诸方面展开一样。分类的目的不是为了割裂认识对象这个整体，而是尽可能寻找全面认识该对象的角度、侧面，并最终求得完美的综合。

第三节　科学研究的范式

任何科学研究者，在投身于科学研究工作的时候，都会面临三个基本问题。首先，如何看待自己所研究的问题的根本性质？换言之，认为自己所研究的对象在根本点上是什么？这个问题属于本体论的问题。其次，在形成上述根本观点的时候，自身与研究对象之间是一种什么样的关系？是主观的，还是客观的？这显然是认识论的问题。最后，在以主观或客观的态度建构有关研究对象的根本观点时，采用的是什么方法和策略？这自然属于方法论的问题。科学家们由于在回应这三个问题的时候采取了不同的立场，开辟了不同的路径，于是，在科学史上，就形成了各种类型不一、各具特色的理论流派，它们就是将要讨论的范式

（Paradigm）。在下面的讨论中，不仅会简要地介绍各种流派的代表人物和历史背景、作用或影响，而且会从本体论、认识论和方法论方面对其基本观点加以评价。

首先需要注意的是，在这一节中会多次遇到“主义”一词，从学术的意义上来说，这是值得警觉的。弄清楚这个词的褒贬义，对于理解后文各种范式的根本特征、彼此关系并据以确定应持的科学态度会有很大帮助。但是，“主义”这个司空见惯的日常用语到底是什么意思？恐怕大多数学者从未认真忖度过这个问题。通过查阅上海辞书出版社出版的《辞海》（1989 年），以及 20 世纪 90 年代之前出版的几部词典或字典发现，均未收录“主义”一词！试想，如果在权威的词典里对一个词没有解释，而这个词在社会上又极为流行，那么，关于这个词的内在含义的理解，就只能让人望文生义了。倘若这个词汇又在各个领域甚至政治层面具有重大意义，那么，这种现象在意识形态领域所产生的影响，就很可能负面效果多于正面效果。如果关于这个词的确切含义只能凭借作为某个其他词汇（如实证、达尔文等）的后缀来理解的话，那么，问题就有可能更大。作为科学研究者，首先应该不带任何倾向地去评价这个词汇的本义，然后再谨慎地使用这个词汇，警觉地对待这个词汇可能带来的非理性、不科学的影响。

将“范式”和“主义”联系在一起，对于一个理论而言，显然都在强化理论的某种极端性特征，因此，被纳入该范式、该主义范畴的科学家，也具有了某种笃信该理论的极端性的一面，这种笃信已开始带有某种宗教的色彩，因为有了更多的信仰的成分。因此，一位真正的理性的科学家，如一位坚持用经验事实来求证真理的社会科学家，可能非常喜爱孔德，但如果说他是实证主义者，他会有所保留甚至很排斥这种标签，因为一旦主动或被动地贴上“主义”的标签，那就意味着他和宗教教徒没有多少差别，他在意志上已经偏向一边、拒斥另一边（如在各种宗教之间经常发生的相互排斥、诋毁），已经开始用信仰而不是用事实来从事研究，而这种研究可能已经偏离了科学的本义。恩格斯 1890 年 8 月 27 日在《致保尔·拉法格》的信中就曾说过，马克思曾经说过，我只知道我自己不是马克思主义者。马克思大概会把海涅对自己的模仿者说的话转送给这些先生们：我播下的是龙种，而收获的却是跳蚤[①]。马克思的这种态度，实际上在学术界不乏其例，很多卓有成就的理论开创者，都曾表达他们厌恶将自己划归到某一范式甚至"主义"的做法。可见，在国内外、东西方的学术史上，此类现象不仅不是偶然的，而且还构成了学术思潮发展演化的主流：凡是一种充满新鲜活力、面向现实生活问题的理论，一旦最终发展成为范式，进而成为某种"主义"，那么，最终它必将由于其保守性而被历史所抛弃。这便是库恩的范式革命的历史性结论的科学性所在[②]。当一种范式变得固若金汤，抗拒任何实质性改变的时候，随着时间的推移，它的缺欠也必然变得越来越明显，这时，一个新的范式就必然会出现并取代旧的范式。

所以，本书在这里所讨论的各种范式——尤其是被尊奉为具有"主义"色彩的范式，都或多或少具有失之一端、偏于一见的缺欠。这种偏颇不是导致该范式在历史上被抛弃，就是被修正。各种范式及其相互间的最终发展方向，则是各种旧有范式中合理成分之间的合流与统一[③]，以及新范式的层出不穷。关于这一点，本章最后一节还会做进一步讨论。

① 中共中央马克思恩格斯列宁斯大林著作编译局.马克思恩格斯选集［M］.4卷，北京：人民出版社，1972：476–477.

② 托马斯·库恩.科学革命的结构［M］.4版，金吾伦，胡新和，译.北京：北京大学出版社，2012：66–78.

③ 诺曼·K.邓肯，伊冯娜·S.林肯.定性研究：方法论基础［M］.1卷，风笑天，等，译.重庆：重庆大学出版社，2007：175.

一、实证主义范式

到目前为止，"实证"这个词汇在本书中已经出现好多次了，足见其重要性。在讨论科学研究的过程时，把实证近似地等同于科学研究过程，认为实证过程的目标或结果就是证实或证伪；在讨论科学研究的方法时，把实证研究与规范研究相对，认为实证研究是用经验事实回答诸如是什么（关于常识的那一部分）、什么样和为什么之类问题的科学研究，而把规范研究视为与伦理研究、对策研究相近的非科学研究。通过这样的讨论，我们对实证的内容已经逐步了解，对实证研究的重要性已见其端倪。

那么，讨论实证主义（Positivism）范式又可以增加哪些知识？本书从理论背景、主要观点和在旅游学领域中的应用三个方面加以讨论。这个讨论模式也将贯穿本节其他各个范式。

（一）理论背景

虽然在17世纪哲学家笛卡尔的理性主义思想中已经有机会让实证方法在破除神学和经院哲学信仰的基础上走向科学的前台，但笛卡尔本人并没有明确地以"实证"一词提出这一点，是奥古斯特·孔德（Auguste Comte）最终完成了这个任务，因此，孔德也被普遍认为是实证主义的真正鼻祖。

实际上，笛卡尔（René Descartes）在其《论方法》（或译《谈谈方法》）[①]及《探求真理的指导原则》[②]两部著作中，都已充分展示了他所持有的与实证主义者相似的信念：即认为任何以不可见的力量去解释世界的努力都是徒劳的，不能为无法清楚地表达的东西去解释自然过程而留下地盘。在笛卡尔看来，科学应当使世界摆脱神秘，应当用真实的知识填

① 笛卡尔．谈谈方法［M］．王太庆，译．北京：商务印书馆，2000.

② 笛卡尔．探求真理的指导原则［M］．管震湖，译．北京：商务印书馆，2009.

补我们认识上的空白，而不是用华丽的辞藻去掩饰我们的无知。因此，他积极地用他的“方法”和“原则”去否定假的、迷信的、虚幻的东西，以追求真的“实在”。据说，在1619年11月10日的寒冷夜晚，在巴伐利亚靠近乌尔姆的地方，笛卡尔做了三个梦。这些梦清楚地揭示了他的人生使命。那一天，他陷入了深深的沉思，并开始对自己的信念产生怀疑。几小时的紧张努力使他产生了关于科学统一即所有知识统一的惊人发现：他感到自己掌握了一门非凡的新科学，这门科学可以驱除当前所有的困惑[①]。他的这种梦启经历，很容易让人想到比他早120年在东方也有一位学者，经历了“龙场悟道”之后而成“心学”的传奇经历。

但是，笛卡尔的实证思想是不彻底的，或者更客观地说，并不像后来的实证主义者那样极端地笃信那种所谓完全客观的、外在的经验事实。他的那句名言“我思，故我在”和他请来救急的那位“上帝”，不仅仅让后人时不时地误把他推向唯心论一边，而且也确实为孔德之流开创实证主义腾挪出了一个缝隙。

孔德的实证思想则是在明确将人类知识划分为神学、形而上学、实证（科学）三个阶段的基础上提出的，其标志则是1830年陆续出版的6卷本《实证哲学教程》。他认为，知识应该建立在经验观察的基础上，而不是建立在信仰的基础上；观察优于想象，也优于思辨。他相信，社会科学（或他所创立的社会学）应该像生物学、物理学那样，借助于事实，通过观察社会现象，并找出各种现象之间某个时期或过去可能存在的联系，进而探索支配各种现象的规律[②]。他的这一思想不仅在自己一系列著作中得到深刻阐发，通过使用“社会学”（Sociologie）一词［他原

---

① 加勒特·汤姆森·笛卡尔［M］.王军，译.北京：中华书局，2014：29.

② 雷蒙·阿隆.社会学主要思潮［M］.葛智强，胡秉诚，王沪宁，译.北京：华夏出版社，2000：49.

本想用“社会物理学”（Social Physics）来称呼他所从事的研究，但是这个词汇被另一位学者选用了］而创建了社会学这门学科，还深刻而久远地影响了社会科学研究的路径和方向，开启了人类智力运动另一次历险的大门，时至今日，探险之路仍然不断延展①。作为孔门的杰出弟子，迪尔凯姆的《自杀论》便是这种实证研究的典范之作。这一流派的其他代表人物还有英国的J. S. 密尔和H. 斯宾塞。

（二）主要观点

实证主义展现在本体论、认识论和方法论方面的主要观点，参考詹宁斯在《旅游研究方法》一书中归纳的思路，大体上有以下几个方面的特点。

1. 本体论：世界由普遍规律所支配，存在因果关系，可以预测

实证主义的渊源来自于自然科学，而自然科学传统是以决定论为其典型解释模式的。这种决定论的通俗理解就是因果关系：凡事有因才有果，有果必有因。这说法如果用佛学的观点来替换，则可用“万有缘起”的命题来一言以蔽之。即人类社会和自然界一样，从自然生理到社会行为，都受着某种普遍规律或真理所支配，人类一旦认识了这种规律或真理，就可以为我所用，从自然王国进入自由王国。在孔德及其追随者看来，实证主义范式就是发现这种规律或真理的必由之路。它以可观察的或可验证的事实为基础，通过对事实的概括而得出一般性的理论，然后利用这些一般性理论来解释自然界和社会中的行为或关系②。

2. 认识论：研究者与研究对象之间是一种客观的或价值中立的关系

在所有的理论范式中，实证主义即使不是最强调价值中立的范式，

① 艾尔·巴比. 社会研究方法（上册）［M］. 8版，邱泽奇，译. 北京：华夏出版社，2000：58.

② 盖尔·詹宁斯. 旅游研究方法［M］. 谢彦君，陈丽，译. 北京：旅游教育出版社，2007：36–37..

也是其中热衷于此的一派。从某种程度上说，这一认识论追求既是实证主义的命脉，也是它的魅力所在。然而，就这一点而言，不管是实证主义还是后文将要讨论的任何一种强调价值中立的范式，都可能面临着一个根本的挑战：对于人类所从事的具有社会属性的科学研究（包括自然科学研究）实践来说，如何能够彻底地甚至绝对地排除研究者个人对科学研究的价值介入？答案肯定不能轻易给出。因为，即使在实证研究过程中，研究人员的主观价值判断也有若干途径可以使之轻易渗透到研究过程的各个环节当中，其中就包括对问题的选择、对引导问题的范式的选择、对理论框架的选择、对主要的数据收集和分析方法的选择、对语境的选择、对已经存在于语境中的价值的处理，以及对展示结果的格式的选择等①。每一种范式在以上诸环节，都无法完全摆脱价值介入而做到价值中立，其间的差别仅是程度上的。

3. 方法论：强调“可重复性”“可验证性”的方法，崇尚严谨的程序、受控实验，倾向于定量方法

一种范式的根本特色决定于本体论，本体论则相应地决定了该范式在认识论和方法论方面的取向。就方法论而言，它对范式特色的形成所起的作用已经不大，因为各种理论范式都把方法看作工具、手段、路径或凭借，人们不会拘泥于方法而本末倒置。但是，由于方法本身隐含着价值成分，并且可能与所研究问题的性质存在着是否匹配的情况，因此，对方法的基本遴选也就成为必然。对于实证主义者来说，由于本体论和认识论方面的原则使然，他们一般倾向于移植自然科学的方法于社会科学研究，主张研究过程要经过严格的实验设计或程序安排，强调研究结果的可验证性、可重复性，将定量方法当作收集和分析数据的基本方法，

① 诺曼·K.邓肯，伊冯娜·S.林肯.定性研究：方法论基础［M］.1卷，风笑天，等，译.重庆：重庆大学出版社，2007：184.

并往往以数理模型的形式归纳其理论命题。这些方法上的倾向，有时构成了人们理解实证主义特点的基本依据，甚至忽略了该范式的本体论基础。

这种忽略带来的一个直接的问题是，人们误以为实证研究仅仅使用定量方法，而排斥定性方法。这种观点是为本书所否定的。从前文各相关内容的阐述中读者不难看出，实证研究作为科学研究的代名词，其根本含义仅在于“用经验事实求真理”而已，不在于用什么方法。因此，实证研究不排斥用定性方法，只要定性方法也能做到客观、价值中立（这可能会比定量研究看似困难一些，但实质上也未必尽然），就同样可以用作实证研究的方法。事实上，人们正在日益倾向于这样做，或者将定性研究与定量研究相结合，采用混合的方法来开展实证研究。

本书自第三章开始所讨论的内容，主体上均以实证主义范式或实证方法为主导，或至少要时刻体现实证主义在科学研究基本精神方面所秉承的那种“用经验事实求真理”的思想。

（三）旅游应用

实证主义范式在旅游学研究领域的应用，目前已经呈现为主流态势，这在国内外旅游学术界概莫能外。这种趋势将来还会持续下去，尽管不可否认已经有越来越多的其他理论范式被应用于旅游研究。

由于旅游现象的复杂性及相应的问题域的多样性，可以借助实证主义范式进行研究的领域十分广泛，从接近于自然科学的旅游环境问题、旅游生态问题、旅游地理问题、旅游者行为问题，到更接近于社会科学范畴的旅游经济问题、旅游社会问题、旅游政治问题和旅游文化问题等，都可以利用实证主义范式进行研究。笔者一直致力于旅游体验研究，多年的探索使我意识到，在这一领域，除了其他一些理论范式之外，实证主义范式的应用潜力也非常巨大，甚至是旅游体验研究最终能否走向科学化的标志[①]。

二、社会达尔文主义范式

社会达尔文主义（Social Darwinism）范式源于达尔文的自然选择进化论。达尔文的进化论不仅直接促进了人类对自然界生物演化模式的了解，还增进了对人类行为方式的理解，并进而启发人们将社会作为类似于自然有机体的一种机构，以进化或演化的目光来审视其发展的历史过程。这便是社会达尔文主义思想的主要脉络。

（一）理论背景

1859年，达尔文（Charles Darwin）出版了《物种起源》一书，提出了物竞天择的进化论。这一著作的出版，被称为“进化思想史上的里程碑事件”，对自然科学和社会科学都产生了巨大的影响。尽管在此之前，正如达尔文自己在其著作中所介绍的那样[②]，一些生物学家或博物学家通过观察动物生理结构、习性、胚胎发育和化石记录等，都不同程度地提出了一些进化论观点，但他们未能发展出一种理论来解释生命的变化是如何随着时间发生的，以及那些具有特殊功能的结构（比如长颈鹿的脖子和豪猪的刺）是如何产生的。面对这个根本性的问题，需要一种因果机制或过程来解释这些普遍的生物现象。达尔文提出的理论正是这样一种因果机制[③]。这种理论的核心是，物种在自然环境中，适者生存，优胜劣汰。达尔文为了用事实支持这一观点，他在《物种起源》一书中用大量事实材料证明，在自然界中形形色色的生物，都不是上帝创造的，而是在遗传、变异、生存斗争中和自然选择中由简单到复杂、由低等到高

① 谢彦君，等．旅游体验研究：走向实证科学［M］．北京：中国旅游出版社，2010：1–16.

② 达尔文．物种起源［M］．周建人，叶笃庄，方宗熙，译．北京：商务印书馆，1997：1–14.

③ D.M.巴斯．进化心理学［M］．熊哲宏，张勇，晏倩，译．上海：华东师范大学出版社，2012：5.

等不断发展变化的。此后，在1871年，达尔文又发表了《人类的由来》[①]这一著作，指出人类也同样受到支配生物进化的各种规律的影响，人类的形成也是“自然选择”的结果，甚至社会的各种特性、人类的社会习惯及道德、伦理等倾向，都是自然选择的结果。达尔文进化论在这一方面的发展，呼应了赫伯特·斯宾塞（Herbert Spencer）在1852年发表的有关生物变异的进化假说，为此后社会达尔文主义理论系统的建立奠定了基础。

斯宾塞作为该范式的真正代表人物，其社会有机体理论、社会进化学说以及社会类型理论最具社会达尔文主义特色。斯宾塞相信在社会生活中同样遵循着“适者生存”法则，认为那是社会本质的主要动力，因此他偏好自由竞争的社会制度，相信自由竞争将确保社会的持续进步和改善。换言之，即使任其发展，社会也会变得越来越好。试想一下，在当时斯宾塞所生活的资本主义时代，正是资本原始积累时期，工业革命所带来的大工业发展正处于疯狂的阶段，社会阶级对立的矛盾极为突出，在这种背景之下，斯宾塞的社会达尔文主义，再加上当时的遗传学家弗朗西斯·高尔顿近乎偏执的“优生学”理论与之呼应，就构成了当时情境下缺乏人文关切的“阶级调和论”并成了诱发种族主义倾向的理论渊薮。

（二）主要观点

1. 本体论：世界是进化的，而进化是受“优胜劣汰、物竞天择”的生存竞争法则支配的，这个法则适用于自然界和人类社会

社会达尔文主义范式中的两个重要术语是竞争与进化。从社会层面上来理解这个问题，竞争是针对社会成员（也包括组织）个体而言的，

① 达尔文．人类的由来［M］．潘光旦，胡寿文，译．北京：商务印书馆，1997.

而进化则是针对社会整体而言的，当然，在个体和整体之间，作为一个有机体，必然存在着结构和机制上的关系，这在斯宾塞的著作中是有清晰表达的。他认为，宇宙间一切都在进化，并且均受进化规律的支配，“进化”是恒久的、普遍的；社会是一个有机的实体，社会与其成员的关系一如生物个体与其细胞的关系；个体间的物竞天择形成了群体层面的进化趋势。这些，构成了社会达尔文主义的本体论观点。

2. 认识论：在研究者与研究对象之间，努力保持一种近乎客观的或价值中立的关系

社会达尔文主义范式脱胎于自然科学、生物学，因此在认识论上主张客观性，承认归纳法在人类知识积累上的价值，这也是很自然的。达尔文努力让他的观点立足于事实以表达其客观的立场，但同时，从事实“跳跃”至理论，其实也算得上是惊险的一跳，这当中，无法排斥科学家个人的价值介入。至于带有种族优越感的高尔登遗传学，在被明白或隐晦地植入社会达尔文主义阵营作为理论的一抹色彩时，其价值中立的特性必然受到某种损害。这也是笔者用“努力”和“近乎”这样的字眼来评价社会达尔文主义认识论的本意所在。

3. 方法论：采用实地调查的方法收集资料，将研究结论建立在观察事实的基础之上

信守社会达尔文主义范式的科学家在研究方法上的特色主要体现在资料收集和使用环节，这一点秉承了达尔文所开创的传统。1831 年，达尔文大学刚刚毕业，就参加了“贝格尔”号英国皇家海军舰艇环绕南美为期五年的航海探险。在这期间，他进行了多次漫长的内陆探险，研究了南美和太平洋群岛的植物群、动物群和地质概况，并且收集了大量生物和地质方面的资料。他的《物种起源》一书，就是在拥有这样大量的丰富证据的基础上完成的。“达尔文在提出基本的论点之后，提供了大量不同类别的证据，利用了古生物学、生物地理学、胚胎学、形态学等领域的资料，来支持自然选择的进化论。基本论证是简单的……用现代的行话来说，达尔文是运用最佳说明推理来论证他的理论。虽然达尔文承认化石记载是不完善的，但是，他认为，这些资料对进化论的强有力支持，超过了对神创论的支持[①]。”因此，坚持实地考察并尊重事实材料是达尔文主义及社会达尔文主义在方法论上的共同特点。

（三）旅游应用

在旅游世界，有哪些现象之间是存在着竞争关系的？这种竞争关系的长期作用力，又会使这些现象的发展产生什么样的时间模式？如果把旅游世界中的各种社会现象也当作一个有机体，而承载并促成现象发生的个体就是这个机体的细胞，那么，对旅游世界中的社会现象的研究，是否可以采用社会达尔文主义范式？笔者之所以用这种设问的口吻来探讨相关问题，主要的原因是，依笔者陋见，在中文文献中至今似乎还没有系统地采用社会达尔文主义范式来对旅游现象进行研究的范例。有些学者在研究旅游目的地居民对旅游发展的态度时，试图套用这一范式；在研究旅游产业形态变化时，试图从这一范式中获得理论灵感；在研究旅游环境生态系统变化时，试图利用这一范式来做出解释。类似这样的例子还可以举出一些，但在笔者看来，由于在本体论、认识论和方法论上的不彻底，因此，这些学术探讨基本限于利用社会达尔文主义范式这一概念的空壳，来比附旅游世界中某种现象的时间演化关系，其本质上是缺乏进化论的内在规定性的。不仅无法用事实证明这种随时间而发生的演化是生存竞争的结果，而且不能确定这种演化的结果是呈现“向前发展”——即不会发生系统性的退行——的稳定趋势的。一言以蔽之，

① W. H. 牛顿－史密斯．科学哲学指南［M］．成素梅，殷杰，译．上海：上海科技教育出版社，2006：84.

有限的贴有社会达尔文主义标签的旅游研究其实似是而非，它们仅仅是考察某种旅游现象在时间上所呈现的趋势、波动、变动而已。

将社会达尔文主义应用于旅游研究的真正挑战有两个：一个是如何将研究建立在一个可观测的、足够长的时间跨度上；另一个是离析出在时间链条上所发生的“向前发展”的某种变化确属个体间生存竞争所导致的自然（或社会）选择的结果，即进化。如果能解决这两个问题，那么，社会达尔文主义范式在旅游研究领域也就有了用武之地了。

三、混沌理论范式

在中国智慧当中，有一些诸如“千里之堤，溃于蚁穴”“差之毫厘，谬以千里”这样近乎妇孺皆知的说法，所言皆为初始条件对事物发展的至关重要性。在王阳明的《传习录》中，粗略统计一下，“差之毫厘，谬以千里”这一警语或其变体出现的频次，大约就有10多处，足见先贤对类似现象的极端重视。进入20世纪60年代，这个道理一经西方科学家的再发现、提炼、加工，就成了一种新的理论——混沌理论（Chaos Theory）。这一理论在80年代迅速吸引了数学、物理、工程、生态学、经济学、气象学、情报学等诸多领域学者的关注，加上类似于《侏罗纪公园》这样的小说和电影等大众媒体的推波助澜，于是引发了全球性的混沌热，从而使混沌理论成为一个重要的范式。

（一）理论背景

说来很有趣，混沌理论的内涵几乎就像美国天文学家爱德华·洛伦茨（E. Lorenz）在1961年最初发现这一理论及该理论此后所遭遇的命运一样，是由一次极偶然也极微小的行动所引起的巨大的后果。根据一些著作的记载，1961年冬季的一天，洛伦茨在皇家麦克笔型电脑上进行关于天气预报的计算。为了考察一个很长的序列，他走了一条捷径，没有令电脑从头运行，而是从中途开始。他把上次的输出直接打入作为计算的初值，但由于一时不慎，他无意间省略了小数点后六位的零头，然后他穿过大厅下楼，去喝咖啡。一小时后，他回来时发生了出乎意料的事，他发现天气变化同上一次的模式迅速偏离，在短时间内，相似性完全消失了。进一步的计算表明，输入的细微差异可能很快成为输出的巨大差别。这种现象被称为对初始条件的敏感依赖性①。此即所谓的"蝴蝶效应"——洛伦茨最初使用的是海鸥效应，1972 年才以"蝴蝶效应"为题做演讲并提出"在巴西一只蝴蝶拍打着翅膀就能在美国得克萨斯州产生一个龙卷风"的论断。他的一杯咖啡和零头小数的省略，播下了混沌理论这门新学科的种子②。后来，经过一些科学家的不懈探索，这一理论逐渐形成了旨在揭示非线性系统所具有的多样性和多尺度性、解释决定系统可能产生的随机结果这一研究取向，从而开拓了混沌理论在众多领域尤其是气象和航空领域的广泛应用。

（二）主要观点

1. 本体论：世界是一个不稳定的、非线性的、动态变化的系统，这种系统的变化可能起自一种微小的初始振动而最终滑向无法预测的巨大震荡，期间可能会经历从混沌到有序的转化

在洛伦茨的故事和后来他正式表达的观点中，可以读出一些可用此类词汇描绘的意味：混沌、无序、动荡和难以预测。但与此同时，"蝴蝶效应"的隐喻也彰显了另一个事实：结果与初因之间是存在关系的，而且关系的链条十分紧密，只是这种链条的形式已非传统的线性关系那样清晰、确定，因此给预测带来了极大难度。但这种难以预测不等于不可

① 林鸿溢，李映雪．分形论：奇异性探索［M］．北京：北京理工大学出版社，1994.

② 詹姆斯·格莱克．混沌：开创新科学［M］．张淑誉，译．上海：上海译文出版社，1990：10–24.

预测，就这一点而言，笔者不认同詹宁斯在《旅游研究方法》一书中为混沌理论所做的诸多评论。他将混沌理论与实证主义在本体论上予以直接对立，甚至认为其与后现代主义相似，恐怕是极其错误的；对混沌理论的应用和方法论的解释，恐怕也是不准确或带有误导性的[①]。因为混沌理论在根本上是决定论的，是肯定因果关系的，这一点与诸多社会科学范式并不相同。

混沌理论中最重要的一个关键词是无序或混沌。这里不要把混沌理论所指的无序或混沌理解成一种近乎静态的无序，仿佛盘古开天辟地之前那种状态，或者庄子所言的那种“混沌”。其实，混沌理论与前文刚刚讨论过的进化论一样，都是纳入时间变量对现象予以观察的理论，而混沌理论中的“分叉”以及“逐级分叉”，与达尔文的“遗传漂变”（Genetic Drift）过程是很相似的，都是指的变化中的随机性——正因为如此，一些科学家认为，混沌理论的发展是对达尔文进化论的又一个支持[②]。这种依赖时间维度所进行的观察，构成了进化论与混沌理论的共同特色所在：进化是有因有果的，混沌现象的发展，无论怎样随机，也是基于因果关系链条的，这一点是混沌理论确定不疑的本体论观点。在混沌理论看来，一切事物的原始状态，都是一堆看似毫不关联的碎片，但是这种混沌状态结束后，这些无机的碎片会有机地汇集成一个整体。

而且，正如普里戈金在《从混沌到有序》一书中所指出的：“在许多场合，很难分清像‘有序’和‘混沌’这类字眼的含义。一个热带森林究竟是有序的还是混沌的系统？任何特殊动物物种的历史都是非常偶然的，这和其他物种有关，也和环境的偶然变化有关。尽管如此，我们的

① 盖尔·詹宁斯.旅游研究方法［M］.谢彦君，陈丽，译.北京：旅游教育出版社，2007：51-53.

② W. H. 牛顿－史密斯.科学哲学指南［M］.成素梅，殷杰，译.上海：上海科技教育出版社，2006：89.

感觉还是坚持：由（比如说）物种多样性所代表的某一热带森林的总模式，是和有序的真正原型相对应的。无论我们最终将赋予这个术语的精确含义是什么，很清楚，在某些场合，分叉的连续构成一个不可逆的演化过程，在那里，特征频率的决定论产生出一个由这些频率的多重性所导致的不断增加着的随机状态①。”在普里戈金的表述中也可以看到，混沌理论的价值在于从随机中把握出规律来。

2. 认识论：研究者与研究对象的关系是一种客观的或价值中立的关系

正如詹宁斯所说的那样，“这里的关系与实证主义范式中研究者与研究对象或客体的关系相似。这种关系仍然以作为科学调查基石的科学实验和数学方程式为依据。但是混沌理论应用以非线性、非整合系统及描述算法为重点的碎形几何，而不是以线性、整合系统为重点的欧式几何。然而研究者仍然保持客观的和价值中立的立场②。”

3. 方法论：采用一种量化分析的方法，并兼顾定性的思考，以此来探讨动态系统中无法用单一的数据关系，而必须用整体、连续的数据关系才能加以解释及预测的现象

由于混沌理论的发展还处于不断探索的阶段，尽管一些混沌理论家正在努力开发一些实验和定量模型，但其成熟和充分的程度毕竟有限，在这种情况下，混沌理论在研究方法上还无法完全依靠定量研究的方法，这也许正是詹宁斯等人误将混沌理论限定在“采用隐喻”的定性方法的原因。从本体论和认识论的规定性上说，混沌理论所采用的方法，不管是资料收集、分析，还是理论模型的构建，都将取向于定量的方法。

① 伊·普里戈金，伊·斯唐热.从混沌到有序：人与自然的新对话［M］.曾庆宏，沈小峰，译.上海：上海译文出版社，1987：213.

② 盖尔·詹宁斯.旅游研究方法［M］.谢彦君，陈丽，译.北京：旅游教育出版社，2007：52.

（三）旅游应用

混沌理论在许多学科领域都已得到广泛的应用，其中包括：数学、生物学、信息技术、经济学、工程学、金融学、哲学、物理学、政治学、人口学、心理学和机器人学。人们借助这个理论对天气、卫星运动、天体磁场、生态学中的种群增长、神经元中的动作电位和分子振动进行观察和研究，取得了令人瞩目的成果。然而，在旅游学界，人们对混沌理论的应用还十分有限，有的研究虽然贴上了混沌理论的标签，但其实未必属于真正的混沌研究。什么样的旅游现象最适合应用混沌理论？这个问题令笔者想到了在 2013 年十一“黄金周”期间发生的一次事件，甚至联想到 2015 年 12 月 31 日发生在上海外滩的踩踏事件。

据媒体报道，2013 年 10 月 2 日，驰名中外的四川九寨沟景区发生大规模游客滞留事件，上下山通道陷入瘫痪，游客情绪激动，现场情况混乱，甚至出现游客“攻陷”售票处的传闻。结合后续逐渐披露的一些细节，笔者对这次事件的演化模式，简单归纳一下，形成了这样一个多米诺模型：初始阶段个别人郁闷情绪外化为具有外部效应的行为→内怀郁闷情绪的人群受个别人初始非理性行为感染导致群情爆发→集体无意识导致群体行为失控→失控人群陷入彻底的无序混乱状态。

如果把这个过程从结果处向前反推，我们很容易得出一连串的“假如……那么就……”的结论，最终则是“假如那位情绪郁闷的人理性一点，那么，就不会发生这样恐怖的结果”的感叹。如果这个逻辑链条应用到上海外滩并事先做出预警和控制，那么，新年钟声响过的时节，对 36 位死者及其家属甚至相关的政府官员来说，就不是丧钟，而是美好的祈愿。笔者的结论是如果应用混沌理论能够模拟出类似现象发展演化的规律，对于中国的旅游景区管理将是很有意义的。在笔者看来，此类事件，连同其他大型群体事件及旅游生态问题的研究，都可以构成混沌理论在旅游世界的潜在应用领域。以“乌合之众”形式聚集的大众群体所呈现的无序状态，是典型的混沌现象。

四、常人方法论范式

常人方法论（Ethnomethodology，或译为常人方法学，有时也被称为本土方法论）这个词是由加芬克尔（Harold Garfinkel）在1954年“发明”的，他也被普遍认为是常人方法论的“奠基人”，尽管他自己时常开玩笑说他繁衍了“一群乌合之众”[①]。作为美国社会学界产生的最有创造性的流派之一，常人方法论有很强烈的宗派性，并引起了巨大的争议。

（一）理论背景

与一些主张宏大叙事理论的社会学家（如迪尔凯姆、韦伯等人）不同，加芬克尔关注于人们的日常活动，并试图探索隐藏在这些活动背后的某种规律，他把这种规律最终总结为“日常实践理性”。

从渊源上看，常人方法论是在对传统社会学持彻底反思和批判态度的基础上建立起来的。一般来说，常人方法论学者都承认，他们的理论与帕森斯的社会学理论、舒茨的现象学社会学及符号互动论等理论存在着联系[②]，只是他们有时采取“颠倒”的策略，有时采取顺应或强化的策略而已。比如，面对帕森斯——他与舒茨都是加芬克尔的老师——将“规范秩序”作为外在于行动者的预设前提，并强调行动者内化这些外在的道德规范的必要性，加芬克尔提出的观点则是“已有的规则中没有一套规则可指望能超前设计各种可能的事件，由于这个原因，就必须在看起来根本没有任何变动的前提下，对每一套已有的规则加以扩展和改造，

① 迈克尔·林奇.科学实践与日常活动［M］.邢冬梅，译.苏州：苏州大学出版社，2010：17.

② 李猛.常人方法学［M］//杨善华.当代西方社会学理论.北京：北京大学出版社，1999：46–50；52–53.

以适用于新的情况[①]。"这就像巴比在介绍常人方法论时所说的那样："人们不断地通过行动和互动创造了社会结构，事实上也创造了属于他们自己的现实。例如，你们（学生）和我（教授）讨论学期报告，虽然对师生预期的互动有千万种，我们的讨论实际上和这些预期都会有所出入，而我们实际的行为也会修改双方对未来互动的种种预期。而且有关你们的学期报告的互动，会影响到其他教授和学生之间的互动[②]。"巴比用十分贴切的例子，道出了加芬克尔常人方法论所关注的问题的焦点。从这一点看，常人方法论似乎把日常工作和生活中的人际互动看作一种试错的过程，个人不断地根据过程的效果、结果调整其策略，而社会也因此而成就了某种一般性的行为规则。

（二）主要观点

1. 本体论：人的日常行为遵从某种实践理性；人们不断地通过行动和互动创造了社会结构，事实上也创造了属于他们自己的现实

常人方法论在研究日常生活中的实践活动时所持有的本体论观点，可以从加芬克尔自己所做的陈述中加以领会："我所说的'常人方法学'是指这样一种研究，把索引性表达和其他实践行动的理性特质，视为日常生活中那些组织有序、富于技艺的实践的成就，而且是带有或然性的持续不断的成就[③]。"

加芬克尔的这一段描述，同时也引出了常人方法论中一直借助于几个核心概念来对日常生活的实践活动加以分析的传统。这几个核心概念

---

① 杰弗里·亚历山大.社会学二十讲：二战以来的理论发展［M］.贾春增，董天民，等，译.北京：华夏出版社，2000：188-189.

② 艾尔.巴比.社会研究方法（上册）［M］.8版，邱泽奇，译.北京：华夏出版社，2000：62.

③ 马尔科姆.沃特斯.现代社会学理论［M］.2版，杨善华，等，译.北京：华夏出版社，2000：43.

便是权宜性、场景组织、索引性和反身性[①]。

（1）行动的权宜性（Contingency）。这一点从上文引用的巴比的描述已经可见一斑。也就是说，在日常实践中，行动并非按照事先规定的规则进行，而是行动者根据局部情况，根据场景条件，依赖自身"永无止境"的努力完成的。正是在这个意义上，加芬克尔才称普通人的行为是一种"成就"。

（2）行动的场景（Scene 或 Setting）组织。日常生活实践活动中的行动者是在场景[②]中组织其行为的，任何活动都是"场景性""局部性"的实践，是由"情景确定的"。这一点已经构成常人方法论最主要的理论主张之一。比较以往有关人的行动的理论，自然会想起巴甫洛夫过于粗糙的"刺激—反应"（S–R）模式，以及在传统社会学中对此加以改进了的"情景定义"模型：人的行为按顺序遵循"情景—情景定义—行动定义"的过程而发生。但是，在常人方法论这里，"情景定义"模型中的三个序贯环节是被作为统一的"三位一体"来看待的，是行动者运用"常人方法"构成的"共同成果"。

（3）行动的索引性（Indexity）。这是常人方法论发现的自然语言和实践活动的一个重要特点，这个概念在常人方法论中也几乎处于核心的地位。通过加芬克尔自己所提供的研究案例，大致可以理解这个概念的含义和作用。下面是加芬克尔的一段实验记录（左边为实际谈话内容，右边为学生努力写出那些使谈话得以进行但在谈话中又未经言明的背景）。

---

① 李猛. 常人方法学［M］// 杨善华. 当代西方社会学理论. 北京：北京大学出版社，1999：54–62.

② 场景一词在英文中比较相近的就有 setting、scene、situation、context，甚至还有 environment、circumstance、place 和 aura 等，它们的词义有微妙的差异。在中文中也有情境、情景、氛围、情形等多个词汇表达近似的含义，因此，对这些词的理解存在的困难亦可想而知，需要结合词语所在的特殊语境才能正确理解词义。常人方法论所用的词汇主要是前四个。

对话	含义
丈夫：达那今天不用人举，就将一枚硬币放进停车收币器中。	今天下午我接达那——我们 4 岁的儿子从幼儿园回家，他的个头已经长高到使他能将一枚硬币放入停车收币器中（这时我们正在一个计时停车区），而在以前，他一直要人将他举起来，才能够着这一高度。
妻子：你带他去唱片店了？	既然他在投币器内放了一枚硬币，那么就是说，在他和你在一起的时候你在一个地方停车了。我知道你要么在接他的路上，要么在回来时总要在唱片店停一下，难道你不是在回来带着他的时候，在唱片店停了一下吗？要么你就是在去的路上逛了唱片店，而回来带着达那在别的地方停车了。
丈夫：不，去修鞋店了。	不，我在接他的路上去了唱片店，在带他回家的路上，我在修鞋店停了车。
妻子：为什么？	我知道一个你可能为什么去修鞋店的理由，但事实上你是为了什么？
丈夫：我买了双新鞋带。	你也许还记得，前些天我的一双棕色浅口鞋带断了，所以我停车，买了双新鞋带。
妻子：你的平底鞋太需要钉掌了。	你忘了别的事，我刚刚想到，你本应该将那双需要钉后掌的黑色平底鞋带去。你最好尽快修一下。

在这个实例中，加芬克尔发现：这一对儿夫妇间的谈话，建立在彼此对很多潜台词的理解上。这是一个很有趣的现象，它说明人们接受的东西（借助于潜台词而理解的东西）实际上并不局限于真实发生的东西（那些实际的谈话），还包含着某种预期在里边，这种预期和那些可以无限索引的文化或背景有关，人就是在主动地理解这种背景并借助于不断的调整来寻求对谈话主题的自然顺应的。

（4）行动的反身性（Reflexivity）。加芬克尔的反身性概念实际上是隐含在他所提的另一个概念当中的，即行动的可说明性（Accountability）。在常人方法论的理论框架中，二者是不可分的。说明是行动的内在组成部分，行动中任何被说明的情景元素或内容，都反过来成为新的行动的依据，因此，加芬克尔的反身性的含义，实际上指的是行动者的行动与该行动的可说明、被说明之间构成的相互决定性。这一点，不仅前文中巴比的话说得很清楚，如果仔细体会上面夫妻对话不断延展的轨迹，也能体会出这种由行动和说明性之间的辩证关系所形成的反身性特征。

李猛在对上述内容做总结的时候，这样写道："这样，在常人方法学的理论中，行动、说明和场景组织就构成了复杂的实践整体，行动处于局部场景中，而这个局部场景又属于行动者构成的产物；说明既是使行动成为可理解的条件，本身也属于构成行动者、组织并维持行动的条件；说明和场景同样存在构成与被构成的辩证关系。这就是常人方法学家发现的实践行动的奥秘[①]。"

2. 认识论：研究者与被研究对象之间是一种相对主观的关系。虽然主张研究应力求在客观世界中进行，并不能做到充分的价值中立

常人方法论在认识论上偏于主观这一点，不仅可以从上文所讨论的

① 李猛 . 常人方法学［M］// 杨善华 . 当代西方社会学理论 . 北京：北京大学出版社，1999.

反身性、说明性、索引性和场景组织等方面反映出来，而且也能从这种范式作为看家本领的研究方法中反映出来。

3. 方法论：常人方法论在研究方法上主要以参与式观察进行“破坏实验”，同时也主张研究“自然”情景中的活动，并开发了“谈话分析”的方法

“破坏实验”是常人方法论在获取理论证据时的看家本事或独门秘籍。由于常人方法论关注的是日常生活实践中某些看似“理所当然”的常规行为所遵循的“实践理性”，因此，通过打破常规的途径，就有可能根据情景中行为的畸变而侦测出原有隐匿的规则，发现社会行动的内在组织过程。为此，加芬克尔曾让他的学生们以“外来寄宿者”的身份在自己家中行事，并记录家人的反应。其结果不出所料，学生报告中充满了对家人惊异、尴尬、震惊、焦虑的描述，从而揭示出“家庭秩序”的隐形存在。同样，作为一个本意在研究乘坐电梯行为的“实践理性”是否存在的研究人员，当你乘坐电梯时，如果你的目光“反常地”不像以往那样停留在诸如楼层显示屏或电梯轿厢的壁面，而是在其他人的身体部位上睥睨，这时，你看看其他乘客对你的行为作何反应，并体验你的感受（按照常人方法论的反身性及情景组织的观点，这种体验也极其重要），从而体会常人方法论的奥妙。巴比的同事还做了其他类似的实验，比如，让学生不用刀叉而用手进晚餐，没有打开电视却盯着电视看，以及表演其他一些古怪行为，看可以从中得到什么启示。类似的实验重复几次以后，你就会对常人方法论范式有所体会了①。

联想到在第一章中所讨论过的研究的伦理问题，常人方法论的这种“破坏实验”的研究方法，似乎存在着一些问题。是的，按照林奇的

① 艾尔·巴比. 社会研究方法（上册）[M]. 8版，邱泽奇，译. 北京：华夏出版社，2000：63.

说法，就常人方法论的研究策略而言，“不难理解，为什么他们的同僚们会对他们产生‘愤怒’的反应，也不难理解一些家庭对那些扮演成陌生的家庭成员进行常人方法论所谓的‘毁损试验’的学生们表现出的极端愤怒：‘你们是不是必须要在我们和谐的家庭中制造摩擦？’‘我们再也不要出自你们的任何东西！如果你不能敬重地对待你妈妈，你最好搬走！’‘你知道，我们不是老鼠！’”①

其实，“破坏实验”也并非常人方法论的唯一本领。常人方法论学者通常只是把这种实验看作一种启发式的过程，加芬克尔称之为“例示”（Demonstration），是一种类似“思想实验”的东西，旨在使人们注意到实践活动中易受忽视的那些内在规则或理性及这些理性的重建。加芬克尔和其他常人方法学家还通过研究许多“自然”的活动来分析行动的权宜性。比如，加芬克尔研究了自杀中心的验尸官如何为死者分类，波勒纳考察了交通法庭的法官如何根据违章记录和违章者自己的陈述来“重建秩序”。这些研究都显示出：日常生活的实践活动是依赖行动者复杂的技术、方法来完成的，并非可以凭借规则一劳永逸地解决；而普通行动者也绝非“傀儡”，他们在日常活动中有足够的空间用自身能力来生产、再生产或改变行动的结构②。

此外，常人方法论的另一个研究方法是“谈话分析”。作为常人方法论中“最常见和最有影响的研究形式”，尽管人们对它的评价毁誉参半，但无论如何这也是常人方法论在质性研究方法领域的一个重要贡献，并推动该方法逐渐构成一个独立的方法论领域。有关“谈话分析”方法的具体技术环节，此处不再赘述。

上述所有研究方法，都是常人方法论学者在加芬克尔所开创的独特

① 迈克尔·林奇.科学实践与日常活动［M］.邢冬梅，译.苏州：苏州大学出版社，2010：15.

② 李猛.常人方法学［M］//杨善华.当代西方社会学理论.北京：北京大学出版社，1999：56.

研究路线上发展起来的很有特色的研究方法，这些方法都被认为最适合揭示行动者相互交谈时所掩盖的未曾言说、无法提及的潜在社会现实。为了达到这一目的，加芬克尔特别地提出了常人方法论应该遵循的五点“方针”。具体摘录如下，作为对常人方法论研究方法的总结[①]。

- 所有的社会背景，不论其琐碎不堪还是自视重要，都是可以调查研究的，因为其中每一个都是其成员的实践成就；核物理学和内阁会议并不比一次街角偶遇具有更大的真实性。
- 主张、论证、统计等呈现出的只是一种或然性的成就，有赖于产生它们的那些社会安排；它们是一种“假象”或者说是前台的交谈，掩盖和保护着潜在的麻烦、问题和妥协；常人方法学在任何场合中都必须识破这些假象。
- 判断一项活动是否具有理性、客观性、有效性、连贯性等，依据的并不是从一个情境（比如说科学、社会学或形式逻辑）引入的标准，而是随发生该活动的情境而定的或然性标准。
- 只要参与者能够互相给出有关情境的相互可理解的说法，就可以说这个情境井然有序。
- 所有形式的探问都在于组织有序、富于技艺的实践，因此在社会学的说法和日常说法之间并无原则上的不同。

（三）旅游应用

如果考虑到旅游确实是一种发生在异地的或所谓非惯常环境中的行为的话，那么，似乎可以断言，由于旅游者的这种在旅游世界与日常生

① 马尔科·沃特斯.现代社会学理论［M］.2版，杨善华，等，译.北京：华夏出版社，2000：43.

活世界中“出来进去”的摇摆状态——这种状态可以由格雷本的“神圣游程”模型加以描述[①]——所决定的身份特征，无疑给常人方法论的应用留下了巨大的想象空间。因为，毫无疑问，发生在两个世界中的旅游行为，相对于任何一个世界而言，都将如“负相”一样展现出其“正常性”和“反常性”两种取向，而这种取向很可能会构成旅游世界五彩斑斓的生活景象和活动内容，并成为常人方法论的研究题材。

仔细体会加芬克尔为常人方法论所制定的五点“方针”会发现，在旅游世界中类似于“街角偶遇”的社会互动行为几乎比比皆是。如果把旅游世界中的各种情境当作社会行动发生的“场”[②]，那么，发生在旅游情境或旅游场中的各种行动的实践理性及形成该理性的社会结构及其解构和建构的话题，恐怕都将成为旅游研究的热点话题。笔者不知道如何才能将这些问题规划或设计成可供常人方法论学者研究的问题。只是凭着某种直觉，笔者感受到了常人方法论在旅游研究中的巨大潜力，这也正是笔者在这部普通的旅游研究方法论著作中不厌其烦地讨论这种范式的初衷。

五、符号互动主义范式

常人方法论关注行动的日常理性，已如上述，同时这一范式也使我们意识到互动及其相关意义的理解是多么重要。当一种社会互动是以某种作为文化或意义载体的符号为基础、为媒介的时候，对这种互动的研究，将成为另一种理论范式的特权，这就是符号互动主义（Symbolic Interactionism）范式。

① 格雷伯恩.旅游：神圣的游程［M］//瓦伦·史密斯.东道主与游客：旅游人类学研究，张晓萍，等，译.昆明：云南大学出版社，2002：27–30.

② 谢彦君.旅游体验研究：一种现象学的视角［M］.北京：中国旅游出版社，2017.

（一）理论背景

符号互动主义范式的创始人是米德（George Herbert Mead），他是研究日常生活现象最重要的理论家，他在日常生活社会学领域的贡献，构成了经典日常生活理论中的核心基础，对常人方法论、角色理论、拟剧理论都有一定的启发和影响。

在系统的日常生活理论的建构史上，米德是一个很特别的人物。这种特别体现在，米德的理论观点在很大程度上是借助于教书这个舞台传播下来的，他的重要的理论著作，均是在他过世后由他的学生整理出来发表的。他的学生莫里斯在他负责整理的米德著作序言中谈到米德在芝加哥大学讲授社会心理学课程的情况时说："这门课程的名气很大，影响颇广。一年又一年，对心理学、社会学、语言学、教育学、慈善事业和哲学感兴趣的学生来听这门课，往往一听数年①。"这位留着漂亮的短髭和范戴克式胡子的智者，"经常挂着仁慈，或者说害羞的笑容，配上闪着亮光的双眸，就像他正陶醉于自己对听众要弄的神秘玩笑……"②米德用课堂教学的形式将自己的理论传播给了后来者，这些人后来就有成为20世纪最重要的社会学者的。这也正如莫里斯所说的那样，"虽然米德教授发表了许多社会心理学方面的论文（如本书末的著作表所示），他却从未用更长的篇幅把自己的观点和结论系统地表述出来③。"在米德学生所整理出的几部著作中，米德提出了重要符号（Significant Symbols）这一概念，用以指代那种表达者能够对听话者引发预期反应（不一定要与表达者的感受完全相同）的符号。这种符号（尤其是语言，但不限于语言，也包括声音、姿势等肢体语言）让符号互动

① C. W. 莫里斯. 编者序言［M］//米德. 心灵、自我与社会. 赵月琴，译. 上海：上海世纪出版集团，2005：1.

② 乔治・瑞泽尔. 当代社会学理论及其古典根源［M］. 杨淑娇，译. 北京：北京大学出版社，2005：48.

③ 同①。

（Symbolic Interaction）变成可能（“符号互动”这个词使追随米德脚步的理论家发展出符号互动理论学派）。人们就是借助于这种重要符号与他人产生关联，形成更为复杂的人类互动模式和社会组织形式。针对这样的互动模式和社会组织形式，再想用蜜蜂或熊的社会形态及其运作方式来比照就不可能了，因为蜜蜂和熊都不能使用具有复杂象征性意义的符号①。

米德之后，一大批日常生活理论家将符号互动论发展成为重要的社会学理论，其中包括托马斯（W. I.Thomas）、库利（Charles Horton Cooley）、帕克（Robert Park）和戈夫曼（Erving Goffman）。在托马斯、库利和帕克时期的符号互动论还属于日常生活理论的经典时期，而戈夫曼则通过他的拟剧理论、角色理论和印象管理等重要观点，将符号互动理论推向了一个新的高度。因此，戈夫曼实际上是符号互动论在当代日常生活理论中的最重要的代表。

（二）主要观点

1. 本体论：社会是由代表心理过程的姿态和语言等重要符号的交换构成的

为了说明符号互动论的这种本体论观点，下面分别讨论一下经典日常生活理论时期几位符号互动理论家的主要观点和当代符号互动论的代表人物戈夫曼的主要观点。

米德有关符号互动论的观点，除了体现在“重要符号”和“符号互动”这两个核心概念上之外，更重要的是，他借助于“行动”“姿势”（或姿态）“自我”“主我”“客我”及“概化的他人”这些概念，为符号互动论的理论发展奠定了基础。米德的观点是，重要符号既能让发出该

① 当然，这里是有一个假定前提的：我们不认同庄子那句“子非鱼，安知鱼之乐”的观点（《庄子．秋水》）。否则，社会学里的很多事情就难办了。尤其是，米德在他的著作中所列举的麻雀与金丝雀对话及狗打架的例子（参见《心灵、自我与社会》第 48–53 页），也就显得不那么可信了。总之，我们假定我们知道鸟语是一种意义简单的语言。

符号的人行动，也能引发别人的行动，即创造一种社会互动。这样，人类就是创造性的行动者，每一次行动都是一种创造，而不是按部就班地履行某种固有的程式。“只有演员把全部表情用作表演手段，以获得预期的观众反应。他不断照镜子，从而获致一种反应，使他很清楚自己看上去是什么样子。他表示愤怒，表示喜爱，表示各种各样的态度。他对着镜子审视自己，看演得如何[①]。”

在米德的这段分析中，我们已经看到了“镜子”在他的理论中的作用，而库利则明确提出了“镜中我”（Looking-glass Self）这个概念。库利所说的这个镜子，就是在情境中与我们互动的他者。我们把别人的反应当成我们的镜子，来评估我们的角色及我们的表现。就这一点而言，在旅游世界中，这种可以称为“镜子效应”的现象可以说不胜枚举，旅游对于个人心智和情感发育、变化的养成作用，也可以借由这种镜子效应得以充分的发挥。

在符号互动理论中，米德的“重要符号”和库利的“镜中我”都是发生在情境中的现象，二者都在努力摆脱简单的二元刺激—反应模式。这一目标借助于托马斯的“情境定义”概念得以有效地完成。这一概念也影响了常人方法论的“情景组织”观点。情境定义的核心思想在于，如果人们将某些情境定义为真，那么这些定义在定义造成的结局中就会变成真。这表示真正要紧的是人们心智上对情境的定义，而非什么才是真正的情境。促使人们去做某事而不是另一些事的是定义，而非实际情况。有了这个概念，关于人的行为的解释，便从巴甫洛夫的刺激—反应（S–R）模式推进到“情境—情境定义—行为定义”这一更为复杂的模式了。对于此点，格式塔心理学也表示认同，考夫卡利用一位傍晚时骑马

① 乔治·H.米德.心灵、自我与社会［M］.赵月琴，译.上海：上海世纪出版集团，2005：51.

走过康斯坦丁湖为冰雪覆盖的湖面的人的传说来揭示这一现象，其理论渊源也是基于托马斯的这一概念[①]。笔者在若干年前探讨旅游体验情境和旅游场诸概念时，对此亦做了一些初步的阐发（见图2–4）[②]。旅游世界中的旅游者行为，更多地基于其在场或在具体情境中对情境的不断再定义，而非基于某种严格的预计或计划。

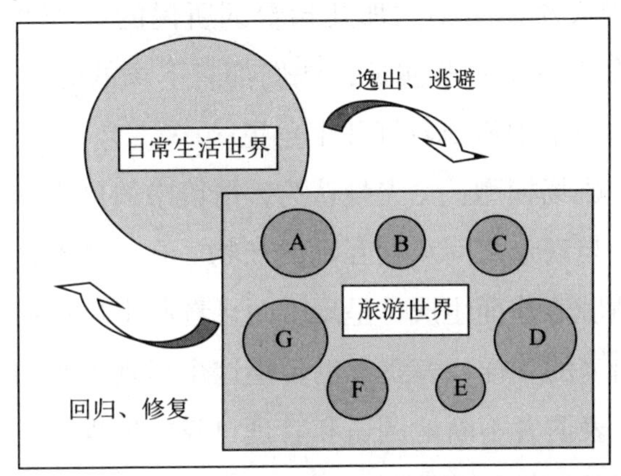

图 2–4　旅游世界与日常生活世界的关系及旅游情境

（注释：图中的 A、B……G，均代表着不同的旅游情境或旅游场）

进入 20 世纪五六十年代之后，符号互动论因戈夫曼的贡献而跃升到一个新的高度。由于自我是符号互动论中最重要的概念，米德、库利、布鲁默等人都曾对这一概念有过深入的讨论。不过，对此贡献最大的，恐怕还是戈夫曼。在其《日常生活的自我表演》这部著作中，他对此有过充分的发挥和发展。这部著作通过剧场（其中最重要的亚概念还有前台和后台及舞台外）、角色和印象管理等范畴，细致入微而又生动深刻地讨论了情境中的互动问题。由于戈夫曼的工作也具有很大的独特性并

① 考夫卡．格式塔心理学原理［M］．黎炜，译．南京：浙江教育出版社，1997：34.

② 谢彦君．旅游体验研究：一种现象学的视角［M］．北京：中国旅游出版社，2017：19.

衍生出几个专门领域，因此，人们也常常把他在这些方面的贡献，分别作为范式来加以讨论，如拟剧理论范式、角色理论范式等。本书作为一部概论性的方法论著作，只是从符号互动论的角度简要介绍一下戈夫曼的主要观点。

戈夫曼认为，社会就是一个大舞台，是一个实施表演的剧场。就像莎士比亚在《皆大欢喜》中的那几句台词所说的："全世界是一个舞台，所有的男男女女不过是一些演员；他们都有下场的时候，也都有上场的时候。一个人的一生中扮演着好几个角色……"①

借助于这个剧场模型，戈夫曼认为，情境中的自我不是为行动者所拥有，而是行动者与观众之间戏剧互动的产物。在一般情况下，自我会自动跟着表演者的情境表演而生成、呈现，而且看起来自我就仿佛是从表演者身上自然流露出来的一样，表演者也希望这个呈现出来的自我能够被别人所接受，为此，表演者不断地调适和管理自我的呈现。戈夫曼把这种对自我呈现的关注定义为印象管理（Impression Management），它涉及表演者或行动者面临可能的问题时，维持特定印象的技巧及解决这些问题的方法。

印象管理的强度通过戈夫曼对剧场或舞台的区域划分而呈现出差别。戈夫曼把行动者表演的剧场分为前台、后台和舞台外。前台的表演往往具有制度化倾向，因此印象管理的倾向就比较突出；而后台则更可能是行动者处于印象管理机制松弛的状态，因此所发生的事情有可能是被前台所压抑的事实，或各种非正式行动可能出现的地方，所以反倒常常呈现某种非制度性的表演。对此，戈夫曼曾举了一些有趣的例子来证实他的论断。比如，他用奥韦尔所举过的例子，那是描述餐厅侍者在前台、后台判若两人的表演②。

① 威廉·莎士比亚.莎士比亚全集［M］.3卷，朱生豪，译.北京：人民文学出版社，1978：139.

② 欧文·戈夫曼.日常生活中的自我表演［M］.徐江敏，译.昆明：云南人民出版社，1988：102.

看着侍者走进旅馆餐厅是很有意思的。当他进了餐厅大门后马上就会换上另一副面孔。他的双肩挺直，那种污秽的语言、慌乱的举止、易怒的脾气一下子消失了。他在地毯上轻捷地走着，其表情就像王子一样庄重严肃。我还记得这样一件事：餐厅的侍者总管助理是一位脾气急躁的意大利人，有一次，他手下的一位侍者不慎打碎了一瓶酒，当时他正在向餐厅走去，看到这一情景后立即停了下来，攥紧的拳头高高地举过头顶，对着那位侍者破口大骂（幸而门有点隔音）。"你怎么搞的——你还配当一名侍者吗 ......"

他激动地讲不出话来，于是便朝门口走去，打开门时最后又骂了一句，就像《汤姆·琼斯》中的乡绅韦斯通一样。

然后，他进入了餐厅，手端菜盘，像天鹅一样温文尔雅。十秒钟后，他恭敬地对一位顾客点头哈腰。看到他满脸堆笑地向别人鞠躬，你不禁会想到，顾客们受到这样一位训练有素、和蔼可亲的侍者的贵族般的侍候，一定会感到难为情的。

戈夫曼认为，由于前台有制度化的倾向，因此会出现一种"集体表征"（Collective Representation）的东西来指导一些特定前台应该出现什么。因此，当行动者演出约定俗成的角色时，他们会发现他们的表演是与特定的前台相配合的。在京剧里边，扮演曹操的演员，不管是郝寿臣还是袁世海、尚长荣，他们都要遵从"净角"的传统，将面孔画成一个"白脸"。这种脸谱化构成了京剧前台的固有程式之一，是以类型化的形态逐步固定下来的[①]。由此可见，此时前台已经成为被选择的东西，而不是被创造的东西。在这里，戈夫曼给符号互动论增加了结构性的内容，承认存在一些预设的、稳定的因素。这种因素体现在表演程式上，使得

① 黄殿祺．中国戏曲脸谱［M］．北京：北京工艺美术出版社，2001：168–169.

戈夫曼启用了角色这一概念，来表征一些制度化的表演，尤其是展现在前台上的制度化表演。在一些社会现象中，有些角色的特征已经接近固化，如教师、医生、律师、公交车司机、环保组织成员等，但有些领域，角色作为一种社会的共同期望还没有形成明显的特征，如中国团队旅游过程中导游员的角色，就大致属于此类。借助于这一系列概念——其实还有其他很多概念，戈夫曼确立了拟剧理论和角色理论的理论框架，它们构成了符号互动论在当代发展的新阶段。

2. 认识论：研究者与被研究对象之间，是一种相对主观的关系

由于承认人类行为自身在情境构成上的复杂性，以及在情境定义环节和符号互动过程中的价值介入的不可避免，符号互动论认为，研究者与研究对象之间，不可能也不应该是相互隔离的关系，而是一种融入和互动，因此，科学实证意义上的价值中立的原则是不适用的。但这不等于说符号互动论主张研究结论的任意性。恰好相反，它同样主张结论是对客观世界的准确观察。

3. 方法论：以定性的诠释性和描述性研究方法为主

符号互动论者在研究过程中倾向于自然主义的、描述性的和诠释性的方法，偏爱参与观察；习用生活史等方法获取互动片断或行为标本；强调研究真实的社会情境，而不主张通过运用实验设计或调查研究来构成人造情境；不运用量化的数据收集法和数据分析法，而代之以概括性的定性“考察”和“检验”。库利所提出的“关怀内省法”（Sympathetic Introspection），就特别主张社会学者必须站在他们所研究的行动者（通常是真实社会）的角度上，推己及人地了解他们的心智历程，如此才能对研究对象及研究对象的想法产生体谅与共鸣，进而了解研究对象行为背后的意义和动机。尽管这种方法缺乏实证科学所主张的实验方法的严谨性，但对于一些研究日常生活的社会学者来说，它们却是最基本的方法。

（三）旅游应用

符号互动论在旅游研究中的应用，具有广阔的空间，其原因在于，旅游世界在一定程度上是一个符号的世界，旅游世界中的交往活动，不仅在意义建构方面，而且在外在形式方面，也充分体现着符号的作用和价值①。从这一点来看，旅游世界的符号互动理论的发展，甚至旅游符号学的建设（请注意，符号互动论与符号学是两个不同的知识领域，不能予以混淆），可能成为旅游理论研究在未来的一个专门化方向。

比如，在探讨旅游对个人自我的形成方面，符号互动论一向主张的“心灵、自我与社会的不可分离”观点，将是一个重要的理论切入点。中国的那句格言“读万卷书，行万里路”，表达的是人的自我养成的途径，需要借助于“心智的旅行”，只有在这个过程中，才能塑造出开放、达观、睿智和自由的个人心智。

再如，旅游作为一种文化交流现象，其前提离不开旅游世界中文化符号的生成与解读。文化符号的生成是一种历史现象和群体过程，而文化符号的解读却是一个建构和互动的过程。在这个过程中，各种重要符号所起的作用究竟怎样？借助于这种符号的建构和互动过程，旅游者的旅游体验机制将如何建立？诸如此类的问题，都可能成为旅游理论研究的重要领域②。

再比如，旅游体验过程是一种典型的情境行为。旅游者在旅游过程中所经历的旅游情境、旅游场的不断变换，使得旅游者必须学会对情境性质的自如把握。那么，旅游者都会面临哪些情境？他们如何定义情境？如何定义自己的行为并采取行动？在远离日常生活情境的旅途上，

---

① 谢彦君，等．旅游体验研究：走向实证科学［M］．北京：中国旅游出版社，2010：17–71；197–241；285–372.

② 彭丹．旅游体验过程中的符号解读［M］//谢彦君，等．旅游体验研究：走向实证科学［M］．北京：中国旅游出版社，2010：17–71.

旅游者对各种新鲜、陌生情境的态度怎样？诸如此类的问题域，都是符号互动论可以发挥作用的地方。

总之，在符号互动论领域中已经发展起来的丰富的范畴，展示了符号互动论所研究的问题域的多样性。这些范畴及范畴丛，如符号（重要符号、符号互动），自我（反身性主我、客我、镜中我、他者、内化、概化的他人），小群体（首属群体、次级群体），互动（行动、姿势），剧场（前台、后台、舞台外、布景、道具、神秘化），角色（角色丛、角色冲突、角色迷失、角色距离），印象管理（个人门面、外表、姿态、行为举止），情境（情境定义、行为定义、场），等等，在旅游研究中显然都大有用武之地。

六、冲突理论范式

卡尔·马克思（Karl Marx）在社会学领域的地位，不亚于任何经典理论家，包括孔德、迪尔凯姆、韦伯等人，其原因在于，他的阶级分析构成了后来社会学冲突理论（Conflict Theories）的直接来源。马克思作为在哲学、经济学和社会学三大领域均有建树的人物，他对社会学发展方向的影响也颇具特色。

（一）理论背景

马克思生活在与达尔文、斯宾塞大致相同的时期，在达尔文发现了自然界物竞天择、适者生存的进化论的同时，马克思针对社会问题的宏大叙事也确立了其特有的地位。用恩格斯的话说，正像达尔文发现有机界的发展规律一样，马克思发现了人类历史的发展规律[①]。他在哲学思想上所主张的辩证唯物主义，使他在经济学上必然站在带有唯心色彩的

① 恩格斯.在马克思墓前的讲话［M］//马克思恩格斯选集.3卷，北京：人民出版社，1972：574.

“效用理论”的对立面。而他从劳动价值论推导出的价值、剩余价值及剩余价值分配的问题，又自然使他的基本社会学观点建立在阶级及阶级冲突的基础上。在马克思看来，社会发展的动力便是阶级之间的冲突。尽管在韦伯、齐美尔等人的思想中也展示了对冲突的关注，但在这一点上，马克思理论的系统性是最为突出的。马克思在写给约·魏德迈的信中，当谈及阶级这一观点的发现时说：“……至于讲到我，无论是发现现代社会中有阶级存在或发现各阶级间的斗争，都不是我的功劳。在我以前很久，资产阶级的历史学家就已叙述过阶级斗争的历史发展，资产阶级的经济学家也已对各个阶级作过经济上的分析。我的新贡献就是证明了下列几点：①阶级的存在仅仅同生产发展的一定历史阶段相联系；②阶级斗争必然要导致无产阶级专政；③这个专政不过是达到消灭一切阶级和进入无阶级社会的过渡[①]。”

然而，马克思的这一“阶级”观点，即使在他有生之年，从恩格斯的话语中，也已经可以看到令马克思无奈的景象：“英国无产阶级实际上日益资产阶级化了，因而这一所有民族中最资产阶级化的民族，看来想把事情最终导致这样的地步，即除了资产阶级，还要有资产阶级化的贵族和资产阶级化的无产阶级。自然，对一个剥削全世界的民族来说，这在某种程度上是有道理的。在这里，只有出现几个极坏的年头才能有所帮助，但是自从发现金矿以来，这样的年头已不再那么容易遇到了……”[②]马克思主义经典作家对此所形成的忧虑，事实上也成了后来资产阶级学者加以攻击的软肋[③]：不仅在资本主义国家中已出现无产阶级的资产阶级化，而且，在一些社会主义国家，其步伐也许跑得更快。

---

① 马克思致约·魏德迈［M］// 马克思恩格斯选集 .4 卷，北京：人民出版社，1972：331–333.

② 恩格斯致马克思［M］// 马克思恩格斯选集 .4 卷，北京：人民出版社，1972：338.

③ 萨缪尔森 . 经济学（下册）［M］. 高鸿业，译 . 北京：商务印书馆，1982：310–311.

正是在这样的背景下，到20世纪40年代中期以后，以T.帕森斯为代表的结构功能主义开始一度占据社会学的主流地位，强调社会成员共同持有的价值取向对于维系社会整合、稳定社会秩序的作用，将冲突视作健康社会的“病态”，努力寻求消除冲突的机制。但是，到50年代中后期，随着第二次世界大战后短暂稳定的消退和冲突现象的普遍增长，一些社会学家开始对帕森斯理论的精确性产生怀疑。他们重新吸取经典社会学家，特别是马克思、韦伯、齐美尔等人有关冲突的思想，批评和修正结构功能主义的片面性，逐渐使冲突理论成为继结构功能主义学派之后有重大影响的社会学流派之一。这一流派的主要代表人物有：美国的L. A. 科塞、L. 柯林斯，德国的R. 达伦多夫，英国的J. 赖克斯等，其中达伦多夫的理论是比较具有代表性的。值得注意的是，到20世纪中后期的冲突理论，已经将群体或阶层作为主要的分析对象，而非马克思原来那种建立在生产资料所有制基础上的阶级了。这种一定程度上的转向使得社会学在新的历史时期可以面对更加广泛而现实的群体展开其冲突理论的研究。

（二）主要观点

1. 本体论：世界是阶级的；世界存在着阶级压迫；阶级斗争或冲突是社会发展的动力

在马克思看来，人类社会进入阶级社会阶段之后，其最根本的社会力量是阶级。不同的阶级之间存在着斗争或冲突的内在动力，社会要发展，离不开这种冲突。马克思的这个观点，奠定了冲突范式的基调。这意味着，冲突理论的研究，自始至终都将关注利益冲突框架中受压迫的少数派群体。

在冲突理论当中，马克思之后的齐美尔、科塞和达伦多夫的观点，分别代表了几种不同的研究特色。

齐美尔从社会交往的复杂性出发，反对社会只有协调没有冲突的观点。他认为社会中有调和，也有冲突与斗争；冲突并无损于社会协调，相反可以增进社会协调。他用形式社会学考察社会群体与社会结构问题时，创立了小群体的形式研究。他认为二人群体没有超个人的结构，而三人群体会发生较复杂的情况：三者中的任何一人可以充作中间人并利用他人的不和从中渔利；中间人还可以对其余二人采取分而治之的策略①。他对三人群体的研究促进了社会学对群体和社会结构的网络分析。

科塞与齐美尔都是以研究群体冲突而闻名的。科塞的一个著名观点是冲突有时可以促进团结。确切一点说，群体之间的冲突会导致群内团结的强化，而群内冲突则会创造群间团结的可能性。这很符合中国俗语所说的那句“苍蝇不叮无缝的蛋”所表达的道理。历史地看，科塞的这个观点可以在涉及民族问题的政治策略中找到不少例证。

与齐美尔和科塞相比，德国学者达伦多夫更关注较大的社会结构。他的理论观点主要是社会上不同的位置有不同程度的权威。权威不是跟着个人，而是跟着所处的位置。他不仅对这些位置的结构感兴趣，也对其中的冲突感兴趣，而在他看来，冲突分析的首要任务是找出社会上的各种权威角色。

在科塞的分析中，一些概念显得十分重要，其中有利益（Interest）、隐性利益（Latent Interests）、显性利益（Manifest Interests）。在他看来，利益定义了处于不同社会阶层的群组的特性，而隐性和显性利益间的关系是冲突理论的主要议题。在这些概念的基础上，科塞还区分了三种广泛的团体类型：准团体（Quasi Group）、利益团体（Interest Group）和冲突团体（Conflict Group）。他把这些概念作为他进行冲突分析的基

① 齐美尔.群体的量的确定性［M］//齐美尔.社会是如何可能的：齐美尔社会学文选.林荣远，译.桂林：广西师范大学出版社，2002：266–290.

本变量。

从整体上说，冲突理论认为社会世界是由阶级构成的，并有显性的和隐性的利益机制共同支配。因此，世界的本质就是对没有实质利益的少数群体的压迫、征服和剥削，社会就是被那些试图维持现状及权利地位的掌权人物和机构控制的。

2. 认识论：研究者与研究对象之间的关系介于主观与客观之间而偏向于主观方面

冲突理论在其渊源上就具有明显的功利性。马克思的那句被刻在墓碑上的名言就透露了这一基本的指导思想：哲学家们只是用不同的方式解释世界，而问题在于改变世界[①]。这种强烈的社会变革意识，赋予冲突理论的认识论以比较明显的价值色彩，呈现某种主观性的价值取向。在冲突理论看来，社会科学研究的目的即是引致被研究社会环境的转型甚至变革。因此，研究者对于所研究的少数群体境况的感同身受，以及研究者对于改变该境况的决心，是决定被研究的少数派群体改善现状的重要因素[②]。

3. 方法论：以定性研究方法为主

冲突范式所使用的研究方法主要是定性研究，其中包括参与观察法、深度访谈法、焦点群体法及德尔斐法等。这些方法的共同特点在于资料收集和结果解释过程中，研究者的主观价值介入会不可避免。但冲突理论的理论家们也同样主张，这些方法的使用也是为了使研究结论更加接近于事实。

（三）旅游应用

冲突理论在旅游领域的运用，其前提必然是承认旅游世界存在着阶

① 马克思.关于费尔巴哈的提纲［M］//马克思恩格斯选集.1卷，北京：人民出版社，1972：16.
② 盖尔·詹宁斯.旅游研究方法［M］.谢彦君，陈丽，译.北京：旅游教育出版社，2007：42.

级、阶层或不同性质的利益群体。显然，这个前提不难满足。各个国家的旅游发展，其通常的模式都是循着一个不平衡的路径展开的：旅游现象的原始动力源便是旅游者个体内心世界与其所感受的外部环境之间的差异；旅游世界总是处在熟悉的日常生活世界和陌生的非惯常环境所交叉钩织的一个重叠界面上；最精彩的旅游世界很可能处在社会经济发展水平存在巨大反差的国度或区域；旅游体验的提供者和亲历者很可能属于两个不同的利益集团，即使当这两个利益集团为了共同的利益达成契约上的一致，也会在这个契约的巨伞之下，埋伏着众多的相互冲突的利益集团。对于冲突理论的学者们来说，他们的使命是识别出这些集团，并致力于改变其中受压迫的少数派的境况。正是在这种理论框架中，我们才可以理解有人将旅游作为一种新的殖民形式，作为一种变换了手法的经济或文化霸权。也可以针对一些迫切需要借助于旅游产业提供经济贡献的发展中国家以“飞地”开发的形式所造成的“种植园经济”展开研究。诸如此类的问题和问题域并非少数。当然，冲突理论中齐美尔关于小群体的理论，在旅游群体的构成、演化及对旅游体验质量的影响，也具有明显的应用价值[①]。在旅游世界中所存在的其他一些话题，如话语霸权、性别歧视和主客关系等领域，也都潜在地存在着冲突和矛盾，因此也都是冲突理论应用的领域。不过，值得说明的一点是，上述有关冲突的研究，已非建立在马克思原初阶级立场的冲突了，而是更广泛意义上的一种群体矛盾。

七、女性主义范式

在 19 世纪资本原始积累时期马克思为之奋斗的无产阶级，原本并非

① 李淼.群体规模对旅游体验质量的影响［M］//谢彦君，等.旅游体验研究：走向实证科学.北京：中国旅游出版社，2010：119–151.

少数，而是被压迫的大多数。然而，20世纪中后期的冲突范式所要拯救的目标，似乎已经是少数派群体了。如果说当代冲突理论的服务阶层是利益冲突中的少数派的话，那么，女性主义（Feminism）后来的发展趋向及其工作目标，显然亦可归于此列。当女性主义进一步分裂，需要在“女性与同性恋”“男同性恋与女同性恋”“黑人女同性恋与白人女同性恋”，甚至“第三世界女同性恋与其他”之间划分出界限并要求兼顾其中的最少数时①，女性主义真的是一种以关注少数派利益为主旨的理论范式了。不过，就其理论的概括性而言，女性主义已经远远突破了传统社会学理论所关注的小群体的范围，成为几乎可以普遍适用于社会生活的理论范式，因为这一理论所应用的观点，恰好是相对于一直以来在社会中占据统治地位的男性观点，因此，其理论的应用范围之广，不亚于任何传统的理论叙事。至少，女性主义者是这样来评价自己所持有的观看世界的观点的这种价值的。

（一）理论背景

女性主义作为一种思想，到底可以在历史上追溯多远，这已经很难说清了，因为自有人类以来就存在两性问题。另外，女性主义在现当代的理论流派到底有多少，似乎也很难确定，因为基于各种局部性条件而发展起来的女性主义流派景观，已成蔚然之势。这样说来，女性主义就其理论背景而言，想对其做一个较为全面的梳理，显然将超出本书的主题限制。所以，这里仅仅做一点简单的涉猎，其着眼点还是从旅游应用的角度，因此集中在当代的女性主义理论，而不涉及女性主义对宏观和微观社会秩序的考察。由于女性主义理论的行动宗旨与冲突理论颇为相近，都在于改造社会，因此，女性主义还以呈现为轰轰烈烈的女权运动

① 罗兰·斯特龙伯格.西方现代思想史［M］.刘北成，赵国新，译.北京：金城出版社，2012：576.

为其表征，但对此，本书也不拟加以讨论。

在女性主义理论的发展过程中，始终面对的核心问题可以用以下几个方面的设问来加以涵盖[①]。

> 在任一种被检视的情境中，女人在哪儿呢？如果看不到女人出现，为什么？
>
> 如果女人出现，她们都在做些什么？
>
> 她们是如何体验她们的情境的？
>
> 她们对该情境的贡献是什么？
>
> 该情境对她们的意义是什么？

上述有关女性境况的问题，如果付诸现场的观察，就可以得到描述性的结论。这种结论有可能会嵌入某种解释性的答案，直接或间接涉及两性之间在人格和权利方面所面临的社会不平等。也就是说，通过认真的分析、思考，可以找出导致上述状况的社会因素，从而回答“为什么”的问题。在此基础上，基于女性主义者构建理论的终极目标，会自然引申出“我们要如何改变并改造社会世界，让它变成对女人及对所有人而言，都是更公正的地方”这样的问题。所以，可以把试图回答上述问题的“什么样”“为什么”和“怎么办”作为女性主义理论发展的一种动力。受这种动力的激发，自 19 世纪以来，一大批女性主义思想家投身于女权运动或女性主义理论的建设，这其中包括出版《第二性》的法国哲学家西蒙·波伏瓦、英国女作家弗吉尼亚·伍尔芙、著有《女性的奥秘》的美国女权运动领袖贝蒂·弗里丹及出版《黑人女性主义者的思维：知

① 乔治·瑞泽尔．当代社会学理论及其古典根源［M］．杨淑娇，译．北京：北京大学出版社，2005：178.

识、意识和争取权力》的非裔美国学者柯林斯等。纵观女性主义理论的流变可以发现，所有女性主义话题的焦点，大致都集中在性别差异、性别不平等、性别压迫和结构压迫几方面，并由此构成了女性主义多姿多彩的理论流派。

（二）主要观点

1. 本体论：世界是由性别结构调整的，而且是男性霸权的

女性主义的核心观点建立在对性别关注的基础上。不管在18世纪之前漫长的历史时期中可以偶见的一些女性主义思想，还是此后波澜壮阔的女权主义运动，都贯穿着一个思想：在人类社会中，存在着因性别差异而决定的不平等，人类历史是男人主宰的历史，女性一直处于卑下的从属地位。随着女性主义思潮的发展和理论建设的演变，女性主义逐渐分化出不同的观点，这些观点反映了女性主义针对造成性别不平等的根源及如何改变女性地位的看法上的差异。

自由女性主义（Liberal Feminism）强调女性与男性的相似性，主张性别差异是由机会不平等造成的，而不是自然的结果。他们认为，女性和男性应具有同等的政治、法律、经济和受教育的权利与机会，因此倡导改革。

文化女性主义（Cultural Feminism）认为，女性和男性是不同的，而这种不同的许多方面是由女性的特殊品质决定的，如生育、关心他人及合作性等。这一流派不仅以颂扬的姿态讨论这些女性特质或美德，而且以讨伐的姿态关注与男性特质（如攻击性）有关的破坏性后果，并想通过提高人际指向的价值增进女性的能力。

激进女性主义（Radical Feminism）的核心观点是，性别不平等来自男性对女性的压迫，而且这种基于父权制的压迫由来已久，是所有剥削形式中最深刻的，是其他各种压迫的基础。因此，激进女性主义不仅关

注在社会机构（如工作场所）中的不平等，而且关注在家庭和其他亲密关系中的权力分配，并试图找出使妇女摆脱这种压迫的方式。

有色人种女性的女性主义认为，虽然女人都可能因为他们的性别而受到压迫，但女人因为社会不平等的各种交错安排——如种族歧视、阶层偏见、性别差异、性取向及年龄等的不同——而受到不同程度的压迫。换言之，由于这些错综复杂的因素（柯林斯称为“统治矩阵”）的存在，会形成性别歧视的积累效应。

社会主义女性主义（Socialist Feminism）也是女性主义的一个重要流派，其关注的焦点是资本主义制度下的父权制问题，因此，这一流派认为，女性问题只能在工人运动、社会民主运动和马克思主义运动中才能得到根本的解决，女性解放最主要的途径是通过进入社会主义劳动市场，随着阶级统治的消亡，男性对女性的统治也将随之告终。

2. 认识论：研究者与研究对象之间的关系介于主观与客观之间而偏向于主观方面

女性主义范式是一个十分复杂的范式，内涵广延，流派纷繁，因此，其认识论实际上具有明显的多样性。比如，客观一点来说，女性主义也存在着尝试做出“科学的女性主义解释”的努力，比如福斯托·斯特林（Fausto Sterling）所撰写的《性别的神话：关于女性和男性的生物学理论》，就尝试从生物学、行为遗传与荷尔蒙的角度解释性别的认知差异[①]。但是，从整体上说，由于女性主义者的使命在于改造社会，而面临的问题又主要是女性特定生活境遇中被忽视、被歧视的身份问题，研究者基于参与观察和个人反思所获得的研究结论，在认识论上就会更偏向于主观的方面。

① W. H. 牛顿－史密斯. 科学哲学指南［M］. 成素梅，殷杰，译. 上海：上海科技教育出版社，2006：162.

3. 方法论：以定性方法为主

女性主义在方法论上更多地主张采用定性方法进行研究。这也许是因为定性研究方法对于女性研究的现实需求更加开放，比如，可以让女性发出自己的声音，借助于谈话分析等方法，研究者更容易了解被研究对象的目的、经验和价值判断。在一定程度上，女性主义的研究实践还推动了质性研究的批判性反思，这是因为，它发展出来一种用来分析性别、性别关系、性别关系之中的不平等及对性别差异之忽视现象的研究程序。这一研究程序曾在认知理论、方法论领域受到重视和开发，但在性别研究当中却得到了进一步的发挥。性别研究和女性主义研究对整个质性研究产生了重要的影响[①]。

（三）旅游应用

性别在旅游世界中似乎既是一个敏感的词汇，也是一个神秘的词汇，否则，不可能产生“性旅游”（Sex Tourism）这样一种异化的旅游类型。被阿兰贝里称为“东南亚的白面孔”的性旅游现象，在一定程度上也体现了西方文化霸权在旅游世界中的反映[②]。因此，不管以什么样的态度来看待旅游世界中的性别问题，很显然，性别问题一定是旅游世界中的重要问题。

有关旅游世界中性别问题的性质应该采用何种本体论观点去加以认识，这是一种理论或范式取向的问题。如果采取女性主义的视角，那么，也许很快就会意识到，在旅游世界中，性别差异、性别不平等、性别压迫及结构性、积累性的性别压迫现象，可能比比皆是，值得研究者予以关注。这种情况随着全球化的进程及女性在全球位置上的区域差异，而明显地呈现出更为突出的不平等问题。

① 伍威·弗里克.质性研究导引［M］.孙进，译.重庆：重庆大学出版社，2011：57-58.

② 胡里奥·阿兰贝里.现代大众旅游［M］.谢彦君，等，译.北京：旅游教育出版社，2014：207-220.

这里仅略举几例，来说明女性主义范式在旅游研究中的可能应用的问题域。

女性的职业地位问题。在旅游世界，女性作为旅游产业的从业人员、旅游产品和服务的提供人员，其在整个职业环境中所处的类型、阶层和角色扮演的性质，符合用女性主义的视角去探究、审视。秉持这样的视角，就会发现，旅游世界的女性职业境况，可能存在性别上的不平等，存在性别压迫，而这种压迫还带有结构性累加的性质，在发展中国家的表现尤甚。

作为“性旅游”对象的女性问题。尽管“性旅游”在任何文化和政体中均非一种能获得主流正面身份的旅游类型，但它却是一种如野草一样火烧不绝的现象，因此在旅游的理论研究中不应刻意回避。“性旅游”对象并非单指女性，但如果立足于整体并以女性主义视角来观察这种现象，那么，不难发现，旅游世界中的“性旅游”现象，可能是为女性主义提供类型化现实案例的一个强有力的领域。在这方面，男性霸权、西方文化霸权、人的异化及种种性别方面的结构性压迫现象，都可能展露无遗。从旅游目的地的形象代言人的性别选择，到“性旅游”工作者的性别比例，甚至于“性旅游”在东南亚、在非洲、在加勒比等地区的不同表现，都是女性主义理论可以关注的问题。

旅游世界的弱势群体问题。如果将女性主义理论的概括性发挥至更为一般的领域，就会发现，这一范式可以给我们提供更为深刻而敏锐的洞察力。在发展中国家，伴随着旅游发展而来的利益格局的变化，以及在这种变化中暴露的各种利益集团之间的冲突，常常以最终牺牲弱势群体的利益作为结局。因旅游发展而产生的土地权益、财产权益、文化生态和自然生态的遗产价值的权益分配、旅游产业收益的分配等，越来越成为旅游世界当中涉及政治公平性的问题。此类问题同样可以用女性主义视角加以研究。

当然，以女性主义理论的丰富性而言，旅游研究可资借鉴的地方，不止于上述几个方面。在数十种女性主义理论流派当中，如果仔细研究，就会发现，各种流派所探讨的问题，在旅游世界中都有表现。从这一点来看，也足可见旅游世界的迷人之处，这不仅对旅游者是如此，对旅游的学者而言，也是如此。

八、后现代主义范式

在所有的理论范式当中，后现代主义（Postmodernism）范式可以说最具有主观色彩，因此，也可能是一个最不认同“范式”或“主义”之类理论标签的范式。正因为如此，本书把这一范式放在最后加以讨论。不过，后现代主义范式到底在多大程度上可以作为“科学”的范式加以应用，这一点是值得注意的。当注意到后现代主义理论的本体论和认识论上的特征之后，也许这个问题会有某种答案。当然，按照后现代主义者的说法，即使有了答案，这个答案也是属于自己的一种观点。

（一）理论背景

自从20世纪60年代后现代主义的灵光从巴黎塞纳河左岸的咖啡馆中那些思想界的时代精英们中传播开来，它就很快风行世界。正如阿兰贝里所说的那样:“今天，后现代主义已经成为日常生活中一个相当常见的词语。但事实上，随着流行度的增加，这个词语丧失了它的精准度。在大多数情况下，这个词汇意味着一种生活方式：反对独占性的观念；嘲讽这些观念对世界的远距离凝视；赞同融合、杂糅或者持续地变易。”“因此，我们会说后现代审美、爱情、建筑、音乐、旅行、烹调及任何事物。在大部分出于自尊而追求个人在团体中的次序的行为中，后现代观念都是普遍存在的，这种追求行为是今天社会区隔的典型标志[①]。”

不过，对于后现代主义这一术语的含义，历来众说纷纭。受后现代主义自身理论宗旨的影响，后现代主义者向来就比较排斥为后现代主义提供一个清晰的概念界定。加之后现代主义也呈现流派上的众多分野，因此，想理解后现代主义就更困难了。不过，历来研究后现代主义的学者都会提醒一个问题：理解后现代主义，至少存在两种可能性。把重音放在“后”上，还是放在“现代”上，两种解读的结果不同[②]。重要的是，不要把“后现代”单纯理解为一个时间的概念，因为后现代主义就其思想实质而言，绝非某一个时代所独有的东西。此外，在后现代语境当中，有若干概念是常见而且比较关键的，其中包括现代、前现代，现代性、现代主义。后现代主义的兴起，其铺垫便是现代性与现代主义。在很大程度上，后现代主义其实是针对现代性基础上的现代主义的一种反动。因此，要弄清后现代主义，首先应该理解现代主义在观点上展示出来的基本特征。概括起来说，现代主义的观点主要体现在以下四方面。

（1）相信真理是永恒不变的事实。从培根、笛卡尔和牛顿的时代开始（虽然也可以追溯到更早），西方社会就逐渐以真理的永恒存在为信念，而追求真理则成为科学研究的使命和社会思潮的主流。

（2）强调进步，追求物质的极大丰富。在西方，现代主义的发展步伐是与科学和技术的革命性发展与应用、现代民主国家的相继产生、资本主义世界市场的形成及城市化和工业化等历史相伴随的，整个西方社会以追求物质的极大丰富为目标，增长变成效率的代名词，社会对进步的追求近于狂热。与此同时，社会的现代化生产也逐渐失去了节制。

---

① 胡里奥・阿兰贝里.现代大众旅游［M］.谢彦君，等，译.北京：旅游教育出版社，2014：71–72.

② 弗朗西斯・弗・西博格，等.后现代主义哲学讲演录［M］.陈喜贵，译.北京：商务印书馆，2003：29.

（3）坚持人本主义倾向。在现代性的语境中，人是第一位的，是超越万物的，人定胜天、万物卑下的观念，借助于科学的强大力量，成为裸露于社会意识层面的普遍思想。人类对自身以外的世界逐渐丧失了尊重和敬畏。

（4）笃信科学和知识。西方的现代化过程也伴随着宗教秩序的世俗化，人类崇尚科学、信仰知识，“知识就是力量”的观念深入人心，在前现代时期曾有过“万物有灵”“有神论”和各种宗教及所有不符合科学逻辑的知识，都受到了批判。

针对现代主义的上述观点，后现代主义所提出的主张则完全是针锋相对的。在后现代主义者看来，现代主义所主张和所成就的东西，就是当今所有社会问题、社会矛盾的根源。虽然人类社会无法摆脱现代主义所带来的福祉，但现代主义所存在的问题，却不容忽视。大批后现代主义的经典作家，包括罗兰·巴尔特、让·鲍德里亚、雅克·德里达、雅克·拉康、朱莉娅·克里斯塔瓦、露西·艾瑞格瑞、吉尔斯·德勒兹、米歇尔·福科等，都通过自己的著作对上述问题做了多元回应。

（二）主要观点

1. 本体论：不存在永恒不变的一般真理；如果有真理存在，也有对其诠释的多重可能性；世界是碎片化的、没有联系的，单一链条的因果解释是不可能的；世界的发展无一般的模式可以遵循，因此也是不可预测的

后现代主义在本体论上的观点十分复杂，其取向有很多的差异和不同。在涉及真理、真实这一核心问题上，后现代主义是典型的多元论和相对主义，甚至有浓厚的怀疑论倾向。不过，它也不是彻底否认真理，而是认为有许多真理的可能性，真理可以从个人的、情境的、文化的、政治的等角度去做独立的解读。

具体到社会生活的各个方面，后现代主义又有一些原则上一致而侧重点不同的主张。

比如，在道德和信仰层面，后现代主义不是不讲道德，而是反对统一道德；不是不要信仰，而是不崇信由连贯的、权威的和确定的解释所强迫形成的单一信仰。在这方面，个人的经验、背景、意愿和喜好才是信仰的基础，甚至本身也可以构成信仰的对象。在政治生活中的信仰，更是基于平安、安全、价值和目的方面是否有舒服的个人感觉。

再比如，后现代主义最广泛的应用领域是人文现象，因此，对文本意义的解构是后现代主义在这一领域最有特色的地方。后现代主义认为，对给定的一个文本、表征和符号，存在着多重诠释可能性，正好比那句“一千个读者眼里有一千个哈姆雷特”所说的那样。这样，文本解读时的字面意思和传统解释就要让位给作者意图和读者反映，文本或符号的意义不再基于传统或权威，而是被边缘化的解释者解构了。罗兰·巴特通过他在《符号帝国》《S/Z》和《神话学》等著作的卓越范例，以及德里达借助于“解构”“延异”等范畴所呈现的绝对的相对化，都充分地说明了这一点。

2. 认识论：研究者与研究对象之间是一种极其主观的关系

后现代主义范式的特征，最突出的地方还是体现在认识论上。由于认识论的极端主体化倾向，使得后现代主义者获得了观看世界的独特视角，从而也使得他们所见与众不同。这种主观性与科学认识论呈现的巨大张力，使得后现代主义很难被科学所接受。但是，随着量子物理学的发展，物理学中有关量子波粒二重性的证明，也为后现代主义所主张的绝对的相对化提供了某种科学的根据。实际上，后现代主义的应用已经在很大程度上渗透到了社会科学的很多领域。不过，即便如此，也难以改变后现代主义在认识论方面的特色。坚持此种理论范式的研究人员，在研究领域的选择、问题域的确定、研究过程的实施及对研究成果的呈现等诸多环节上，都不避讳甚至主张研究主体对研究客体的全面介入。

3. 方法论：尝试运用各种方法，也质疑任何一种方法的价值的普遍性

后现代主义者受其理论取向的主导，在研究方法上不拘泥于任何一种固定的、传统的方法，而是尝试采用各种方法达到研究目的。但由于定量方法自身所具有的较突出的确定性，一般的后现代主义者往往拒绝使用这种方法。相反，定性研究的一些经验和启示，甚至所积累的某些比较灵活的方法，往往为一些研究者所用。但这些方法通常会基于个人的经验和价值起点，并会得出富有独特性、个人化的研究结论。

（三）旅游应用

后现代主义的灵魂在于承认世界的多元化或碎片化，承认个人在面对世界、寻求对世界的解释时任何一种“品位”“观点”或者“生活方式”都是合法的。这样一种世界观在旅游世界尤其是全球化、信息化、数字化潮流之下的旅游世界中就显得更加具有其生存、滋长、蔓延的土壤。所以，在很大程度上，当今的旅游世界，已不同于20世纪60年代之前的旅游世界，不仅有其本体意义上的旅游景观供人消费，还与消费主义的大潮合流，由旅游的供给与消费共同创造了一个独特的旅游世界中的景观社会，在其中，后现代主义的旅游供给思想和旅游消费潮流可以大行其道。

后现代主义最有可能落脚的问题域是旅游体验问题。即使不采用后现代主义的解释，人们也会凭着直觉认为：旅游体验完全是仁者见仁、智者见智的一件事情。身处同一旅游情境，旅游者对景观的欣赏，按照后现代主义的观点，并不会产生统一的体验，相反，“所得即所见”可能更为普遍。在这种情况下，以后现代主义的视角审视旅游体验的本质，会使得研究更加开放，也更加契合于研究对象。

质疑是后现代主义范式的一种传统，如果说后现代主义也会形成某种传统的话。那么，在旅游研究领域，一直以来，一个重要的理论范式，就是将旅游定义为对本真性的逐求。站在后现代主义的立场，一方面，本真性这种算得上真理的真理完全不符合后现代主义者的胃口，另一方面，作为一种主流范式，“本真性理论”也必然受到后现代主义的质疑。

后现代主义的研究路径常常借由文本而展开。在旅游世界，文本的存在具有广延性、普遍性。不仅各种符号就是一种文本形式，而且，以博客、日志、摄影图片、游记等形式存在的旅游记录，已经成为当今时代旅游者普遍的表达工具。因此，采用后现代主义的观点解读文本，也会使我们对旅游世界的文化现象产生更深刻的理解，真正做到以狂欢的心态体会狂欢的真实意涵。

第四节　理论的客观性及其流变

一、关于理论的客观性问题

以上所探讨的各种理论范式，除了各自所具有的独特的本体论规定性之外，其认识论和方法论都是在一个基本给定的框架中进行选择。尤其是认识论，涉及的主要是知识的主观性和客观性问题。至于方法论，尽管具体的方法千差万别，但大致不出定量或定性这两极中的一种。因此，可以把以上八种理论范式按其认识论和方法论方面的主要取向，将其置放于一个直角坐标系中的某个大致的位置，以此来描述该范式的特征（见图 2–5）。

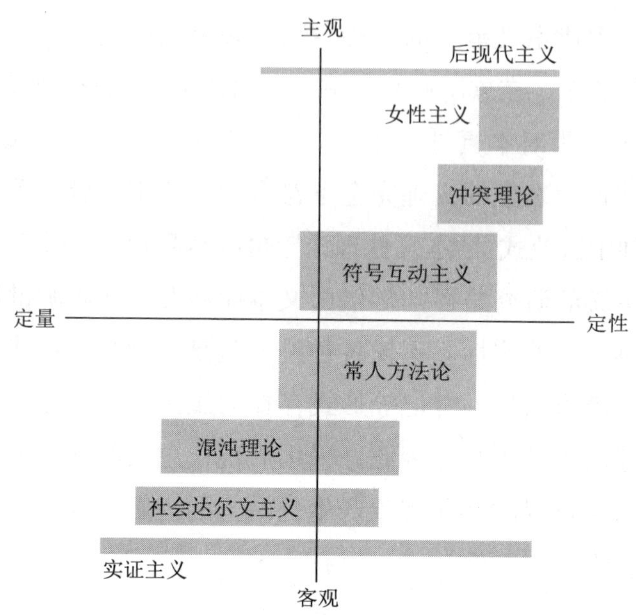

图 2-5　各种范式的认识论和方法论特征概观

在该图中，作为认识论方面对立两极的范式是实证主义范式和后现代主义范式。从科学研究的角度来评价，科学家的共同偏好，自然是实证主义范式，因为该范式所坚持的研究准则符合科学研究的一般规范。其最为突出的一点当然是研究过程和结果严格遵循着价值中立这一基本原则。

然而，科学对客观理性的追求所面临的挑战，也恰好反映在图 2-5 中实证主义范式与其他范式共存于一个世界这一事实。自然科学家至今也不能完全令人信服地证明，人类行为遵从某种人类已知或预设的理性而行事。而依照自然科学家的研究传统而建立起来的价值中立原则，在面对社会现象时，那种简单化约的理性逻辑就不完全管用了。在这种情况下，巴比指出，更成熟的实证主义者会提出，我们可以理性地了解人类不理性的行为。他进而引用了著名的阿希实验来说明这个观点。他的结论是："我们将永远无法知道客观真实是否存在，主观经验是否体验到客观真实；或者，我们关于客观真实的概念是否是一种幻觉。不过，我们要知道的是，为什么实证主义者与后现代主义者都认为只有他们的观点才是真实的、正确的？其实，这当中包含了一种双重的讽刺。一方面，实证主义者对客观世界的真实信仰最后要诉诸信念，而这是'客观的'科学无法证实的，因为客观的科学本身就是议题；而后现代主义者认为没有任何事物是客观的，至少感觉不到客观的真实体就是事物本身的真实。"在巴比的精彩逻辑之下，显然一切都接近瓦解。所以他建议，不要把实证主义和后现代主义当作宗教信仰来对待，而是把它们看作手中两枝不同的箭，各有其用，相互补充[①]。

二、关于理论的演化与合流

在图 2–5 中所包含的 8 个理论范式，其认识论越是靠近客观一端的，就越接近自然科学的范式，而位于主观一端的，则属于社会科学范式，其中像后现代主义范式，是否应被纳入科学范畴，往往取决于某一次研究所采取的具体的研究策略。

从整体上说，在历史上，自然科学范式和社会科学范式均处于不断的演化过程，而所呈现的路径却有着比较明显的区别。一直以追求真理或客观的真实为己任的自然科学范式，基本上在沿着"肯定—否定—肯定"的路线，以螺旋式上升的形式，不断以一个范式取代另一个范式。比如，关于宇宙的认识，一直是人类孜孜以求的事情，自然科学在这个领域始终没有停过脚步。在远古时期，人们有着各种创世传说，及至后来，自然科学已开始关注宇宙的结构，探寻天体运行的奥秘。在中国先

① 艾尔·巴比. 社会研究方法（上册）[M]. 8版，邱泽奇，译. 北京：华夏出版社，2000：66–67.

秦时期，即有“天圆如张盖，地方如棋局”之说，《晋书·天文志》还有“天旁转如推磨而左行，日月右行，随天左转”的描述，时人皆以为然。这一说法后被成于东汉的“浑天说”所否定，浑天说认为“天地之体，状如鸟卵。天包地外，犹壳之裹黄也。周旋无端，其形浑浑然”。中国的这种宇宙观此后一直延续了1500多年，直到西方哥白尼宇宙体系的传入，“日心说”才替代了“浑天说”。但是，后来不久，在牛顿及爱因斯坦的理论框架中，“日心说”被彻底抛弃，最终代之以“大爆炸理论”。自然科学范式的这种演化过程，经历的正是库恩所描述的科学革命的路线。

与自然科学范式的演化路线不同，社会科学范式所经历的演化路径却是对原有学说的局部修正，以及其应用范围的局部调整。换言之，社会科学范式在最初形成的时候，往往便是以某种独特的视角、针对社会现象的某个方面而展开研究所形成的系统理论，有时这种理论还含有浓重的价值介入——如在我国先秦时期的儒家思想中，伦理观念就十分明显，甚至是整个理论的立论基础。因此，社会科学范式在后来的历史演化过程中，并不是旧的范式被新的范式所替代。它总是以向人们提供看问题的某种特殊观点而能给人以启发。观察一下发生在日常生活中的一种现象，就可以理解这一点：今天，如果不是研究科学史或科学哲学的人，是不会再去阅读哥白尼或牛顿的科学著作了，除非你怀有极特殊的个人兴趣。相反，对于那些在古希腊、古印度和古中国时期的人文经典著作，如《老子》《论语》《韩非子》《金刚经》及《理想国》，东西方社会都一样还会有很多人愿意手不释卷地去阅读。这种现象背后所包含的道理，就说明了自然科学范式与社会科学范式在其演化过程中，其命运是不同的。

然而，自然科学范式与社会科学范式的不同的演化路径，并不意味着它们会一直这样相互独立地并行发展下去。事实上恰好相反。在自然科学范式和社会科学范式之间，以及在它们内部各种理论流派之间，都正在经历着范式之间的相互沟通、彼此借鉴、互相融合，最终实现范式之间一定程度上的“可通约性”。这不仅是一种趋势，也是一个原则。正如赫伯特·金迪斯所言，每一门行为学科（包括经济学、人类生物学、人类学、社会学、行为心理学和政治学）都对人类行为科学有很大的贡献。分开来评价，它们提供了部分的、冲突的和不能兼有的人类行为模型。从科学的观点来看，在20世纪的绝大部分时间里容忍这种情况是可耻的。幸运的是，在收集关于人类行为和本质的经验数据的数学模型和一般方法论的基础上，现在有了一个强大而普遍的统一。每一学科只有被其他学科的贡献适宜地限制和深化时，它对于知识的真正贡献才会显示出来①。体现在学科之间的这种合流，其起点当然是构成各个学科内部主体知识架构的理论范式之间的融合倾向。

在很多社会科学范式当中，学科之间也正在不断吸收彼此各自所开发的各种研究方法，这种吸收不可能不对社会科学范式起到改造的作用。比如，在社会学和政治学领域，人们已经开始采用以前只在经济学领域内使用的理性人模型；在人类学领域，使用博弈论实验来理解文化变迁是一个新的尝试。同时，越来越多的经济学家在行为模型里引入社会互动，并且利用实验博弈中的数据来建立模型。这种趋势最明显的证明是2002年诺贝尔经济学奖颁给了两个实验主义者：心理学家丹尼尔·卡尼曼（Daniel Kahneman）和经济学家弗农·史密斯（Vernon Smith）。而在社会科学范式内部，各种范式的本体论观点，会自觉或不自觉地吸收

① 赫伯特·金迪斯，萨缪·鲍尔斯，等.走向统一的人类行为科学［M］.浙江大学跨学科行为研究中心，译.北京：世纪出版集团，2005：185.

他种范式的观点以消弭自己观点上的极端性所暴露的破绽，至于方法论上的相互借鉴已经成为不可避免的趋势，因为任何一种范式都不会认为，作为工具使用的研究方法会带有明显的“家族”色彩。因此，可以预见的是，在社会科学范式之间，存在着各范式的合理成分在走向合流的动力。与此同时，范式间的激荡及新的社会问题的层出不穷，也自然会孕育和催生新的范式。

第三章

旅游研究方案的设计

一项旅游研究方案的设计，既涉及研究目的的确定，也涉及研究类型和理论范式的选择，还涉及有关研究主题及资料收集与分析方法方面的具体决策，因此是一次综合筹划工作。这个过程能否妥善地完成，直接关系到研究任务是否能有效达成。

在第一、第二章中，已经探讨了有关科学探索和研究方法的一般性问题，能够帮助解决研究类型和理论范式选择过程中所需要的基本知识。本章主要从研究设计的技术层面来展开讨论，以便使我们的研究能力更加靠近解决旅游研究的实际操作问题，因此将不再涉及第一、第二章已经讨论过的问题。但是，需要提醒的是，读者需要善于在制定研究方案时囊括其中已经讨论过的相关议题，并做出适宜的选择。

制定一个旅游研究方案，核心的内容可以归结为两个方面：寻找一个值得研究的问题；确定最佳的研究该问题的技术策略。以下内容主要围绕这两个方面，从不同层面加以讨论。

第一节　研究计划

研究计划是科学研究工作的开端，也是研究全过程可以依循的蓝图。好的研究计划不仅能作为研究活动的整体技术路线使研究能够顺利进行，而且也会让研究课题的资助者理解该项研究的价值及可行性。

一、研究主题

确定研究主题也就是明确研究的问题。在之前的章节中，已经涉及有关研究问题的内容，但那是一般性的。比如，第一章探讨了“是什么”“什么样”“为什么”和“应该怎样”的问题；第二章总结了如何寻找问题、如何筛选问题及如何表达问题的基本内容。从这些探讨中可以明确，科学研究的问题通常不包括“应该怎样”的问题，至少那不是主体目标或核心任务。本节在此进一步就旅游研究领域如何对问题做适当的选择及予以清晰、准确的表述做简要讨论。

由于旅游世界是一个对应于人之日常生活世界的另一个世界，因此，它所包容的生活内容及由此所涉猎的现象的类型极其复杂，不亚于发生在日常生活世界中的情况。相应地，旅游世界中所包含的问题也就多种多样，而且可以归属于不同的学科。比如，旅游人才培养的问题，可以归入教育学研究的领域；旅游世界中“主客互动”这个富有魅力的话题，可以归入社会学、文化学尤其是社会心理学的领域；从旅游意义上思考的环境和生态问题，属于生态学和环境科学领域；旅游者的消费行为问题，适合经济学加以研究；对旅游者在旅游目的地与客源地之间的流动这一现象的解释，可以分别归属于地理学和心理学；旅游地伴随着旅游发展所呈现的社会和文化形态特征及其演化、变迁和震荡的问题，可以由人类学、社会学和文化学来共同研究；至于旅游企业的经营管理，则自然由管理学来加以探讨……诸如此类的问题，因涉及的学科门类广泛，对研究人员的知识背景和研究能力就产生了不同的要求，同时，也自然形成了旅游研究的专业取向与跨学科取向相互兼顾的研究传统。

在研究计划中对“研究问题”的处理策略，从正面来说，首先要努力体现“价值”和“可能性”双重原则，其次是要对问题做适当的形式表达，这一点可以回顾一下第二章的相关内容。如果从反面经验来说，则应注意以下几个方面。

第一，避免选择缺乏创新性的问题。创新是科学研究的灵魂，发现新知识是科学研究的使命，没有创新，一项研究就失去了意义，这一点在科学界是没有异议的。但是，就创新的具体落脚点而言，统观当下各种研究实践会发现，连研究者本人对其研究成果的创新性评价，都往往千差万别，有的更是缺乏底气。在笔者看来，属于专业领域内的实质性创新，主要体现在范畴创新和命题创新两个方面，因为二者都能回答“是什么”“什么样”和“为什么”这样的问题，因此它们才算得上是真正的理论创新。至于常见的所谓“视角创新”“资料创新”“方法创新”“应用领域创新”等，不是属于达到范畴或命题创新的路径或工具（如视角创新和方法创新），就是属于“应用或对策研究”的非理论创新（如资料创新和应用领域创新）。后者在知识贡献上必将是微乎其微的，这样的研究也就没有科学价值。这种情况可以列举的例子十分常见。比如，把某种旅游开发模式应用于滨海旅游地、草原旅游地、温泉旅游地、少数民族地区或东北老工业基地，即属于此类研究，它们所对应的问题均为应用性或对策性研究的问题。

第二，避免在一项研究中包含过于宽泛或为数众多的问题。任何一项研究都有多重约束条件，其中时间、财力、人力、物力及研究课题的资助目标，都是必须考虑的因素。在这种情况下，研究课题中所包含的问题量就必须有所节制、适当取舍。问题过多，后续的资料收集和分析工作量必然很大，有时还会面临难以克服的障碍；问题过于宽泛、散漫，在后期进行理论概括时就可能难以将研究结论模型化，同时也反映了研究者在研究立项的初期，就未能将相关问题条理化、明确化。在这方面，心理学家的实验设计值得多加借鉴。尽管人类的行为实践所涉及的心理机制十分复杂，以至于直到今天我们对此也知之甚少，但是，经过近200年的现代心理学家的努力，尤其是他们一直致力于行为现象的实验分析，这样长期积累的结果，已经使人类对心理现象的认识有了长足的进步。

在 Roger R. Hock 所著的《改变心理学的 40 项研究》[①] 一书中所列举的范例，无一不是如此，值得仔细体会、学习。

第三，避免以一些个人化的、缺乏一般性价值的和关注点狭隘的问题作为研究课题。科研人员在研究兴趣、知识背景上无不具有个人的长处和短板，这一点体现在问题选择环节上也往往能反映研究者的见识。保罗 · D. 利迪等人曾列举了几种带有上述倾向的选题实例，提出了诸如“研究课题不应成为自我学习的途径”“问题的主要目的不应只是对两组数据加以比较”“不应仅以‘是’或‘不是’作为问题的答案”等原则[②]，这些建议在旅游研究实践中也十分具有针对性。如果不注意这一点，我们的研究很可能提供的都是一些“迷你”结论，给人的印象是卖螃蟹搭戏台——买卖不大，架子不小。在当前的科学研究实践中，这种情况已经演化成为一种科学病理，值得引起每位研究者的注意。当然，这种现象的背后，必然归结为体制、机制因素，对此，笔者无意置喙。

第四，避免在一些完全陌生而又无法驾驭的领域寻找问题。受迫于“科学研究的创新使命”，一些研究者刻意在所谓的“新领域”中寻找问题，但限于知识储备，很可能形成一种掩耳盗铃式的选题逻辑：只要对我是新颖的，就是新颖的。这样的选题思路往往害了自己或具体负责研究活动的人。比如，从事旅游规划研究的人，由于在自己的领域找不到可创新的问题，便跑到营销学领域去找，结果如获至宝，发现“处处新颖”，于是就贸然选了一个题目去做。到最后，有的人可能会反省发现自己所做都是无用功，而有的人可能自始至终也未明白自己是在制造科学

① Roger R. Hock.改变心理学的40项研究：探索心理学研究的历史［M］.白学军，等，译.北京：中国轻工业出版社，2004.

② 保罗 · D.利迪，珍妮 · 埃利斯 · 奥姆罗德.实用研究方法论［M］.顾宝炎，牛冬梅，陈国沪，等，译.北京：清华大学出版社，2005：58-59.

笑话。正是基于这样的一个原则，科学研究过程总是建立在专家、专业的基础上，建立在充分的文献评述的基础上，总之，建立在研究者对该领域的充分了解和整体把握的基础上。因此，一个具体的建议就是当想要涉足一个新领域时，一定要量力而行；当通过文献梳理发现，这个领域几乎没有前人在做，这时，要问自己这样几个问题：没有人做的领域或问题，是否有可能属于垃圾领域或问题？如果不是，那么，是否属于能够研究的领域或问题？别人不能研究的领域或问题，自己能否研究？只有清楚地回答了这几个问题，才有可能使自己的研究在问题选择环节获得实在的意义，而所选择并研究的问题也才可能具有领域前沿或创新的价值。

第五，避免以“范畴导向”替代“问题导向”的思路寻找问题。在很多情况下，如果一个研究者对一个领域所存在的问题缺乏切身的体验或独到的认识，而此人又在某个领域耕耘有年，已经了解甚至熟悉了该领域的一些科学范畴（即术语），那么，这种人在寻找研究问题时，常常会有某种“范畴依赖”的倾向：他能想到很多范畴（它们有时标志着一些领域，如旅游经济、旅游体验、旅游消费等，有时标志着某种观点和领域，如旅游本真性等），却无法把这些范畴转化为问题。在讨论和撰写研究计划时，术语、名词一大堆，但就是看不出其目的是要解决什么问题。有时，一些研究者直接将社会上的年度流行语（如旅游房地产、旅游大数据、智慧旅游、全域旅游等）作为研究领域，其范畴导向更其明显，但由于不了解该范畴代表的领域到底出了什么问题，因此，其研究计划终归是不可行的。

选择了适当的研究主题或问题，接下来一个极具技术挑战的环节便是如何对这些问题进行表述。这方面读者除了可以回顾第二章相关内容之外，在此需要进一步明确的一点是要把问题表述得清晰、准确而完整。这里提供保罗 · D. 利迪所做的一个详尽的讨论，相信会对我们有所帮助[①]。

问题的表述应十分清晰，以便他人能够理解。如果你的表述不能达到此要求，那么你就只能自欺欺人地认为你自己是明白的。这样的自我欺骗会使以后的研究陷入麻烦。

只有将问题表述得全面完整，才能把问题表述得清楚。至少用一个或多个合乎语法的完整句子来表述问题。为了说明这一点，下面举出一些含义不清、表达不完整的陈述——只是用了些零零碎碎的词汇对问题做了些提示。看看你是否明白这些学生的研究计划，究竟他们想干什么？

一个社会学系的学生：社会福利和孩子的态度。

一个音乐学系的学生：伯莱斯特里纳（Palestrina，意大利作曲家——译者注）与教堂圣歌。

一个经济学系的学生：用公共汽车接送学生。

一个社会工作系学生：成人退休计划。

十分可惜，这四个表述都不清楚。非常有必要用准确而完整的语句来描述这些研究目的。可以把上述不完整的表述加以扩展，用一个或多个完整的句子来构成对研究问题的描述。

社会福利和孩子的态度改为：对父母的社会福利帮助，将会对他们的孩子今后的工作态度带来什么影响？

伯莱斯特里纳与教堂圣歌改为：此项研究，将通过分析伯莱斯特里纳在1575—1580年所写的教堂圣歌，以揭示其特有的音调

① 保罗 · D.利迪，珍妮 · 埃利斯 · 奥姆罗德.实用研究方法论［M］.顾宝炎，牛冬梅，陈国沪，等，译.北京：清华大学出版社，2005：60-61.

对位特征。同时还将这些圣歌和他同时代的威廉·伯德在1592—1597年所写的教堂圣歌相比较。在当时，他们的年龄都在50~55岁。

用公共汽车接送学生改为：为了估算中西部大城市学校中用于公共汽车接送孩子的费用，需要对哪些因素做出评估，以及这些因素在总构成中的权重影响。

成人退休计划改为：如何从自我满足、自我调节的角度，将成人退休计划和退休后的实际情况相比较。通过分析其预期和实现的不同，使今后的成人退休计划制定得更好。

必须注意，在完整陈述问题时，研究领域应小心加以界定，以便使研究掌握在可控制的范围内。“伯莱斯特里纳·伯德”研究的作者，对所研究的诗歌就很小心地做了界定，规定这些诗歌必须是作者在50~55岁所作。可以设想一个学生要想通过浏览格罗夫（英国音乐评论家）所著的《音乐及音乐家辞典》上列出的伯莱斯特里纳作品，来对伯莱斯特里纳的全部诗歌做出研究是多么不切实际。因为伯莱斯特里纳一生所写的诗歌多达392首。

在保罗·D. 利迪的例子中，学生的问题描述不仅是一种语言表达方面的问题，其背后是对所在专业领域的问题理解深度有欠缺，同时也暴露了在组织问题时习惯于“范畴导向”或“范畴依赖”的思维方式，而缺乏“问题导向”意识。这在旅游研究领域也是一种比较常见的现象。事实上，从原则上说，很难找到没有问题的领域，也没有不可以进行研究的论题，其中可行与否的关键，就在于谁来研究、怎样研究和研究什么。在很多情况下，我们会发现，一个本来没有多大研究价值的研究题目，经过高手的巧妙转化（如对策转实证、定性转定量、问卷转实验等），立刻变成一个富有魅力的题目。

二、研究对象

旅游研究过程中所要探讨的问题，都是研究对象所反映出来的问题，研究对象是问题的载体，也是资料的来源。稍微严格一点说，研究对象就是由研究目的及相应的问题域所确定的相关现象的集合。通常，研究对象也可以用总体一词替代，它更明确的含义则是“同质的所有观察单位某种观察值的集合”。

例如，如果想对旅游院校的毕业生就业及职业发展情况进行研究，就会关注学生所学课程、学位获得情况、就业意愿、实际就业岗位、晋升速度、薪金水平等问题，这些问题反映在全国层面（如果想就全国旅游院校的情况进行调研），就需要以全国历年旅游管理专业毕业生的上述及其他此处未列明的情况为研究对象。显然，这是一个工作量十分艰巨的研究课题，因为它涵盖了太多的问题，时间跨度也大，因此在可行性上是有难度的。

即使某一课题的研究对象并非如此广泛，但如果目的是对研究对象所有个体进行无一遗漏的调查或观察（即所谓的普查或全面调查），那么可能也会遭遇困难。倘若调查过程具有破坏性，或者时间、金钱和人力条件都有限，甚至不需要通过全面调查来谋求结论的完全精确化，那么就可以采取抽样的策略，最终通过推断的形式来寻求对总体研究对象的解释。在这种情况下，从总体中按照一定的原则抽取部分单位进行观察，由此所构成的小规模集合，便是样本。一般情况下，样本和总体都是同构的，而这种同构性则取决于样本与总体之间规模上的距离：样本容量越是接近于总体单位数，样本与总体的同构性越好，相应地，样本对总体的代表性也越高。

更有甚者，有的研究可以建立在对总体个别单位的观察的基础上，这便是个案研究或案例研究（Case Study）。回顾一下第一章谈到的个案解释和通则性解释，从中可见，个案研究一般是不涉及对总体的代表性的问题的，但情况总有例外。当解剖一只麻雀的目的是了解麻雀五脏六腑的生理构造时，一只麻雀的代表性是接近于充分性的（所谓“接近于”是指如果你不相信解剖一只麻雀的结论，还可以再解剖一只，你会发现，虽有细微差异，但大体上相同）；而当你想了解该麻雀的具体死因，这个结论将无法推及总体。

在这里，有关研究对象的话题可以总结为，研究对象因研究目的的不同而在总体、样本和个案之间转换。它们彼此间有时是一致的、重叠的，有时是包含的、从属的，有时还可能是独立的。当研究目的总是要了解研究对象的整体情况时，不管采取的调查形式是普查、抽样还是个案的，研究对象总是不变的，研究对象就是总体；当研究目的并不一定是要借助于局部观察来推断总体，那么，研究对象会根据研究目的来变化。

在采用抽样（通常是概率抽样，详见本章第四节有关“抽样”的相关内容）形式对总体展开研究时，一个不容忽视的问题，是如何确定抽样框（Sampling Frames）。

抽样框是指对可以选择作为样本的总体单位列出名册或排序编号，以确定总体的抽样范围和结构。设计出了抽样框后，便可采用抽签的方式或按照随机数表来抽选必要的单位数。若没有抽样框，则不能计算样本单位的概率，从而也就无法进行概率选样。

旅游研究中常用的抽样框有：旅游企业名录、城市街区邮政编码区号、旅游管理专业大学生名册、城市黄页里的电话列表、旅游景区内部各销售网点名录、旅行社在售旅游线路名单、航空公司预订乘客名单等。

在没有现成的名录可以用作抽样框的情况下，调查人员可以自行编制。应该注意的是，在利用现有的各种名录作为抽样框时，要先对该名录进行检查，避免有重复、遗漏的情况发生，尤其应避免导致系统性的偏差（比如，抽样框的编制可能存在导致方便抽样的概率较大），以便保证样本对总体的代表性。理想抽样框的标准是能够实现总体与样本之间的同构性。在实践中，如果存在丢失目标总体单位（也被称为“涵盖不足”）、包含非目标单位、抽样框单位与总体单位不一一对应（也称为“复合连接”）、包含不正确的辅助信息及抽样框老化等问题，都会影响总体与样本之间的这种同构性。

一旦样本与总体在结构上不能对应，相应的逻辑推论就会出问题。艾尔·巴比把这类问题归纳为[①]：（1）根据样本所得到的研究成果，只能代表组成抽样框的各个要素的集合。（2）通常抽样框并未真正包含所有的要素。因此，省略几乎是不可避免的做法。所以研究人员的首要任务是先评估被省略的内容，继而在可能的情况下进行更正（当然请务必了解，研究人员可能会认为，不必在意那些不容易被更正的小部分内容）。（3）即使总体与抽样框是一致的，为了说明组成抽样框的总体，所有要素必须具有同等的代表性，即所有的要素应该只在名单中出现一次。在名单中出现多次的要素会有比较大的机会被抽到，因此，这样的调查结果将会有偏差。

研究对象（总体）的确定，对于研究过程的展开是前提性的。研究对象一旦明确，总体单位也跟着确定下来，这样，资料的来源也就明确了。总体单位是确定分析单位及相应的关注点的基本依据。

---

① 艾尔·巴比.社会研究方法（上册）[M].8版，邱泽奇，译.北京：华夏出版社，2000：270.

三、研究计划书

这里所说的研究计划书（Research Proposal）是涵盖各种类型研究课题的论证申请材料的统称，其中最典型的形式是出国留学申请学位的研究计划书、向各类资助人提交的课题立项申请书。此处综合各类研究计划书（包括国家自然科学基金、国家社会科学基金等课题立项申报表）的内容和特点，重点介绍一下研究计划书中所包含的主要项目及相关撰写要点。

就研究计划书的基本内容和风格要点而言，主要在于向相关人员和机构阐明你在做相关研究时的几个核心问题：①凭什么研究这个问题；②为什么研究这个问题；③这个问题包含哪些内容；④研究这个问题有什么困难；⑤如何研究这个问题。

在阐述“凭什么研究这个问题”的时候，对于理论问题要明确问题的来源，是起于对现实社会生活或自然现象的观察，还是基于长期个人经验的积累或个人思考的提炼，或者是来自对专业文献中相关理论观点的质疑或批判；对于应用性或对策性问题，需要说清楚问题来源是委托的，还是出于对相关部门或机构的实际问题的关注；同时，还要阐明自己团队有能力和技术完成这项课题。

在阐述“为什么研究这个问题”的时候，要对这项研究的理论意义或实践价值予以明确，重点说明这样的研究对谁（例如，普遍的人类社会、专业的研究领域或个别的应用机构）有意义，明确这个问题的创新性在哪里，对这个问题在理论方面的贡献是属于“填补空白”还是“完善理论”，既要做到自己心中有数，也要让关心者心中有底。那些以应用或对策研究为目标的选题，要明确这项研究能够给应用单位带来什么样的效益。

在阐明“这个问题包含哪些内容”时，必须准确而详细地列明你所研究问题的范围、要点、重点和关系，而且，在这种阐述过程中，始终立足于自己的独特观点（即使在研究计划阶段，自己的观点未经论证，但也要提供有关观点的基本思路或方向）和见识是十分重要的，因为对你的课题感兴趣的人只有在了解了你对相关问题已经深思熟虑、形成了一些确切的疑问的时候，他们才会心甘情愿地提供资助。

在阐明“研究这个问题有什么困难”的时候，需要对课题进行中的所有困难——包括理论的、资料的和技术的重大的难题——都要估计到，并对其中重要的困难予以阐明。当一个选题基本确定下来之后，这个题目所连带的困难也就确定下来了。通常，评审专家对这些困难会有所判断。当你的研究方案中对此类困难估计不足时，有经验的专家会断定你不可能完成这项研究。因此，有关困难的陈述也需要特别下功夫去发掘。对困难的回应，形成了研究的技术通道。

在回答“如何研究这个问题”时，需要概要地勾勒研究策略和技术路线。在这个问题上，常常会看到千篇一律的技术路线图，仿佛各种研究都走同样的路线。这其实反映了研究者对自身的研究缺乏充分准备、深刻理解和确切思路的问题，应该努力避免。

下面，将上述几个问题融合在一般研究计划书的常规结构中，针对几个专门问题做一些一般性（而非工具性）的说明。

（一）选题依据与文献评述

在各类研究课题的研究计划书中，不管问题自何而来，都要在研究计划书中重新系统地阐述其选题依据。这里所说的系统阐述，指的是通过全面的文献评述来确立选题的依据。

文献评述（Literature Review）不仅是研究计划书中的一个常规内容和基本构成形式，而且是研究问题的一个重要来源，同时，它还是研究者评估自己通过个人思考、社会观察所获得的研究问题的一个必须经历的环节。从这个意义上说，没有文献评述，就没有选题的立项依据，选题也就不能成立。

从科学研究的角度来看待文献，可以有两类：一类是理论文献，一类是资料文献。理论文献提供了研究选题立论的理论依据或渊源，而资料文献则可以作为支撑选题立论的经验性材料。例如，在对旅游经济现象进行研究时，如果要探讨交易费用的问题，科斯的相关理论及其后的制度经济学理论，都是绕不过去的理论经典，而在此基础上展开的后续讨论，则属于相关研究者的“应知应会”内容，只有这样，关于旅游交易费用问题的理论研究才可能具有创新价值。旅游交易费用的选题一旦可以立项，那么，文化和旅游部、国家统计局及其他政府部门、NGO、企业组织等历年公开发布的统计资料，就可以作为资料文献来看待。

在这两类文献中，重要的、具有恒久意义的文献，当属理论文献，而资料文献则具有专门性、临时性和工具性的特点。在对待理论文献的态度上，既应该有质疑的精神和胆量，同时也应该有一分敬畏和虚怀。质疑应该建立在“知”的基础上，敬畏是“不知”的时候的一个智慧态度。受世风和社会运行机制的影响，在现实世界中（不幸的是，也包括在科学研究领域），有些人是不读书的，是不知道什么理论的，但由于位高权重，仍会习惯于对理论“发威”；而在另一方面，一些从小学到中学再到大学，一直习惯于“做题应试”的人，在读了硕士、博士之后，虽然曾经甚至一直埋头于经典理论，但还是没有摆脱从校门到校门的局限。于是，尽管是少数和个别，但在学术界还是可以看到两类人群，一种是“学而不思”的“本本派”，一种是“思而不学”的“实操派”。这两类人群，在对待理论文献的态度上都有其不当之处。本本派在进行文献评述的时候，会使得选题只能从理论到理论，缺乏对现实世界的理解，最终不免走向“吃人家嚼过的馍”的困境；而实操派只能基于现实需求向理论发号施令或批评贬损，却不知道理论界对此类问题早已经形成了系统的观点。借助于系统的理论文献评述，这两类问题就会得到基本的解决。

在对理论文献进行评述时，必须始终明确文献评述的目标和目的。概括起来说，理论文献评述的目的就是“知道理论界对此问题都做了什么，做得怎么样，做得有没有欠缺甚至错误”。简单说就是“有没有”和“怎么样”。对于“有没有”，文献评述的任务是“述”，点到即可；对于“怎么样”，文献评述的任务在“评”，评到才行。因此，有述无评和有评无述的文献评述，都是有欠缺的，前者的欠缺在于没有识见、没有个人观点，无法见出原有理论的高下、长短和缺漏及错谬，只能告诉人们已有的，而不能发掘其应有的；后者的欠缺在于只凭已见、无视前人成果，主观臆断的成分重，违背科学精神。在可见的科学研究文献中，也包括旅游研究文献，这两类各有偏颇的文献评述倾向都不乏其例。比如，只陈述张三做了甲事儿、李四做了乙事儿，之后直接就转到“我”要做丙事儿（这个丙甚至可能与甲、乙完全或基本无关）的文献评述；或者以清单形式列举了王五的观点、赵六的观点之后，唯独没有“我”的观点的文献评述。这样的文献评述无法导出“我的研究问题”的根据，因此，也无法回答“凭什么研究这个问题”的质疑。

在谈到文献评述这个问题时，也不免让人想到综述类文章的撰写。尽管这并不是研究计划书中的内容，但在评价此类文章的价值时，其标准也与上述提到的原则大致相当。也就是说，真正的综述类文章，同样要指出“有没有”和“怎么样”两类问题的。正是由于这个原因，很多领域的综述类文章的写作，需要作者对该领域的过去、现在和未来有充分而切实的整体性把握，这样才能保证文章在立意上高屋建瓴，在方向上能够给人以充分的启发和指引。把这样的思想贯彻到研究计划书的文献评述过程中，对帮助研究者发现问题、厘清问题、明确研究方向，都有重要意义。

（二）选题意义与研究价值

在研究计划书中，还需要明确评估该选题所具有的意义和价值。当然，这里所说的意义和价值，都是有针对性的，是关联到具体的利益群体的意义和价值，而不是空泛的意义和价值。只不过，这里的利益群体的身份是不同的，价值取向也有差异，这会使得研究课题的意义和价值，存在着规模上的大小之分，时间上的当下和未来之分，对象上的社会整体、局部团体和个别机构之分，属性上的理论与应用之分，以及形式上的社会价值、经济价值及生态价值之分，等等。在可能的情况下，研究计划书应在这些方面明确描述该课题所具有的意义和价值。站在不同的立场上看待一项研究的价值，其结论很可能是不同的甚至是对立的。能在计划书中适当地厘清这些利益群体的关系，将课题所具有的意义和价值转化成为相关利益群体的理解和资助，就是计划任务书获得成功的表现。

一般的计划任务书或课题申请书在要求申请人阐述课题的意义时，往往从理论意义和应用价值两个方面入手，个别应用性研究课题还会要求研究者明确预估该课题所能产生的直接和间接的经济效益。在阐述所研究课题的理论价值时，其核心点在于明确该课题的理论创新点，即课题是否就范畴和命题以至于理论体系提出了新的观点。对此，研究计划书的表达要明确、具体，对于尚且有待于证实的观点，至少要清楚地陈述你寻求答案的思路（理论线索和求证路线），使之足以证明你是在做一件前人未曾做过或做得不好的工作。直接一点来说，理论研究的价值是奉献给科学界或知识界的，或者是为全社会或专业领域的全部成员服务的，也可能是为未来服务的。其直观的贡献是为已有的理论系统增添部件，完善该系统的结构性功能。

在研究计划书中关于应用价值的理解和阐述，依笔者之见，可能包括两种情况。一种情况是纯理论研究可能产生的应用价值，另一种情况是本身即属于应用研究，因此也要评估其研究成果的应用价值。如果是前者，即研究本属于纯理论研究，旨在谋求范畴和命题的创新甚至理论体系的构建，那么，尽管这些研究最终会转化为技术应用，会对社会产生各种影响，但其应用价值只能做大致的推断，而且可能仅限于对应用领域做大体估计。因为，很多纯理论研究成果，在刚刚完成的一定时期内，其价值未必能够被充分估计到。在科学领域，此类例子不胜枚举。相反，如果是后者，作为一种对某一成熟理论所做的推广性和对策性的研究，其主体在于提供技术解决方案，研究的变量主要是环境和工艺变量，而不是对原有理论模型的修改或扬弃，因此，对此类研究如果再去评估其价值，就只能跨进一步，从课题所能带来的直接的经济效益、社会效益或生态效益的角度进行阐述。在必要时，这些效益要给出量的估计，而且，要呈现做这样估计的充分依据和理由，以便让人觉得你的结论是可信的。

总而言之，对研究意义和价值的说明，表面上看起来与实际研究中的操作过程并不相关，但事实上，它既是对研究者选择这一课题的动机、意图、方向、价值等是否明确的一种检验；同时也是进一步地帮助研究者强化和突出这一课题的总目标，加强对这一目标对整个研究过程的影响。如果研究者本人对研究课题的目标和意义都说不清楚，那么，这一课题是否值得去做，以及是否能够真正做好，显然就值得怀疑了①。

① 风笑天 . 社会研究方法［M］. 4 版，北京：人民大学出版社，2013：75.

（三）研究内容与重点难点

研究计划书中关于研究内容、研究重点与研究难点的阐述，是计划书的重要部分，能否做到目标明确、范围清楚、架构清晰、关系合理、重点突出、难点准确，会直接影响计划书评阅者的感受和评价，也会影响到研究者个人及团队在未来的工作中遵照执行的效果。

在这个环节上，可以考虑这样一个内容组织路线图：根据目标来限定研究范围；在研究范围中根据概念化的结果组织内容架构；在内容架构中逐步关联、分化和剥离出诸如相关关系、因果关系、表征关系和流程关系的关系网络；在这个网络中强化主体关系和从属关系的地位，在主体关系中凸显关键性问题，并将这样一个或几个关键性问题作为主导理论建模的纲领性因素加以表述，从而梳理出一条通向理论概化的路线图。在整个这个系列中，任何一个环节中存在的难点问题都应该充分估计到，同时又能把握关键难题及其解决方案。

研究计划书中的内容组织，不同于研究报告书中的内容组织。研究计划书是预设性的、前置性的、计划性的，是未来工作的指针而不是总结。在这种情况下，其内容组织不应该过于刚性，缺乏回旋余地。以笔者自己的理解，在研究计划书中包含一个详尽的，如教科书一样章、节、目俱全的内容纲要，是很不实际的，也有悖于研究计划书的性质。无数实践都证明，在研究计划书中所列的详尽的写作提纲，在未来不是被彻底推翻，就是依照该提纲撰写出一个事先预定的、没有严肃科学研究过程做支撑的应景材料，总之不会是一个好的课题报告材料。试想，在研究的初始阶段，有关问题既未经过证实，也未被证伪，又怎么知道未来的写作纲要应该如何建立？如果采用的是基于归纳法的扎根理论，这一点就更清楚不过了。所以，研究计划书中有关研究内容的陈述，关键不在于其是否呈现了一个面面俱到的内容纲要，而在于是否真正厘清了关系、突出了问题、预估了难题。如果以此为目标，研究计划书中有关研究内容的表述，就不会是一个详尽的写作提纲，而是一个清晰的、以问题为主导的关系网络流程图。在这个图中，各种假设、问题和范围都会清晰地展现出来。至于这个图的具体模样如何，笔者的看法是千人千面，由于每个课题的内容不同，其关系网络流程图也会不同，在这里试图给出一个一般方案，其意义也不大。

（四）研究策略与技术路线

不过，在各种可见的研究计划书或课题申请书中，人们关于研究策略与技术路线方面的文字表述，倒是往往倾向于用一个一般性的流程图来刻画。可惜的是，这些技术路线太过“一般性”了，以至于看不到特点，于是也就对研究计划的可行性不免产生一些质疑。

研究计划书中的这一部分内容，是要明确回答“怎样研究这个问题”的。笼统地说“我用定量方法”“我用定性方法”或“我用定性与定量相混合的方法”，意义都是不大的。或者，通过描绘一个“明确问题”“查阅文献”“实施调研”“资料分析”“建构理论”这样一个流程图，也没能超越手中这本方法论入门书对此的常识性概括。真正到位的研究策略与技术路线的呈现，需要说明课题研究中所使用的具体目标、手段、工具、方法、路径和各种资源预算方案。在这个意义上，每个研究课题都是不同的，因此，其研究策略与技术路线必然不同。这种不同不仅为研究目的所规定，也有助于形成研究特色。

第二节　分析单位和关注点

一、分析单位

分析单位（Units of Analysis）也可称为调查单位、研究单位或观察单位，是指研究过程中承载着所要观察的资料的总体单位或样本单位。在定性和定量两种不同的研究策略中，研究人员对分析单位的选择有不同的偏好，但一个共同点是分析单位都具有可观察或可测量的特征，它们构成了科学研究中各种经验材料的来源。在旅游研究领域，至少有五大类分析单位可供选择。

（一）个体

这里的个体主要是指自然界中的生命单位，包括人类社会中的自然个人，生物界的动植物个体。由于旅游世界涵盖自然和社会两大领域，因此，自然个体和社会个体都可以作为分析单位。

在个体中最突出的是个人。旅游研究有很多主题与人相关，或者直接以人为研究对象。这样，不管是立足于宏观层面研究旅游世界整体情况，还是针对旅游者个人行为进行观察，都可以将分析单位落实在个体层面，因为在个人身上可以观察到足以影响旅游世界整体状况的各种特征。

旅游世界中的个人因其所据有的角色地位而获得不同的个人身份，如旅游者、旅游企业经营者和服务的提供者、旅游目的地的居民、旅游行政管理机构的官员等。这些个体也可以进一步细分为亚类。如旅游者可以根据旅游组织方式分为包价旅游者、散客旅游者等。

（二）群体

当个体以某种非组织化的形式在一定时空条件下聚集成为可以共同行动的团伙时，就构成了群体。群体既与组织不同，也与按照某种标准划分而形成的类群不同。组织是一种体制化、制度化的机构，而类群并不具有时空同一性特征。

尽管旅游研究也会偶尔讨论自然界中一些生命群体现象（比如，以观赏野生动物群体生活景观为目的的旅游，可能引起科学家对动物群体生活习性及其所构成的景观特点的研究兴趣），但更多的是针对社会世界中群体现象的研究。在旅游世界，以群体面貌出现的现象不胜枚举。比如，通过购买包价旅游产品而形成的旅游团队，是最典型的旅游群体，这种群体有其自身的特征或表征（如规模、结构等）可供测量或观察；在旅游目的地，因某种外在因素而导致的大型旅游群体事件中临时形成的群体，也可以作为分析单位，因为此类群体的形成和演化也有其可观测的特征，如时间起讫、地点、规模、结构等；在一些旅游目的地，尤其是政府管理薄弱的旅游目的地，一些为游客提供产品和服务的当地居民，因经济利益而自动形成了针对游客的临时“帮派”，在销售产品和服务过程中达成默契，共同欺骗旅游者，而且在发生矛盾、矛盾激化的过程中，其“帮派”特征进一步凸显。当研究者观察到了此类现象中已经具有某种稳定的群体形态时，就可以将其作为分析单位予以观察和研究。

在以上所列举的例子中，笔者有意将群体限定在“具体时空条件下因某种目的而聚集成为可以共同行动的团伙”这一范围当中，并把此类群体当作典型的旅游群体，其中的考虑，不仅在于要为旅游群体确定独特的边界，也为运用各种微观社会学、社会心理学范式（如常人方法论、符号互动理论、拟剧理论、混沌理论等）研究旅游群体确定一些方向。

但是，按照传统的社会学关于群体的界定，也可以把同事、家庭、居住在同一小区内的邻居作为群体。对此，旅游研究人员可以从两个角度对待这样的群体概念：一方面，以同僚、家庭、邻居形式同行旅游的情况不乏其例，此类旅游构成了独特的旅游群体，值得专门研究，因此，将这些群体作为分析单位顺理成章；另一方面，当以同僚、家庭、邻居群体作为分析单位以研究潜在旅游者的旅游意愿之类的问题时，由于问题的性质已经不同，所关注的此类分析单位（群体）的特征也会不同，并且必须清楚，相对于旅游过程中的同僚、家庭或邻居群体，此时的同僚、家庭、邻居并无共同行动的目标，不是一个稳定的类群（在这个意义上，笔者认为，他们已经不属于群体了），成员间并无具体时空中的互动，将他们作为群体分析单位，只是研究人员的研究行为促成的结果，这一点值得注意。

（三）组织

组织是制度化和体制化的机构，其建立往往具有比较严格的正式程序（有时可能这种程序并不完全符合主流法律规范）。典型的组织包括企业、学校、教会、社团等。在旅游世界，饭店、旅行社、航空公司、景区是典型的企业；车船旅游协会、旅游教育协会等属于社团组织。各类组织都在自身层面显现出其特征，这些特征是将该组织作为分析单位的理由。例如，各旅游上市公司（如中青旅、大连圣亚、华侨城、黄山旅游等）都会在员工人数、营业收入、利润额、负债额、总资产等方面体现其股票价值，因此，这些公司可以作为相关研究的分析单位。

（四）事实

能够作为分析单位的事实，是那些明确可辨的实物或事件，包括自然事件及可以表征自然现象特质的实物和社会事件、人类行为及人类文化制品。

以事实为分析单位，是旅游研究中颇具特色的研究实践。比如，自然界的一次龙卷风、海啸、地震，北极地区规律性出现的极光现象，都是对旅游有很大影响的自然现象。它们可用以作为探索自然灾害与旅游之间关系等论题的有效分析单位。

在旅游世界的社会领域，除了一些大规模的展会（如上海世博会）或事件（如九寨沟游客大规模滞留事件）之外，更适合作为分析单位的是旅游者行为外化所涉及的各种事实和实物。游客撰写的文本材料（如博客、摄影图片、录像、游记）、购买的物品（如纪念品、土特产品、一般商品）、行动的痕迹（游览路线、涂鸦、刻痕、信物、祈福祷祝类物件）、利用的工具（地图、游览图、旅行指南、手机智慧软件、微信朋友圈、菜单）、参与的仪式（婚礼、洗礼、节日庆典、祭拜仪式）、形成的互动（打电话、跳舞、争吵、聊天）等，都是非常有价值、切实可行的分析单位，通过观察这些分析单位的特征，可以深入理解相关现象。从这些分析单位入手去思考研究的问题，也非常具有启发性。

（五）聚落

在历史上，先民们择地而居，“或久无害，稍筑室宅，遂成聚落”（《汉书·沟洫志》）。作为人类聚居和生活的场所，尤其是有着悠久历史的乡村聚落，往往有其独特的范围、规模、结构、形态、文脉和地脉特征（如浙江兰溪市的诸葛村），形成了突出的文化特色，因而构成了品质独特的文化旅游景观。将这些聚落作为分析单位，是旅游地理学、景观地理学研究的可行策略。

分析单位的确定，按照正常的逻辑，是当研究主题、研究对象确定之后而相应确定下来的，体现着研究设计正在逐步走向深化的过程，也是“问题导向”思维在研究设计过程中产生的一个自然程序和内容。但是，由于分析单位自身通常属于容易被研究者留意到的客观实体或外在事实，往往最先映入研究者的视野，因此，它们经常会成为研究者展开研究的启发性因素。从这个角度来考虑，也可以把分析单位的地位和功能再提升一个水平：它们也可以成为确定研究选题过程中仅次于“问题导向”“范畴导向”的“分析单位导向”。换言之，在借助于“问题导向”和“范畴导向”的选题路径寻找问题却依然没有结果的时候，也可以掉过头来，从分析单位出发。例如，如果你在旅游过程中观察到游客很喜欢在旅途上给家中的亲朋好友邮寄明信片，并十分好奇他们在明信片上都写了什么，还有别的什么“意义元素”附着于明信片，也想弄清楚他们喜欢什么样的明信片、通常在哪儿邮寄、具有不同身份特征的人在看待明信片时有什么态度上的不同，等等。这时，你虽然是一时起意而对明信片这种分析单位感兴趣，但却可能因此而捕捉到了一个很有分量的研究课题。所以，认真揣摩分析单位的功能，积累头脑资料库中分析单位的数量和类型，并善于从分析单位上观察其特征，是一个敏感的研究者应该具备的研究素养。这本身也是对研究者提出的不泥守定规的基本要求。

二、关注点

此处关于关注点的讨论，是与上文分析单位紧密一体的，因此本可以合并一处讨论。关注点是就分析单位的特征而言的。在选定了分析单位之后，分析单位立刻退居二线，其重要性转而体现在它本身所呈现的特征之上。对于这些特征的恰当罗列、提取和表述，是考验研究者对研究主题理解的深度和广度、对分析单位特征把握的丰富程度的重要环节。

选定的任何分析单位，都具有其独特的表征，个体、群体、组织、事实和聚落，莫非如此，差异仅在于，不同类型的分析单位，根据研究目的的不同而需要做出适当的选择、取舍。

比如，就社会个体作为分析单位而言，每个人的特征都可以从两大方面来加以考虑。一方面，将一般人口统计特征作为通用的、常规的特征纳入分析单位应予观察的特征，包括性别、年龄、身高、体重、婚姻状况、受教育程度、出生地、居住地、收入、家庭生命周期（人口）、职业、种族等。这些特征往往是任何以个人为分析单位的社会科学研究课题都需要列入的特征。另一方面，则需要考虑纳入那些属于研究主题范围内必须包含的专门化、专业性的特征。例如，在研究旅游者的旅游行为时，可以通过测量每个旅游者（分析单位）的个人偏好（包括态度、信仰、个性、偏见、倾向等），来了解他们对旅游的价值取向；通过观察旅游者在吃、住、行、游、娱、购诸方面的行为或行动（可以借助于5W模式来提取分析单位在此6个方面应该观察的特征），来研究旅游者的行为模式和规律。当然，如果研究目的变了，我们的关注点也会从偏好和行动转向其他方面。

以事实为分析单位时，关注点的差异悬殊，完全取决于各种事实的性质。如果以旅游摄影图片为分析单位，那么图片的规格、影调、色彩、图形、质感这些常规的图像特征，加上研究者可能特殊关注、具有某种旅游独特意涵的图形特征（如人物或景观在画面中的位置、向背、距离、疏密和关系等），就成为关注点。例如，Hunter曾对中国游客在一些红色旅游景区中瞻仰毛泽东雕像时的留影图片中人物的姿态来考察其中的意涵，就是一种典型的以摄影图片作为分析单位的例子①。倘若以游客旅游过程当中或归家之后所撰写的博客为分析单位，那么，博客文本的自然长度（字数、图片数）、经过编码之后的符码数、可确切识别的意义单位数等，都是博客的可观察的特征。即使采用定性

① Hunter W. C. China's Chairman Mao：A visual analysis of Hunan Province online destination image［J］.Tourism Management，2013（34）：101-111.

方法对这种文本进行分析，也需要将这些特征作为形成结论的依据的一部分。

有关群体、组织和聚落的特征，在前文中已有所提及，读者可以举一反三予以领会、深化，此处不再赘述。

三、区位谬误

在讨论了分析单位和关注点之后，值得再次提醒的是，我们在这里所讨论的关注点，是对分析单位可列数的无穷尽特征进行提取、选择后形成的关注点。因此，属于个体的特征，不能当作群体的特征；属于群体的特征，也不能移用为组织的特征或聚落的特征；属于具体事实的特征，更不能转嫁到个体、群体、组织或聚落之上。反之亦然。这一点必须明确并有所警觉。把这一点再向前推进一下，还需要注意的是，从以个体为分析单位所取得的研究结论，不能作为以群体或组织为分析单位所得到的研究结论。如果不注意这一点，很可能会出现艾尔·巴比所说的“区位谬误”（Ecological Fallacy）①。在科学研究过程中，类似此类在结论延伸、拓展、转移和抽象过程中出现的以偏概全、张冠李戴的情况并不乏见，值得引起注意。

第三节　概念化

在每一项研究课题中，研究者都面临着对相关概念的推敲、解释、界定和说明的任务。这些工作，即属于概念化范畴。

① 艾尔·巴比.社会研究方法（上册）[M].8版，邱泽奇，译.北京：华夏出版社，2000：127.

一、观念与概念

在巴比的《社会研究方法》一书中，明确区分了观念和概念两个术语[①]。

> 表达印象的术语和存在于头脑中的资料标签都是所谓的观念（Conception）。每份资料代表一个观念。如果没有这些观念，我们就不可能进行交流，因为头脑中的印象是不可以直接用来交流的，我也无法直接向你们展示我头脑中的印象。所以我们用每份资料的标签来交流彼此观察到的事物和代表事物的观念。和观念有关的标签使我们可以互相交流，而且使我们可以就标签的含义达成共识。达成共识的过程被称为概念化（Conceptualization），达成共识的结果就是概念（Concept）。

如果想要将现在讨论的“概念”一词与此前所涉及的相关、相近知识联系起来，会立刻回忆起在第一章中所讨论的“范畴”。是的，范畴与概念在含义上十分接近。每一个范畴都应该有一个清晰的、共识的含义，这样的范畴就是概念；如果在使用一个范畴的时候，是按照自己对该范畴的含义的理解，那么，只是使用一个术语而已，是自己头脑中某个印象的标签。所以，概念的含义中，强调了“共识”的成分。这也可以让我们进一步理解，为什么学术界对一个学科要大力开发概念。有了诸多成熟的概念，就意味着该学科的科学家共同体在很多方面已经达成了共识，形成了可以互相交流的认识基础。

---

① 艾尔·巴比.社会研究方法（上册）[M].8版，邱泽奇，译.北京：华夏出版社，2000：152.

二、概念化

不过，在日常交流的过程中，人们在使用术语的时候并不一定能够始终做到清晰而确切。事实上，由于人们交流的情境总在持续地变化，任何人如果试图用含义固定不变的术语应付所有场合的交流，都是不可能的。人们善于在情境中“心领神会”，对意义模糊的术语达成即时性的共识，并完成情境中的预期行为。然而，这种“心领神会”一定存在着某种共同的基础，否则交流根本不可能完成。科学的任务是把这种共同的基础清晰而准确地建立起来，并在一个相对较长的时间框架内将这个共同的基础稳定地运用于类似的情境中，使处于某个共同目标下的人们可以有效交流、达成科学活动的目标。这个探寻共同基础进而达成共识的过程，就是概念化的过程。

概念化可以从两个方向理解：给予概念和解释概念。在给予概念的时候，指的是在认知层面赋予一事物一个名称、术语或意义符号，在这种给定的过程中，同时也确定了这个名称、术语或符号所包含的意义（在符号学中，这被称为确定“能指”和“所指”的关系）。“遥远的东方有一条河，它的名字就叫黄河”，这“黄河”二字，就是给这条河所起的名字，也是一个术语，其含义是“中国的黄色之河”的意思，是一个专有名词，因此翻译成英文，要用含有大写字母的 Yellow River 来指代。但这样开始讨论概念化显然很肤浅，因为黄河作为一个日常用语，缺乏通常我们感觉到的所谓“概念”的那种深奥性，似乎“黄河”并不难理解，它就是一个专有名词而已。这样想来，可以试着把“黄河”二字中的“黄”字去掉，留下一个“河”字供我们考察。这时，你头脑中也许会增加几分对第一位给他所见的“一条条流水”起名为“河”的人的敬意。因为你会发现，你开始有一种既兴奋又惭愧的交织心态。兴奋的是，你好像知道了所有的“河”一类的事物，因为“河”现在已经是一个“类概念”，而不再是一个专有概念；而惭愧的是，你发现你可能被某些具体的“一条条水流”到底算不算是“河”而困扰，因为日常用语中还有沟、渠、溪、涧、江甚至海叉子之类的词汇在扰乱你的思绪。如果这个“河”字进而被用作抽象概念而不是用来具体指代实在的“一条条水流”，比如，你或许听到过阴河、先河、母亲河、信口开河，那么，这些概念到底代表什么含义，就需要一个解释性的工程了。从常识的角度对这些概念进行解释的结果，便是字典、辞典中的规范文字。于是，按照适当的规则，对给定的或将要使用的某个术语进行解释与再解释，即指出术语具体含义的过程，就是概念化另一个方向上的含义，也是本书所说的概念化的基本含义，它暗示了概念化实际上是在交流各方之间达成共识的过程。从这个角度说，达成共识的过程就是概念化，达成共识的结果就是概念（Concept）。你如果注意到英文“concept”一词的词根“-cept-”和前缀“con-”，也可体会出概念的这一层含义。中文中，概念一词也并非随意安排，因为“概”可解释为“一般化”“概括”“通常”，因此，概念就是“一般化的观念”，也即共识。

但是，对于生活中所使用的概念，似乎总有无穷尽的解释余地。在后现代主义思想中，有关这种试图在概念上达成共识的观点就受到了深刻的质疑。例如，路德维希·维特根斯坦在其《哲学研究》中有一个讨论“游戏”概念的著名段落，可以说明这个问题[①]。

> 比如，考察一下我们称之为“游戏”的那些行为。我指的是棋类游戏、纸牌游戏、球类游戏、奥林匹克游戏，等等。对于所有这一

① 弗兰西斯·弗·西博格.后现代主义哲学通论［M］//冯俊，等.后现代主义哲学讲演录，北京：商务印书馆，2003：55–56.

切，什么是共同的？——请不要说："一定存在某种共同的东西，不然它们就不叫'游戏'了。"——请你仔细看看是否存在所有游戏都共有的什么东西。因为，如果你观察它们，在那里，你将看不到所有游戏都共有的东西，而是只看到一些相似、一些关系及一整套相似和关系。再说一遍：不要去想，而是去看！比如，看一看棋类游戏，它们有着错综复杂的关系。再看一看纸牌游戏，在此，你发现许多与第一组相似之处，但又有许多共同的特征丢失了，又有别的特征出现了。当我们接下来看球类游戏时，有许多共同点保留下来，但也有许多丢失了。它们都是"娱乐性的"？比较一下象棋和井字棋。不然它们就是总有输赢，或者在游戏者之间总是存在竞争？想一想单人纸牌游戏吧。在球类游戏中是有输赢的，但是当一个孩子把自己的球抛到墙上再接住，那么这个特征就消失了。看一看技巧和运气的作用，再看一看象棋当中的技巧和网球当中的技巧之间的区别吧。现在想一想转圈圈之类的游戏，在此有着娱乐性的因素，但是又有多少别的特征已经消失了。我们还可以用同样的方式考察一番许许多多别的类别的游戏，我们会看到相似之处是怎样冒出来的，又是怎样消失的。

这种考察的结果就是我们看到的是一个由许多相似之处重叠和交错而成的复杂网络：有时是总体上的相似，有时是细节上的相似。我想不出比"家族相似"更好的表达方式来描述这些相似之处；因为一个家族的各成员之间的相似之处：体型、相貌、眼睛的颜色、步姿、性情，等等，以同样的方式重叠和交错在一起——所以我要说："游戏"形成一个家族。

维特根斯坦所面临的困难，是当我们讨论抽象的"类概念"时不可避免地要发生的情况。后现代主义者借此拒绝存在"共识"的可能性，只相信“相似性”，其实，这只是一个程度上的问题。因为，相信有共识存在的实证主义科学家，也不会僵化地认为那个“共识”是绝对的和恒久的。维特根斯坦的层层剥皮式的概念推演，实际上也就是一个概念化过程，和主张存在共识的科学家的观点在方法论上只是异曲同工而已。在日常生活实践过程中，这种概念化过程是在情境中自动完成的，通常不会存在什么问题。无法想象人类在情境交流中靠的是“相似性”而不是“共识”，果真那样的话，当小伙伴喊你“我们去打球吧”的时候，可能有人捧着象棋过来了，这是不可思议的。

回到科学研究的方案设计环节，在进行这种概念化的过程中，涉及两个相互连带的部分，因此，可以给概念化所包含的内容和关系这样一个数学表达式：术语 + 定义 = 概念。术语是存在于我们头脑中或交流于人们的口头的那个标签，黄河、河、母亲河等都是；还有一些更复杂的标签，如精神、物质、同情心、体验、偏见、畅爽，等等。它们都是人类发明的语言符号，用来代表一些具体的事物，是便于人际交流的术语。定义是针对术语所做出的解释，常常涉及内涵和外延两个规定性。二者的结合构成了概念，概念化就是将概念的这两个部分适当地衔接起来。

具有反讽意味的是，人类是为了方便交流才发明各种语言符号的，但最终这些符号却可能成了障碍交流的东西：如果不进行专门化、专业化的培训和解释，你和某些人（如专业人士）之间的交流将是不可能的。“在非专业交流中，人们也会谈到概念，然而在那里，人们没有对概念的内涵（特征的总和）进行精确的规定，不同的人对概念的理解也会有所不同。当然，同一个人在确定的时间内，对概念的理解应该是一样的。非专业的概念，它们与各自的语境相适应。与此相反，专业概念却‘捆绑’到了一个概念系统上，只要相应的对象客体——概念之间的关系没有变化，在每一种专业交流中，这种关系就会保留着，而不会改变。这种对应关系的变化可能是一种新认识的结果，由于这种认识而造成了概念的变化。如果与这个概念对应的概念符号不同时发生变化的话，就会产生多义性[①]。”当概念的交流面临多义性时，遂生歧义，沟通也就可能失去效率和效果。从这个角度上说，概念化的过程，也就是为推进科学研究而对所涉及的概念进行深度解析的过程。

对专门术语提供定义性的解释这种概念化过程，在研究设计环节通常并非以一般的“下定义”的形式体现出来——“下定义”往往是科学研究过程中当把“给术语下定义”作为研究的直接目标和任务时才着重解决的问题，这时，研究的任务就是回答“是什么”的问题。相反，在科学研究流程中作为研究设计的概念化过程，其特征体现在：它的最终产品不是一个严谨的定义（但某个严谨的定义始终在研究者的脑海中徘徊，并指导整个概念化过程），而是一组不同层级的具体指标（Indicators），这些指标可以说明概念的属性，表征概念的内涵；当指标能够周延地反映概念的类属结构或概念所涉及的不同方面时，它们则表征着维度（Dimension）的性质。在这个意义上说，概念化又可以说成是具体区分概念的不同维度和确定概念的每一个指标的过程。这些维度和指标的确定，提供了未来进行操作化测量的路径和框架。

下面，借用艾尔·巴比对“同情心”所做的相关讨论，来详细说明概念化的上述含义、所涉及的若干术语（术语、定义、概念、指标和维度）及各术语间的相互关系。为了保持叙述上的连贯，对原文中的个别文字做了些许调整[②]。为了便于理解，笔者将原文列于左侧，在右侧补充了一些评论。

---

① 赫尔穆特·费尔伯.术语学、知识论和知识技术［M］.北京：商务印书馆，2011：60.

② 艾尔·巴比.社会研究方法（上册）［M］.8版，邱泽奇，译.北京：华夏出版社，2000：152–156.

假设我要见一个人，名字叫帕特（Pat），这个人你们很熟悉。我问你们对帕特的印象。假设你们看见过帕特帮助迷路的小孩寻找父母，也看见过帕特把失落的小鸟放回巢穴。帕特曾请你们帮忙把感恩节的火鸡分送给穷困的家庭，在圣诞节时去儿童医院探望病人。你们还看见过帕特因为电影中的母亲在困境中保护和拯救自己的孩子而落泪。当你们在头脑中搜索有关帕特的资料时，发现所有的资料上都有一个标签：同情心。当你们仔细浏览资料的其他记载时，你们发现那些记载提供了对帕特最恰当的描绘。所以，你们告诉我，帕特是一个具有同情心的人。

印象就是头脑中所具有的观念。

标签（即“同情心”）就是“术语”。是学来的或听来的（即教育或社会化的结果）。

在你们的头脑中获得“同情心”这个标签的过程，其实也是一个归纳的过程。

当我查看自己头脑中的印象时，我也找到一份标签为同情心的资料。在阅读完资料之后，我说：“噢，太好了！”于是，我觉得自己知道了帕特是怎么样的一个人，并根据我自己（而不是你们）头脑中的同情心资料产生了对帕特的期望。当我见到帕特的时候，如果我的观察与我的头脑中有关同情心的资料相符，我就会说，你们说得对。如果我的观察与自己头脑中有关同情心的资料相悖，我就会告诉你们

核对资料是要用事实说话，目的是从事实中归纳出关于“同情心”的定义即达成共识。

帕特并没有同情心。于是，我们开始核对资料。

你们说：“我们曾见过帕特因为电影中的一位母亲在困境中保护和拯救自己的孩子而落泪。”而我的头脑中有关同情心的资料里，没有类似的东西。再翻看其他资料，我发现类似的现象被标签为多愁善感。此时，我说：“那不是同情心，而是多愁善感！”

为了证明我的说法，我告诉你们，在某个组织举办的旨在拯救濒临灭绝物种鲸鱼的捐款会上，我曾经看见帕特拒绝捐钱。“这就是缺乏同情心的表现”，我争辩道。你们搜寻自己头脑中的资料，找到了两份拯救鲸鱼的资料——环保行动和物种保护，并有同样的发现。于是，我们开始核对有关同情心的资料。最终我们发现，我们各自对“同情心”的印象有很大不同……

……如果我们不能就同情心这个特定的术语形成共识，我们就不能有意义地研究这个问题，更谈不上对结果形成共识……

由于社会化过程的不同，你我之间关于“同情心”这个标签的资料可能不同。交流的麻烦来了。这是主体间性的问题。

这个过程是一个逐渐厘清概念、从而达到为术语下定义的目的。

……无论怎样谨慎地讨论概念或明确地定义概念，我们都会碰到例外和不协调的情形。不只是你我之间的想法不能一致，自己的想法在前后之间也可能不一致。如果再看看自己对同情心的定义，你们就会发现几种不同的同情心印象。你们头脑中有关同情心的资料甚至可以被分为不同的类和亚类，而且有不同的组合方式。譬如，你们可以根据感觉或行动来分类。

前文引述的维特根斯坦的例子，可以作为巴比这句话的最好注解。

分类的技术术语就是维度（Dimension）：概念的具体方面（Aspects）或层面（Facet）。因此，我们可以说“感情层面”的同情心，或“行动层面”的同情心。如果采用另一类方式，我们就可以区分“对人类的同情心”和“对动物的同情心”。或者，我们可以把同情心看作帮助他人获得我们给他们的期望和满足他们自己的期望两类。此外，我们也可以区分“宽恕他人的同情心”和“怜悯他人的同情心”。

锻炼和培养你的“维度思维”是一种至关重要的能力。不管未来从事什么工作，是当总理还是总经理，是做研究还是干业务，只要想让人觉得“有能力”，就应该学会这种“维度思维”，也就是善于给事物分类。

概括起来说，概念化的过程，就是利用某些指标对一个使用中的术语所涉及的方面进行维度细分以达成共识的过程。它的作用不仅在于澄清概念的含混之处，还在于为科学研究的操作化进程奠定基础。

概念化过程中确定概念维度的方法，除了像巴比那样“在头脑中查阅资料”之外，还有具体的方法。本书后续章节中将要讨论的定量方法中的因子分析、定性方法中的类属分析，都属于借助于较成熟的技术方法来确定概念维度的手段，相关内容可以在这些章节中看到。

三、概念化举例

在旅游研究领域，尽管不像其他学科那样已积累起大量的专业术语，但并不意味着在使用一些术语的时候不存在概念化的必要。为了帮助读者把握概念化的实际工作步骤、方法和内容，笔者用一个具体的研究课题来加以说明。依然以“城市居民社会地位与旅游消费行为关系研究”这一课题为例，用概念化的思维来考虑这个课题的研究设计问题。这个题目本身并不生疏，也好像没有什么过于深奥的专业性问题。但即便如此，也会在研究过程刚一展开的时候，便遭遇一系列概念化的问题。

比如，就连“城市”“城市居民”这两个术语，一旦较起真来，似乎都会出问题。我们不免会产生一系列的疑问：什么是城市居民？这个在日常生活中经常使用的术语，在概念上会不会有歧义？至少，在我们这个研究团队当中，作为真正的学术研究人员，对此应该没有什么歧义吧？同样，社会地位、旅游消费行为这两个术语似乎很明确，大家对它们的概念应该不会有什么异议。

你可以认真地在你的团队中尝试性地讨论一下，看看会发生什么样的情况。很快，你就会听到有人问：“你所说的城市是什么意思啊？是大城市还是小城镇？”有人马上说：“多大的城市算大？你用什么标准区别大城市和小城镇？你的这种区别是依据法律、行政条令、学术规范、社会习惯，还是凭着自己拍脑壳？”有人会从另外的角度发出疑问：“你的城市居民是按照户口所在地还是按照现居住地来确定？户口上标明的常住地，可不一定是其真正的常住地。”“对啊，城市农民工算不算城市居民？”有人给出了具体的例子。“不算，你没注意到那‘农民’二字吗？”很快有人反对。“但你注意到了那个‘工’字吗？城市农民工不等于城市农民！”被质问的那个人显然是以子之矛、陷子之盾。他们彼此互望一眼，感觉越来越困惑了……

这样的疑问，还可以有很多，甚至无法穷尽。同样，对“社会地位”“旅游消费行为”这两个关键术语，也会产生类似的困惑。在这种情况下，要知道怎样能够快速回到起点，知道怎样用研究目的、研究对象和分析单位来驾驭对相关术语的概念化过程。在本课题的整个概念化过程中，以下一些内容应作为要点来理解。

（一）“城市居民”的概念化

本研究的目的是用经验事实来说明（描述、解释和诠释）城市居民的旅游消费行为，因此，研究对象应为所有具有潜在旅游消费能力的城市居民个人。这里，关于城市的界定，按照国家公布的行政级别，将所有地级市及以上的城市，作为研究对象所在的范围。在把目标群体中的“个人”限定为城市居民时，有一个隐含的假设是不特别关注法律或规范意义上的市民身份，而更多地关注可能影响这些人旅游消费行为的各种经济、文化和社会因素。从这个角度上来说，在城市中居住的时间长短，可能比户籍制度中的“城镇户口”和“农村户口”对研究目的更为重要。因此，关于城市居民的概念化解释，可以更清晰地表述为“居住并工作于地级市及以上城市、居住时间不少于 12 个月的中国公民”。

上述概念性界定基于一个不断确定维度、选择指标的过程。因为在厘清城市的概念时，面临着给城市下定义的不同学科维度（如地理学、经济学、社会学和人口学等，对城市这一术语，它们都有角度不同的定义）、由法律和行政级别所形成的维度（直辖市、省会城市和计划单列市、地级市、县级市）、按人口规模考虑所形成的维度（特大城市、大城市、中等城市和小城市），甚至像一线城市、二线城市和三线城市，都需要在头脑中过滤一下。经过这样过滤之后，最终确定“地级市及以上城市”作为城市的指标，它更便于操作，同时也能够充分涵盖其他维度。

对于城市居民的概念化过程也一样隐含着这种确定维度和选择指标的过程。首先，会面临一些二元对立的选择，比如，研究是仅就中国公民进行考察，还是包含外国公民？旅游研究不同于人口普查，在北京故宫和颐和园、云南大理和丽江游览的游客当中，不排除有长期居住在北京的外国人口；再比如，应如何对待户籍制度中的中国公民：在北京已经居住了十几年，子女也进了北京市的中小学读书，甚至还在北京买了房子，但户口依然在农村，这样的人群本次研究应否计入？刚刚到“北、上、广”务工不到半年、户口仍在农村的人，应否计入？那些持城镇户口但长期在农村从事农作物生产或畜牧业养殖的人，应否计入？考虑到这些问题之后，选择才明确为“工作在城市”“居住时间不少于 12 个月”“中国公民”。

其实，到这里，问题并没有结束。我们并没有就中国公民的更多维度进行考虑，比如，年龄（这其实是必须明确的，当然也不难明确，只是会存在一些尴尬的情况，尤其在排除和纳入的临界点上，更是如此）和身心健康状况（精神病患者、长期卧病在床而精神健康的人）等，这些维度对其旅游消费需求和能力都有重要影响，本来应予考虑，但我们不可能沿着这个无穷的链条再继续延伸下去。

（二）“社会地位”的概念化

社会地位这一术语的概念更为抽象。它不仅自身是个抽象名词，而且就像前文讨论过的“同情心”一样，在不同的人看来，由于自己头脑中储备的资料不一样，所以关于“社会地位”这个标签所代表的内容也就不一样。说“有钱能使鬼推磨”、羡慕于“富爸爸”而苦恼于“穷爸爸”的人，会觉得有钱人社会地位高；高喊“我爸是李刚”和童言无忌冒出“长大想当贪官”的六岁儿童，自然以为官衔是社会地位的标志；流浪街头的拉兹（印度电影《流浪者》的男主角）抱怨说“贵族的儿子生来就是贵族”，反映了种姓制度在印度根深蒂固的影响；如果在20世纪80年代的中国，又会到处听到“学好数理化，走遍天下都不怕”，因为那时人们以为，科学家的社会地位很高，学好数理化，就可以当科学家。对社会地位的这种差异化认识，折射了一个民族、一种文化、一个国家在某一历史时期的价值取向。

社会地位的含义既然如此复杂并富于变化，那么，为了对“社会地位”进行概念化，就需要一边基于社会地位的习惯定义，一边瞄准本课题要讨论旅游消费行为的目标，对社会地位进行维度上有针对性的分解，以便逐渐逼近所要研究的问题，确定可以用来操作的指标。

在对“社会地位”进行概念化的过程中，我们会产生这样的疑问：社会地位是指什么？哪些方面可以体现社会地位？前边的问题会驱使我们试图给社会地位下一个定义，比如，我们可以说“社会地位通常是指社会成员基于社会属性的差别而在社会关系中的相对位置及其围绕这一位置所形成的权利和义务关系”。这样的定义虽然看似清晰，但对我们研究“城市居民社会地位与旅游消费行为的关系”似乎并没有明确的价值——它不能够有效地推进我们的研究进程。后一个问题启发我们去思考，哪些因素能够支撑、体现一个人的社会地位。按照我们逐渐培养起来的思维逻辑，也依据此前我们学会的在头脑中翻阅储备的资料的方法，于是可以得出这样的结论：一个人的社会地位，大致会体现在他是否有财富、是否有权力、是否能够影响人等几个方面。所以，我们用财产、权力、威望来表征一个人的社会地位，它们分别属于经济、政治和社会范畴（见图3–1）。

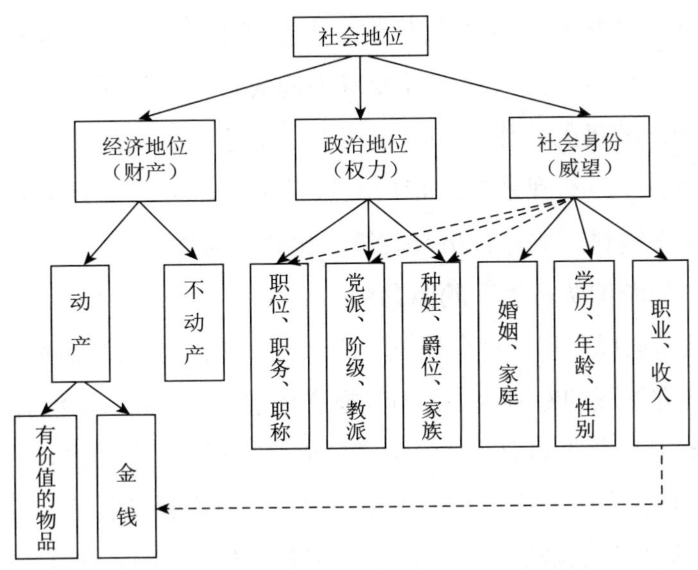

图 3–1　社会地位概念化的结果：指标和维度

然而，这三个范畴还依然不够清晰——仍未达到可测量的水平。比如，从财产的多少就可以判断其旅游消费行为的倾向？假设一个人拥有超过百万的财产，是否能够推断其旅游消费能力（购买力）的高低？恐怕不能。因为，如果他拥有的全部是不动产，那么，可以肯定，他在近期的旅游消费能力不可能高；如果他的财产完全来自遗产继承，那么，他的旅游消费行为就可能会与完全靠薪资收入或者灰色收入形成财产的人不一样。显然，财产这个术语在我们这项研究中，依然还是一个过于粗糙、抽象的概念，需要进一步概念化。在图 3–1 中，我们已经向前迈了一步，将财产的维度再一分为二：动产和不动产。当然，这依然还是不彻底的，还有进一步分析的空间。

同样，在图 3–1 中所列举的权力和威望项下的各个指标，也都分别属于对其上一层级的术语的概念性解释，代表着支撑该术语内在含义的多重维度。从图中可以看出，维度的层层细分，迫使各种相关变量逐渐从最初含混的“根术语”（社会地位）中浮现出来，变成潜在地可以与旅游消费行为、城市居民人口统计变量等构成解释性关系的确切指标。这也正是概念化的目的、作用和力量所在。上述概念化的结果（形成了若干维度和指标），不管是对定量研究还是定性研究，都具有规范和引领意义，会使得资料获取过程更具有结构化和方向性。

（三）“旅游消费行为”的概念化

与“城市居民”和“社会地位”两个术语相比，“旅游消费行为”属于旅游专业研究领域的专门术语，但其概念化过程的思路，却没有什么区别，只是更依赖于对专业知识和传统的了解而已。同样，我们也从回答“旅游消费行为指的是什么”和“哪些方面可以体现旅游消费行为”这两个问题开始，最终概念化的结果是建立起有关旅游消费行为的系统维度和指标。

首先，先讨论“旅游消费行为指的是什么”这个问题。假设你是这个问题的思考者、回答者。当你在头脑中搜寻有关“旅游消费行为”这一标签的资料时，你会想到什么？第一个标签很可能是关于“行为”的。比如，由于耳边响起了“我要去西藏”的优美曲调，于是你产生了去西藏旅游、把钱花在西藏的欲望，你会问自己，这算不算旅游消费行为？按照心理学的界定，欲望这种心理现象，是可以被界定为一种“内行为”的。如果你排斥这种定义，认为“想要去西藏”由于缺乏行为的外显性而无法观测，那么，你便是在用“外显”作为衡量是否属于“行为”范畴的尺度。如果你真的这样做了，有可能在接下来的资料收集和分析阶段，我们将不再有机会接触到有关“旅游期望”的资料，而这是否符合我们的研究目的？相反，如果你把这种欲望也当作行为加以考察，那么，除了欲望之外，还是否需要包括诸如理解、联想这些范畴？你发现，这好像是一个术语串，而且还可能扯不断。由于有这样的术语串，使得我们在这个问题的决策过程中到底该止于何处，变成了一个大问题。为了让有关“行为”的定义对这项研究具有可行性、可操作性，必须在某处下定决心。所以，经过彼此沟通，我们可以最终达成这样一种共识：将本项研究的“行为”限定为专指旅游者的外在的、可观测的活动。

其次，当试图理解“消费”这个术语时，即使在经济学中我们已经熟悉了消费是与积累相对的一个概念，但依然还是会有问题，因为一般对消费的解释，仅仅说“它是指利用社会产品来满足人们各种需要的过程”，而这“利用”二字对消费方式几乎没有任何限制，且对于要满足的需要，也是包含了“各种”。那么，为了研究能够顺利进行，我们该怎样界定“消费”的含义？在西藏旅游期间，热情好客的藏族同胞邀请你到家中做客，喝青稞酒，吃牦牛肉，甚至邀请你留宿家中，在夜深之际，陪你一同欣赏高原的星空，这些算不算消费？当你看到某个藏族小姑娘在游览拉萨布达拉宫时正为丢了钱包无法回家而哭泣的时候，你慷慨解囊，给了她 50 元钱，这算不算消费？毕竟这也满足了你乐善好施的心理需要，但有人却可能会给这一行为贴上“施舍”或“救助”的标签。

再次，我们发现，与“消费”这个标签连带的资料及相关、相近的标签，彼此间也是连绵不断的，是需要我们取舍之后加以限定的。根据我们的研究目的——这永远是牵着我们的研究流程和步调的牛鼻子，我们可以将“消费”界定为“为旅游目的而支付金钱、购买产品和服务的行为”。在这种界定之下，上述两种消耗物质和金钱的情况，将都不属于本课题所要讨论的“消费”范畴。

最后，关于“旅游”就没有问题了？当然有！中国旅游学术界 40 年来，以及世界旅游学术界近百年来，都在探讨这个问题，而结论却并不一致，其中最大的混淆是“旅游”与“旅行”两个术语在概念上的重叠及在应用上的混乱。对此，笔者在此不拟做进一步的讨论，读者可参阅相关的著作。在笔者所著的《基础旅游学》一书中，曾基于对旅游概念的定义而将与消费有关的术语设定为两个：旅游消费与旅游者消费[①]。在我们的这个研究课题当中，关于旅游的概念化结论，可以利用这个区分（当然，也可以利用别人的观点。不同的观点会有不同的结果，但概念化的一般意义在于，必须在一项研究中就相关概念选择观点）。于是，考虑到研究目的，我们对本课题的旅游消费行为的界定，实际上是“旅游者消费行为”，而其中的“旅游者”，将不包含“纯粹的”会议旅行者、商务旅行者、探亲访友旅行者等[②]。

这样，关于“旅游消费者指的是什么”这个问题的初步概念化过程，在增加了种种限制、做了种种取舍之后，终于走到一个比最初拟定研究课题阶段更为（但绝非完全）清晰的地步：本课题所考察的旅游消费行为，是指“旅游者为购买产品和服务而发生的可观测的交易活动”。

那么，如何回答“哪些方面可以体现旅游消费行为”这一问题？虽然上面已经尝试对“旅游消费行为”做了概念性的解释和界定，其中也隐约地呈现了旅游消费活动所涉及的方面或层面，这也是概念化过程，但我们还没有为“旅游消费行为”建立起系统的维度和指标。这对研究不利，尤其是不便于我们进而走向对旅游消费行为的测量，更无法将旅游消费行为的具体变量与城市居民人口统计变量及社会地位变量相关联，以便突破单纯就三类变量体系做独立“描述”的局限，实现因果“解释”的目标，从而为理论模型的构建奠定完整的相关及回归或因果分析基础。

为了达到这一目的，需要为“旅游消费行为”找维度、定指标，也就是逐渐甄别出一些可观测的变量。这个过程是一个复杂的整体思维过程，运用的是综合的分类模式，其背后隐藏的对研究者的能力和技巧的

---

① 谢彦君 . 基础旅游学［M］. 4 版，北京：商务印书馆，2015.

② 这一选择的依据是谢彦君《基础旅游学》中的相关观点。

要求，需要经过长期的训练和体悟才能建立起来，这里无法详述，仅提供一个有关“旅游消费行为”概念化的框架性结果，供大家参考。

总体上，可按照旅游者在整个旅游过程中发生于“吃、住、行、游、娱、购”六大方面的交易活动来确定维度，并对每一维度进一步运用“5W”思维，结合问题性质和专业知识，再确定相应的测量指标。六个维度在进一步细分时可有程度上的差别，比如在“住”和“行”上，可以仅从类型和额度两个方面加以考察，直接到达指标层面；而对于其他四个维度，尤其是“游”一项，可以做多重细分，在找出适当的亚维度、次亚维度之后，再确定具体的测量指标。经过这样的过程，我们对问题的理解便深化了，其结果如图 3–2 所示。

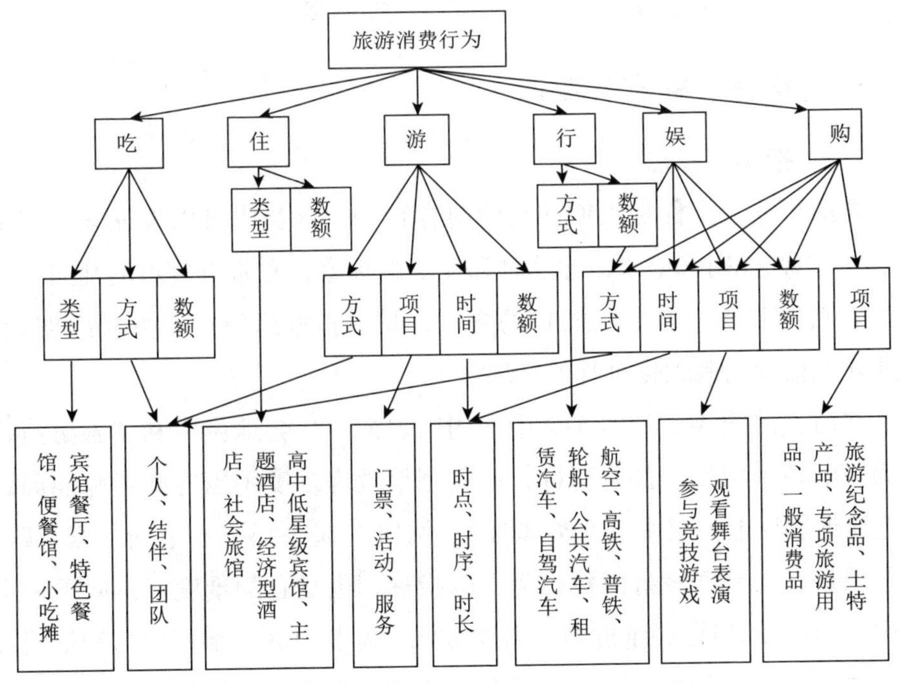

图 3–2　旅游消费行为概念化的结果：维度和指标

第四节　操作化

概念化过程的结果，形成了一些表征概念的维度和指标。经过操作化的过程，可以将这些维度和指标进一步转化为可以测量的变量。因此，操作化过程将是用经验性的观察结果来解释现实中的概念。

从内容上看，操作化包括做出测量决策、选用或开发量表、编制调查问卷或访谈提纲、收集相关资料。为了使读者充分理解相关内容，需要先简单回顾一下指标、标志和变量这几个概念。

一、指标、标志与变量

（一）指标与标志

如前所述，指标是人们在交流时存在于大脑当中可以表征某种印象（在交流中，要用术语来传递这种印象）的标签，它带有资料的性质，或者是资料的载体。概念化的目的之一，是对指标进行搜寻并予以明确，因此才说指标是概念化过程的结果。

在前文的图 3–1 和图 3–2 中，用以表征“社会地位”和“旅游消费行为”的各个项目，都是指标，有的还呈现为维度（当这些指标能周延而互斥地表征上一层术语的类属时）。例如，“吃、住、行、游、娱、购”六个项目，既是“旅游消费行为”的指标，也是它的维度；再向下一个层次，“游”的指标和维度是“游览方式、游览时间、游览项目和消费额度”；其中“游览项目”还需要用“门票、活动和服务”这些指标来体现。若更换一个角度或标准，会发现有完全不同的指标和维度。例如，如果想从行为的心理侧面来观察旅游者的消费行为，也许可以考虑“知、情、意”三个方面，看看旅游者为了达到充分的心理体验，他们在此三方面都借助于哪些消费而实现其心理体验的目的。当然，还有其他很多的角度或标准，其间的取舍标准在于最终的效率和效果。

指标的上述含义（概念的标签和维度），同时也展现为一种“标志”的功能。如果把指标与分析单位联系起来，这一点就更加明确。任一种分析单位，包括个体、群体、组织、事实或聚落，它们都是借助于指标来显示其特征的，这些特征就是我们的关注点。在以人这种个体为分析单位的时候，如果讨论的概念是“同情心”，那么，也许我们认为在圣诞节和光明节期间访问医院就是同情心的指标；将落巢的小鸟放回鸟巢则是同情心的另一个指标；如果讨论的概念是“旅游消费行为”，那么，也许我们认为到泰国芭堤雅观看人妖表演是旅游娱乐行为的一个指标，而到印度尼西亚巴厘岛参与斗鸡比赛则是旅游娱乐行为的另一个指标。

在统计学中，指标和标志是被区别地加以使用的，这与上述的用法不完全一致。不妨了解一下统计学的用法，因为它有助于逐步将以标签或资料形式存在的指标推进到变量的形式，而变量与这些资料标签的差别，仅在于形式上的凝练程度——变量标签可以是冗长的陈述语句，而变量则是相当有限的字符。

统计上对指标和标志的区别包括：第一，指标用以说明总体的特征，而标志则用以说明总体单位（即分析单位）的特征。第二，指标只反映总体的数量特征，所有指标都要用数字来回答问题，没有用文字回答问题的指标；而标志则既有反映总体单位数量特征的，也有反映总体单位的品质特征的，只有数量标志才用数值回答问题，品质标志则用文字回答问题。第三，指标数值是经过一定的汇总取得的，而标志中的数量标志不一定经过汇总，也可直接取得。第四，标志一般不具备时间、地点等条件，但作为一个完整的统计指标，一定要讲时间、地点、范围。按照这种解释，在研究“城市居民社会地位与旅游消费行为关系”这一问题时，统计意义上的指标将仅限于表现总体特征的“城市总人口数”“性比例”“平均工资”“平均停留时间”“平均住宿消费额”等，而统计意义上的标志则包括城市居民的人口统计变量（如性别、年龄、职业、受教育程度等）、每个人在吃、住、行、游、娱、购各项目上的消费额、每个人在芭堤雅看人妖表演的次数等。如果分析单位不是个体的人而是群体的人或事实或聚落，这项研究所要观察的标志还会不同。另外，在统计上，随着研究目的、研究对象的变化，分析单位会随着变化，有时，还会出现分析单位与总体之间关系相互转化的情况。例如，如果以企业这种“组织”作为分析单位，那么，“平均工资”“员工性比例”等原来作为指标来使用的标签，现在就转化为企业的标志了。这也是指标与标志之间的可互换性。

不过，在本节前文中一直以来所说的指标，接近于统计上的标志。换言之，我们不需要像统计学那样对二者做严格的区分，后文仍将沿用这个用法。

（二）变量与变量值

前文在讨论指标或标志的时候，往往是将它们密切地与研究目的、研究对象尤其是分析单位联系在一起的。指标是依附于分析单位、用以解释与分析单位相关联的概念的标签，它不是一个完全独立的、通用的概念。变量则不然。如果说指标是为他人（概念）服务的话，变量这个词作为数学语言，由于脱离了情境的限制而变得更为抽象，因此给人的突出感觉是它需要别人来为它服务：变量要靠变量值来予以体现。当然，归根结底，变量也是为研究目的服务的，也是依附于分析单位的。

在科学研究过程中，经过概念化之后所取得的各种指标，既可以也必须用变量来加以测量，这是概念操作化阶段的开始。为此，下面简单讨论一下在概念的操作化过程中如何处理有关变量的一些问题。

1. 变量值的取值范围

变量的取值既可以是数值，也可以是表达属性的字符。成年人年龄这个变量，既可以用“老、中、青”来作为变量值，也可以用具体的年龄来取值。性别则只能取男或女，既没有第三个选择，也不能用数值来取代，除非事先约定用“0”表示男，以“1”表示女。在利用一些统计软件（如 SPSS）对变量进行编码时，这也是一种常见的策略。

顾名思义，变量的含义即在于其取值的不确定性，也即变量值一般是处在某个范围之间的，这个范围在统计上称为全距（Range）。在一项具体的研究实践中，必须弄清楚变量取值的变异范围，并采取适当的策略来加以处理。

在社会科学研究中，很多变量值自身所具有的敏感性、隐秘性、含混性和抽象性特点，使得研究者难以了解变量的全貌，即变量的变异范围。例如，在关于“城市居民社会地位与旅游消费行为的关系”研究课题中，必然会涉及“居民收入”这个变量。然而，这是一个很敏感、隐秘的变量，几乎不可能确切知道城市居民的实际收入的上下限到底是多少。高收入家庭可能日入斗金、年收入数以亿计，低收入者也可能入不敷出。好在我们的研究更关注“大众旅游”的情况，因此，对于极端的收入水平可以不予考虑。在这种情况下，家庭月收入在 1000~50000 元范围内的城市居民，应该占据我们研究课题分析单位的绝大部分。

当要测量的变量是接近于同情心、偏见、愉悦、态度之类的抽象概念时，变量的取值问题更需要加以注意，以免出现偏于一端、失之武断的缺欠。比如，你如果是在 2001 年前后调查安徽世界文化遗产地宏村村民对旅游开发的态度，可以让村民就你所列举的关于这个“态度”变量表达“非常赞同”或“不感兴趣”两个选项中的一个，以此作为判断民意的依据。那么，你很可能由于这种“变量值”范围限定的不合理性，使得你并没有取得全部的态度类型。因为，在那一段时期，宏村村民不仅不是不感兴趣的问题，而且还可能强烈反对①。合适的取值范围应该从非常赞同到没有意见，直至非常反对。

有些变量的取值范围是固定的（如性别），也有一些变量的取值范围虽然不能准确限定，但却可以预估其范围（如身高、年龄、收入、职业、受教育程度、家庭人口数等），还有一些变量的取值范围根本无法事先预计（如游览时间、休闲偏好、购物支出和阅读兴趣等），甚至有一些变量的取值具有无限的可能性（如某一平方千米范围每一点的地下水位，由于“点”的无限可能性，因此相应的地下水位也会有无限个数值）。在旅游研究的操作化设计阶段，这些都是需要统筹予以考虑的。

2. 变量值的分组

很多情况下，需要对取值范围差异很大的变量进行分组。如果所划分的组别由单一数值或字符来表示，此种分组为单项式分组。将性别分为男性和女性两个组，将某旅游地的家庭旅馆按照拥有客房间数分成 5、10、12、15、27 四个组，都属于单项式分组。这种分组方式适合于变量为离散变量且变量值变异范围很小的情况。否则，就需要采用组距式分组。

组距式分组的组数多少与全距（R= 最大变量值 - 最小变量值）的大小和设定组距的宽窄有关。在变量值的全距一定的前提下，组数越多，组距自然越窄。而这种分组策略的结果是保留了较多的资料细节，却以损失变量数列的概括性为代价。相反，组数越少，组距就会越宽，变量

① 翟明磊 . 宏村之痛［N］. 南方周末，2002-05-14.

数列越概要，损失的原始信息也越多。在确定组数与组距时，就需要在这两种情况中进行权衡。

一般地，组数的多少会与原始数据的多少有些关系。原始数据很多时，可以多分几组，相反，就可以少分几组。需要提醒的是，过少的分组决策有可能使原始资料的分布模式彻底被抽象掉，从而使分组失去意义。

通常，当组数确定时，可以根据组距 = 全距 / 组数的公式计算组距的大致宽度；或者相反，当已经决定要用多宽的组距时，也可以反过来求可以划分的组数。

当采用不等组距分组时，上述公式就不适用了。不等组距用于变量值的分布极不均衡的场合。当试图描述总体分布的实际模式时，不等组距常常会掩饰这种模式，因此要特别注意。下文提到的“开口组”也是不等组距的一种形式。

3. 分组组限的确定

确定组限需要考虑三个问题：使组中值位于数据比较集中的地方以增强其代表性；使各组具有互斥性，同时又避免遗漏（即遵循互斥与周延的原则）；组限形式上的美感以及计算组中值的方便性。

表 3–1 提供了几种常见的组限形式。

表 3–1　组限表示法举例

一式	二式	三式	四式
20~30 30~40 40~50 50~60	20~29 30~39 40~49 50~59	20以下 20~30以下 30~40以下 40~50以下	10~ 20~ 30~ 40~

一式的组限形式，既适用于连续型变量，也适用于离散型变量。但

需要注意的是，这种组限在互斥性上暗藏着陷阱，所以，一般遵循“上限排外”的原则处理正好等于组限的变量值。二式在互斥性上达到了完美，但这种形式只适合于离散型变量或圆整到整数位的连续型变量。三式的适用范围最广，而且也满足互斥性的要求，因此最为科学合理，只是形式上稍嫌烦琐一点。四式是一式的简化，但有些过于含糊，尤其在最大一组中让人感到困惑。

在这四种组限形式当中，有的组是敞开式的，称为开口组，如三式中的“20 以下”和四式中的“40~”。开口组的存在总是因为在原始调查资料中含有个别极大或极小的数值，使规范的组限形式难以保持。可是，在后期的统计分析过程中，这种开口组还一定要转化成某个代表值，而通常的折中办法便是依循临近组或整个分组的规律性来加以推断。结果，自然就低估（当最大值一组是开口组时）或高估（当最小值一组是开口组时）了原始数值的水平。在这里暴露了应用统计数据的一些潜在危险。

二、测量

进一步的概念化、操作化过程，将走向对变量及其属性做详细说明的阶段，这个过程就是测量。换言之，测量就是为变量取值。在定性研究和定量研究两套方法体系当中，为变量取值的原则和要求有所不同，具体的策略也不同。相关内容可以在后续章节中看到，这里仅就测量的一般性原则和类型做简单讨论。

（一）能否测量

为变量取值是科学研究中最重要的技术环节。实证科学尤其注重这个环节的正当性和可能性。在实证科学看来，如果没有具体的变量值，就无法构筑任何理论；缺乏经验数据的证实或证伪，不管我们头脑中的想法如何美妙，它也不具备科学价值。因此，测量这个环节在科学研究过程中是必不可少的。以物理学为例，“只允许可以被测量的量（亦即可观察量）进入物理学，是近代物理学得以建立的重要原因之一，也是物理思想史上不可或缺的一次思想革命……20 世纪初叶，物理学家们已经普遍认为，物理量的可观察性是不言而喻的。如果一个物理量是不可观察的，物理学家就会取消它在物理学中存在的权力[①]。”

可是，我们不免要问：事物是可以测量的吗？一切事物都是可以测量的吗？测量的结果都是可信的吗？

在《礼记·经解》中，有“故衡诚县（‘县’同‘悬’），不可欺以轻重；绳墨诚陈，不可欺以曲直；规矩诚设，不可欺以方圆”[②]的话，可见上古时代即以衡、绳墨、规矩为测量的工具，说明测量轻重、曲直和方圆都是可能的，这些行为也是日常生活中重要的社会实践活动。从中可见，“古代的人在解决社会和实践问题的过程中，成功地实现了对长度或距离、面积、数量、重量和时间的测量，物理科学就是建立在这些成就基础之上的[③]。”

然而，在 1927 年，德国物理学家海森堡（Werner Heisenberg）提出了不确定性原理（Uncertainty Principle），又称测不准原理，成为量子力学中的一个重要理论。正如普里戈金在 1986 年 7 月的一次演讲中所说的那样：“20 世纪物理学的精华就在于我们区别开来，什么是可测量的，什么是不可测量的。例如，相对论承认我们是不可能测量大于光速的运动的。又如，量子力学否定了对动量与坐标的同时测量。现在我们承认，我们不能测量一个物理世界中的点的命运。因为物理的点只不过是一个

① 杨仲耆，申先甲．物理学思想史［M］．长沙：湖南教育出版社，1993：678.

② 陈澔．礼记集说［M］．下卷 // 四书五经．北京：北京古籍出版社，1995：936.

③ 罗伯特·F.德威利斯．量表编制：理论与应用［M］.魏勇刚，龙长全，宋武，译.重庆：重庆大学出版社，2004：5.

区域，而一个小区域的命运是不可能精确地预测的[①]。”测不准原理认为，精确确定一个粒子（如原子）周围电子的位置和动量是有限制的。这个不确定性来自两个因素，首先，测量某东西的行为将会不可避免地扰乱那个事物，从而改变它的状态；其次，因为量子世界不是具体的，但基于概率，精确确定一个粒子状态存在更深刻更根本的限制。这等于说，科学理论所得出的规律，不可能再像经典物理假定的那样，是绝对地存在于自然界自身之中；仪器与客体的相互作用已经使纯客体的现象成为不可能，因而人的活动与得出的规律有了关联。正如玻尔所说：“在生存的伟大戏剧中，我们自己既是演员又是看客[②]。”

如果在人们眼中的物理学都承认有不确定性和测量上的困难，那么，以人为研究对象的社会科学又会怎样？尤其是，我们可以反省一下，研究旅游体验的学者，为了获得旅游者有关自身体验的认知，恨不得在旅游者体验的现场发放问卷，以便尽可能获得“更为客观真实的数据”，这种测量真的可行吗？

虽然以上的疑问可能会让人滑向怀疑论，但是，如果我们真的成为怀疑论者，那么，写作本书——一本通篇探讨如何测量的书——也就显得很搞怪了。我们不是怀疑论者，我们的观点建立在如何有效地测量的基础之上。不过，对于科研人员来说，警觉在社会科学中什么是可以测量的，什么是难以测量的，以及什么是不可能测量的，是科学研究工作者应有的敏感。至于在知识论或哲学层面回答“能否测量”这个问题，已非作者的能力所及。

① I. 普里戈金.时间的再发现［J］.科学杂志，1987，39(4)：246.转引自杨仲耆，申先甲.物理学思想史［M］. 长沙：湖南教育出版社，1993：676.

② 杨仲耆，申先甲. 物理学思想史［M］. 长沙：湖南教育出版社，1993：682.

（二）测量什么

关于测量什么的问题，仅从变量的性质和取值特点加以区分并略作讨论。它们分别构成类属测量、序位测量、区间测量和比率测量。这四种测量如果从数量化程度来看，类属测量的层次最低，序位测量次之，区间测量再次之，比率测量最高。

第一，类属测量（Nominal Measures），也称定类测量、类别测量或称名测量。当变量涉及分析单位的某种品质特性（此时该变量即构成分析单位的品质标志）时，变量值通常会以某些表示属性的文字来取值，这种测量即为类属测量。类属测量在取值范围上具有周延性（完备性），在取值类型上具有互斥性（排他性），因此一般可以完整表达标志的全部类属，本质上也是一种分类体系。例如，当以个人为分析单位时，性别、宗教信仰、党派、出生地、居住地、旅游目的地等，均属分析单位的类属测量。如果以聚落为分析单位，则可取区位、族群、建筑物风格、始建朝代等为测量变量。这些变量不仅取值范围有限、离散，而且各变量值存在属性上的差异。

第二，序位测量（Ordinal Measures），也称定序测量、等级测量或顺序测量。当变量涉及分析单位所拥有的序位、阶级或等级并因此可以通过逻辑排列而构成等级序贯时，变量的取值通常是含有差序格局的文字或表示位级高低的数字，此类测量即为序位测量。与类属测量不同，序位测量的对象是某种具有同一属性的变量在程度上形成的相对差异，而类属测量的取值可能是完全不同的类属。社会科学研究中的社会阶级、保守态度、疏离感、歧视及知识的成熟度，自然科学中的硬度、抗拉强度、抗药性、生长速度等，以及旅游研究中的旅游满意度、旅游景区级别、文物保护单位级别等，都属于序位测量。在这些测量的结果中，都能以高低、强弱、先后、大小等差异来反映现象的不同。

序位测量的数量化程度比定类测量高一个层次，它已具有了数量差别的含义，其测量结果可用数学符号“＞”或“＜”来表示，可进行频率分布、比例关系等几种数量统计，但还不能进行加减运算，不能求出不同等级、顺序的社会现象在数量上的具体差距。

有时，序位测量与类属测量存在某种难以区分的情况。例如，如果想对在役军人的军衔级别进行测量，通常可以认为这是在测量同一属性的事物，变量的取值主要是程度上的差异。但是，也许有人会把这种测量说成是自欺欺人的，因为把上将与下士仅仅看作程度上的差异，毕竟很勉强。这时会发现，对军衔的测量实际上也符合类属测量的基本特征——周延而互斥，所以，不妨就把这种测量换一种标签，称为类属测量。

第三，间距测量（Interval Measures），也称定距测量或区间测量。当变量涉及分析单位之间的数量差别或间隔距离的时候，变量的取值通常对应某种实际意义，此即为间距测量。间距测量的变量值不仅本身有其含义，而且数值的高低、大小还表示分析单位之间在该变量上的意义差距。摄氏温度计就是一个典型的例子。零度不仅是一个数值，而且对应于结冰与不结冰的临界点，同时，摄氏 30 度与零度之间，对应着一个实在的温度区间。生理学上测量血压也与此类同。在社会科学中，比较成熟的定距测量的例子是智商（IQ）测验。据信，智商值在 80~120 者，为智力正常，智商值超过 140 者，为极高天才，而智商值在 25 以下者，则为白痴。但艾尔·巴比似乎不太认账，他觉得一个 IQ 测验得 0 分的人不能被视为没有智力。即使他不适合做大学教授甚至不适合当大学生，但或许可以当个院长什么的[①]。

间距测量不仅能反映现象的分类和顺序，而且能反映现象的数量状

① 艾尔·巴比.社会研究方法（上册）[M].8版，邱泽奇，译.北京：华夏出版社，2000：184.

况，计算出它们之间的距离，因而其数量化程度比序位测量又高了一个层次。间距测量的结果一般用具体数字表示，并可进行加法或减法等数学运算。

第四，比率测量（Ratio Measures），也称定比测量或比例测量。当变量涉及分析单位之间任何可计算其比例或比率关系的数值时，其测量即为比率测量。这等于说，比率测量是以任何反映分析单位的数量水平的数值为基本测量值的，同时又是以据此数值计算各种比例或比率关系为目标的。因此，比率测量是数量约束水平最低、后续综合运算水平最高的一种测量。若以个体为分析单位，比率测量的变量可取年龄、收入、在旅游目的地逗留时间、旅游消费支出总额等；如果以企业这种组织为分析单位，则可以取利润率、客房出租率、可售客房数、资金占用率、流动资金总额、员工人数、员工平均年龄等为变量；如果以群体为分析单位，则可以测量团队人数、团队活动时间、团队活动次数、团队性比例等变量。由此可见，比率测量的数量化程度是最高的，其测量结果可以进行加减乘除运算，也是定量研究最通行的测量。

值得一提的是，以上各种测量通常都不是孤立使用的，而且它们彼此间的相互关系也不会始终一成不变。在一项研究中，各类、各层次的测量，只要符合研究目的及分析单位的特点，就应该积极吸纳以作为获得资料的途径。在通常情况下，人们会根据测量中是否包含充分数量的比率测量来衡量一项研究的深度、广度和价值。

三、量表

测量过程是个复杂烦琐的过程，其间有很多技巧甚至诀窍，研究人员一方面要遵守传统的流程，一方面还需要善于灵活地突破常规，因此，在某种意义上，也是一个比较个人化的过程。这在非结构化的定性研究中尤其如此。但在定量研究过程中，人们已经积累起很多共识性的经验，锤炼出一些通行的测量工具，这其中最突出的是量表的使用和问卷的编制。换言之，有些变量的测量可以借助于量表和问卷来进行。

量表（Scale）由很多题项构成，并且这些题项构成一个复合分数，试图揭示不能轻易用直接方法来观察的理论变量的水平①。简言之，量表是一个由问题、题项和相应分值选项所构成的矩阵式综合测量工具。量表中用作变量值或标志值的分值选项其实就是变量的量尺（量表最突出的形式特征）。在很多社会科学研究中，都会使用量表来测定那些主观的、抽象的概念②，借助于对这些概念属性的数量转化程序——对事物的特性分配相应的数值，从而揭示概念的内在结构、意义和水平。

经过人们长期的努力，在社会科学领域已经积累了大量相对稳定、成熟的量表。这些量表在旅游研究中也具有应用潜力。不过，旅游作为一个新兴的学科，很多现象具有独特性，因此，人们也致力于开发一些专门化的量表。下面分别就一些已有的常用量表做简单介绍，并概要地探讨量表开发方面的一些问题。

（一）一些常用量表

社会科学研究领域已经开发出大量的量表。有些量表是非常专门化的，也有一些具有一定的通用性。下面所介绍的，主要是一些通用性比较强的量表，同时兼顾个别专门用途的量表，其目的不仅在于为读者提供可用的测量工具，还在于启发读者自己动手编制专门化量表的思路和要点。

1. 鲍嘎德社会距离量表（Bogardus Social Distance Scale）

这种量表是由美国社会心理学家鲍嘎德于 1925 年提出的。该量表过

① 罗伯特·F.德威利斯.量表编制：理论与应用［M］.魏勇刚，龙长全，宋武，译.重庆：重庆大学出版社，2004：11.

② 邢占军.测量幸福：主观幸福感测量研究［M］.北京：人民出版社，2005：20–24.

去一直被广泛地用于测量人们对种族群体的态度，现在，它被广泛地用来测量人们对职业、社会阶层、宗教群体等事物的态度。这种量表由一组表示不同社会距离或社会交往程度的陈述组成，并要求被调查者根据自己的看法对这些陈述表态。当指标项目之间存在着比较明显的逻辑结构时，这种量表就有用武之地。下面的例子是测量中国人与美国人的交往意愿的。

（1）你愿意让美国人住在你的国家吗？　☐
（2）你愿意让美国人住进你的社区吗？　☐
（3）你愿意让美国人住在你家附近吗？　☐
（4）你愿意让美国人住在你家隔壁吗？　☐
（5）你愿意让你的孩子与美国人结婚吗？　☐

你一定已经注意到，上述问题呈现出明显的梯级关系，表明被调查者逐步加强的与外国人的亲和程度。由这个量表，你可以测定出一个旅游社区的居民对于旅游发展的态度、对于外国人的接受程度。而且，你自然会得出一个结论：若被调查者选择较高一级的答案，就意味着会自然接受较低一级的答案。

2. 李科特量表（Likert Scale）

这种量表由一组陈述组成，每一种陈述有类似像“非常同意”“同意”“不一定”“不同意”“非常不同意”五种回答（当然，回答也可以采用其他类似的形式，如“非常重要”“比较重要”“一般”“比较不重要”“非常不重要”等）。它是一种矩阵式的量表。以下所用的示例来自笔者 1993 年在英国所做的“英国赴华度假旅游市场综合特征研究”课题中所使用的实际量表的部分项目①。

问题：你认为以下活动项目对你到中国旅游的重要程度如何？

活动项目	非常重要	比较重要	一般	比较不重要	不重要
（1）观赏野生动植物及其生活环境	{ }	{ }	{ }	{ }	{ }
（2）观赏文化和标志性景观	{ }	{ }	{ }	{ }	{ }
（3）使用娱乐设施（如垂钓、健身）	{ }	{ }	{ }	{ }	{ }
（4）研习中国艺术	{ }	{ }	{ }	{ }	{ }

李科特量表是有两个极端的五点或七点选项量化方法，用以衡量一个陈述的正面或负面回答。当中间选项“无意见”或“不一定”不能用时，有时会使用四点量表——一个强迫选择的方法。在使用过程中，李科特量表也许会受到几种因素干扰而失真。比如，受测者也许会回避勾选极端的选项（趋中倾向的偏差）；对陈述的习惯性认同（惯性偏差）；或试着揣摩并迎合他们自己或他们的组织希望的结果（社会赞许偏差）。不过，李科特量表仍然是被大量使用的一种量表，经常被纳入问卷中，作为重要的变量测量工具。

3. 语意差异量表（Semantic Differential Scale）

语义差异量表又叫语义分化量表，这是美国心理学家奥斯古德

---

① 谢彦君．旅游世界探源［M］．北京：旅游教育出版社，2013：190–218.

（Osgood）、萨奇（Suci）、泰尼邦（Tannenbaum）在20世纪50年代发展的一种态度测量技术。这种量表用一组意义截然相反的陈述或形容词构成一份评价量表，以测定人们对某一特定概念或事物的不同意识和感受。其基本设计思路是确定每一片段的维度供受访者判断；界定两个相反的术语代表每一维度的两极（为防止回答偏差，最好将彼此有关系的项目位置加以变化）；做出语意差异的计分表。下面的示例也出自笔者所做的"英国赴华度假旅游市场综合特征研究"课题。

问题：你所感知到的中国的旅游环境是：

安全的　{　}{　}{　}{　}{　}　危险的

多山的　{　}{　}{　}{　}{　}　平坦的

昂贵的　{　}{　}{　}{　}{　}　廉价的

友善的　{　}{　}{　}{　}{　}　敌对的

由于功能的多样性，语意差别量表被广泛地用于各种社会科学研究领域。例如，在营销学、广告学领域，可以用这种量表研究人们对不同品牌商品、厂商、广告的形象认知；在社会学、社会心理学和心理学研究领域，可以用这种量表进行文化的比较研究，个人及群体间差异的比较研究，以及探测人们对周围环境或事物的态度、看法，等等。在旅游研究领域，这一量表的使用范围也相当广泛，所有涉及对观念、事物或人的感觉的领域，都可以通过选择两个相反的形容词及它们之间所构筑的若干区间，来反映旅游世界中人们对性质完全相反的不同词汇所代表的现象的反应强度。

以上简单地介绍了几种常用的量表形式。除了这些量表之外，还有瑟斯顿量表、哥特曼量表等，它们统称为态度量表，主要用于对心理和社会问题进行探讨。在旅游研究过程中，应根据量表本身的特点是否与研究目的相适应来决定取舍。

（二）量表的开发

独立开发量表常常是社会科学研究人员必须面临的任务。在很多情况下，通用性好的量表在专业领域的应用局限性也大，而在其他领域开发出的专门化量表则更具有专业排他性，直接照搬、移用不仅效果不好，有时还会产生严重的问题。

开发专业量表是一个极富挑战性的工作。在现实生活中，不管是在科学意义上开发的用于科学研究的专业量表，还是立足于管理工作而开发的评估性量表，由于量表失当所造成的影响可能出乎意外的严重。例如，如果用一套有失科学水准的量表评价大学教师的授课质量，那么，其结论不仅会涉及公平、公正的问题，还会影响大学教育的走向；如果将评价一般城市竞争力的普通量表生搬硬套过来用以评价旅游城市竞争力，其结论就会误导整个国家旅游城市甚至所有城市的发展方向，其间所造成的严重后果，在缺乏追责机制的政体当中，只能成为沉重的历史代价[①]；如果移用仅适合微观企业层面的满意度评价量表来评价超大尺度的现象或客体，那么，由于未能在根本上解决其理论依据问题，最终形成的只能是某种没有实际指导意义的结论。从这一点来说，量表的开发，也是一件极为严肃的事情。

量表的开发包括两种意义上的开发。一种是从形式到内容的全新量表的开发，因此在形式和内容上均具有创新性；另一种是在已有量表形式的基础上，遵从该量表的形式效度和信度（关于这两点，后文集中讨论），利用原有量表的逻辑基础，来填充新的专业内容，这种开

① 谢彦君，余志远，周广鹏.中国旅游城市竞争力评价理论与实践中的问题辨析［J］.旅游科学，2010，24（1）：1-8.

发属于部分创新性的量表开发。显然，全新量表开发有一定难度，而部分创新量表开发却比较常见。下面所做的讨论，主要是后者，也即以前文已经介绍过的几种量表形式为基础，讨论如何开发专业量表的问题。

在罗伯特·F. 德威利斯所著的专门讨论“量表编制”的著作中，提供了一个比较详尽的指南。但这部书恐怕需要读者具有很强的能忍受烦琐叙述的意志才能阅读下去[①]。笔者在此仅借鉴其中的一些要点，来说明量表开发的一般性问题。在目前阶段，不妨先将德威利斯所列举的 8 个步骤列举如下，以作为始终能够提醒我们应予关注的量表编制方面的技术问题。读者如果想了解德威利斯的详细阐述，可以阅读他的原作。这 8 个步骤包括：①清楚地决定为要测量什么；②建立一个题项库；③决定测量的模式；④让专家评价最初的题项库；⑤考虑确定题项的包含性；⑥在一个测试样本中测试题项；⑦求题项的值；⑧优化量表的长度。

从前文所列举的几种量表的形式特征上看，量表的构成由问题、题项和量尺（分值选项）三个部分构成。下面从这三个方面着手，兼顾德威利斯的步骤，进一步讨论量表的开发问题。

在所有的量表中所包含的“根问题”也即研究中要观察、测量的问题，可以把此类问题看作依附于分析单位的“总变量”，它将厘定利用量表进行测量的概念的外延，并容许以“维度”的思维去“开发”量表的“题项”。从这一点来看，保持对问题的清晰和明确，是研究者在这个阶段必须达到的标准。

在笔者于 1993 年所进行的“英国赴华度假旅游市场综合特征研

① 罗伯特·F. 德威利斯. 量表编制：理论与应用［M］. 魏勇刚，龙长全，宋武，译. 重庆：重庆大学出版社，2004：67–110.

究”课题（后文简称“英国课题”）中[①]，利用李科特量表和语义差异量表测量了两个问题：一个问题是测量英国赴华度假旅游者的需求倾向及其结构，并以“你认为以下活动项目对你到中国旅游的重要程度如何”的形式设问；另一个问题是测量英国赴华度假旅游者对中国旅游环境和供给条件的认知，并以“下面成对列出了有关中国及其旅游供给条件的描述，请在所给的五个括号中画‘√’”的形式设问。这两个问题就是可以在分析单位（英国赴华度假旅游者）身上予以测量的“根问题”，相应地，“需求”和“认知”也成为两个“总变量”或者“大变量”。之所以在此要提出“根问题”和“总变量”或“大变量”这几个术语，是因为，在对量表数据的后期整理过程中（尤其是利用SPSS进行变量赋值、编码过程中），每一个题项都可能作为单独一个变量来处理。为了不至于混淆，才使用了这几个词汇。在量表一开始编制的阶段，笔者对这两个要研究的“根问题”是明确的。这就解决了德威利斯所说的“清楚地决定你要测量什么的问题”。

当“问题”已经明确的时候，接下来的任务是“建立一个题项库”，也即通过对问题变量“需求”和“认知”进行概念化的过程，寻求可以表征这两个概念的维度和指标。这个过程的结果，既可能是一个粗糙的“题项库”，也可能是一个精致的维度或指标体系。如果是前者，便需要将德威利斯的“步骤④”纳入进来：请专家对题项库进行评价。更为严谨的评价过程也可以通过后期的“因子分析”来做进一步评估。就“英国课题”而言，笔者针对“需求”问题所建立的题项库共包含26个项目，主要有游览山地风光、观赏野生动物、游览乡村风光、游览海滨风

---

① D. Jeffrey, Y. Xie.The UK Market for Tourism in China［J］.Annals of Tourism Research，1995，22（4）：857–876.

光、日光浴、游览博物馆和艺术馆、研习中国艺术、参加节日及文化盛会、游览标志性景观景点等。针对“认知”问题所建立的题项库共27个项目，涉及自然和人文环境、旅游设施等方面。这个过程其实就是一个概念化的过程。

题项库的建立，为选择测量模式提供了条件。经过考虑，决定用李科特量表对“需求”的26个题项进行测量；用语义差异量表对“认知”的27个题项进行测量。这个决定综合考虑了两种量表自身的特点及与所要测量的“问题”的匹配性。

接下来的一个技术环节，是对量表的量尺（分值选项）进行决策。不管是李科特量表还是语义差异量表，其量尺都不是一成不变的。五点选项、七点选项是最常见的选择，但也不排除四点选项、六点选项及三点选项和九点选项的可能性。其间的区别，主要体现为测量的连续程度。对于态度之类的社会现象，通常是假定其取值是连续的，因此，表面上看，选项点较多可能更符合现象的属性。但实际上，人们在表达态度的时候，未必遵从这样的原则。更多的情况可能是，人们倾向于对更为概括、区别度更高的量尺做出反应。还需注意的是，对应于各个量尺的意义表达，是能够左右量表使用者填选结果的重要因素，必须认真推敲，务求涵盖全面、关系妥当、语义确切。在“英国课题”当中，笔者对两种量表都采取了五点选项，并对李科特量表的五个量尺所对应的意义，分别以“不重要”“较不重要”“一般”“较重要”“十分重要”来加以限定①。

关于量表的开发，还有很多理论和技术问题，笔者在此并未涉及，仅就程序性的内容作了一些说明。真正重要的，是所开发的量表是否能

① 谢彦君，道格斯·杰弗瑞.英国旅华度假旅游市场的基本统计特征及需求倾向［J］.旅游调研，1994（1）.

够满足研究的需要。在这方面，人们通常从精度、信度和效度几个方面予以评价。在本章最后一节，结合操作化的整个流程，对这三个评价标准再做探讨。

四、问卷

在定量研究当中，概念化、操作化的最终体现形式，是设计一个可以填写调查数据的问卷（Questionnaire）。问卷是数据的物质载体，也是研究者的一个基本调查工具。

（一）问卷的基本结构

问卷的结构可以从内容结构和形式结构两个方面来看。内容结构通常包括主体内容和附属内容两部分，形式结构包括问题形式和答案形式两个方面。

1. 问卷的内容结构

以笔者从事旅游研究的经验，一般将人口统计变量、旅游专门问题变量和开放式问题三部分作为问卷的主体内容。这样，每一次旅游研究，除了个别项目根据研究目的略作增删、调整之外，基本上将多数人口统计变量作为常规项目纳入问卷。这样的安排会使问题简单化，易于操作，也会降低研究者在这些基本项目的决策上过于犹豫不决，甚至做未必明智的取舍。

编制问卷真正具有挑战性的是第二部分，也即根据旅游研究目的而确定的应列入问卷的各个项目。这一部分所占的比例最大、分量最重、形式最为多样。要想设计好这一部分的调查项目，不仅需要熟练掌握本章前文所探讨的概念化、操作化技能，而且需要研究者对所研究的问题有全面深入的理解，对问题所关联的学科有深厚的知识背景。这些修养越深厚，所设计的研究项目就越独到、全面和深刻，从而会直接影响后续的理论化过程。

开放式问题部分也属于针对专业问题所设定的项目，通常问题的涵盖面有限，以3~5个问题为宜，并且不提供具体答案选项，这也正是与上两个部分的不同之处。设计此类问题的目的在于获得开放式文本材料，以便充分利用被调查者对相关问题的态度和观点。对此类材料的加工处理，将采用定性方法。

就问卷的附属内容而言，一般来说，通常包括封面信、指导语和其他资料三个部分。

封面信是一封简短的写给被调查者并谋求其合作的说明性文字。在这段文字中，一般要说明调查的主办单位或个人身份，调查的目的、内容和范围，调查可能对被调查者产生的意义等。此外，还应该把填答问卷的方法、要求、回收问卷的方式和时间等具体事项写进封面信。在信的结尾处一定要真诚地对被调查者表示感谢。整个封面信的语言要简明、亲切、务实。

指导语也称填表说明。用来指导被调查者或调查者如何正确完成问卷调查工作。填表说明应明确、具体，有针对性。通常，填表说明要根据试点调查的反馈信息加以组织。

其他资料是指问卷附带的诸如问卷标题、编号、问卷发放及回收日期、调查员、审核员姓名、被调查者名址（如果允许的话）及问题的预编码等通用项目。

2. 问卷的形式结构

问卷中所包含的问题以什么形式提问，答案以什么形式回答，均属于问卷设计中的技术性问题。从形式上看，问题与答案都是问卷的主体部分，它们通常采取的形式有开放式与封闭式两种。开放式问题不需要为被调查者提供备选答案，可以由被调查者自由回答，因此可能提供意想不到的有价值观点，富有启发性。相反，封闭式问题是在提出问题的同时给出若干可能的答案供其选择，因此这种问题形式比较容易回答，也便于进一步的统计处理。开放式问题由于不需要提供答案，也就不存在答案的形式设计问题；而封闭式问题的答案设计却是一件富有技术性和挑战性的工作。下面对问卷中常见的封闭式问题的形式及其特点、作用等逐一加以介绍。

（1）填空式。这种形式常用于那些对回答者来说既容易回答又便于填写的问题（通常只需要填写数字）。

比如：您的年龄是（　　）岁。您家有（　　）口人。

（2）是否式。答案只有是或否两个可供选择。适合于特征或属性简单的问题。

比如：在过去的一年当中您曾经出国旅游过吗？是□　否□

（3）多项选择式。给出的答案至少两个以上，回答者在其中选择一个或多个自己认可的答案。这是问卷中采取最多的一种提问形式。

比如：您在选择结伴出游的方式时，喜欢同行的人数以几人为宜（包括您自己在内）？

①2人　□　　②3~4人　□　　③5~7人　□　　④8人以上　□

（4）矩阵式。当询问若干个具有相同答案形式的问题时，可以采取矩阵形式。这种形式的优点是节省空间，使问卷显得很紧凑。对于有内在关联、属于同样范畴的问题，这是最适合的一种问题形式。

请您对以下周末休闲行为进行评价，指出它们对您或您的家庭的重要性的大小：

休闲项目	很有价值	较有价值	无所谓	没有价值	毫无价值
①品尝真正的农家菜	{ }	{ }	{ }	{ }	{ }
②带全家到好点的度假村享受一番	{ }	{ }	{ }	{ }	{ }
③到近郊自然山水中放松、垂钓和观景	{ }	{ }	{ }	{ }	{ }
④在市内的娱乐场所度过周末	{ }	{ }	{ }	{ }	{ }

前文讨论过的李科特量表、语义差异量表等，都属于矩阵式问题。

（5）关联式。有时，在问卷中所包含的某些问题，仅适于一部分受访者，也就是说，某些问题只与某些特定的分析单位相关联，而与另外一些分析单位无关。这时，问卷中就出现了如何区别对待这些不同的受访者或分析单位的问题。在这种情况下，可以将问卷做关联式设计，受访者是要按次序连续回答问卷中的问题，还是需要跳过一些问题而直接进入另一个问题模块，要看受访者起初所做的回答而定。例如，在调查城市居民的旅游消费行为问题时，可能会涉及国内旅游和出国旅游两种情况。对出国旅游而言，我们也许很好奇人们为什么会疯狂抢购 LV 包，但这个问题对国内旅游者好像不存在。因此，在一份总体上涵盖国内旅游和出国旅游两大类型的问卷上，当要问及有关购买 LV 包的问题时，就必须采取关联式的问题形式。其格式可以表示为：

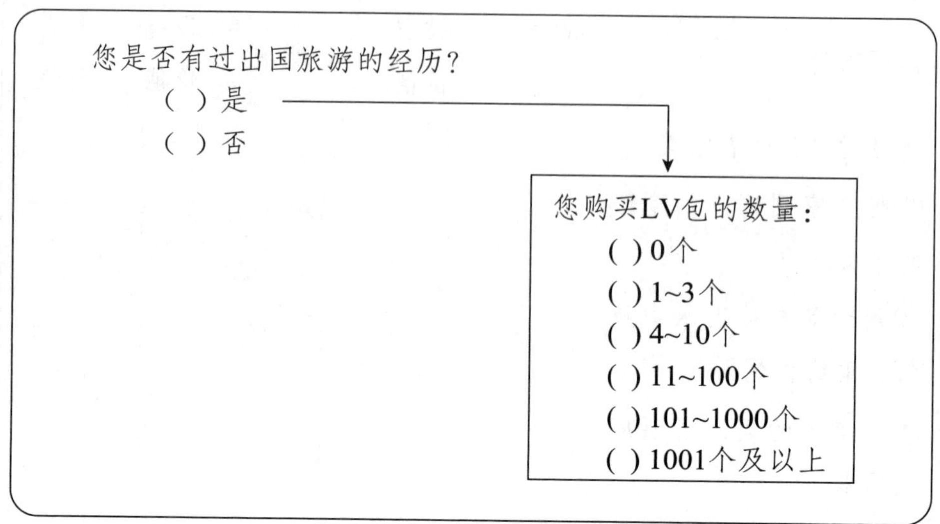
您是否有过出国旅游的经历？
（ ）是
（ ）否

您购买LV包的数量：
( ) 0个
( ) 1~3个
( ) 4~10个
( ) 11~100个
( ) 101~1000个
( ) 1001个及以上

（二）问卷编制应注意的问题

尽管问卷的编制并无一定之规，但了解人们在这方面所积累的经验之谈，对改进编制问卷的质量还是有帮助的。对此，从项目取舍、问题措辞和形式设计三个方面加以阐述。

1. 项目取舍

项目即问卷中拟测量的变量或问题。在设计问卷时，应该包含哪些项目、多少项目，涉及测量的效率和效果的问题，因此需要慎重对待，适当取舍。就项目的多少而言，项目过多，虽然可以达到全面、系统的测量目标，但在实际操作中会遇到困难，产生登记性误差和系统性偏误的可能性很大，因此并非项目越多越好；项目过少的效果与此恰好相反。就项目的选择和取舍而言，那些与研究主题相关度不高，或者因涉及隐私（如灰色收入、结婚或离婚次数等）、年代久远需要回忆、需要做复杂推算、需要查询或寻找，因而难以取得答案的项目，都不应列入调查问卷。一些不得不列入而又难以取得答案的项目，则必须通过关联设计、交叉验证的方式以防止获得虚假答案，并佐以其他调查方式加以补充。

2. 问题措辞

问卷中的调查项目是以提问的形式存在的。作为一种严格而目标清晰的科学交流形式，必然要求问卷中用于交流的问题，在文字措辞上能够达到交流的严格要求。在这方面，有几点需要注意：首先，要使用能够为被调查者所理解的语言。比如，做家计调查时要了解家庭收入，用“家庭所得几何”设问，就显得十足古怪。因此，一些专业术语常常难以为被调查者所理解，应该谨慎使用。其次，要避免使用误导性、诱导性或含有预设前提的语言提问。类似于“你认为提高教学质量有必要吗”“你不认为保护旅游生态环境很重要吗”“作案前的心理状态如何”之类的问题，均属此类。再次，要以明晰、简洁、确切的语言提问，而不应容忍一些模棱两可、含混不清的话语进入调查问卷，也切记不要在一个提问中包含多项相互分裂或彼此重叠的信息。最后，也应该避免用否定选项提问，这是从人们的心理认知规律和反应倾向方面总结的一条经验，它暗示否定性提问（如“下列哪些人应禁止在大学里教书”“你认为旅游者不应该自由购物吗”等）很容易产生误解——直接将“不”字跳过或略过而奔向正面答案的可能性很大。

3. 形式设计

问卷也是一种视觉对象，是拿来给被调查者看的。因此，问卷的设计者应该注重问卷的形式美感，以便提高问卷填写者的心理愉悦度，从而保证问卷调查的效率和效果。但是，实际情况并非总是如此。笔者见过不少设计不到位的问卷，它们的共同特征是内容单一且冗长、形式单调、杂乱无章、节奏错乱，完全缺乏专业品质，既没有体现对被调查者的心理关怀，也见不到设计者有效调动以往有关概念化、操作化的知识的迹象。这样的问卷形式设计是应该避免的。

如果想通过了解其他人所设计的问卷来提高自己的问卷设计水平，除了加强专业修养之外，也可通过一些大众性问卷设计平台来增长见识。像“问卷星”“问卷网”等，都可以提供一些参考。

五、抽样

问卷是用以登记分析单位的特征的，这个登记过程就是调查或资料收集过程。不同的研究方法会有不同的收集资料的策略。对此，将在第四章和第五章探讨定量研究和定性研究时分别做详细的讨论。在研究设计阶段，仅针对抽样的内容做一些概念性的讨论。读者如果想深入了解有关抽样的理论和统计技术，可以在任何与该主题相关的统计著作中找到详尽的阐述。

需要首先明确的是，抽样（Sampling）是一种非全面调查方式，是从总体中抽取部分单位进行观察、测量，并借助所获得的资料来构建理论命题及推断总体的调查方法。严格意义上的抽样，是以概率论为理论基础而建立起来的一整套抽样方法，其要点是遵从随机原则选取样本单位，即保证使总体中的每一个单位都有一个事先已知的非零概率被抽中，因此也把此类抽样称为概率抽样。后文将简要介绍的简单随机抽样、系统抽样、分类抽样、整群抽样、多阶段抽样等抽样类型，皆属于概率抽样。在科学实验、质量检验及社会调查中所进行的绝大多数抽样调查，都采用概率抽样方法来抽取样本。

不过，在社会科学研究中，也会经常遇到无法按照随机原则抽取概率样本的情况。这时，调查者会出于自己的方便或根据主观判断来抽取观察单位。这样的抽样过程，因没有严格遵循随机原则，因此无法基于概率论的大数定律对资料进行分析，从而也就无法确定抽样误差，更谈不上用样本的统计值推断总体的相应数值。虽然根据对部分分析单位进行调查的结果也可在一定程度上说明总体的性质和特征，但不能从数量上直接推断总体。从这个意义上说，这样抽取到的观察单位所构成的集合，已经不具备一般意义上的样本的特性，因此，也往往不再把它们称为样本，除非研究的目标依然是从部分分析单位的特征推断总体的相应特征（请回忆此前所讲过的通过解剖麻雀而了解麻雀的生理构造的例子）。在很多情况下，非概率抽样是定性研究经常使用的抽样工具。本节只是在最后部分介绍一些非概率抽样的常见方法，而其他内容，均为针对概率抽样而言。

（一）抽样的必要性

科学研究是以描述、解释和诠释研究对象的整体特征和一般规律为己任的。因此，所有的科学研究都是以总体为最终的研究目标，而达到这一目标的过程，则是通过观察总体所有分析单位的特征，进而实现科学解释的理论化。

不过，在很多情况下，试图对总体的所有分析单位都进行直接观察，即使在理论上能够做到，但在实践上也未必可行。其理由包括以下几方面。

第一，当总体的单位数为无限个（可表示为 N_1，N_2，…，N_i，其中 i 可为任意正整数）时，需要测定的变量值（即 X_1，X_2，…，X_i）也多至无限，因此，要进行全面调查是不可能的。

第二，当总体单位数虽为有限个但数量极多时，进行全面调查会因限于时间、人力、物力及其他方面的条件而变得不可能或不经济，这时，人们也会选择非全面调查的途径来获得资料。

第三，当调查过程必然要经过对分析单位的破坏性实验时，全面调查也变得不现实。对织物进行抗拉强度实验，对照明器材进行使用寿命实验，对酒店购进的饮料进行有害细菌含量测试，对旅游者极端体验的心理跟踪监测等，都可能对研究对象的原有形态和状况造成破坏或伤害，因此，也不适合进行全面调查。

第四，从控制误差的角度来说，全面调查并非总是误差最小的调查方式。调查过程中产生的误差一般分为两种：登记性误差和代表性误差。登记性误差可能发生于任何调查的实际操作过程中，是一种工作误差，在理论上可以消除，在实践上难以避免，而当总体极大时，登记性误差可能因工作控制上的困难而呈现累积性的增长，误差水平有可能很高。代表性误差发生于研究者试图用部分总体单位（即样本）的测量值推断全部总体单位（即总体）的测量值时所产生的误差。虽然代表性误差是非全面调查必然产生的一种误差形式，但误差的大小却可以通过调整样本容量的大小（即样本单位数的多少）来加以控制，直至可以彻底消除代表性误差——当样本单位数等于总体单位数时。

由于有以上诸多原因，在调查实践当中，从总体中抽取部分单位进行观察和测量这种抽样调查方式，就成为一种适当的调查策略。图 3–3 进一步描述了抽样的必要性及利用该种调查方法研究总体某些问题时所经过的路径和所包含的内容。

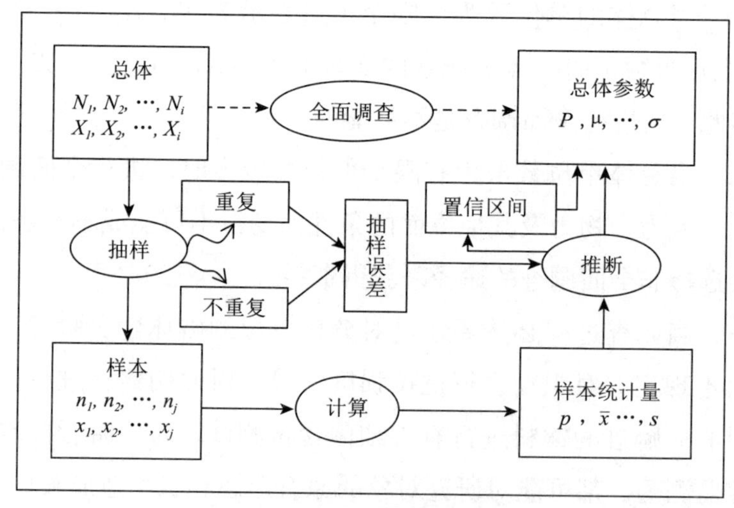

图 3–3　抽样调查的过程和内容

针对总体（其总体单位数为 N_i，变量值为 X_i，i 可为任意正整数）所进行的研究，其目标是获得有关的总体参数值（根据总体变量值直接计算的综合指标数值，如平均值 μ、成数 P 或标准差 σ）。但由于诸多限制，无法采用全面调查，因此，现实的路径是借助于抽样来迂回地达到目标。通过对抽样所形成的样本（其样本单位数为 n_j，变量值为 x_j，j 可为任意整数）计算对应于总体参数的样本统计量数值（即根据样本变量值直接计算的综合指标数值，如成数 p，平均数 $\bar{x}$，标准差 s），便可以推断总体的相应参数。这种推断，因基于一种非全面调查，会由于代表性误差（在此也即为抽样误差）的存在而不可能做到完全准确，只能以一定范围的区间值来表示，由此构成了推断的置信区间。显然，抽样误差越大，在估计的把握程度不变的前提下，置信区间就会越宽，估计值也就越不精确。为了让置信区间能够更窄一点，就需要想办法降低抽样误差。在这种情况下，需要了解有哪些因素可以影响抽样误差的大小。一般地，总体各分析单位的变量值分布的变异程度越高，或者简单地说，总体的分布越离散，抽样误差就会越大；样本单位数越少，抽样误差越大；如果采用不重复随机抽样（即抽取一个样本单位进行观察测量之后不再将其回放至总体之中）的方法，抽样误差也会略大一些；不同的抽样方式（如后文将要讨论的单纯随机抽样、分层抽样、整群抽样等），也会产生不同水平的抽样误差。要控制抽样误差的大小，就需要结合这些因素做通盘考虑。另外，在利用置信区间对总体参数进行推断时，置信区间的宽窄除了受抽样误差大小的影响之外，还取决于推断所设定的把握程度（即概率度）。把握程度要求越高（即概率度的值越大），置信区间就必须更宽一些。这和篮球投篮比赛是一个道理。如果你的球技是不变的，而且不幸还是较差的，那么，要想有很高的把握程度把篮球投到篮筐中，只有把篮筐放大——设想在你三米之外有一个三米直径的篮筐，你投中的把握程度会有多高？如果你想保持投篮的价值，不想改变篮筐的大小，那么，你投进的把握程度就没有那么大了。

通过上面的讨论，可以明确这样一点：抽样是有误差的，而误差的大小是可以设定和控制的；抽样推断既与抽样误差大小有关，也与研究者事先设定的把握程度有关。这些特点构成了抽样这种调查形式被广泛加以运用的基础。

（二）概率抽样法

即使在抽样过程中始终遵循随机原则，但由于具体的抽样程序设计的差异，也会使得抽样的结果有所不同，即抽样误差大小的不同。对此，分别考察以下几种不同的抽样方法，以便有助于完善我们的抽样设计。

1. 简单随机抽样（Simple Random Sampling）

也称为单纯随机抽样、纯随机抽样。它是通过逐个抽取的方法从总体N个单位中抽取n个单位作为样本，且保证每次抽取时各个总体单位被抽到的概率相等的一种抽样方式。这是最能直观体现随机原则的抽样方法，也是其他抽样法的基础。除了直接从总体中随机（“随机”并非“随意”，随意带有任意的成分，含有主观选择的可能性，不符合随机原则）指定某些总体单位为样本单位这种直接抽选法之外，常用的抽签法和随机数表抽选法都需要利用抽样框（请回顾第一节的相关内容）来抽取总体单位以构成样本。

与后边介绍的几种抽样法相比，简单随机抽样对抽样误差的控制程度最低。如果总体本身的分布十分离散，那么，简单随机抽样有可能出现反复抽取到偏于某一端的变量值，这样必然会造成样本的代表性降低。例如，如果你测量的一个人群中身高有篮球明星姚明那样高的巨人，或者有武大郎那样矮的侏儒，这时，不管你采取重复抽样还是不重复抽样，都有可能反复抽取到身高很高的那些人，或相反。以这样的结果来作为全部成员的一般身高的估计数，其代表性是值得怀疑的。在社会科学领域，运用简单随机抽样最为典型的例子，是在进行平均工资调查时随机地在包含有极少数富人的抽样框中随机抽取，并以此结果作为全社会的平均工资。这样的手法成了掩盖阶级差异百试不爽的高招，但却不符合科学解释现象的根本精神。

2. 系统抽样（Systematic Sampling）

也称等距抽样、机械抽样。它是将各总体单位按一定顺序排列，根据样本容量要求确定抽选间隔，然后随机确定起点，再每隔一定的间隔抽取一个单位的一种抽样方式。这种抽样法其实是纯随机抽样的变种，本质上二者没有什么不同。不过，系统抽样显然纳入了一种时间流的意涵和对序位等级的关注，因此，这为利用系统抽样应对不同的总体提供了施展空间。

从对抽样误差的控制来看，系统抽样提供了降低抽样误差的机会，同时也潜藏着提高抽样误差的陷阱，其最终结果，完全依赖于总体分布的格局和系统抽样时所采取的具体抽样策略。若仍以前边所举的身高差异甚大的人群总体的例子来说，如果在进行实际测量之前，先按照实际身高将所有人加以排序、编号，由此构成了一个差序井然的抽样框。这时，再每隔若干人抽取一个总体单位，直至抽取到所要求的样本容量为止，这样的抽取办法，显然会避免简单随机抽样可能反复抽取到高个子一端的人的可能性，从而降低抽样误差，提高样本的代表性。

不过，在真实情境的自然和社会科学研究对象中，这种可以被重新按顺序排列的现象并不常见，相反，现象自身的变化运动随时间或随空间而呈现规律性特征却是常见的现象，这种现象不是呈现为“时间流系统”，就是呈现为“空间域系统”，它们都可以成为采用系统抽样法进行测量的合适对象。例如，织布厂的织布机上的生产流程，就是这种“时间流系统”的典型例子。要检查布匹的瑕疵情况，系统抽样是一种适当的方法。

然而，陷阱也恰好存在于此种抽样法与此类对象系统的匹配性上。可以想见，如果系统抽样的节奏（即抽样间距）与客观对象所呈现的周期性变化（如织布机故障导致布匹疵点总是按一定间隔出现）的节奏是对应的话，那么，系统抽样必然产生系统性偏误——不是完全测量不到疵点，就是使得样本中含有疵点的单位过多。例如，在酒店顾客满意度调查时，如果以房间位置编号，每隔一定间距抽取一个房间的客人来观察他们写投诉信和表扬信的情况，那么，也许会总是抽到位于电梯口或布草间的客房，而这些客房是招致客人投诉频次最多的地方。这样构成的样本，代表性就降低了。为了避免在系统抽样时误入虚增、虚减抽样误差的陷阱，如何确定系统抽样第一个被抽取的总体单位，以及应以多大的间距抽取各个总体单位以构成样本，是系统抽样需要慎重考虑的技术环节。

3. 分层抽样（Stratified Sampling）

也称为分类抽样、类型抽样。这是将总体按照与研究目的相关的某种特征将其划分为若干互不交叉的同质层，然后再从每一层内以单纯随机抽样或机械抽样的方式抽取总体单位以组成一个样本的方法。

显然，这种抽样方法的关键是分层或分类环节。一方面，分层的前提是总体的构成存在着明显的类层差异，另一方面，分层的依据必须与研究目的相关（注意这一点与后边所讨论的整群抽样恰好不同）。在这样的分层基础上按比例随机抽取而形成的样本，其抽样误差得到了最大程度的限制，样本的代表性也会有所提高。如果还以前边的身高例子来解释这一点，那么在抽样之前需要做的是，把全部人员按照特高个子、较高个子、中等个子、矮个子、特矮个子进行分层，然后，再以固定比例（有时，为了兼顾各层在样本中的代表性，也可以有意微调层内的抽样比例）在各层中抽取相应数量的总体单位，合并各层单位数构成样本。不难理解，此类样本的抽样误差会有所降低，样本的代表性会相应提高。如果把这种方法用于考察社会各阶层的收入情况，就可以得到一个更为合理的“总体平均收入”的估算值了。

4. 整群抽样（Cluster Sampling）

又称聚类抽样。这种抽样法是先将总体按照与研究目的无关的标志划分为若干自然群组，然后再依从随机原则，从这些群组中抽取其中一个作为样本，通过对样本分析单位的特征进行观察，以推断总体的特征。

与分层抽样相比，显然，整群抽样的关键环节是在分群的时候，必须选择与研究目的无关的标志来划分群组。以这种标准划分群组的目的，是保证每个群组之间的差异不大，而群组内部个体之间的差异被保留或被强化。这个思路与分层抽样恰好相反，因为分层的目的是强化不同类层之间的差异，缩小各类层内部个体之间的差异。这样，分层抽样通过在异质性很大的每一层中都抽取到总体单位来构成一个代表性高的样本，而整群抽样则通过在异质性很小的不同群组中抽取到一个有足够代表性的群组作为样本来降低抽样误差。也正是由于这个原因，统计上在计算分层抽样和整群抽样的抽样误差时，计入的分别是层间方差和群内方差。可见，二者在达到共同目标上有异曲同工之妙，但在适用对象上却完全相反。

有时，如果所要研究的对象范围巨大，经过一阶整群抽样之后依然在操作上存在难度，这时，也可以采取在群中进一步划分群组，再从中抽取其中的某个群进行观察。这样的程序可以连续操作若干次，于是，形成了多阶或多级整群抽样过程。这个过程的前提，是保证每一阶划分群组的过程，都要争取保证缩小群间的差异。但可想而知，经过多阶分群的结果，无论如何也会不可避免地产生一些被忽略了的群间差异，而这正是多阶整群抽样在统计推断时会降低精度的原因。

5. 不同抽样法的配合使用

在上面的简单讨论中，已经能够看到，四种不同的抽样法有时是被结合起来使用的。在分层抽样的第二阶段——实际抽取样本单位的阶段，可以利用简单随机抽样和系统抽样在不同的类层中抽取样本单位；同样，在整群抽样的第二阶段，也可以利用这两种方法，从不同的群组中抽取其一构成样本。更有甚者，在整群抽样与分层抽样之间，也存在这种结合的可能性：先对总体按照与研究目的无关的标志将其划分若干群组，随机抽取某个群组后再对该群（它与其他各群一样，自然是一个内部异质性很明显的群）按照与研究目的有关的标志划分类层，然后，再采用单纯随机抽样或机械抽样在各层之间抽取样本单位构成样本。这个过程尽管看似复杂了一些，但会有效地降低抽样误差，在很多情况下是一种比较科学的抽样法策略。这个混合的抽样法工作流程，可以用图 3–4 来加以说明。

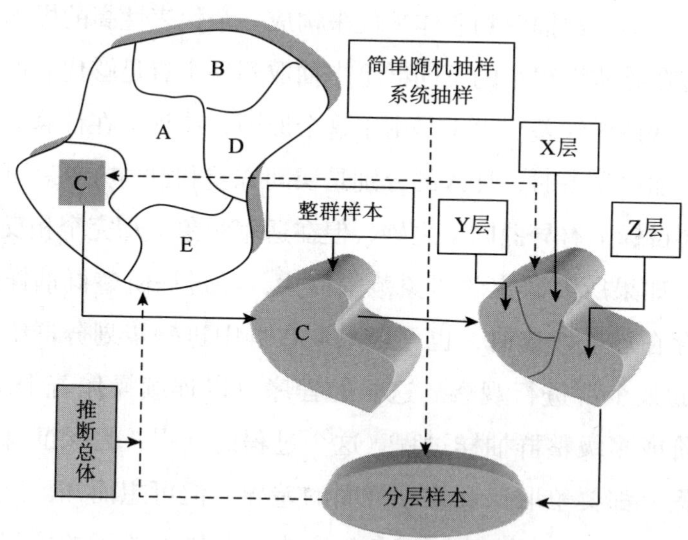

图 3–4　不同抽样法的配合使用图示

回忆一下前文一直作为例子讨论的“城市居民社会地位与旅游消费行为的关系研究”这一课题，现在，也许读者已经能够利用概率抽样解决这一课题中部分资料的收集工作了。

（三）非概率抽样法

当研究者不能或不愿意使用概率抽样获得有关分析单位的特征性材料时，非概率抽样也许是一种合适的选择。这类抽样法尤其适合于探测性研究和诠释性研究。前者属于正式的描述性研究和解释性研究开始之前所做的初步调研，其目的可能是为后续研究厘清思路或为完成研究方案的设计做前期准备工作；后者则是定性研究的主要形式。在这种情况下，非概率抽样是此类研究课题十分青睐的抽样方法。笔者在前文中曾指明，非概率抽样由于观察单位的形成并非依照概率论的随机原则而产生，因此，所形成的观察单位的集合并不具有严格意义上的“样本”品质，因此一般不能用以推断全体——如果试图对全体进行推断，也一定要十分慎重。从这里可以再次看到这一点。因为，探测性研究和诠释性研究都不在意能否根据所得到的资料推断全体，甚至根本不存在这种意图。从这个意义上说，非概率抽样是探测性和诠释性定性研究的常用抽样方法。

常用的非概率抽样法有方便抽样、立意抽样、滚雪球抽样和配额抽样几种。

1. 方便抽样

这是一种就近法，其样本单位的选定取决于研究者是否容易获得、便于进入和能够测量，因此，样本总是总体中比较容易抽到的一部分。人们通常所说的偶遇抽样、“街头拦人法”，都属于方便抽样的范畴。在这种抽样过程中，研究者将在某一时间和环境中所遇到的每一总体单位均作为样本成员，设法观察其特征或求得被调查者配合填写调查问卷。

在很多情况下，社会科学研究在实施对人的调查时，总会给被研究者带来诸多不便，这就使得能够获得被调查者的谅解和配合变成十分难得的事情。这个事实可能会带来两种后果：一种是，负责调查的人员站在冷风嗖嗖的街头，尴尬地拦截“面善者”以寻求配合；另一种是，确有一些“与众不同”的人显示出积极配合的意愿，对此，调查者往往如获至宝。其实，这两种情况都会造成样本的系统性偏误。不少高校中的研究人员，鉴于严格的概率样本难于获得的情况，常常以学生、室友、社团同事甚至仅限于社团女同事为样本，这样的样本如果不是为了极有限制性的研究主题，是没有任何可用于推断总体的价值的。总体上看，方便抽样在所有非概率抽样中属于不够严谨的一种抽样方法，不管是做定性研究还是定量研究，不管研究目标是描述、解释或诠释，以方便为出发点所选择的样本，既不能确保概率抽样的严格的客观性，也不能像各种主观抽样那样对人的主观能动性予以充分的尊重。因此，它可以说是一种仅适合做探测性研究时采用的抽样方法。

2. 立意抽样

这是一种基于主观目的或先验式判断而选定样本单位的抽样方法。就一般的概率抽样而言，主观立意是抽取样本单位时必须避免的，这也是科学研究的一贯精神。但人类的智慧之处就体现在具有“一叶知秋”的能力，所以，人的主观判断也是开启科学研究之门的重要凭借。当研究者对自己的研究领域十分熟悉，对研究总体比较了解时，他就可以从总体中选择那些被判断为最能代表该总体的单位作为样本。采用这种抽样方法，可获得代表性较高的样本。这种抽样方法多应用于总体小而内部差异大的情况，以及在总体边界无法确定或因研究者的时间与人力、物力有限时采用。在文化人类学、社会学、社会心理学、旅游学等领域，一些以定性研究为主的研究课题，通常会采取这种立意抽样的方法。例如，在旅游人类学领域，人们有意选定旅游目的地社区的个别“土著”居民（这些人通常被人类学家称为“线人”“掮客”或“受访者”）进行访谈，这些人的选定，往往是经过深思熟虑才确定下来的。

3. 滚雪球抽样

这种抽样法借用了一个形象的词汇“滚雪球”来体现其特征。生长在北国雪乡的人都有过滚雪球的经验：从一个拳头大的雪团开始，任其在雪地中自由滚动，结果是越来越大……以这样的过程用来比喻抽样法，主要体现为调查单位（也即分析单位或观察单位）数在逐渐增加过程中的随机性。当研究人员进入一个比较陌生的研究领域，或该领域内特定总体的成员难以找到，不仅无法确定一个完整的抽样框，就连分析单位是谁、在哪里都不很清楚，在这种情况下，最好的办法是“顺藤摸瓜”，逐渐拓展。具体的办法是先找出目标群体少数甚至个别成员的资料，然后向这些成员展开初步的调查，并根据他们提供的有关其他成员的信息，进一步扩大调查的范围，在此基础上，再做下一步的拓展，直到得到满意的全部样本单位为止。这种方法的路径依赖感很强，最终结果与起点的偶然性密切相关，存在差之毫厘、谬以千里的逻辑陷阱。因此，采用这种方法抽样时，一定要多关注各种枝蔓性的细节，并善于发现其中的因果逻辑，从而不断调整雪球的滚动路径，最终达到从“点、线结构”转向“点、线、面”结构的效果。

从这种抽样法的特点来看，它更适合于定性研究。尽管人们更倾向于用这种方法做探测性研究，但有很多描述性、解释性和诠释性研究也借助这种方法收集资料，只是研究者在这样做的时候十分清楚结论的有限性。也就是说，他们在形成最终结论、构建理论模型时，会把这种结论维持在既得样本的范围之内，不会轻易对总体做出对应性的推论，除非研究者能够在更高的哲学层面做出一般性的理论抽象。

4. 定额抽样

定额抽样也称配额抽样，是将总体依某种标准分层（群）；然后按照各层样本数与该层总体数成比例的原则，根据研究者的主观意愿来抽取样本单位。在工作程序上，定额抽样与分层概率抽样很接近，都需要先对总体进行类层的划分。但二者最大的不同是分层抽样时各层内的样本单位是按照随机原则抽取的，而定额抽样的各层内的样本单位是主观任意确定的。

定额抽样的主旨是按比例分配样本单位在总体各类群中的数量，因此，能够对总体划分类群并知道其比例是定额抽样的前提。这在有的时候是一件难以办到的事情。另外，由于抽取样本时的主观任意性，也使得这种抽样法难以用于对总体做出推断，因此，它更多的时候是被用于定性研究的观察单位的选择上。

第五节　信度与效度

判断一项科学研究是否有价值，就要看这项研究的最终结论是否具有某种真理的品质（这里暂时搁置一些否认存在一般真理的理论观点，如后现代主义者的看法）。真理作为一般科学工作者所追求的目标，其衡量标准其实也是仁者见仁、智者见智的。常见的说法是“实践是检验真理的唯一标准”，这一主张大致符合经验主义和实用主义的哲学思想；但理性主义者也可能认为，通过严格的逻辑推理也能发现真理。这两种哲学取向，在科学研究过程中一直有不同的体现，尤其在定量研究和定性研究两种不同方法上，会导致差异甚大的具体研究策略（比如，定量研究会倾向于理性主义，而定性研究会青睐于实用主义的主张），从而在科学研究的全过程上，如研究计划的制订，概念化和操作化过程，资料的收集和分析阶段，对事实的描述、解释和诠释及理论模型的构建等各个环节，均能形成对研究品质的种种挑战。不过，在研究设计阶段充分理解并处理好影响科学研究最终成果价值的因素，可以帮助研究者在追求真理这条道路上走得更顺畅。所以，本节的内容将不再延伸至科学研究的各个环节上，而是仅限于探讨研究设计这一环节中有关变量测量的信度和效度的问题。其他内容则融入相关主题，在此不做专门讨论。

一、信度与效度

一项科学研究经过了深入的概念化和详尽的操作化过程之后，便进入变量测量这一技术环节。对此，如何评价这种测量的品质？科学界所形成的共识是可以从信度和效度两个方面，来衡量一种测量的好坏。这两个衡量标准虽然都是针对测量相对于目标而形成的误差而言的，但它们各自偏重于造成测量误差的不同方面。

为了阐述上的方便，笔者在此提出“能测”与“被测”（也可称为“所测”）这两个术语，分别用以指代需要借助于其他指标加以说明的变量（被测）及用以充当这种测量角色的指标或资料（能测）。能测与被测的结合，构成了一个完整的测量（Measure）。

（一）信度

信度（Reliability）指的是测量的稳定性或一致性。如果同样的个体在同样的条件下接受重复性的测量，那么，一个可信的测量程序应该得到相同（或相近）的测量结果①。换言之，信度测量的是可靠性，也即使用相同技术重复测量同一个对象时，得到相同结果的可能性。信度高是

① Frederick J. Gravetter, Lori–Ann B. Forizano. 行为科学研究方法［M］. 邓铸，译. 西安：陕西师范大学出版社，2005：67.

指重复地得到该结果的可能性大。

信度所测量的这种一致性，可以理解成两部分内容：内部一致性和外部一致性。内部一致性是针对测量的有关变量间彼此是否存在一致性，而外部一致性指的是测量的结果（即能测的数值）是否会随着施测场合的变更而有所变化。前者构成了内部信度，而后者构成了外部信度。在对一些新开发的量表进行信度评价时，这两种信度都要加以考虑。

对量表等测量工具进行信度分析或评价时所用的信度指标多以相关系数表示，通常有三类：用以反映跨时间一致性的稳定系数、反映跨形式一致性的等值系数和反映跨项目一致性的内在一致性系数。信度分析的常用方法有重测信度、复本信度、分半信度、α 信度系数法四种。前两种主要评价外部一致性，而后两种主要评价内部一致性。

重测信度（Test-retest Reliability）也称为再测信度，是对同一组被测采用相同的能测，在不同的时间点先后测量两次，两次测量之间的差异程度即为重测信度，它反映了随机误差的影响。重测信度所考察的误差来源是时间的变化所带来的随机影响，因此，从类型上看，它属于能够反映跨时间一致性的信度指标。所以，在评估重测信度时，必须注意重测间隔的时间。一般地，时间跨度越大，如果能测的数值差距反而小，说明“成熟”的问题（指在测量中由于测量时间所带来的被测自然变化，包括成长、倦怠、老化等）在测量中的影响较小，信度也较高。这就暴露重测信度在决定时间跨度时所遇到的两难困境：缩短两次测量的时间间隔，能测的一致性高，但可能只是简单重复造成的结果，从而使重测缺乏意义；而延长两次测试的时间间隔，则能测较容易受外部影响而变化。

复本信度（Parallel-forms Reliability）又称为等值性系数（Equivalence Reliability），是等值性信度的一种，指一组能测相对另一组能测的变异程度，是对同一组被测运用两份内容等价但题目不同的能测进行测量，然后比较两组数据的相关程度。这种信度分析的特点是，它比重测信度的工作量要大，因为必须为同一个能测构建两个等值的复本，两个复本要包含相同的数量、类型、内容、难度的题目。评估复本信度的高低，要用两个复本对同一被测进行测试，再估算两种复本测量分数的相关系数，相关系数越大，说明两个复本构成带来的变异越小，这与重测信度中考虑时间产生的变异不同，也就是说，相关系数反应的是能测的等值性程度。

相比之下，复本信度有许多优点：①能够避免重测信度面临的“成熟”问题；②适用于进行长期追踪研究或调查某些干涉变量对能测的影响；③减少了辅导或作弊的可能性。它的局限性在于：①如果被测易受“成熟”的影响——即两个复本的施测相隔一段时间，则复本信度只能减少而不能消除这种影响；②有些测量的性质会由于重复而发生改变；③有些测量很难找到合适的复本[①]。

对分信度（Split–half Reliability），也叫分半信度、折半信度，是将能测分成两半，计算这两半测量之间的相关系数。这种信度分析实际上也是利用增加测量以检验其一致性的原理来设计的。因此，能测越多，信度系数也就越高。但对分法在增加测量时的技巧在于，会将若干能测随机分成两组，通过观察两组能测的结果，来评价被测的内部一致性。比如，如果要了解在旅游企业用工方面是否存在对女性的歧视，可以设计一份问卷，其中包含有 10 个问题（能测）涉及女性歧视现象。如果要采用对分法测量这 10 个问题的内部一致性，就可以将它们随机分为两组进行测量，如果每一组的能测结果都接近，那么，测量信度就是可以接受的。由此可

① 风笑天 . 社会研究方法［M］. 4 版，北京：中国人民大学出版社，2013：97.

见，对分信度反映的是两半题目的能测结果之间的变异程度。

以上三种信度，分别体现着时间、形式间和变量间的变异情况，分析的视角均基于比较思维。重测信度是在时间上的比较，复本信度是在形式上的比较，而对分信度是在变量间做信度比较。它们的共同点是能测的数值（即测量得分）在两种比对方案中越接近，其相关度越高，则表明一致性越明显，信度也就越高。这一含义可以通过图 3-5 的 T、W 两个分别反映高信度和低信度图示来进一步说明。在图中，测量 A 代表重测法中的前测（若干时间前）、对分法中的此一半或复本法中的甲复本，测量 B 代表重测法中的后测（若干时间后）、对分法中的彼一半或复本法中的乙复本。从图中可以看出，获得测量结果（能测）为 T 的测量，其一致性比较高，因为在两次或两种测量中，其得分趋向于一致，信度高；相反，获得测量结果（能测）为 W 的测量，其一致性很差，因为在两次或两种测量中，其得分完全没有规律可循，忽高忽低，信度很低。

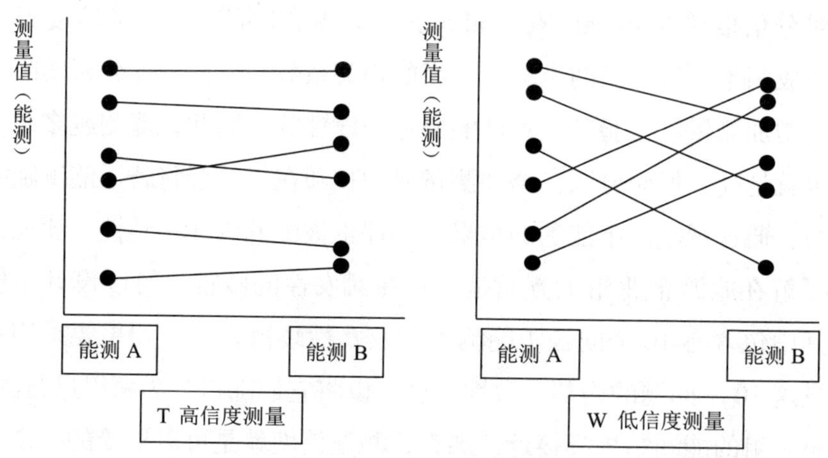

图 3-5　信度不同的测量图示

在对量表等测量进行信度分析时，目前更多地用克伦巴赫（Cronbach）的 α 信度系数法来计算 α 值，据以评价测量的信度。

$$\alpha = \frac{\frac{k}{k-1}}{1-\frac{\sum S_i^2}{\sum S_T^2}}$$

其中，k 为量表中题项的总数，S_i^2 为第 i 题得分的题内方差，S_T^2 为全部题项总得分的方差。从公式中可以看出，α 系数评价的是量表中各题项得分间的一致性或同质性，也就是测验内部的各题目在多大程度上考察了同一内容，因此也属于内在一致性系数。如果测量的同质性信度低，即使各个能测看起来似乎是在测量同一特质（被测），但实际上是异质的，即该能测测量了不止一种特质。这种方法适用于态度、意见式问卷（量表）的信度分析。一般地，总量表的克伦巴赫系数 α 的取值最好在 0.8 以上，0.7~0.8 可以接受；分量表的信度系数最好在 0.7 以上，0.6~0.7 还可以接受。如果 α 的取值在 0.6 以下，就要考虑重新设计相关测量。

（二）效度

与信度不同，效度测量的是所测得的结果与目标值的差距有多大，差距越大，这个测量值越没有价值，其极端情况则属于那种差之毫厘、谬以千里，与目标不搭界的无效测量。因此，效度（Validity）即是指测量工具或手段能够准确测出所需测量的事物的程度。测量结果与要考察的内容越吻合，则效度越高；反之，则效度越低。

效度是一个比较复杂的概念。从效度所反映的测量指向上看，可以将其分为表面效度、内容效度、结构效度和效标效度几种类型。

表面效度（Face Validity）涉及的是测量的表面现象。这种表面现象，有的是为人们所熟知，有的则已成为人们的共识。在测量此类现象时，人们很少会对相关测量产生怀疑。单纯从这一点看，具有表面效度的测量在科学意义上好像价值并不大，因为科学研究的起点是质疑，而其宗旨则是探索，因此，仅具有表面效度的测量，未必是真正有价值的测量。不过，表面效度从反面意义上看却有其价值：如果一个测量首先可以确定它缺乏表面效度，那么，这个测量必不是一个好的测量。例如，用是否去教堂做弥撒这一能测来衡量一个人的宗教虔诚度这一被测，用一名服务员所服务过的顾客对该服务员的投诉次数作为能测来测量服务员的服务质量，用打字速度测量打字员的打字技巧，都是具有表面效度的测量，因为这些能测与被测之间的相关性是大家都不会有多大怀疑的。相反，如果用一个人是否看宗教类电影来测量其对宗教的虔诚度，用顾客在酒店一次性入住时间的长短来测定对某一位服务员服务质量的评价，甚至用打字员打字的姿态来测量其打字技巧，这些测量都缺乏表面效度，因为能测与被测之间，连最表面上的对应性都几乎不存在。

不过，有些不具备表面效度的测验，也未必真的没有价值，因为很可能人们用以判断表面效度的常识或共识还未能触及该问题的深度和实质。例如，建立在弗洛伊德投射理论基础上的投射测验（Projective Test），其测量就没有表面效度，而这种测验所针对的，恰恰是隐藏在表面之下的某种潜意识：当人们面对模棱两可的刺激时（如一滴墨水或一张模棱两可的图片），将会投射出那些防卫性较低的内心冲突，也会泄露试图隐藏的情感和焦虑。使用这种测验的研究者们并不想让参与者清楚地了解测验的目的①。

内容效度（Content Validity）是就测量内容的全面性与否而言的。联系到前文曾探讨过的概念化的内容可以发现，一个概念经过概念化之后

---

① 休·库利坎．心理学研究方法导论［M］．卢家楣，译．重庆：重庆大学出版社，2011：80.

所形成的维度，具有周延和互斥两个缺一不可的特征。当把维度以指标形式纳入测量的范畴而成为被测时，相应的能测是否能够包含全部内容，就构成了衡量该测量内容效度的一个标准。在维度上违背周延性而形成的能测，因缺乏内容效度而会在测量结果上产生以偏概全的错误。例如，要了解一个人的数学运算能力，仅以其加减法运算能力作为能测，显然是不完整的，这样就会出现内容效度的欠缺。适当的能测还应该包括对乘除法运算能力的测量。同理，要了解一个大学教师的教学质量，如果仅以课堂上学生的情绪亢奋度为能测，也会是一个内容效度不高的测量。在旅游研究领域，对一些抽象概念（如愉悦、体验、满意度、畅爽度、从众心理等）进行测量时，都面临着内容效度的挑战。

结构效度（Construct Validity），也称建构效度或构造效度。对于解释性科学研究而言，其宗旨是探索变量之间的关系并做出相应的因果解释。在研究设计阶段考虑因果关系的测量问题，就会直接触及测量的结构效度问题。结构效度对测量设计提出的一个很尖锐的问题是能测与被测之间在因果上的对应关系是否确实存在？对此，巴比举了一个很好的例子来说明结构效度的含义[①]。

> 举例而言，假设要研究“婚姻满意度”的原因及后果。作为研究工作的一部分，你们建构了婚姻满意度的测量，并且要评估它的效度。
>
> 除了建立测量以外，还应该有一定的理论预期，即婚姻满意度和其他变量之间的关系。譬如，你们推断：与对婚姻不满意的先生和太太相比，对婚姻满意的先生和太太不太可能欺骗对方。如果

① 艾尔·巴比.社会研究方法（上册）[M].8版，邱泽奇，译.北京：华夏出版社，2000：173.

“婚姻满意度”测量正如所预期的与“婚姻忠诚度”有关，那么，就证明了你们的测量具有建构效度。但是，如果研究显示，对婚姻满意的和对婚姻不满意的夫妻都有欺骗对方的情形，那么，测量的建构效度就有待商榷了。

由于在讨论结构效度时使用了因果关联或因果关系这样的字眼，因此需要提醒的是结构效度强调的是带有方向性的因果关系，因与果是不能倒置的，也不是平行式的相关关系。例如，人的身高是与父辈的遗传有关的，父辈身高是因，子辈身高是果，这在19世纪著名遗传学家格尔顿提出回归的概念时就已经明确了的——他针对父辈身高与子辈身高的这种因果关系进而提出了回归的概念。他的测量的结构效度是得到广泛认可的。但是，如果拿身高与体重的关系来理解结构效度，就不正确了。身高与体重之间存在的是相关关系而不是因果关系，虽然大致可以根据身高而推测体重，或者根据体重而推测身高，但不能认为是身高导致了体重，还是体重导致了身高。用其中的某一个变量做能测去测定另一个身为被测的变量，都是没有结构效度的。

由此可以看出，结构效度所针对的问题，实际上是科学发展史当中重要的研究课题。所有旨在识别、解释事物之间因果联系并最终获得成功的科学研究，都为后来的研究者积累了一些“经典变量”，像物理学中的“重力”“夸克”，它们的结构已经彻底得到证实，并成为解释所有观察到的现象所依赖的基础。利用它们，人们就可以预测更多的现象。所以，结构效度是一种非常具有理论色彩的效度。

效标效度（Criterion Validity），又称标准关联效度或准则效度。顾名思义，这种效度是根据一些已有的标准来确定的效度。这些标准既可以是某些权威测验，也可以是实际表现。国家或地方行政管理部门公布的一些行政法规，其中包含有明确的法律限定，比如，食品安全领域的质量标准、卫生标准等，可以作为某些测量的效标效度的评价依据。有些测量要靠事实来验证，比如，汽车驾驶员资格考试成绩，与实际驾驶技术之间的关系，也体现为效标效度。根据效标效度所涵盖的时间跨度，还可以将其分为共时效度（Concurrent Validity）和预测效度（Predictive Validity），前者是将测量结果与现有其他标准或当下事实相比对所形成的效度评价，后者则是需要在未来有事实发生才能得以验证的效度。

比较内容效度、结构效度和效标效度之间的关系，可以用图 3–6 来加以刻画。这里用导游员的相关能力和知识作为有待测定的概念来加以说明。

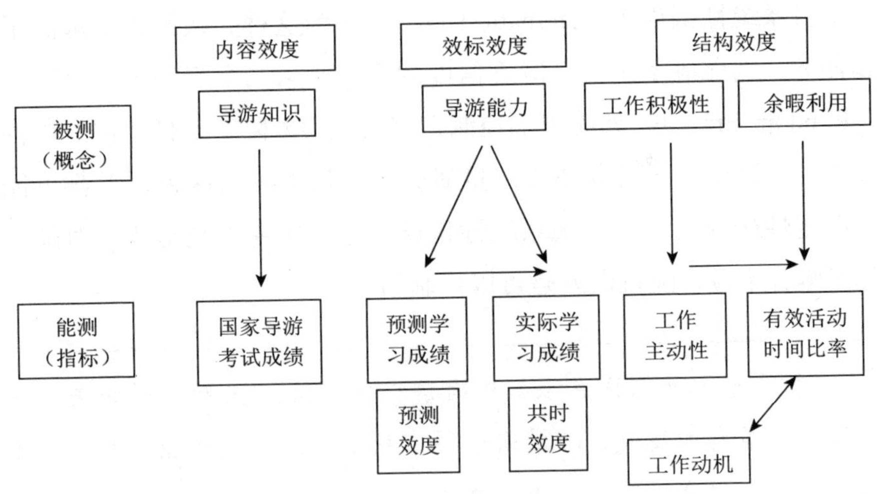

图 3–6　三种效度的内容例示

（三）信度与效度的关系

信度与效度两者间存在着一定的联系，这可以形象地用瞄准靶心进行射击时的情况来加以比喻（见图3-7）[①]。从图中第一个靶子的射击结果可以看到，高信度呈现的是稳定性很高的密集点状形态，它表明尽管射手射击有一半儿多偏离出目标靶子之外，但那是整体性的误差，也许是手枪出了毛病，或者是靶子放错了地方，或者是射手的眼睛始终处于斜视状态，但射手的手劲儿还是很可以炫耀的，能保持每次射击都打中一个地方，因此，射击的信度还是很高的。当然，这样的结果射手肯定不满意，因为这等于是差之毫厘、谬以千里，效度出了问题。与此相对的是信度不高而效度很高的情况是第二个靶子的射击结果：所有子弹都射中了目标（尽管可能不一定是要害处），因此效度是很高的；但射手的技术稳定性略有欠缺（比如，手发抖，而且上下左右抖动的方向不好控制，带有偶然性），造成了信度的降低。因此，缺乏效度的测量（第一个靶子）来自系统性偏误（Systematic Bias），因为这种失败使研究远离了目标和任务，因此应予避免；缺乏信度的测量（第二个靶子）来自随机误差（Random Error），如能善加控制，就会使误差降至最低（但难以彻底消除）。不管是定性研究还是定量研究，测量中的这两种误差都可能发生，而定性研究更容易出现系统性偏误，定量研究则经常要面对随机误差的影响，不过，随机误差是可以控制的。

《韩非子·外储说左上》中有这样几句话："夫新砥砺杀矢，彀弩而射，虽冥而妄发，其端未尝不中秋毫也，然而莫能复其处，不可谓善射，无常仪的也；设五寸之的，引十步之远，非羿、逢蒙不能必全者，有常仪的也；有度难而无度易也。有常仪的，则羿、逢蒙以五寸为巧；无常仪的，则以妄发而中秋毫为拙。"

① 艾尔·巴比.社会研究方法（上册）[M].8版，邱泽奇，译.北京：华夏出版社，2000：173.

把这几句话翻译过来，大意是：用新磨出的利箭，张满弓弩发射出去，即使闭着眼睛乱发，箭头也没有不射中极细小的东西的。然而不能再一次射到原来射中的地方，这就不能说是“善射”，因为没有固定的箭靶作为目标。设置一个直径五寸的箭靶，射程只有十步远，不是后羿和逢蒙这样射手就不一定能全部射中，这是因为有固定的箭靶作为目标。有目标射箭是困难的，没有目标射箭是容易的。有固定的箭靶作目标，后羿、逄蒙射中五寸的靶子就算是“巧”了；没有固定的箭靶作目标，靠闭着眼睛乱射，即使射中极细小的东西，也只能算作“拙”。

韩非子这里所用的“复其处”，就是信度；“巧”与“拙”，就是效度。

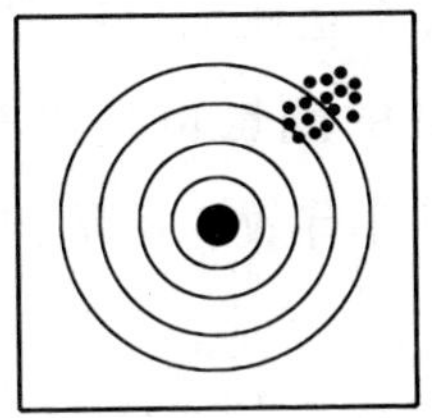

信度高但缺乏效度

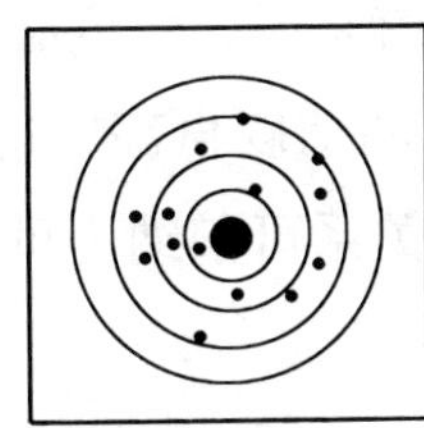

效度高但缺乏信度

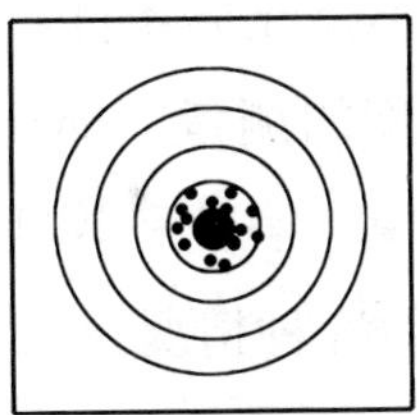

信度和效度皆高

图 3–7　信度和效度的比喻

如果将上述说明的要点以数学形式来更加规范地加以描述的话，就可以用下面的公式来表达这种关系。

设 T 为待测定的真实值，即被测；b 表示测量的偏差即系统性误差，e 表示测量的随机误差，X 表示测量结果，即能测。则有：

$$X = T + b + e$$

在上述表达式中，T 是一个抽象的变量，是潜在的需要估计的值。

系统误差 b 是可通过采用一定的手段避免的误差，而随机误差 e 是只能有所控制而无法彻底消除的。

当 $b \to 0$ 甚至 $b=0$ 时，若测量得到的结果 X 与真实值 T 一致或者差异很小，则称该测量是“有价值的”或“效度高的”；当 $e \to 0$ 但 $e \neq 0$ 时，若测量得到的结果 X 与真实值 T 一致或者差异很小，则称该测量是“可靠的”或“信度高的”。图 3–7 中最后一个图案，表示信度和效度都是高的，即 b 和 e 的值都很小。

从上边的图示和数学表达式中均可以看出，信度与效度之间存在着密切的关系。当 b 和 e 均为 0 时，测量既完全可信也完全有效；若测量的信度不足，它也不可能完全有效；如果测量是完全可信的，可以达到完全有效，也可能达不到，因为有可能存在随机误差。虽然缺乏信度必然缺乏效度，但信度的大小并不能体现效度的大小。信度是效度的必要条件，但不是充分条件。也就是说，效度必须建立在信度的基础上；但是没有效度的测量，即使它的信度再高，这样的测量也是没有意义的。从整体上说，信度和效度的关系可归纳为可信且有效、可信但无效、不可信亦无效几种情况。

二、信度的控制

要想对信度实施控制，就要了解导致信度失败的原因。信度是对测量一致性程度的估计，而影响这种一致性的原因，是随机误差，而不是系统性偏误。因此，要想对信度施加控制，就需要了解造成随机误差的因素。大致地，一般将这些因素归纳为主观、客观两个方面。

影响信度的客观因素主要体现在测量工具和方法的固有特性方面。如果工具运用失当，方法选择不合适，就会造成测量的不稳定性和不一致性，信度自然会受到影响。例如，在测量一个人群的体重时，如果对一部分人采用电子秤，另一部分人使用撅杆秤（假设有这样大的秤），那么，使用撅杆秤所获得的测量就会产生更多的随机误差，从而影响了信度。

由于随机误差的来源还与总体分布的离散程度（用总体标准差σ来测量）、样本容量等有关，因此，如果总体自身的分布变异程度很高，或者抽取的样本单位数很少，那么，信度就会受到影响。在极端情况下，那些在差异甚大的总体中采用案例研究（只调查单一总体单位）可能遇到的信度问题，往往会更大，因为这时没有一种有效的方法可以使测量从一次性测量转化为连续性多次测量。样本容量过小，难以使样本统计量的信度得到保证。不过，前文在介绍重测信度、复本信度和对分信度等概念时，已经同时涉及了通过相应方法来提高一个测量的信度的方法。

在实施测量时，以什么作为测量的能测，也是能够影响信度的客观性因素。比如，如果想研究星级酒店客人对酒店产品和服务的满意度，就可以采取两种策略：一种是现场观察客人的行为反应，另一种是到后台分析客人的投诉档案。尽管两种策略都尽可能要求自己力求用客观的经验事实作为证据，比如，在行为观察中要严格记录客人的“微笑”频次和“恼怒”频次，而在档案分析时则明确划分为“投诉”频次和“表扬”频次，但两者在信度上是不会一样的：现场观察的结果会由于调查人员的介入，对何为微笑、何为恼怒的不同界定，以及对观察时机的选择等诸多问题而出现更多干扰稳定性的随机因素，而档案分析尽管也会有一定的问题，但至少在程度上要比在现场做行为观察更为客观一些，因此其结果的稳定性也会高一些。随机误差小的时候，信度就提高了。

社会科学研究中的测量，在很多情况下要在实际社会情境中进行，旅游研究也一样。真实的社会情境受很多因素的影响，各种外在环境因素也是重要的方面。不难想象，在每一次测量过程中，这些外在环境都会发生一定的变化。如果这些变化使得测量呈现某种不稳定、不一致的情况，信度也降低了。

影响信度的主观因素既来自测量者，也来自以人为测量对象的被测量者。这两方面的原因一直困扰着社会科学家，甚至迫使他们最终分化出两种近乎对立的研究态度：一种是竭力寻求价值中立的测量方法和手段，而另一种则甘愿放任主观测量对研究过程的介入。这个问题其实不仅仅涉及信度的问题，同时也直接关系到效度的问题。如果仅从信度的角度来考虑主观因素的影响，只要关注那些引起测量中随机误差增大的偶然性因素，就可以发现问题所在了。

三、效度的控制

效度的失败是系统性偏误造成的。从整体上说，这种偏误与研究者及以人作为研究对象的被研究者的行为结果有关。概括起来说，这种由主观行为对效度所产生的影响，可以总结为主观故意所造成的系统性偏误和主观无意所造成的系统性偏误两个来源。

一种主观情况是主观故意造成的系统性偏误。比如，前边谈到在测量人群每个成员的体重时，虽然使用电子秤进行测量会提高测量的信度，但如果测量者在初始设定上做了手脚，那就会出现效度问题。再比如，习惯于使用撅杆秤卖货的小商贩，如果总是怀着不端的心态，暗暗地用自己的小手指在秤杆的后端上下使力，不用说，他心里明白，这种测量也同样会造成系统性偏误，会使得测量的信度大大降低。再比如，有的人上街打车，也许会盯着出租车的计价器琢磨：这辆车的计价器会不会将车轮转数统计得比实际转数多？如果计价器果真被做了有偏向的设定，这样的计价器的记录结果（即能测的取值），也是一种系统性偏误，直接影响测量的效度问题。

在采用定性方法从事研究的人员，在主观上形成系统性偏误的可能性会比采用定量方法更大一些。比如，在选题的时候，他们倾向于选择某种适合研究者已有理论模式或已设定概念的一些资料进行测量，或者选择那些特别引起他们关注的资料；有些研究人员在利用访谈的形式进行社会科学领域的某些敏感的或政治性的课题研究时，为了得到预期的结果，可能会有意地在测量阶段采取某些诱导的方式寻求答案。这都是研究中涉及的主观故意造成的效度低下的问题。

另一种主观情况是主观无意造成的系统性偏误。上述主观有意所造成的系统性偏误，在科学研究中并不常见，因为它实质上涉及科学研究的伦理问题，并且直接超越了底线。在更多的情况下，系统性偏误主要是由研究主客体的主观行为造成的意外结果。如果研究过程复杂而烦琐，工作量浩大，或者研究中主要以个人访谈的方式获得资料，这时，即使有比较严格的程序约束和方案设计，也难免会造成主观无意的系统性偏误。这当中有一个几乎无法避免的难题就是“感应性”问题，它是由于研究者融入了研究对象所在的社会情境，必然引起情境的系统性改变。这种情况不管是参与式观察还是面对面访谈，都会不可避免地出现。对它所产生的系统性偏误的估计，应予以充分的重视。

在社会科学研究领域中一直存在着对主观因素影响效度的激烈争论，有的被定性为主观故意，其成果也成为学术打假的对象；有的难以确定是属于主观故意还是主观无意，但其测量所造成的系统性偏误在程度上的严重性，却引起人们的极大关注，有的还成为历史上著名的学术公案。这当中，玛格丽特·米德对萨摩亚人的研究，就是一个突出的例子。她的影响至巨的著作《萨摩亚人的成年：为西方文明所作的原始人类的青年心理研究》在 1928 年公开出版的 60 年之后，一直对米德的理论深信不疑的澳大利亚学者德里克·弗里曼却以《玛格丽塔·米德与萨摩亚：

一个人类学神话的形成与破灭》一书宣判了米德理论在信度和效度上的致命缺欠。这件学术公案对社会科学工作者的警示意义是很大的，它应该能够让研究者对其研究过程中测量的信度和效度问题给予充分的关注，并保持学术伦理上的纯洁性。

在坎贝尔和斯坦利所著的《实验的与准实验的研究设计》一书中，他们从内在效度和外在效度两个方面总结了实验设计需要考虑和警惕的一些问题，本书把它们转录于此，并做适当的说明，以此结束本章有关研究设计的讨论[①]。需要指出的是，坎贝尔和斯坦利在这里所用的内在效度与外在效度两个术语的含义，与前文在讨论信度内容时提到的内部一致性和外部一致性并非同一对儿概念。他们在使用这两个词时的含义是，用内在效度评价实验结论是否正确地反映了实验本身，而用外在效度衡量实验结果能否概化到“现实”世界或真实总体。如果实验过程受到各种实验以外因素的影响，那么，其内在效度就会有问题；如果实验结果只能局限在对实验对象范围内进行解释，其外在效度就有所欠缺了。

以下所列八种外部变量会影响实验设计的测量结果，进而影响实验的内在效度。如果不对它们进行控制，它们所产生的效果将会与实验刺激的效果混在一起，从而使研究者无法辨识真正的因果联系，也不可能对现象做出正确的解释。

（1）历史事件（History）。此即除了实验变量之外，在第一次测量和第二次测量之间所发生的特定的事件。在社会科学研究过程中，很多测量是在真实情境中发生的，在这种情况下，历史事件对测量的影响更为突出。比如，倘若想研究作为旅游目的地的香港市民对大陆旅游者的态度，在信息高度发达的今天，任何一件由媒体披露的大陆游客在港行

① 德尔伯特·C.米勒，内尔·J.萨尔金德.研究设计与社会测量导引［M］.风笑天，等，译.重庆：重庆大学出版社，2004：50-51；亦可见艾尔·巴比《社会研究方法》中的相关内容。

为事件，都可能成为左右香港市民对精心设计的量表中问题做出有偏误的回答，从而导致测量的效度降低。

（2）成熟因素（Maturation）。这是指作为能测的回答者自身随着时间流逝而发生变化的过程（这里不包括上述特定历史事件所产生的影响），如产生饥饿感、厌倦感、疲劳感，或者知识的增加（尤其是对实验相关项的进一步了解）、个人身心的老化等。越是时间跨度大的不同测量越无法回避成熟问题。

（3）测验效应（Testing）。在社会科学研究过程中，测量本身是一种明显的介入，这样就会给前后两次测量带来不同的影响，尤其是进行第一次测量时就会对第二次测量的分数产生干扰。试想，如果想研究旅游过程中的越轨行为，如果对同一组人实施前测与后测，那么，在正式的后测过程中所得到的测量结果，很可能已经是被试经过了深思熟虑之后的回答。这样的结果，有可能存在系统性偏误。

（4）测量工具（Instruments）。在仪器校准方面的变化，或者在观察者方面的变化，或者所用的计分方式的变化，都可能在获得测量的过程中产生改变。

（5）统计回归（Statistical Regression）。当群体是依据他们的极端分数来选择的时候，统计回归——即向变量的均值回归的趋向——会起作用。还拿研究旅游中的越轨行为为例，可以假设被试有三个组：一个对越轨行为持理解、开放和追求态度，一个对此持有不理解、保守和鄙视态度，还有一个组对此持模棱两可的中间态度。在很多情况下，人们对自己的极端态度持有“回调”的倾向，因此，在这三个组的测量中，很可能会出现，保守的一组和开放的一组都有向中间一组靠拢的倾向——尽管不会很彻底，这也是我们能够理解和希望的，因为，如果在调查时各种极端取值都彻底回归到平均水平，那么，研究的前提也就不存在了。

（6）选择偏误（Selection Biases）。如果在实验中设定了实验组和对照组，那么，如何选择对照组的被试，有可能存在着主观上的系统性偏误。如果选择对照组的被试采取不同的标准和程序，就会出现这个问题。这样设定的两个组已经失去了可比性，研究结论也就失去了应有的意义。

（7）实验死亡率（Experimental Mortality）。在严格的实验设计当中，不管是实验对象本身，还是作为对照组存在的虚拟被试，他们任何一方如果在实验过程中退出实验过程，都等于要宣告实验的半途而废。这似乎是说，实验过程“杀死了”被试，被试随之也“消灭了”实验。试想，如果向三种不同类型的人（如第5点所举的例子）了解他们对旅游越轨行为（包括性旅游）的看法，很可能那些极端保守的人听到问题后马上拂袖而去，剩下一些把性旅游看作某种浪漫游程的人在此津津乐道。这样获得的测量必然是有偏的，很可能得出一个“全体人民青睐性旅游”的震撼性结论。

（8）选择与成熟的交互作用（Interaction Effects of Selection and Maturation）。选择与成熟（也包括其他上述几个因素）有时是独立发挥作用，有时又共同发挥作用，更有甚者，由于这种独立作用及共同作用所引致的一种新的效应，可能对测量结果产生极大影响，从而混淆实验变量的真实作用。

对实验设计的外部效度能够产生影响的因素包括以下几方面。

（1）测验的反应性或者交互影响。测验的反应性（亦可理解为感应性）或交互影响，在社会科学研究中实际上会牵涉两个问题：前测与后测之间的反应性；实验情境与真实情境中的反应性。一方面，由于前测的实施，可能在后测阶段使被试对实验变量的敏感性或反应性有增加或减少的可能性，因而使得从前测总体中所得到的结果，并不能代表在那个未经前测的总体中从被试那里所获得的结果。同样，在实验情境中进行的测量，由于情境自身的特殊性，会影响实验的反应性或交互作用，会使被试对实验变量的反应与他在其他情境中可能更为正常的反应相比有很大的不同。比如，如果在教室里安排两组人一同看一部反映旅游过程中偶遇爱情的浪漫影片，并请他们回答对“旅游越轨”问题的看法，恐怕他们的答案会与在电影院里看同一部电影之后的真实态度有所不同，这就是实验本身与刺激产生交互作用的例子。

（2）选择的偏误与实验变量的交互影响。在实验组和对照组之间有偏误地选择和分配被试，还会产生交互作用，使原有的偏误错上加错，既有可能抵消了变量已经发生的误差，也有可能增加了这种误差，而两者都会影响外部效度。

（3）实验安排的反应性影响。那些在非实验背景下被卷入实验的人所受到的实验变量的影响，在进行概化的时候，应该予以消除。

一项适当的研究设计能够在信度和效度两个方面保证实验结论的价值。从这一点来说。研究设计是科学研究过程走向田野、进入实验情境的关键一步。

第四章

旅游研究的定性方法

从第二章所介绍的研究类型来看，有诸多标准可以作为旅游研究方法的分类依据。不过，在各种划分策略当中，只有定量和定性研究这种划分是基于技术层面的一种划分，也由此使得这种划分的结果，可以有更大的空间去包容各类研究的其他非技术层面的维度（如认识论、时间和目的等维度），唯其如此，也才能给按此划分所展开的相关探讨，尤其是本书的组织架构，以充分的回旋空间。因此，本书在探讨旅游研究技术层面问题的时候，就按照定性和定量这种最具技术意义的标准来组织内容的布局，同时在各个部分，再去呼应、展开各种非技术性的论题。这就是本书在本章和下一章只以定量与定性研究作为详细探讨内容的理由。

第一节　定性研究的特点与类型

一、定性研究的特点

（一）定性研究概念辨析

第二章已涉及定性研究的基本概念，但除了对定性研究和定量研究的关系做了简单的对比之外，并没有对定性研究的具体内容做更多的讨论，仅仅提供了陈向明对定性研究的概念性界定。不过在第二章的内容里，笔者即已指出，该定义有其自相矛盾之处，值得做进一步辨析。

定性研究一词，在英文中仅用“Qualitative Study”，因此，歧义不多。但在中文中，可见的常用词汇至少有三个：定性研究、质性研究和质的研究。这种用词上的分歧，起自中文作者最初在使用定性研究一词时国内学术界的用词背景，同时也不排除存在一些随意、肤浅的理解甚至误解，以至于使后来有些方法论学者特别地计较于这些词汇之间，尤其是定性研究与质性研究或质的研究之间的区别。比如，陈向明在《质的研究方法与社会科学研究》一书中[①]，曾专门提出有关“质的研究与定性研究的区分”，因为她发现，在定性研究一词的实际使用当中，人们所谓的“……定性研究的所指似乎比较宽泛，几乎所有非定量的东西均可纳入‘定性’的范畴，如哲学思辨、个人见解、政策宣传和解释，甚至包括在定量研究之前对问题的界定及之后对数据的分析。”据此，她明确地提出了她对“定性研究”与“质的研究”各自特点的认识：首先，在本体论和认识论上，“定性研究”像“定量研究”一样也坚守实证主义的立场，都认为存在绝对的真理和客观的现实，不论是通过“定量”的计算还是“定性”的规定，目的都是为了寻找事物中普遍存在的“本质”。而“质的研究”已经超越了自己早期对自然科学的模仿，开始对“真理”的唯一性和客观性进行了质疑。

在这里，笔者认为，陈向明说对了一半儿，也说错了一半儿。就其对定性研究的不谨慎、无限制用法的批评，笔者认为她所言不差；然而，就其认为定性研究与质的研究在本体论、认识论方面所存在的上述差异而言，笔者认为她说得有些武断。笔者认为，实际上没有理由也没有必要硬性地对定性研究和质性研究或质的研究加以区别。说没有必要，是因为有关定性研究的通俗甚至错谬用法，学界不必过虑，甚至也管控不了，因为对定性研究的某种歪曲性的理解和应用，同样还会发生在对质性研究和质的研究这两个概念上面，这是学术现实。说没有理由，就在于，定性研究实际上在本体论和认识论上已经变得很丰富、很分化，出于描述、解释和诠释三种不同目的的定性研究，它们不仅对实证主义的

① 陈向明 . 质的研究方法与社会科学研究［M］. 北京：教育科学出版社，2000：22–23.

态度不同，对其他范式的态度也同样不同。伴随着定性研究走向“科学化”的历程，实证主义一直是、将来也必然是定性研究的主导范式，至少会是最重要的范式之一。因此，笔者认为，陈向明将定性研究后来发展的多种本体论和认识论取向，用来代替实证主义范式，而不是用来补充、呼应实证主义范式，是未必妥当的。所谓的“对‘真理’的唯一性和客观性进行质疑”，不仅是其他各种范式成长的策略，而且也是类似于诠释学意义上的常人方法论、符号互动论、后现代主义和女性主义范式的本体论、认识论取向。尽管这几种范式有其自己看似激进的主张，但只要他们想在“科学”语域中相互对话，那么，他们也一定要尊重或理解“用事实说话”的实证主义范式的准则。

从曾经广泛应用定性研究的传统人类学中可以看出，科学意义上的人类学，很早就以注重事实而赢得了它的科学声誉，这不管是在文化人类学还是体质人类学领域，都没有例外。19 世纪及 20 世纪初的一些著名人类学家，如摩尔根、博厄斯、玛格丽特·米德或马林诺夫斯基，他们的工作无非是深入原始部族的社会生活，从现实生活中汲取理论素材，从生活实践中升华理论模型。即使在 20 世纪中后期及进入 21 世纪，受现象学、后现代主义等思潮的影响，定性研究出现了诠释学的转向，但一方面人类学注重田野调查的传统并没有改变，而且，原有的注重描述和解释的路线也并没有中断。所以，似乎可以得出这样的结论：定性研究的目标在于描述、解释和诠释，在整个定性研究方法的应用领域，三者是并存的，有时还可能是兼顾的。不过，在具体的研究实践中，或在某一个研究者身上，很容易发现这种目标会展现为某种研究偏好导致的取舍，从而形成了研究者个人或团队相对稳定的研究特色。

实际上，陈向明在列举了“定性研究”与“质的研究”之间的第二点区别时，不自觉地、客观上已经否认了自己的上述主张：“其次，在研究方法上，我认为，中国学者目前从事的大部分‘定性研究’基本上没有系统收集和分析原始资料的要求，具有较大的随意性、习惯性和自发性，发挥的主要是一种议论和舆论的功能。它更多的是一种研究者个人观点和感受的阐发，通常结合社会当下的时弊和需要对有关问题进行论说或提供建议。而‘质的研究’却十分强调研究者在自然情境中与被研究者互动，在原始资料的基础上建构研究的结果或理论，其探究方式不包括纯粹的逻辑思辨、个人见解和逻辑推理，也不包括一般意义上的工作经验总结[①]。”她的上述观点，针对的是15年前中国学界的状况，其认识是深刻而准确的。但是，在她的这两部分致力于区别“定性研究”与“质的研究”的文字中，可惜已经出现了自相矛盾的地方。从这段引文中可以看出，陈向明本人也在强调，“质的研究”是一种有规矩、有方法的独特研究策略。事实上，今天的质性研究，已经越来越依赖于成熟的计算机分析软件系统[②]，这正说明了“质的研究”尊重经验材料、努力遵守程序、倾向价值中立的一种发展方向。所以，笔者的结论是，不管是就当今学界的认识深度、知识的普及程度来说，还是从定性研究自身发展的历程及其内在逻辑而言，都没有必要对“定性研究”与“质的研究”或“质性研究”进行区别。因此，本书所用的“定性研究”一词，其含义将同于其他作者在成熟意义上所使用的质性研究或质的研究两个概念。这样，不仅在引用其他作者使用其他术语来表达定性研究的概念时笔者不会有意调整，而且有时笔者也会使用其他两个术语，但其含义所指，却始终是一样的。

---

① 陈向明 . 质的研究方法与社会科学研究［M］. 北京：教育科学出版社，2000：23.

② 克里斯多夫·哈恩 . 质性研究中的资料分析：计算机辅助方法应用指南［M］. 乐章，陈彧，译 . 重庆：重庆大学出版社，2012.

（二）定性研究与扎根理论

扎根理论（Grounded Theory）是定性研究的一种方法，还是定性研究在其理论生成过程中所推崇的一般路径？如果是前者，那么，扎根理论在定性研究中的应用，就是阶段性的和局部性的，也是工具性的；如果是后者，扎根理论与定性研究的关系，就将是伴随性的、全局性的和原则性的。

对于扎根理论，也存在一个概念辨析的问题。首先需要明确的是，扎根理论本身并非是一种对社会或自然现象进行解释的独特理论框架。如果它算得上一种理论的话，也仅仅是社会科学的方法论理论：是阐明社会科学研究方法的适当性的一种理论。因此，将扎根理论不理解成理论而理解成方法，往往更容易让人接受。

其次，如果把扎根理论理解成一种方法，那么，它是一种什么样的方法？其特殊性何在？以笔者的理解，其特色在于，这种方法可以保证使研究者的“理论是自基础性的经验材料中生长出来的”。通俗一点说，就是“你的理论是有事实之根的”，这就是扎根理论的字面含义，这也是扎根理论的本质内涵。实际上，在这个意义上的扎根理论，已经切实地开拓了定性研究的两个空间，或者说出色地合流了传统定性研究在本体论和认识论上所存在的分歧：扎根理论的开放性给诠释学意义的定性研究以方法论上的合理性，而它基于经验材料并具有浓厚归纳色彩的理论生成路径也给解释性研究、描述性研究以至于实证主义范式在定性研究中的存在铺垫了充分的合法性基础。就这一点而言，扎根理论的出现和快速发展，有其内在的逻辑基础；在事实层面，它也成了定性研究不可或缺的方法论原则和全局性策略。

著名扎根理论家卡麦兹在介绍扎根理论的创始人物巴尼·格拉泽和安塞尔姆·斯特劳斯提出扎根理论这一创见时，特别强调了两位合作者在研究医院中的死亡过程时所经历的“观察”“笔记”“分析”和“建构”

理论的过程，指出：当他们建构关于死亡过程的分析时，形成了系统的方法论策略，社会科学家可以使用这些策略来进行很多其他问题的研究。格拉泽与斯特劳斯的著作《扎根理论的发现》第一次明确指出了这些策略，提倡在基于数据的研究中发展理论，而不是从已有的理论中演绎可验证性的假设[①]。作为受业于两位扎根理论大师并追随多年的扎根理论家，卡麦兹对扎根理论的体悟，必有其高于他人之处。她认为，《扎根理论的发现》提供了有力的论证，使得质性研究本身作为一种可靠的方法论路径获得了合法性，而不再仅仅是使用量化工具前的一个步骤。在该书中，格拉泽和斯特劳斯挑战的观点有：①质性方法是印象主义的和非系统化的；②研究的数据收集阶段和分析阶段是分离的；③普遍流行的观点为质性研究只是作为更加“严格”的量化方法的先在步骤；④理论和研究之间的武断分离；⑤一种假设，即质性研究不能产生理论。

针对这些流行于20世纪60年代学术界以定量研究为主导所形成的传统观点，格拉泽与斯特劳斯指出，系统的质性分析拥有自己的逻辑，能够产生理论。为此，他们共同明确了扎根理论实践所应遵循的规定成分，包括：①数据收集和数据分析同时进行；②从数据中而不是从预想的逻辑演绎的假设中建构分析代码和类属；③使用不断比较的方法，包括在分析的每个阶段进行比较；④在每一个数据收集和分析的步骤都推进理论发展；⑤通过记备忘录来完善类属，详细说明它们的属性，定义类属之间的关系，发现它们之间的缝隙；⑥为了理论建构的目的进行抽样，而不是为了人口的代表性而进行抽样；⑦在形成了独立的分析之后再进行文献评述。

正如卡麦兹所评价的那样，这些实践有助于研究者控制研究过程，增强研究的分析力度。格拉泽与斯特劳斯的目的在于，使质性探究方法

---

① 凯西·卡麦兹.建构扎根理论：质性研究实践指南［M］.边国英，译.重庆：重庆大学出版社，2009：5-8.

超越描述性研究，进入解释性理论框架的领域，由此对研究对象进行抽象性、概念性的理解。他们激励新手扎根理论者形成新的理论，提倡延迟文献评述，避免用已有的观念视角看待世界。格拉泽和斯特劳斯的理论化与书斋式逻辑演绎的理论化有很大差别，因为他们是从数据开始的，在保持数据坚实基础的同时，系统地提高了分析的概念水平。与他们的论证一致，一个完整的扎根理论要满足的标准有：与数据非常契合；有用；具有概念深度；能够经受时间的考验；可调整并具有解释的力度。

从上述引用的卡麦兹对扎根理论经典作者的介绍和评述，结合前文所引用的陈向明的一些观点，并针对目前在应用扎根理论时所存在的一些实际问题，可以发现，上述引文中，透露了以下一些基本信息。

（1）扎根理论是定性研究过程中贯穿始终的一种原则和方法；如果从这个意义上理解定性研究，那么，也可以用这样一句话表示：定性研究就是扎根理论式的研究。

（2）对于实证主义范式，定性研究所反对的，不是其对真理的追求，而是反对实证主义一直主张的研究路径的唯一性：运用演绎逻辑形成理论。扎根理论为实证主义提供了另一条通道：运用归纳逻辑、通过定性研究，也可以形成关于“真理”的理论；换言之，实证主义范式本来就有两个路径：归纳与演绎。对“真理”的追求并不是定量研究的专利。

（3）对“真理”的追求也是定性研究诸多目标中的一个，是解释性定性研究的使命；但传统上，定性研究的“老本行”是描述；至于定性研究所表现出来的质疑“真理”的唯一性和客观性的取向，主要是在定性研究后来发展过程中所出现的“诠释转向”，是基于自然主义的一种建构思想。但是，这三者并非完全互斥的，而是构成了定性研究在当下并存的三个目标（后文进一步阐述）；这三种不同目的的定性研究，其理论结果再概推至总体方面，具有完全不同的约束和命运。

（4）在工作程序上扎根理论所主张的在最后环节才做文献评述，这不是一个一般性的建议，而是原则性的主张，这是与扎根理论的宗旨密切相关的。

对于定性研究与扎根理论之间的关系，以及定性研究的工作流程，从卡麦兹为其自己所提出的“建构扎根理论”所归纳的流程图可以看到其特点（见图 4–1）①。

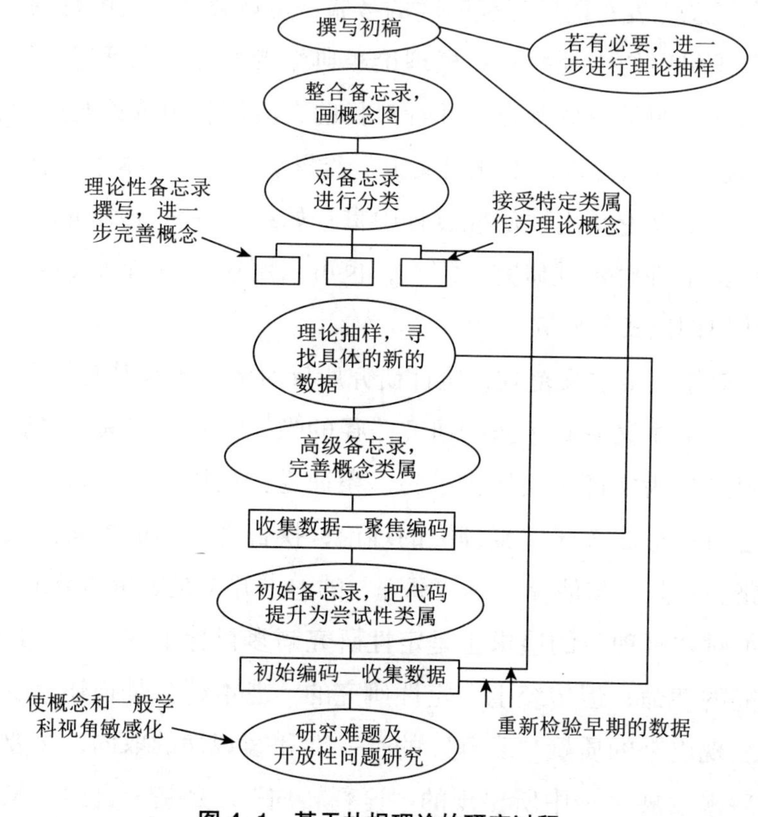

图 4–1　基于扎根理论的研究过程

① 凯西·卡麦兹.建构扎根理论：质性研究实践指南［M］.边国英，译.重庆：重庆大学出版社，2009：14.

二、定性研究的目标、路径和结论

讨论定性研究的目标、路径，并对定性研究的最终结论在概推或一般化方面做一些评价，有助于进一步理解定性研究的特点，并且使采用定性研究方法展开的科学研究，更具有自觉性和主动性。对于这三个问题的讨论，实际上在前文有些地方已经有所涉及，但并未能将它们作为明确的观点提出来。

（一）目标：描述、诠释与解释的兼顾

针对定性研究到底"是研究什么的"及"是如何研究的"这样的问题，在一些定性研究方法论著作中，还存在着某种程度的争论或混淆。有些观点之间由于出发点及看问题的视角不同，竟然能够得出近乎对立、相互排斥的观点。其实，在定性研究内部，本不应呈现如此巨大的反差，因为定性研究与定量研究之间的差别，如前所述，本是技术层面的，是就理论探索过程中所使用的材料的特点而言的，并不存在本体论和认识论方面根本立场上的不同。历史地看，只是由于传统上定量方法最先被实证主义范式所利用，在某种意义上，它几乎就是科学的代名词，因此造成了实证研究与定性研究的表面对立。

在笔者看来，定性研究在目的上，由于兼顾了描述、解释和诠释，因此，实证主义对它是带有局部包容性的。这一点也可以从扎根理论的合作创始人格拉泽与斯特劳斯后来在观点上的分野看出来（见图 4–2）。

根据这一基本观点，对定性研究的三个目标——描述、解释和诠释——再略作解释。不过，在开始之前，需要先明确本书所用的"诠释"一词的语义学基础。在这里，诠释所用的英文是 Interpretation，而不是 Hermeneutics（诠释学），更不是 Explanation（解释）。这一区别非常重要，因为，在中文方法论文献中将英文 Explanation 与 Interpretation 不加区别

地都翻译成“解释”的情况极为常见，以至于造成了理解上的混乱。这一译名上所存在的混乱之严重程度，今天已经近于方法论领域的一个灾难，值得引起充分的重视。本书在使用诠释（Interpretation）一词时，虽然不完全等同于“理解”（Understanding）和“诠释学”，但与这两个概念之间的亲缘关系，比与任何其他概念都要更近得多。这不仅在语义学基础上是这样，在质性研究的方法论传统上，也有其历史和哲学渊源。

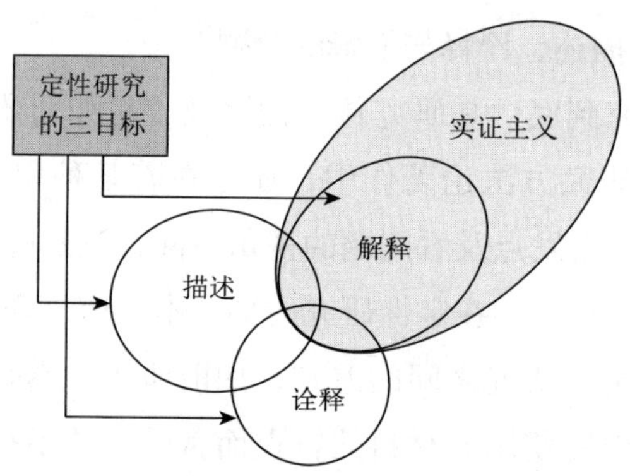

图 4-2 定性研究与实证主义范式的关系

1. 以描述为目标的定性研究

应该说，20 世纪中叶之前定性研究的应用，其最广泛的领域还是在人类学和社会学领域，而那时人类学和社会学的特色就在于描述，这一时期的标志是马林诺夫斯基的民族志研究和社会学中主张自然主义和实用主义的芝加哥学派。例如，文化人类学以抢救的态度、民族志的方法来发掘、记录原始部族的文化形态，力图忠实地刻画这些文化“是什么样的”；在很长一段时期里，体质人类学对于人种体质特征的研究，也曾一度集中在对人的发色、发型、眼色、肤色、面部平度、鼻部形态、唇部厚度、头型、身高等外显的体征形态进行测量、分类和研究。人类学的这些研究，在很大程度上形成了定性方法所具有的“描述”甚至

"深描"特色。即使是一些理论建构，也一定要以这些描述作为有力的基础，由此反映了定性研究在人类学研究领域的地位，是借助于其描述能力而获得的。这种传统今天并没有根本的改变，只是在人们应用定性研究方法时，描述已经退居为多种目标中的一种而不是像原来那样的独占鳌头，或者成为解释和诠释的基础和条件而已。它与实证主义范式存在一定程度上的交叉这一事实，是不能否认的。在本章的后续内容中，读者会看到，定性研究大量是以描述乃至深描为阶段性目标的。定性研究的这个作用，也许是人们误把定性研究仅仅作为实证研究的预备阶段的原因。

2. 以解释为目标的定性研究

如前所述，解释的重点在发掘因果关系或因果律。经过笛卡尔之后400年的发展，利用演绎逻辑对现实世界进行因果规律的发现和表达，已经成为科学界的一大成功之处。实证主义最终得以登堂入室占据科学殿堂的主位，也借助于它对世界的解释能力。然而，解释也并非量化演绎逻辑的专利，采用非演绎的归纳逻辑，也同样能够达到解释的目的（参见下文）。传统的观点认为只有量的研究才能得出可靠的因果关系。这种观点一直受到一些质的研究者的批判①。不仅那些"以质性方法为基础、却以实证主义假定来设计的研究，仍然是实证主义研究"②，而且直接以解释为目标的质性研究也已经成为定性研究传统中的三股潮流之一。扎根理论的创始人之一格拉泽作为哥伦比亚大学保罗·拉扎斯菲尔德（Paul Lazarsfeld）的追随者，曾接受过他的严格训练，并受其偏爱定量化研究方法的影响，主张对定性研究方法进行编码，强调结构化的方法和严格

---

① 约瑟夫·A.马克斯威尔.质的研究设计：一种互动的取向［M］.朱光明，译.重庆：重庆大学出版社，2007：18.

② E. G.古巴.代序［M］//大卫·A.欧兰德森，埃德沃德·L.哈里斯.做自然主义研究：方法指南.李涤非，译.重庆：重庆大学出版社，2007：4.

的程序，这些努力都是在试图推进定性方法在解释因果关系时能够具有量化方法一样的明晰和客观性。

在寻求对因果关系的解释上，其实定量研究与定性研究主要的不同在于，它们探讨的往往是不同的因果关系。量的研究者感兴趣的往往是什么程度上或是否变量 X 会引起变量 Y。而质的研究者往往会问 X 是如何导致 Y 的，X 和 Y 之间的过程是怎样的[①]。这两种取向不同的研究被分别称为"变量理论"和"过程理论"。显然，注重于"过程理论"的定性研究在解释因果关系时，由于面对的"过程"的复杂性，其解释必然要更加复杂和更具柔性，不仅允许甚至选择通过生动、有序地描述一些环环相扣的具体事件来展示因果关系。这也成了定性研究在解释因果关系时的一个特色、特长。如果理解了这一点就会发现，一个多世纪以来那些采用定性研究方法对社会进行实地观察之后所形成的众多伟大成果，并不像某些实证主义者所指责的那样，认为定性研究不可能发现规律、不可能解释因果关系。事实绝非如此。这些研究所用的方法，恰恰是定性方法，而其结论，也恰恰是解释性的。它们既没有停滞在客观的描述阶段，也不完全等同于那种注重对事件意义加以理解的诠释。它们是通过关注"过程"而对"变量"间的因果关系展开探求。这种传统现在依然是众多定性研究所关注的目标。

3. 以诠释为目标的定性研究

诠释是定性研究的另一个目标，也是定性方法在经历了早期的描述、中期的解释之后，进入的另一个发展阶段的标志之一。诠释性定性研究的兴起，反映了定性研究适应当代哲学乃至于整个科学（自然也包括了实证主义的社会研究）大潮所追逐的几个趋向：回归口述性、回归特殊

① 约瑟夫·A.马克斯威尔.质的研究设计：一种互动的取向［M］.朱光明，译.重庆：重庆大学出版社，2007：18.

性、回归本土性和回归时限性[①]。海德格尔曾断言，哲学本身就是（或应当是）“诠释学”（Hermeneutics）的。1967年，美国文学批评和诠释学之间巨大的隔阂，被赫斯（E. D. Hirsch）《诠释的有效性》一书所打破。赫斯用一篇全然以诠释学装备起来的论文，向主流文学批评所广泛接受的观念提出了挑战。按照赫斯的看法，诠释学能够并且应当作为使用于所有文学诠释的基础和预备学科。这一主张后来在美国的思想前沿占据重要地位，使诠释学在神学、哲学和文学诠释这三个领域中，具有核心的重要意义[②]。

20世纪60年代以来，质性研究的这种诠释转向已经非常明显也十分成功。面对诸如“本质”和“意义”之类的课题，诠释性的定性研究越来越显示其适当性和深刻性。诠释在定性研究中的这种地位上的变化，使“理解”成为质性研究的一个主要目的和功能，并形成了对研究者本人主观立场和观念的认可和利用，从而确立了“理解”中参与者之间的主体间性。作为概念性的分析基础，诠释性的定性研究离不开舒茨对社会现象学的发展，也呼应了加芬克尔在早期研究所形成的常人方法学研究计划中所体现出来的对经验的关注，吸收了对话和互动研究的思想，同时也深受福柯所提出的制度和历史话语研究的影响。但是，转向诠释实践的定性研究已经实现了对这些方法论来源的某种超越[③]。在最能凸显以诠释为目标的叙事研究领域（其中的具体技术可以涉及文本分析、话语分析、内容分析等），可以很清楚地看到这一点[④]。

① 伍威·弗里克.质性研究导引［M］.孙进，译.重庆：重庆大学出版社，2011：18.

② 理查德·E.帕尔默.诠释学［M］.潘德荣，译.北京：商务印书馆.2012：14.

③ 雅伯·F.古布里厄姆，詹姆斯·A.霍尔斯泰因.诠释实践之分析［M］//诺曼·K.邓津，伊冯娜·S.林肯.定性研究：策略与艺术.风笑天，等，译.重庆：重庆大学出版社，2007：522–539.

④ 艾米娅·利布里奇，里弗卡·图沃·玛沙奇，塔玛·奇尔波.叙事研究：阅读、分析和诠释［M］.王红艳，译.重庆：重庆大学出版社，2008.

通过诠释性定性研究的应用可以进一步理解，诠释作为定性研究的一个目标，它所能解决的问题和所能发挥的作用。对此，诺曼・K. 邓金（或译邓津）在《解释性交往行动主义》（按照本书的界定，此书宜译为“诠释性互动主义”，故以下引文做了相应的术语调整）中就“何时使用诠释性的方法”所列明的观点，诠释性定性研究的作用在于以下几方面①。

第一，它有助于研究者区分对于所研究的问题及计划的不同理解。例如，通过个人生活故事及生活经验的深度描述，研究人员能够比较社会工作者及其服务对象分析问题的角度到底有何不同。

第二，借助于诠释性的方法，研究人员可以考察各利益群体（政策制定者、社会公益人员及热线服务专家）到底持有什么样的假设（这些假设常常会被经验事实所掩盖），进而分析这些假设的对错。

第三，研究人员可以顺着诠释性的方法寻求介入社会情境的具体策略。在这方面，他们能够对各种机构及计划所提供的服务做出评价与改进。

第四，正是由于采用了诠释性的方法，研究人员才有可能提出“关于某个问题的另一种道德观点”。各类政策及计划的诠释与评价也因此才得以成立。因为将重点放在了生活经验及其意义上，诠释性的方法主张必须从最直接受到影响的那些人的角度出发，来判断一项计划的得失。

第五，通过依靠诠释性的方法，使用各种更具实质性的材料，研究人员还可以向人们揭示量化评价的局限。与量化评价相比，诠释性的方法强调个人生活的独特性，因此，在评价各种计划的效力时，个人案例便成了基本的测量依据。

通过以上讨论，已经可以明确，定性研究有三个目标：描述、解释

① 诺曼・K. 邓金 . 解释性交往行动主义［M］. 周勇，译 . 重庆：重庆大学出版社，2004：3-4.

和诠释。有时，某一项研究会以其中的一个作为具体目标；有时，一项研究会兼顾其中的两个甚至全部。在整个定性研究领域，没有理由也没有充分的根据说，定性研究仅限于描述或诠释，或者相反。定性研究方法自身的发展，已经日益显示其研究目标的宽泛性和多样性。这说明了定性研究方法自身所拥有的丰富性和适应性，远超过定量研究。

（二）路径：归纳多于演绎

在第二章的开始，本书曾描述了科学研究的一般程序。那基本上是注重经验材料分析的演绎法实证研究的通常路线。不过，与定量研究相比，除了解释性研究中特别倾向于量化研究路线的一些人之外，定性研究对演绎法的使用往往是有所保留的。以扎根理论为指导原则的定性研究所采用的策略和所遵循的路径，明显不同于定量研究的这种“演绎—证实或证伪”的路径，而是注重理论结论从经验材料中的自然生成。图 4–3 刻画了两种研究因在归纳法和演绎法上不同的取舍而形成了路径差异。不过，值得提醒的是，图 4–3 所划分的两种研究路径，在定量研究与定性研究中只是相对的。换言之，不排除在某些定性研究中采取演绎路径，同样，定量研究采用归纳路径的先例也广泛存在。

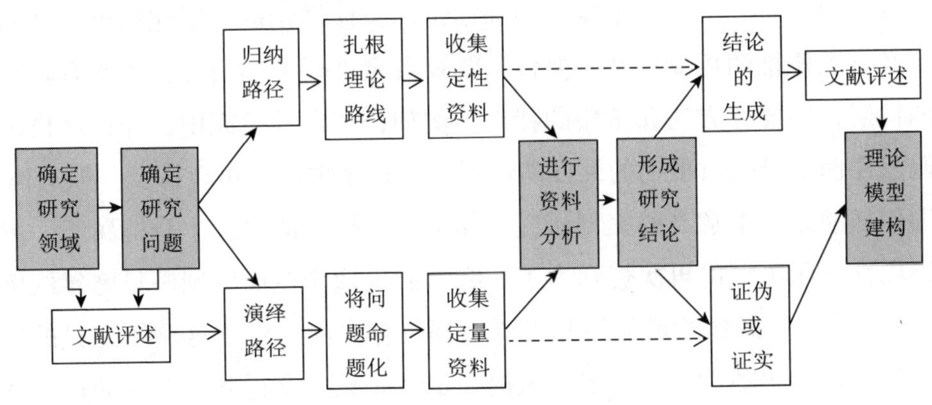

图 4–3　定性研究与定量研究的路径差异

图 4–3 的意义，不仅仅在于揭示定量研究与定性研究在路径选择上的不同倾向及由此所带来的各种差异。它还再次表明，定性研究也是作为科学研究范畴加以运用的，不是随意的“思考”，也不是“泛泛而论”的个人见解。它有着特定的哲学基础、研究策略和操作方法，有它自己的一些专门技术。因此，实证研究不是定量研究的代名词，不仅不排斥定性研究，而且包含着定性研究。定性研究和定量研究都能以经验事实对现实问题形成“是什么”“什么样”“为什么”的回答。一言以蔽之，实证研究既可以是定量的，也可以是定性的。

（三）结论：概推的有限性

大多数人都承认，定性研究的范围从总体上来说是局部性的。这种局部性源自其观察或访谈对象的形成具有非样本性的特征（不是随机抽样形成的真正可以代表总体的样本），也源自定性研究往往可以终止于对局部对象的描述和诠释这一水平上。即使是一些以解释为目标的定性研究，也未必奢望要对总体进行概推。也就是说，定性研究的结论，在试图从局部向总体进行概推的过程中，是有所局限的。

这种印象虽有其逻辑上的合理性，但于事实依据上并不尽然。也就是说，定性研究不完全拒斥从局部结论向总体结论的一般化概推。其间到底有无概推的可能性和必要性，既要看定性研究的目标，也要看材料的性质，还要看方法和策略的特点。例如，在定性研究中，经过严格编码程序而形成的对事物的维度的认识，在很多情况下可以推及一般总体；即使最缺乏样本意义的案例研究，如果它所探讨的目标本身即属于一般结构性问题（可以再次想到为了解麻雀的生理构造而解剖一只麻雀的例子），那么，概推的可能性和必要性都是存在的。由于这种研究目的地的特殊性和明晰性，也可以大大提高定性研究在获得其可概推的理论认识时的效率，因为，在很多情况下，定性资料在数量上的取舍，会根据资料在生成有价值信息方面的饱和进程而及时得到控制。当资料数量的增加不再能增加有价值的信息时，研究人员会及时停止观察的过程。这种情况的极端例证是案例研究——只有一个观察单位的研究。如果还以解剖麻雀以了解麻雀的生理构造为例，那么会发现，解剖一只麻雀，大致就可以了；如果心里没底，再多解剖一只，结果会发现，从中获得的新增信息不多，呈现明显的边际递减的规律。

对此类有关事物结构的描述类或诠释类问题的研究，采用定性研究的方法，试图从局部结论概推到总体，一般都不会产生多大的异议。还拿麻雀来说，不会说麻雀因为有了肝脏所以才有了四肢（此为解释），因为麻雀的身体构造问题不是因果问题，而是结构问题。对它做定性的案例研究所得到的结论，可以推及总体。相反，如果想对于决定论意义上的因果关系，采用定性研究进行解释，其概推的可能性必然受到全部研究单位与部分观察单位在所属位格上是否一致的限制。譬如，倘若想通过解剖某一只麻雀以了解它究竟死于自杀、抑郁、饥饿、情杀还是以身殉职，这种明显需要确定因果次序的研究，定性研究不妨碍得出正确的结论。但如果面对的是成千上万只死麻雀，那么，解剖一只麻雀的定性研究结论的概推就非常危险，因此，研究路线不应是通过解剖其中的一只麻雀来获得答案，而是需要解剖数百只（抽样所形成的有代表性的样本）来得出结论。这时，采用大样本的方法研究此种现象（麻雀同时大规模死亡）已经是在遵循数理逻辑，其概推的效度和信度取决于观察单位的数目——如果样本容量很少便得出麻雀死亡主要是情杀而非寒流突袭，这样的结论似乎总令人感觉不够信服。可以看出，大规模解剖麻雀的研究过程已经不再是定性的案例解释逻辑，而是一种定量研究，其结论的概推的可能性与样本大小有关。一般地，定性研究不涉及样本大小的问题。

因此，可以大致得出这样的结论：分别以描述、诠释和解释为目标的定性研究，比较而言，其中以因果解释为目标的定性研究结论的概推可能性较大，但也取决于其观察单位的数量；以描述和诠释为目标的定性研究的结论，只有针对现象的结构性而非因果性问题时，才具有概推的可行性；那些完全以局部现象进行描述、诠释，或仅基于个案而进行的因果解释，缺乏概推的逻辑依据，因此其结论不能够从局部推及至总体。

三、定性研究的类型

通过对定性研究进行分类，可以进一步深化对它的理解。通常，分类的标准是多种多样的，其取舍主要看分类者的目的和偏好。本书在此不过多涉猎五花八门的各种分类法，仅从适合做定性研究的问题类型的角度，来考察具有不同传统的定性研究在应付此类不同问题时的特点。

莫斯（J. Morse）将定性研究的问题分为五大类型，并给出了相应的研究策略、研究范式、研究方法和资料来源。他的这个分类，比较明确地体现了定性研究所关注的问题特点（见表 4–1）[①]。

莫斯的这个分类，有其独特的优点，主要体现在问题类型的划分上。但也正如陈向明指出的那样，这个分类也存在一些明显的逻辑问题和知识性问题，这些问题表现在对研究具体策略、范式、方法和资料来源的表述混乱，缺乏一致的尺度和扎实的知识基础，读者在阅读时应予注意。莫斯的分类给我们一个重要的启发：定性研究的问题类型是多样的，而每一种问题必有其相对独特的研究策略，依赖于不同的学科基础和理论范式，采用不同的研究方法，其资料会有不同的形式，且来源也会有不

① 陈向明．质的研究方法与社会科学研究［M］．北京：教育科学出版社，2000：47.

同的渠道和途径。

表 4–1　定性研究的问题类型

研究问题的类型	策略	范式	方法	其他资料来源
意义类问题：了解生活经历的本质	现象学	哲学（现象学）	录音“谈话”；笔录个人经历中的有关逸事	现象学文献；哲学反思；诗歌；艺术
描述类问题：对文化群体的价值观念、信念和行为进行描述	民族志	人类学（文化）	无结构访谈；参与型观察；实地笔记	文件；记录；照片；地图；谱系图；社会关系图
过程类问题：了解时间维度上事情发生的变化，研究问题可以呈现阶段性和不同的层面	扎根理论	社会学（象征互动主义）	访谈（录音）	参与型观察；写备忘录；记日记
口语互动和对话类问题	常人方法学；话语分析	语用学	对话（录音/录像）	观察；纪实的笔记
行为问题：宏观、微观	参与型观察；质的生态学	人类学；动物学	观察；实地笔记观察	访谈；照相录像；记笔记

从研究范畴的角度出发，给出定性研究的类型，也同样具有较大的启发性。在这方面，可以引用米勒（W. Miller）与克莱伯特利（B. Crabtree）的分类（引自陈向明的著作，其中个别术语做了调整）。

由米勒等人提出的按研究范畴或现象领域所进行的分类，体现了定性研究的一些学术传统，并列举了一些学科内部所使用的定性方法类型，有一定的启发性。但这个分类也存在一些分类学上的瑕疵。

表 4–2　定性研究的范畴与学术传统

研究的范畴	研究的学术传统
生活经验（生活世界） 　作为个体的行动者的意向 　与社会情境相连的行动者	心理学 　现象学 　诠释学

续表

研究的范畴	研究的学术传统
个人的 个人的传记	心理学与人类学 生活史（诠释性传记）
行为/事件 有时间性并且处于情境中 与环境有关	心理学 性格形成学 生态心理学
社会世界 人们如何达成共识 人类如何创造象征、符号和环境，并在其中互动 社会中各种类别的一般关系	社会学 常人方法学 象征互动主义（符号学） 扎根理论
文化 作为一个整体 作为符号世界 作为社会组织分享意义和语义规则的认知图式	人类学 民族志 符号人类学 人种科学（认知人类学）
交流/说话 实际会话的方式与轮换规则 非语言的交流方式与轮换规则 交流的形态与规则	社会语言学 会话分析（话语分析） 人体运动与说话之关系的科学 交流民族志
实践与过程 看护工作 教与学 管理/消费 评估	应用型专业技术 护理研究 教育研究 组织/市场研究 评估研究

综合以上几种主要的定性研究分类方法，可以提出一个相对简括的分类方案，其中涉及的具体内容，尤其是一些方法和知识的细化，除了属于更为基础和宏观的哲学范畴之外，都以不同的形式和详略程度纳入了本书讨论的范围。

值得提醒的一点是，表 4–3 中的归纳是择其要者加以归纳，因此在理解上不能过于僵化和绝对。比如，在各种问题类型之间，往往是相互关联的，并没有截然的界限，有时还互为表征，互成表里；相应地，针对各种问题所建立的研究目标，以及在范式、方法和数据形式的选择方面，也绝非有严格的限制，它们之间不是一一对应的关系。因此，对表 4–3 的理解，主要在于从某些侧面了解定性研究的某种特点或倾向性，而不要当作教条来掌握。

表 4–3　定性研究的类型及其特点

问题类型	主要目标	学科领域	理论范式	资料来源	资料形式
意义类问题	描述　诠释	哲学；社会学；人类学；心理学	现象学社会学；自然主义；实用主义；建构主义；常人方法论；符号互动论；后现代主义；诠释社会学	访谈 观察 采集	对话；录音；录像；文本；实物；标记
形态类问题 特征类问题 结构类问题	描述　诠释 描述　解释	社会学；人种学；人类学；心理学；生态学	整体民族志；结构民族志	访谈 观察 采集	文本；对话；录音；录像；实物；标记
功能类问题	解释　诠释	语言学；社会学；心理学；人类学；生态学；管理学	结构主义；功能主义；符号互动论；常人方法论；生态心理学；角色理论；拟剧理论	访谈 观察 采集	对话；录音；录像；文本；实物；标记
过程类问题	描述　诠释 解释	社会学；心理学；教育学；服务学；管理学；传播学	实用主义；常人方法论；建构主义；符号互动论	访谈 观察 采集	对话；录音；录像；文本；实物；标记
行为类问题 互动类问题 对话类问题	描述　诠释 描述　诠释	社会学；心理学；教与学；服务学；管理学；推销学	交流民族志；符号互动论；常人方法论；生态心理学；角色理论；拟剧理论	访谈 观察 采集	对话；录音；录像；文本；实物；标记

四、实践中的混合研究

在本节前文谈及定性研究的特点、目标、路径和类型时，都不免将谈论的基点或多或少地建立在与定量研究进行比较的框架当中。在传统上，人们也确实一直把定量研究与定性研究作为两种不同的研究类型来看待，并通过分析它在认识论、方法论、应用领域、结论概推及研究质量等方面的差异，得出关于彼此难以相容的结论。有时，各有偏爱的研究人员站在不同的立场，还会相互揭短。比如，有些定量研究人员仅仅愿意把定性研究作为定量研究的一个探索性研究过程，而把理论发现单纯看作定量研究才具备的功能；而对定量研究持有否定观点的人，可能认为定量研究人员未免过于迷恋研究结论的简洁性和抽象性，过于相信决定论和简单的因果关系，致使这些研究结论在社会现实当中几乎失去实际指导意义。在方法论的发展史上，这种争论体现了对两种方法论范式的不同价值取向，一种是众所周知的实证主义 / 经验主义路径，另一种则是人们所熟知的建构主义 / 现象学路径[①]。显然，定量研究通常采取的是前一种路线，而定性研究似乎被人们理解为主要采取的是后一种路线。

尽管关于定量研究的具体内容还要在下一章讨论，但在此还是要明确一个与上述两种极端倾向有所不同的观点：在实践中，定量研究与定性研究的结合不仅是可能的，而且是一种趋势。人们不仅可以在一项具体的研究实践中混合使用定性研究与定量研究两种方法，而且在认识论和方法论层面，越来越多的人已经看到，在某些方面并借助于某些途径，这两种方法正在彼此靠近，相互之间正在吸收对方的优点。这种趋向不

---

① 阿巴斯·塔沙克里，查尔斯·特德莱．混合方法论：定性方法和定量方法的结合［M］．唐海华，译．重庆：重庆大学出版社，2010：2.

仅使得人们不再极端地看待定量研究与定性研究的缺点和优点，而是把混合应用当作克服各自缺点的机会和途径，同时，它也体现了定性研究与定量研究在认识论和方法论层面真正在共同走向科学化的方向，是一种力图摆脱“科学的危机”的主动选择——尽管在现实的混合应用实践中这种努力还往往局限于技术层面，并且也没有实现真正的贯通。

尽管有关混合方法的著作（如詹宁斯[①]、克雷斯威尔[②]和塔沙克里等[③]）往往都比较详细地讨论了一些具体的路径、策略和方法，但概括起来，定性研究与定量研究的混合使用，主要还是表现在以下几个方面。

第一，在同一项研究中的混合使用。在很多情况下，一项研究的目标和对象的特点都具有某种复杂性或复合性。在这种情况下，在程序上结合使用定量研究与定性研究的可能性就很大。这里可能存在几种不同的情况。一种是，在资料收集和分析阶段，将某种单一的定性研究方法与另一种单一的定量研究方法反复相互交替使用；另一种则是将某一种定性研究与某一定量研究方法分别用于研究过程的前后两个阶段，如利用定性研究发展假设，而用定量研究检验假设。此外，还可以将多种不同的定性研究和定量研究方法运用于整个研究过程的各个环节上，实现对两种方法的多元化混合使用。这三种不同形式的混合，可以大致归纳为单纯方法的交替混合、单纯方法的顺序混合、多元方法的交叉混合。

第二，在数据上的混合使用。定性研究与定量研究混合使用的另外一种形式是在数据上进行两类数据之间的相互转换，即把定性数据转换

---

① 盖尔·詹宁斯.旅游研究方法［M］.谢彦君，陈丽，译.北京：旅游教育出版社，2007：129–131.

② 约翰·W.克雷斯威尔.研究设计与写作路径：定性、定量与混合研究的路径［M］.崔延强，译.重庆：重庆大学出版社，2007.

③ 阿巴斯·塔沙克里，查尔斯·特德莱.混合方法论：定性方法和定量方法的结合［M］.唐海华，译.重庆：重庆大学出版社，2010.

成定量数据，或者相反，把定量数据转换成定性数据。例如，将开放式访谈的内容试图加以量化并进行解释性的分析，或者根据某些范畴出现的频率来对该范畴做出诠释性或描述性的结论，都属于这种混合使用的尝试。但需要注意的是，这种转化有时会潜藏着陷阱，尤其是把定性研究所获得的数据直接当作定量数据时，会涉及是否符合数据原有的逻辑基础的问题。例如，定量研究遵从的是大数规律，而定性研究与此无关，那么，通过定性方法所获得的数据资料，就不能被简单用于原本必须依据大数法则才能做出解释的定量研究问题上。

第三，研究结论的混合使用。不管定性研究还是定量研究，人们追求的最终结果是研究结论的正确性和有效性。结论的正确与否是评价研究质量的关键。为了增进研究结论的信度和效度，人们也可以将定量研究结论和定性研究结论相互参证，其结果可能会出现结论互证、结论互补和结论矛盾这样几种情况。能够互证的研究结论，增进了研究结论的信度；能够互补的研究结论，增进了研究结论的效度；而存在矛盾的研究结论，会督促研究人员采用进一步的手段去求证结论的真实性。将定量研究与定性研究做这样的结合使用，常常可以极大地提高研究的质量。例如，利用定性方法的类属分析和定量方法的因子分析，能同样获得对现象内在维度的认识，发现现象的内在类属结构。分别通过两种方法对类属问题进行探究，一旦取得一致的结论，就能形成结论的互证。

第二节　定性资料的收集

科学研究所依据的基础是事实或资料。这些资料相对于研究者来说，其可获得性是不同的，有的需要研究者专门组织调研才能获得，这种资料被称为一手资料或原始资料，有的则可以利用前人积累的已有资料，即所谓的二手资料或次级资料。在本书的后续章节中，凡未作特殊说明的，相关话题都是针对一手资料而言。当然，有时如果没有必要做出区别，则有关话题也可能针对两种资料而言。

定性研究所使用的资料，形式上不同于定量研究。直白地说，定量研究所使用的资料，均为数值形式，且可以直接进行不同程度或类型的数学运算。与此相对，定性研究所使用的资料，均以非数值的形式存在。如此一来，定性资料就是一个极宽泛的类别。大千世界中，数值只是人类所创造的诸多物象之一，更是宇宙万物当中数不胜数的事实形式之一而已。而作为定性研究的资料，其形式却是包罗万象的。不过，从以往科学研究实践中经常使用的定性资料的类型看，其主要形式不外实物、文本、影像、对话和标记等。这样简单的列举，如果从逻辑上对其周延性进行评价的话，显然它们达不到要求，因为它们并非所有的非数值形式的存在；而且这几种形式之间，也并非完全互斥。比如，以录音形式存在的对话（这种资料会由于保存了语音、语调、语速、节奏等元素而能够更真确地反映对话者的真实意图）可以转化为文字形式的文本；在某些理论范式之下，也会把图像、影像甚至活动看作文本；一些涂鸦作品既有文本的属性，但也可以看作某种标记或痕迹；等等。不过，为了简化对问题的讨论，本书将定性研究的资料局限于以上几种形式。

对于这些定性资料的收集，归纳起来，主要是通过观察、访谈和采集三种途径实现的，它们也构成了定性研究在资料收集阶段的工作特色。定性研究资料收集的所有原则、策略、方法和技巧，也都体现在这三种工作方式当中。所以，以下的讨论便从这三种工作方式入手。

一、观察

观察（Observation）是收集定性资料的重要方法。这里无须再试图为观察提供一个勉强的定义——在很多情况下，当一个术语的使用并不会引致误解的时候，勉强的定义反而会成为增加误解的陷阱。重要的是要理解，在科学研究过程中，人们已经形成了一些可以提高观察效率、改进观察效果的方法和策略，统称为观察法（Methods of Observation），本节主要讨论观察法的相关内容。

（一）观察的类型

从不同的角度，可以对科学研究中的观察作不同的区分。例如，根据观察者与被观察对象之间的关系，可以将观察分为参与型观察与非参与型观察；根据观察者身份的公开程度，可以分成隐蔽型观察和公开型观察；根据实施观察的地点差异，可以分成实验室观察和实地观察，后者属于实地调查的范畴，有时也被称为田野调查或田野工作；根据观察本身的形式，可以分为结构型观察、半结构型观察和非结构型观察，三者均视观察时所履行的程序是否严格按照某种事先的精心设定及是否依据某种规范性的工具而定，结构型观察是其中程序最为缜密的一种；根据观察者以及所观察事物的状态来区分，可以分成静态观察和动态观察；根据观察的时间来区分，可以分为长期观察、短期观察和定期观察；根据观察者与观察对象的接触方式可以分为直接观察和间接观察；根据观察的目的，还可以分为探索性观察和验证性观察，前者可能立足于发展假设，而后者则旨在验证假设。

在所有分类形式当中，最具典型性和综合性的分类，是根据观察者与被观察者之间关系而区分的参与型观察和非参与型观察。这两种观察可融会以上各种观察类型，而且典型地体现了认识论方面的区别。一般认为，非参与型观察倾向于体现价值中立的原则，其认识论的立场是出位的立场，而参与型观察在认识论上更倾向于主观性，其认识论的立场是在位的，因此也更能体现定性研究的特点，它与访谈法、实物采集一道，构成了定性研究的主要资料收集方法。

参与观察（Participant Observation）就是研究者深入到所研究对象的生活现实当中，以真实的生活情境作为观察环境，通过对实际生活不同程度的亲身融入而获得观察资料的过程与方法。概括起来，这种收集资料的方法可以用局内人、真实情境、描述与诠释目标、探究性研究逻辑、个案深度研究、建构性关系等几个关键词来说明这种资料收集方法的特点。自从英国著名的人类学家马林诺夫斯基（Bronislaw Kaspar Malinowski）在新几内亚的特罗布里恩群岛开始其参与型实地调查并开创了民族志写作方法之后，人类学领域便形成了参与观察的传统，几乎所有研究非本族文化的人类学家都必须到所研究的文化部落住上一年半载甚至更长的时间，并实地参与聚落的生活，使用当地的语言与当地居民进行交流，甚至和土著居民建立友谊。这种观察所获得的资料，是对文化进行描述、诠释的基础。

在社会科学领域乃至整个科学界，人们对参与观察作为科学研究的资料收集方法的态度是不同甚至对立的。比如，一方面，从实证主义的观点来看，人类研究的方法必须与自然科学（例如物理学）的研究方法保持一致，因而参与观察法有时被认为是不科学的。然而更为普遍的是，在以探索和描述为目的的科学研究的初级阶段，参与观察法被实证主义者认为是非常有用的。参与观察中产生的质性描述形成了概括、假设及测量的概念。简言之，从实证主义的观点来看，参与观察仅仅是一种特殊形式的观察，是收集资料的一种独特方法，但无助于建构解释性理论这一最终的科学目标。另一方面，许多该方法的热情拥护者，有时候仅将参与观察的概念理解为一种收集资料的方法，另一些时候他们则试图将参与观察法和人类研究的实证主义观念进行协调。例如，参与观察在测量概念、检验假设、提出因果说明方面，被认为非常有益。然而，更一般的看法是，把参与观察法概念化，认为它根本不同于自然科学的研究方法，是一种特殊的方法论，仅仅只适用于具有人类生活特性的研究。参与观察法虽然没有其他方法那么“科学”——换言之，它归属于人文主义的方法论，然而，它却是为了适应人类研究中独特主题所进行的必要的科学改造。近来一些民族志研究的倡导者将参与观察法的科学地位之争，看作其发展史上的前现代阶段①。

针对参与观察的这种不同看法，其根源在于，这种方法引发了资料收集过程中研究者所扮演的角色及这种角色可能引发的作用、效应问题。通常来说，观察法总会在认识论立场上形成在位与出位的差异，并因此而塑造了局内人和局外人两种不同的角色（当然，与在位与出位之间存在着连续性一样，这种角色也拥有诸多的中间过渡状态，如“四种角色说”“三种角色说”和“两种角色说”等②）。而作为认识论上一个典型并近于极端的方法，参与观察不仅会决定研究者是如何观察研究对象的，还涉及会怎样影响研究对象并进而再影响其观察。人们知道，动物在它们的自然栖息地与在研究人员建立和操纵的环境中（如动物园或实验室），其行为和互动方式是截然不同的。同样，当人们知道他们正在被观察和研究时，尤其是当研究人员贸然地操纵环境时，他们的行为方式肯定会有所不同③。这一点在实用主义者看来就更为突出。对他们而言，参与观察在认识论方面的这种偏向，不仅是其特点，而且也是其优点。

① 丹尼·L.乔金森.参与观察法［M］.龙筱红，张小山，译.重庆：重庆大学出版社，2009：1.
② 风笑天.社会研究方法［M］.北京：人民大学出版社，2013：239-242.
③ 丹尼·L.乔金森.参与观察法［M］.龙筱红，张小山，译.重庆：重庆大学出版社，2009：5.

在有关人类问题的研究当中，否认研究者对研究过程的干涉效应，只是一种掩耳盗铃的哲学，不足为法。也正因为如此，参与观察法的实践者反对用公式表达确定的程序和技术，这种实践被看作熟练的技巧，不适于任何直线式的机械表述，鼓励对学习参与观察法感兴趣的人拜师学艺，重温以往的研究案例，并且深入观察现场，从直接经验中进行学习。对许多热情的实践者来说，参与观察法是一种技艺形式，从其本意上讲，几乎就是一种适于口耳相传习惯的生活方式[①]。

人们对参与观察法的这些不同观点，在一定程度上反映了这种方法在运用上的选择性和局限性。换言之，不管是作为一种资料收集方法，还是作为一种理论范式的典型认识论观点，这种参与观察都有其权衡和取舍的问题，普适性是不存在的。从研究目的的角度来看，尽管参与观察法适合探索（探测）、描述、解释和诠释中的任何一种，但在寻求解释的时候，它并不太适合于用演绎逻辑检验理论，因此不会采取简单因果关系模型，而会试图挖掘事件的完整因果关系网络，并对这种关系的性质进行描述（包括深描）和诠释。针对参与观察的适用性和局限性问题，乔金森做了很好的归纳[②]。他指出，参与观察法特别适合研究的学术问题包括：①人们知之甚少的现象（新近形成的群体或运动、情感作用、基督教原教旨主义的学校、人类的即兴行为）；②局内人（Insiders）和局外人（Outsiders）的观点存在着严重分歧（族群；工会；管理部门；亚文化，如神秘主义者；甚至一些职业人士，如内科医生、部长大臣、新闻播音员和科学家等）；③在局外人看来模糊不清的现象（私密的互动及小群体，如身体和精神疾病、家庭生活或宗教仪式）；④不为公众所知的现象（犯罪与越轨；秘密群体和组织，如吸毒者和贩毒者、神秘偏

① 丹尼·L.乔金森.参与观察法［M］.龙筱红，张小山，译.重庆：重庆大学出版社，2009：1.

② 丹尼·L.乔金森.参与观察法［M］.龙筱红，张小山，译.重庆：重庆大学出版社，2009：2–3.

执的宗教）。乔金森还指出，只有在具备了以下基本条件时，运用参与观察法才最为合适：①所研究的现象在日常生活情境或场景中可以观察得到；②研究者能够进入合适的现场之中；③现象的规模和范围都相当有限，可以作为个案研究；④所研究的问题可以用质性资料加以说明，这些资料可通过直接观察和适合该场合的其他方法来收集。

由此可见，采用参与观察法来收集资料，既要考虑问题的类型是否适宜，还要清楚是否存在限制性的条件。参与观察是研究者以切身体验和感官接触的形式来获取资料，因此其范围必定会受到局限。参与观察法的优点和缺点，也恰恰由这种直接参与方式所决定。在采用观察法的研究实践当中，如果无法实施参与观察，可以通过非参与观察获得所需要的资料。非参与观察（Non-participant Observation）适合于用来以隐蔽式旁观的方式研究相对开放场景中人们的行为和互动，比如，游乐场中的儿童游戏行为，公共场合中公众的休闲行为，旅游目的地游客的行为模式，商场、图书馆、体育场、剧院等场所人们的行为，等等。

如果在观察中遵循一定的程序，采用明确而一致的观察提纲或观察记录表格对现象进行观察，把这种观察称为结构式观察。这种观察通常采取非参与观察的方式。由于研究的问题类型和研究目标不同，人们所设计的结构式观察提纲的详细程度和关注角度也会有很大差异，最终，这些因素也会导致研究的深度有很大差异。有的研究提纲极为详尽，目的是保证研究者通过观察能够进行“深描”（Deep Description）；有的研究提纲只停留在一些基本层面（维度）和有限特征，而依据此类提纲所做的观察记录，已经接近于调查问卷，因此具有转化为定量分析的潜力。例如，在旅游景区中以隐蔽式旁观的角度观察记录游客的人口统计特征和他们的游览行为表现，就属于这种类型。此类结构式观察已经接近于一种问卷调查形式，所要获取的资料，并非完全是定性资料，因此，在这里不详加讨论。

（二）观察的实施

不管是何种类型的观察，其关键在于研究者能否借助于这种对研究对象的特殊考察形式来获得所要的问题和信息。在现实生活当中，人们有时对一些问题可能会视而不见，即使身在其中，也无法从观察中获得有价值的东西。

如何能够从平常的事物中观察出不同寻常的东西？在《做自然主义研究：方法指南》一书中，作者引用了S. H.史卡德所撰写的《盯着你的鱼看》一文，极为深刻、有趣地揭示了有关观察的道理，值得仔细玩味。文中写到，史卡德被教授指定去盯着一条标本鱼一直看下去，从十分钟到半小时，到一小时，到数小时，直到三天。开始的时候，在把这条鱼翻来覆去看它的脸、后面、下面、上面、侧面、斜面之后，作者的感受先是厌烦，然后是恐怖，接着是憎恶。但都没有完成“观察”的任务。直到“我把手指伸入它的喉咙，感受它的牙齿有多锋利。我开始数每排有多少片鱼鳞，直到我确信这样做太无聊。最后，一个愉快的念头闪现——我可以描绘那条鱼。当时令我惊讶的是，我开始发现这条鱼身上一些新的特征。此时教授回来了……他聚精会神地听我简要地叙述那些我还叫不出名称的部分的结构：拱形的腮，能移动的腮盖；头上的孔，厚厚的唇和没有眼睑的眼睛；侧线，刺状的鳍和叉状的尾巴；扁平、弓形的鱼身。但我说完，他等了一下，似乎期待更多，然后带着一丝失望说道：‘你看得不够仔细……再看看，再看看！’他又走了，把我留在懊恼之中。”不过，作者的观察却在此后的三天中不断有所突破：他看到了“那条鱼的两侧是对称的，器官也是配对的”，还看到了更多的特征。最终，他对教授所下达的简单的“看，看，看”这个重复的指令的评价是：“这是我上过的最好的昆虫学课，它的影响延伸到后来的每一项研究的细节中；它是教授留给我、也留给许多其他人的一种遗产，其价值无法估量，买也买不到，我们离不开它[①]。”

可以肯定地说，在定性研究过程中所实施的观察，确实需要观察者有如此的耐心和意志。同时，观察的效率和效果也依赖于观察者是否已具备敏锐的观察能力。这种能力是需要训练的。史卡德所接受的训练，使他养成了科学研究所需要的观察能力。

关于定性研究中的观察，约翰·洛夫兰德等人在其《分析社会情境：质性观察与分析方法》一书中也做了十分深入的讨论。事实上，在这个领域，一些著名学者的田野实践经验及其著作中所呈现的精彩细节，远非本书这样一部导论性著作所能比拟，建议对此话题有兴趣的读者能够进一步阅读相关的经典著作，并从中体悟作者们的工作诀窍。这里只概要地描述一下在实际观察过程中所应注意的一般性问题。

1. 拟定观察提纲

不管是参与式观察还是非参与式观察，在启动观察程序之前拟定适当的观察提纲，是保证观察质量的一个重要环节。军事上那句“不打无准备之仗”，在这里也是管用的。

如果只从一般的研究项目来考虑观察提纲的内容，大致可以依循“6W”的思路来组织观察提纲的内容。换言之，观察提纲所涉及的方面，可以先从诸如“谁”“什么”“何时”“何地”“如何”与“为什么”这样一些问题起步[②]。借助于这种提问形式，大致可以确定观察提纲中所应包含的观察对象、内容、范围、时间、地点、频率、方式和手段等问题，并为最终的描述、解释和诠释中需要建立的因果关系链条储备足够

① 大卫·A.欧兰德森，埃德沃德.L.哈里斯.做自然主义研究：方法指南［M］.李涤非，译.重庆：重庆大学出版社，2007：2–3.

② 陈向明.质的研究方法与社会科学研究［M］.北京：教育科学出版社，2000：238.

的材料。如果采用参与式观察，那么，在思考这6个方面的问题时，还应从研究的主客关系入手，以便兼顾研究者对观察情境的介入所产生的效应。

在拟定观察提纲时，其根本目标是依据既定的研究主题来确定观察的单位和维度。对此，洛夫兰德等人在其《分析社会情境：质性观察与分析方法》一书中，明确了一些适合做实地观察单元和观察维度，非常富有启发性[①]。他们所提出的观察单元包括实践、片断、相遇、角色和社会类型、社会的和个人的关系、团体和派系、组织、群落和居留地、亚文化和生活方式，所提出的观察层面则包括认知层面或意义、情绪层面或感觉、等级层面或不平等，而这些在旅游世界中都有对应的存在，因此完全可以供我们在拟定观察提纲和选定主题时作为参考、加以借鉴。

2. 进入实地观察

针对如何在实地展开观察工作这一问题，尽管很多著作对此都有一些经验性讨论，但这些经验往往带有个人经验的性质，这一点不仅是观察法的局限性所在，也是其优越性的体现。作为一种被很多主张质性研究方法论的研究人员所推崇的资料收集方法，观察法尤其是参与式观察法的特色就在于，整个观察过程是依循实用主义哲学而形成的“探究式”的观察，因此也就不可能存在一种恒定的程序或模式。每个研究人员在实施观察时所遭遇的情境都是不同的，研究人员与研究情境所形成的交互作用也是不同的，他们有理由扮演某种“动情的观察者”的角色，因此也有理由总结出各自不同的观察经验。人类学与社会学在这一点上所坚持的哲学取向，也构筑了这两个领域依从观察法所形成的理论的鲜明特色和独有魅力，成为一种有别于定量化因果解释的另一道理论

① 约翰·洛夫兰德，戴维·A.斯诺，利昂·安德森，林恩·H.洛夫兰德.分析社会情境［M］.质性观察与分析方法.林小英，译.重庆：重庆大学出版社，2009：139-165.

景观。

不过，为了便于初学者在从事观察时能有一个基本的参考框架，笔者综合一些著作中有关观察程序方面的一些讨论，分别以概观、聚焦、探究等为主题，介绍人们在这方面已经积累起来的一些经验。最为重要的是，研究者在观察过程中应始终抱有积极探究的热情和敏锐的观察力，因地、因时制宜地调整自己的观察策略和方法。

（1）概观——开放式观察。

研究者在进入实地进行观察时，不管前期做了多少功课，都会或多或少因环境陌生或多变而产生无措感。这个时候不应急于求进，要先给自己确定一个大体的观察框架和路径，解决一些整体性、方向性和感受性的问题，形成某种“统感”，摸索出一些便利的“路径”，也包括厘清一些实施观察可能面临的障碍和禁忌。从整体上说，这个过程是一个对观察情境进行评估的过程，其中要解决的问题主要集中在对情境特征的基本判断上。一般来说，情境的特征是多维度的、复杂的，要想对情境形成基本的“统感”，需要在很多方面加以考虑。比如，首先，需要观察者对情境的开放程度加以判断。情境的开放程度可能以地理空间上的隔离状态为标志，也可能以权利属性为标志，由此会展示出情境在位置上的公开性与私密性，以及在权限上的公共性和专属性。开放性程度低的情境会借助各种手段形成其隐蔽性的特点，而开放性程度高的情境则可以成为较容易进入的空间。可以想象，人们在开放性空间和私密性空间中的行为，以及观察者在这两种空间的行为及其影响，差异都会很大。观察者必须对空间的这种特性有所判断。其次，需要观察者对情境的其他社会属性做出初步的判断。这些综合属性可能包括，情境是否涉及明显的政治性、伦理性、法律性或文化习俗——这些属性直接影响进入情境的障碍和禁忌。对以上两点，洛夫兰德等人在《分析社会情境：质性观察与分析方法》一书中做了细致的讨论，可以参考[①]。再次，观察者需要注意的是，在该情境中，社会活动的组织及其运行，是否有确定的运行机制或明确的结构性条件，因为，对这些机制和结构的认识，可能是科学发现的机会。通过对该情境中人际网络关系的大致评估，观察者有可能发现，该情境的运行机制和结构特性是某种未曾被人揭示的新课题。最后，在做开放式观察时应时刻留意的是，要为进一步的观察摸索出有效和可行的路径。对于自然主义的观察者来说，观察的路径一定是“探究式”的，是不断调整、不断适应的过程，那么，在任何一个实地观察阶段，都有一个路径探寻的过程，而在开放式观察阶段，这个任务尤其显得重要。

（2）聚焦——焦点式观察。

如果说可以把“概观”理解为笼统的“面上”观察的话，那么，“聚焦”这种焦点式观察所强调的，自然是要做精确的“点上”观察。在概观所形成的统感基础上进行观察点的选择，是增进观察深度、向目标问题逐步收敛的一个自然进程。

观察过程中可能呈现的“焦点”的类型是多种多样的。比如，有的观察者可能会以“兴趣”为焦点。在形成统感的概观过程中，有的观察者可能意外地捕捉到了一些引起他好奇和兴奋的新的观察点，于是，以此为契机，观察者将观察目标移向这些“兴趣点”，进行更为深入细致的观察。也有的观察者会以“目标问题”为焦点，在概观之后，将研究计划中原定的研究目标进一步分解，构成彼此关系明确的诸多“问题点”，通过对每一个问题点的焦点式观察，以获得更为详细的资料。

在实施焦点式观察时，一个理性的策略是，要将观察落实在分析单

① 约翰·洛夫兰德，戴维·A.斯诺，利昂·安德森，林恩·H.洛夫兰德.分析社会情境：质性观察与分析方法［M］.林小英，译.重庆：重庆大学出版社，2009：41–59.

位之上。在观察过程中的分析单位，也就是观察单位。明确地将观察目标聚焦于分析单位，会有效地提升观察者将观察集中在分析单位的特征之上，从而使“关注点”与研究目标紧密衔接。因此，以聚焦的方式观察，或者说在焦点式观察阶段，用分析单位及其特征来引导观察的“关注点”，是非常重要的观察理念。不管是以个体、群体、组织、聚落或社会人为事实中的哪一种作为分析单位，都可以或应该将观察落实到它们的特征上。

（3）探究——互动式观察。

在很大程度上，笔者认同将定性研究作为一种自然主义（或建构主义、实用主义）的研究。在这种情况下，定性的观察必然是一个“探究”的过程。尤其是针对社会情境及该情境中的人际关系和行为的观察，将不可避免地存在一个观察者与被观察者之间的互动过程，参与式观察更是如此。如果将焦点式观察的基础设定为以非参与式的旁观为主——这样才有可能让观察者集中注意力实施观察，那么，以探究为特色的互动式观察显然会以参与式观察为主。

社会互动过程是很多社会研究的兴趣所在。在旅游世界，社会互动的形式和内容可以说千姿百态，很多旅游人类学家对此常常怀有某种迷恋的态度，通过自身对旅游世界社会互动的积极融入，来实施以研究为目标的参与式观察。与一般的社会情境不同，旅游情境中互动的特征会明显受到旅游本质规定性的影响——旅游的体验性、愉悦性、异地性和暂时性，由此也形成了观察者与被观察者之间关系的性质会更为复杂，涉及观察者应如何扮演其角色的问题，对此，这里暂不涉及，把这个问题留给后面做专门的讨论。

互动式观察中可能会遇到的一个问题是观察者会不会被情境中的事件所“淹没”从而根本无暇顾及“观察”的问题，这种情况尤其会发生在十分忙乱的情境当中。伍威·弗里克引用了一个“在医院病房的参与式观察”的案例，其中的一个结论就是，“观察者被事件所‘淹没’导致她在功能上被用作‘准实习生’来处理事务。这种‘对行动过程的参与’有可能会对观察造成妨碍。”对此，弗里克给出了斯普兰泽尔（Splenger）所提出的补救建议：在整个研究过程中，被观察场域的事件所淹没的问题都是比较严重的。不过，这个问题可以有效地得到控制。除了在观察记录中已经提到的选择最佳的观察起始点之外，设定观察目标及在研究者的观察能力被穷尽时有意识地离开观察场域，均被证明是非常有效的控制策略。当然，这要求研究者知道自身的能力界限①。

从整体上说，定性观察者借助于互动式观察所获得的资料，其信度和效度取决于观察者与情境元素所发生的互动的性质。观察者不管是采取隐蔽的还是公开的身份参与互动，就其个人心理而言，他是确切地明了自己的身份和使命的。在这种情况下，他与情境元素的互动能否如情境中其他“自然成员”一样真实，这将永远是一个重要的认识论话题。即使观察者自以为已经采取了充分的“顺应情境”的互动行为，但在情境中其他“自然成员”看来，那也不过是掩耳盗铃或自欺欺人而已。由于观察者对观察情境的介入，必然要带来两个问题：其一，参与者试图理解参与的情境，但这种理解将是不完备的；其二，参与者的行为会对情境中的事件产生干预和影响。结果是，观察者与观察对象二者相互干扰，无法独立。在文化和心理研究中，这种情况会显得非常突出。这个问题直接导致一个新的观察角度：反身性观察。

（4）深化——反身性观察。

当参与型观察中的互动成为不可避免或至为关键的时候，如何评价

① 伍威·弗里克.质性研究导引［M］.孙进，译.重庆：重庆大学出版社，2011：186.

观察资料的价值（即观察的信度与效度），以及如何评估情境由于观察者的介入所产生的变化，是定性研究的一个重要的认识论问题。这个问题的关键是科学研究中的反身性问题。用《动情的观察者：伤心人类学》的作者露丝·贝哈的话说，人类学家通过了解自己去了解他者，也通过了解他者来反观自己[①]。在参与式观察中如果缺乏对观察者自身角色的清醒认知和理解，并在对研究成果的使用中对这种角色效应缺乏充分的回应，很可能导致研究的失败或扭曲。正如贝哈援引德弗罗所坚持的观点那样："想要理解你真正观察到了什么，你就应该知道观察者内部发生了什么。""观察者的主观性影响了被观察事件的进程，就像'检查'影响（干扰）了电子的性能一样。观察者从不会去观察那些他不在的时候可能发生的事情，也不会去听一个人对其他人重复叙述相同的事件[②]。"对于定性研究中参与观察的这个问题，格雷也有类似的看法：你身为一个研究者，是该场域中的参与者。问题是无论是对该场域中的行动者或是你自己的研究书写而言，你是如何看待你自己在该场域中的位置。无论你做什么，你的出席都会影响你所努力进行的观察工作。你是你研究的世界里的一分子，就'宏观'而言，你是该文化中的一分子，但是就'微观'而言，你也同时是你所选择的场景或场地中的一分子。现在，回到我们对于'素材'的定义，你根本就体现在你的研究之中。""我们不能简单地将这些视为'原料'，或甚至将这些纳入你正在尝试获得接近这里途径的研究里：我曾经身处其中的这个明显的事实本身，其实是一种危险的谬论。你透过观察所获得的素材及你之后做出的重点，都必须被当成一种来自于特定来源以及特殊方式收集而来的数据。就如同所有的

① 露丝·贝哈.动情的观察者：伤心人类学［M］.韩成艳，向星，译.北京：北京大学出版社，2012：30.

② 露丝·贝哈.动情的观察者：伤心人类学［M］.韩成艳，向星，译.北京：北京大学出版社，2012：7.

数据一样，都需要进行分析和诠释[①]。”

认识到这一点，在实地观察过程中及此过程之后的书写阶段，如果能够充分地进行反身性观察——即自觉地采取一种推己及人的内省方式来组织观察过程并处理观察资料，就可能深化对观察资料的认识，从而也深化对研究主题的描述、诠释或者解释。然而，问题恐怕并不如此简单。如果认真推敲起来，我们也许会有一个惊人的发现：由于反身性的存在，参与式观察可能为我们呈现一个自相矛盾的悖论，进而成为质疑知识的真理性最为彻底的一个证据，因为反身性使得参与式观察陷入一个无法解开的循环式死结。不妨设想一下，一个以研究蒙古族旅游文化为目标的研究者，为了获得关于旅游者参与一次草原篝火晚会的体验资料，他可以选择观察法去达到他的目的。如果他不满足于冷眼旁观，他就可以通过参与大家围绕篝火载歌载舞的过程来获得资料。显然，在这个过程中，参与性将引致反身性。如果我们提醒这位研究者，要在歌舞的进程中时刻提醒自己的观察使命甚至自省其内在体验，那么，他还算是一个该情境中真正的“自然成员”吗？如果我们告诉他，你应该忘掉自己的使命，像一个真正的游客那样倾注全部身心于情境当中，那么，他还能注意到其他“自然成员”的真实表演吗？他后来靠回忆、自省所形成的所谓“资料”，还能算是足以确证该自然情境中游客自然表现的科学资料吗？

没有答案！我们只有承认社会研究（甚至也承认一定程度上的自然研究）过程本身就是一个建构的过程，才可以帮助我们从这个死套子当中获得解脱。正是由于这种建构性，可以把整个科学研究及其成果看作是人类自身所营造的一个独立的景观，它虽然与自然世界或所谓的真实

① 安·格雷. 文化研究：民族志方法与生活文化［M］. 许梦云，译. 重庆：重庆大学出版社，2009：107-108.

的社会世界有联系，但这种联系远不如其自身所具有的独立的景观性那样诱人，因为这个景观已经宏伟得足以吸引整个知识界的成员们沉浸其中做毕生的研究。如果说自然主义的研究态度恰好适合为参与式反身性观察的合法性背书的话，关于反身性观察的具体技巧的讨论，便成为多此一举的了——因为这当中可能并不存在固定的技巧，一切都在不断的“探究”过程中持续地重新生成或建构着。

（5）回访——补充性观察。

反身性问题并不能消灭科学研究的信心，只是让人们形成对科学研究更为明智的态度。研究还要进行，观察也要进行。这样，就存在反复观察、补充观察的必要性。回访（Revisit）便是一种补充性观察，是社会科学经常使用的一种研究形式。有的回访是研究者对自己前期研究的回访，而有的回访则是研究者对他人研究的基础所做的回访。例如，德里克·弗里曼为了对玛格丽特·米德有关萨摩亚人青年心理研究的结论进行补证，回访了萨摩亚人的居住地萨阿拉普，在此基础上撰写了《玛格丽特·米德与萨摩亚：一个人类学神话的形成与破灭》一书；瓦丽尼·斯密斯所撰写的《东道主与游客：旅游人类学研究》（第二版），是在对其之前所做的研究进行回访的基础上完成的。回访中所做的观察，从内容上来看是以上概观、聚焦、探究、深化过程的重复性运用，在此不再赘言。

不过，补充性观察这一话题不免会引出观察法中的另一个话题：观察者与被观察对象之间的长期关系也即“成熟”的问题。一些研究者通过自己的观察实践尤其是长期的参与式观察实践，与被研究者在各种互惠和交换关系中达成了默契，并建立起了良好的信任与合作关系，甚至建立起了深厚的友谊。很多人类学家的回访性研究往往具备这样的情感基础。从科学研究的角度来说，这样的关系，或者与此完全相反的关系，都是科学研究的“双刃剑”，是需要研究人员有所警觉并理性地予以对待的问题。

3. 扮演观察角色

利用观察法收集资料的一个特殊而重要的问题是观察者的角色扮演问题。这一点从上面的观察过程的实施当中已经能够看到，在此再做一些补充说明。

由于观察者可能会选择参与式与非参与式两种不同观察法中的一种——有时也许会结合两种加以综合运用，因此，观察者的角色主要区别为“局内人”和“局外人”两种。当然，这是两种比较极端的角色分类，是以观察过程中观察者身份的公开与否、与被观察对象的亲疏程度及对事件的参与程度来划分的。由于在这些方面观察者不可能保持某种极端或绝对的立场，因此，其角色也会属于那种在“局内人”和“局外人”两极之间的某种中间角色。但不管怎样，以笔者个人的观点来看，作为一个“研究者”的“参与观察者”，由于其使命所决定，使他永远不会成为一个完全彻底的“局内人”角色。这一点无须拿一个蓝眼睛、大鼻子、白皮肤的研究者去参与观察泸沽湖摩梭人在其旅游接待情境中的表演做例子，也能一目了然：前文提到的观察的反身性已经说明了这一点。同时，由于认识论上的根本问题，非参与式观察也不可能保证研究者能够扮演一个完全彻底的“局外人”角色。观察者的角色更多的是那种“近于局外人”或“近于局内人”的角色。

在观察实践过程中，观察者的具体角色取决于观察者的身份公开程度、与被观察对象的亲疏程度及对事件的参与程度。这 3 个变量的复杂组合，会使观察者的角色有无数类型。比如，身份公开而且属于研究对象群体成员之一的研究人员，却可以选择不参与事件的方式进行观察（如本土摩梭人旅游研究者旁观摩梭人旅游接待过程中表演的“走婚”习俗）；身份隐蔽但属于研究对象群体成员之一的本土研究人员，却选择了参与事件的方式进行观察；身份隐蔽而又来自观察对象群体之外的非本土研究人员，为了亲身感受“走婚”的内在意义，也可以采取参与式观察。如此说来，由于这 3 个变量均属于连续变量，其取值可能具有无限可能性，因此，由这 3 个变量不同取值所形成的组合，就几乎有无数种可能性，于是也就有了无数种“近于局外人”或“近于局内人”甚至“模糊人”的角色。对此，乔金森所介绍的一个例子可以很好地说明这一点[①]。

年轻的人类学家维斯佩莉（Vesperi）对那些生活在贫困当中、依靠社会服务的“高龄老人”颇感兴趣。由于维斯佩莉在 Tampa Bay 的大学校区工作，她认为作为一座老年人比例很高的城市，佛罗里达的圣·皮兹伯格是开展研究的一个方便地点。因为她的年龄，她不可能成为完全的局内人。部分是为了获得更好的观察位置，她迁居到了圣·皮兹伯格，作为一名关心和同情老年人生活的人士，通过访谈及信息提供者来收集资料。在和人们的交往过程中，维斯佩莉扮演了不同的角色：普通市民、潜在的朋友、人类学研究者。有时她作为研究者公开参与，而其他的时候她的研究者角色是隐匿的。坐在公园的条凳上进行观察并与人们交谈，在其他公共场所与人们打交道，或者沿街漫步，所有这些除非被问及，否则没有必要告知他人你的研究兴趣。和许多参与观察者一样，维斯佩莉扮演了许多不同的角色，多数是作为局外人和研究者，混迹于老年人之中，对他们的日常生活策略性地开展研究。

① 丹尼·L.乔金森.参与观察法［M］.龙筱红，张小山，译.重庆：重庆大学出版社，2009：48-49.

不过，从方便性的原则出发，我们的讨论必须局限在“局内人”和“局外人”这两种极端角色上，通过一种“叩其两端而竭焉”的探究方式，来把握不同角色在观察中的优势和劣势，然后再将这种结论延伸至其他各种中间角色。这样，有关“局内人”与“局外人”的角色优势或劣势，就可以从它们在促成观察者与被观察对象之间的关系上来考虑。这种关系可以体现在认知、情感和意志层面，并进而影响观察者乃至研究者对观察资料的界定、描述、解释和诠释。

假设纯粹的“局外人”的角色是以隐蔽的身份、陌生的关系和非参与式的观察为特征的，而“局内人”的角色恰好与之相反，以公开的身份、成员的关系和参与式的观察为特征。这样，“局外人”和“局外人”两种角色对观察所形成的优势和劣势便可以形成鲜明的对照。“局外人”与情境中的“自然成员”缺乏情感上的历史关联，在观察中难以形成“自然”的共鸣机制；在认知层面，由于缺乏对本土情境事件的相关知识，因此未必能够理解“本土”文化的内涵和意义；在行为上由于旁观的立场，不可能形成与本土“自然成员”的协同和共振，有时甚至还会因面临进入性方面的障碍而使观察无法进行或只能停留在表面层次。这些问题构成了描述、解释和诠释观察资料的障碍。但与此同时，“局外人”也获得了观察的某种优势：由于没有情感上的牵连，“局外人”可以获得价值中立的身份，从而使观察更具有客观性；“作为局外人，你可以综观现场，记录主要的和显著的特征、关系、模式、过程和事件。这一点极其重要，因为局内人并没有从这个角度看待他们的世界，并且一旦你熟悉了现场，起初的新鲜感和陌生感就会随之消失[①]。”这样的角色，使观察者可以避免“局内人”常常会因为“身在此山中”而出现“不识

① 丹尼·L.乔金森.参与观察法［M］.龙筱红，张小山，译.重庆：重庆大学出版社，2009：48.

庐山真面目”的问题。“局外人”的这种观察优势和劣势，在“局内人”的角色扮演中可以得到颠倒的结果。正因为如此，在定性研究采用观察法收集资料的时候，人们并不拘泥于一种固定的角色，而是灵活地扮演各种适宜的角色。这也符合自然主义或实用主义定性研究的一般宗旨。

在观察阶段的角色扮演中，还有一个问题是“从局外人到局内人”及“成为研究对象”的问题。这两个问题的实质，都属于观察的反身性问题。读者既可以通过回顾前文的讨论，来理解此类问题的重要性，也可以参阅乔金森的著作，了解他对这两个问题所列举的诸多例子①。

（三）观察的记录

运用观察法收集资料的一个技术性问题，就是如何做好观察记录。再好的观察过程和观察结果，如果没有完整而确切的资料记录作为支撑，就不能算是科学的观察。同时，做好观察记录也可以起到深化理解、厘清脉络、记录灵感、防止遗忘和启发思考的作用。

有关观察记录的各种经验总结，不外乎“记录什么”和“如何记录”两个方面，二者又都是以回应“为什么记录”这样一个根本性问题为指归的。做这种记录的目的是确认并追踪所观察事件的过程；理解观察情境中的成员是如何表现和描绘特定的活动、事件和群体的；传达成员对特定事件发生的时间、原因和方式的解释，从而得出成员们的归因理论；找出人们日常生活和行动中需要面临和处理的实际问题、条件和约束②。

关于“如何记录”，一些有实地观察经验的研究者都提出了一些很有启发的见解。比如，洛夫兰德等人认为，实地笔记的撰写要做到这样几点：①笔记应力求具体，不要概述或使用抽象的形容词和副词，尽可

① 丹尼·L.乔金森.参与观察法［M］.龙筱红，张小山，译.重庆：重庆大学出版社，2009：50-57.

② 大卫·希尔弗曼.如何做质性研究［M］.李雪，张劼颖，译.重庆：重庆大学出版社，2009：149.

能不做推论，而要尝试对行为和情境做具体化的描述；②善于用符号来对各种事项进行记录、区分，比如，一段文字是逐字采自参与者的话语，还是来自自己的大致回忆，就应该做出区分性的标示（如前者用引号，后者用括号）；③善于运用提示性的注释来组织思路和引导后续工作①。

关于“记录什么”，洛夫兰德等人提到了记录回忆的信息、分析性的想法与直觉及个人的印象与感受等几个方面。斯普莱德利（Splradley）提出的方案是，为了达到观察的目的，人们通常可以按照九个维度来描述社会情境②。①空间：一个或多个自然的地点；②行为者：参与的人；③活动：人们所实施的一系列相关的行为；④客体：存在着的自然事物；⑤行动：人们所实施的各个行动；⑥事件：人们所实施的一系列相关的活动；⑦时间：事件发生的先后顺序；⑧目标：人们要努力去实现的事情；感受：感受到和表达出来的感情。

这个清单虽然可以帮助我们明确从哪些角度去对观察到的情况做记录，但却缺乏更有价值的技术信息。与此相比，沙兹曼（L. Schayzman）和斯特劳斯（A. Strauss）在其《自然社会学实地研究策略》一书中所提供的记录样例却更加细致并富有启发性。他们将观察的现场笔记内容分成四个部分：①实地笔记，专门用来记录观察者看到和听到的事实性内容；②个人笔记，用来记录观察者个人在实地观察时的感受和想法；③方法笔记，记录观察者所使用的具体方法及其作用；④理论笔记，用于记录观察者对观察资料进行的初步理论分析③。陈向明根据他们的这个框架，假设有一位观察者从中午 12 点到 12：30 在一所大学的食堂里做观

① 约翰·洛夫兰德，戴维·A.斯诺，利昂·安德森，林恩·H.洛夫兰德.分析社会情境：质性观察与分析方法［M］.林小英，译.重庆：重庆大学出版社，2009：132–134.

② Spradley J. P. Participant Observation［M］. New York：Rinehart & Winston，2016：78.

③ Schatzman L, Strauss L. Field Reasearch Strategy for a Natural Sociology［M］. Englewood Cliffs, NJ：Prentice–Hall，1973.

察，并将观察所见、所想分别填入表4–4中相应的栏目里，从而提供了一个比较完整的观察记录样例（不过，需要注意到这个表中的个别文字有瑕疵，如馅饼的质量似乎不太可能仅凭“看”而加以判断；某些观察角度和结论也不足为法）①。

表4–4　实地观察记录

实地笔记	个人笔记	方法笔记	理论笔记
12：00——食堂里大约有300人，10个窗口前队伍大约有4米长	我感觉很拥挤	这个数字是我的估计，不一定准确	中午12点似乎是学生就餐的高潮
12：05——在卖馅饼的窗口排了一个足有2米长的队，而且排队的大部分是男生（约1/3）	是不是今天的馅饼特别好吃？是不是男生特别喜欢吃馅饼	我站在离卖馅饼的窗口有5米远的地方，看不清楚馅饼的质量，不知道这些人买馅饼是否因为馅饼好吃	也许买某一种食物的人数与该食物的质量有正相关关系
12：10——食堂里有5对成双的男女坐在一起吃饭，两个人靠得很近，都是男的坐在女的左手边	也许他们是恋人	我只是根据他们坐在一起的亲密样子判断他们是恋人，这个猜想需要进一步检验	也许食堂里就餐时，男生习惯于坐在女生的左手边
12：20——一位女生将一勺菜送到旁边男生的嘴边，望着对方的眼睛说：“想不想吃这个菜？”	为什么这些“恋人们”在公共食堂里如此“放肆”？我对此比较反感	我现在与他们坐在同一张桌子上，可以听到他们的对话	似乎女生喜欢主动向男生“献殷勤”。这一点与我平时的印象不一样，需要进一步观察和检验

在沙兹曼和斯特劳斯的观察记录框架中，这四种笔记都服从于各自的目的，遵循着一定的科学研究规则，因此值得仔细体会并加以运用。比如，在“实地笔记”中，准确、客观的“深描”是定性观察的通常传统——也许这种深描需要你“盯着那条鱼看”，才能获得记录的材料来源，而此时的“见人所未见”正是对观察人员观察能力、视角的考验和证实；在“个人笔记”中，不妨将各种感受、灵感和念头，都及时地记

① 陈向明.质的研究方法与社会科学研究［M］.北京：教育科学出版社，2000：248.

录下来，因为现场所激发的一切鲜活的想法都可能对日后的资料分析有所启发；“方法笔记”则依从科学规范，重在强调对观察的工具、方法和路径的描述，以便建立起可重复观察的可能性，使定性研究尽可能具备价值中立的品质，至少为资料分析过程尽可能提供一种避免主观性的方法论依据；而“理论笔记”是为了服务于“灵光闪现”的理论思考，重在记录现场所产生的某种认识、概括或抽象的结论，哪怕这一阶段的此类结论还十分粗糙。

以上关于实地笔记的记录方式和记录内容的讨论，多多少少属于一种结构性的描述，其优点在于强调了记录的客观性和规范性，而局限性是只能形成“浅描”（Shallow Description），而不是“深描”（Deep Description）。尽管人类学家所钟情的“深描”在某种程度上已经不完全是一种原始资料，而更接近于一种将世界转换为某种戏剧场景——描述者不是按世界的本来面目呈现世界，而是在创造世界；不是在“描述”文化，而是在“书写”文化、诠释文化——是研究者用“实实在在的东西来表现自己的社会学想象力”（格尔兹语），但深描一直是实地观察的人类学家记录其所见、所感的传统资料记录形式之一。

邓金（N. K. Denzin，又译邓津）在《解释性交往行动主义》（Interpretive Interactionism，按照本书的术语逻辑，似应译为“诠释性互动主义”。为避免术语的混淆，特注解于此）一书中对深描和浅描做了详细的讨论①。他提出了“作为表演性写作的深度描述”“作为记载的深度描述”“作为记载的浅度描述”等主题，并对深度描述的类型做了详尽的区分：微观的深度描述、宏观的历史性的深度描述、传记性的深度描述、情境中的传记深度描述、情境深度描述、关系性的深度描述、交往性的深度描述、

① 诺曼·K. 邓金. 解释性交往行动主义［M］. 周勇，译. 重庆：重庆大学出版社，2004：105-122.

插入式的深度描述、不完整的深度描述、概括性的深度描述、纯描述性的深度描述和描述性的与诠释性的深度描述。邓金还对这些不同类型的深度描述及其内容特征做了归纳（见表4–5）。从表中可以看出，有的描述在内容特征上倾向于突出这一点特征，而其他描述则倾向于突出那一点特征，而真正全面的深度描述往往包含表中所列的各项叙述与内容特征。

表4–5　深度描述的类型及其内容

类型	内容与重点				
	传记性的	历史性的	情境性的	关系性的	交往性的
1.微观深描	很少是	可能是	是	是	是
2.宏观的历史性深描	可能是	是	可能是	可能	是
3.传记性的深描	总是	是	是	可能	是
4.情境性的深描	可能	是	总是	可能	可能是
5.关系性的深描	可能	是	可能是	总是	是
6.交往性的深描	很少是	可能是	是	是	总是
7.插入式的深描	是	是	是	是	是
8.不完整的深描	是	是	是	是	是
9.概括性的深描	是	是	是	是	是
10.纯描述的深描	是	是	是	是	是
11.描述性的与诠释性的深描	是	是	是	是	是

在讨论这些不同类型的深度描述时，邓金还举出了一些具体的例子，力图阐明不同类型的深描所具有的特点。引用其中人类学家克利福德·格尔兹描述他和妻子在巴厘岛是如何“逃离斗鸡”的混乱场面的例子，借此来领会深描的特色。

> 整整一车全副武装的警察开了过来，人群中发出阵阵的尖叫声。警察纷纷跳下车……人们夺路逃去，许多人撞上了墙……我和妻子决定……也和大家一起选择逃命。我们沿村里的大道逃去……半路上，遇到另一个逃散者……我们在他后面跟着……（过了一会儿）那位逃散者的妻子（她很熟悉这种场面）搬来一张桌子，上面铺着桌布，然后又弄了三张椅子和三杯咖啡……我们坐了下来……尽力让自己恢复平静。

从上述引文中可以看出，人类学家在对观察进行深描时，并不回避戏剧化、表演化、散文化的描述风格，也不隐讳主观的介入，不刻意追求价值中立的科学原则。这个问题，如本书此前相关章节反复提到的那样，涉及了知识的认识论问题，人们对此存在极大的争议，在此不必反复唠叨。

从以上的讨论可以概括出一点，不管是哪一种观察实践，人们在实地观察期间做充分的实地观察笔记是一个十分重要的环节。就其记录的内容和方式而言，大致已如上述。至于用来记录观察所见的工具，则有很多种，它们所形成的资料形式也不一样。最原始的工具是纸和笔，其替代工具有打字机和电脑，此外还有录音和影像摄录设备。这些工具所形成的观察资料通常以文字、语音和图像等形式存在。在整个研究过程中，这些资料都应该妥善保存，并养成建立档案的习惯，借助于恰当的整理、编码、存放和管理方式，以便于随时取用、分析。

二、访谈

获得定性研究资料的另一个渠道是访谈（Interview），即研究者以特定目的与研究对象所在群体的成员或与研究对象相关的人员做面对面接触，并通过谈话形式获得定性资料的方法。“在今天，运用访谈获取信息的现象越来越普遍，以至于我们所生活的社会被称为‘访谈社会’（Interview Society）”[①]。尽管比起观察法来访谈法的历史可能略逊一筹，但它也算得上是一种古老而又时新的方法：言其古老，可以追溯到人类有了语言之后尤其是文字语言流行以来的历史，比如，司马迁就曾把游历和访问曲阜（孔子故乡）、淮阴（韩信故乡）所获得的有关故事写进伟大的史学著作《史记》当中，以及中医传统上“望闻问切”中的“问”；说它时新，是指被纳入科学视野的访谈法只是在近现代社会科学理论发展起来之后，尤其是现代人类学、社会学的发展，才使得这种方法得以更加系统并逐步具备了科学的品质。至于中国的旅游研究在采用访谈法获得资料方面，还仅仅是最近三十年的事情。不过，由于旅游研究中有关旅游者心理体验、旅游行为、旅游态度等研究日益成为显性的领域，因此，以访谈法获得相关资料就成为重要的渠道。与观察法相比，访谈法在帮助研究者探寻被研究者的内心世界、发掘遥远记忆深处的历史、捕捉不能亲身经历和亲眼观察的事实等方面，都有明显的优势，甚至具有某种不可替代性。

当把旅游看作一种体验活动时[②]，有关旅游者的心理、意识、意义感、愉悦感等现象的研究，是无法通过外在的观察而能全面地予以了解的，观察法甚至有时还能形成错误的或误导的结论。在人类社会，人际理解（即社会学中的所谓“主体间性”）在很多时候需要借助于语言沟通来达成，在旅游世界也不例外。“人之所以为人，最重要的一点就是人类拥有运用语言来描绘其经历的能力。要想了解人类的行为，就意味着要理解

① 安德里亚·方塔纳，詹姆斯·H. 弗里. 访谈：从结构式问题到引导式话题［M］//诺曼·K. 邓津，冯伊娜·S. 林肯. 定性研究：经验资料收集与分析方法. 风笑天，等，译. 重庆：重庆大学出版社，2007：683.

② 谢彦君. 基础旅游学［M］. 北京：中国旅游出版社，1999：49.

语言的运用。”“语言的运用，本来就……在其范式中包含着合作性质询；鉴于语言是人类用于诠释和预言的基本工具，很难再找到更为重要的对人类进行调查研究的手段[①]。”从这一点看，将访谈作为一种定性资料的收集方法，有其独特的科学依据。在旅游研究中，借助于访谈法，研究者可以在倾听过程中获得某种故事性的叙事，而作为一个意义生成过程，此类叙事必然包含着叙事者的态度、感受、体验、意识和判断。利用独特的分析手段和方法对这些叙事材料中的话语、词汇进行分析，就能够获得人们对旅游体验的个体或社会认知，发现其中的规律性，对旅游者的体验行为及其意义做出有所依据的恰当诠释。

（一）结构型访谈与非结构型访谈

访谈作为一种收集资料的方法，它也有不同的类型，而每一种类型的访谈也都有其特殊的适用主题和对象。可以说，鉴于访谈法所获得的资料是一种通过人际言语交流所形成的文字材料，它不可避免地带有双重的主观性：来自访谈者（Interviewer）和受访者（Interviewee）双方的心理体验、价值判断，因此，不同类型的研究主题和研究对象，应选择不同类型的访谈方法，其目的是尽可能地去深度理解访谈对象，同时又努力做到访谈的客观性或价值中立。

对访谈进行分类可以采取很多角度。比如，根据访谈时研究者对访谈的控制程度，可以分为结构型访谈、半结构型访谈和非结构型访谈；根据访谈的正式程度，可以分为正规性访谈和非正规性访谈；根据访谈时的接触方式，可以分为直接访谈和间接访谈；根据访谈时受访者人数的多少，也可以分为个别访谈和集体访谈；根据访谈的次数，还可以分为一次性访谈和多次性访谈；等等。这些分类从不同侧面体现了访谈的特性。

① 埃文·塞德曼.质性研究中的访谈：教育与社会科学研究者指南［M］.周海涛，译.重庆：重庆大学出版社，2009：8–9.

每一次具体的访谈实践，都需要访谈者在这些维度上做出策略性的选择。

在所有这些分类方法当中，人们最常使用的访谈类别划分方法是访谈的控制程度。下面对这种分类所形成的结构型访谈和非结构型访谈做进一步的讨论。

结构型访谈（Structured Interview）的特点可以用标准化、计划性、导向性和控制性几个关键词来描述，因为这种访谈依赖相对明确的目标、井然的程序、确定的工具和严格的控制。在结构型访谈过程中，访谈者对访谈的走向和步骤起着主导性的作用。它先根据研究的目的把问题、访谈对象、访谈方法和记录方式加以标准化，然后由受访人根据这些既定的程序对问题逐一或选择回答。由于所有的受访者需要回答的问题都一样，因此，通过这种访谈所得到的资料在可比性上具有较好的基础。

尽管用结构型访谈这样的术语来指代那种控制性较为严格的访谈过程，但无论如何，纯粹意义上的结构型访谈是不存在的，也是不可行的，这是由访谈法自身的性质和特点决定的——既然是访谈，它就是一个互动过程，过于严格的结构性控制是有悖于这种过程的实质的。通常情况下，社会科学研究中所说的结构型访谈，主要是采取访谈大纲控制和访谈性问卷两种形式。由于实施过程中的相对弹性，这两种结构型访谈已经不是严格的结构型访谈，而更接近于半结构型访谈了。

非结构型访谈（Unstructured Interview）也称无结构型访谈，其形式更接近自由访谈的形式，并具有深度访谈的特征。与结构型访谈正好相反，非结构型访谈所依据的逻辑更像是“滚雪球”的逻辑，倾向于从某一个起点开始，而对其终点的期望并不十分确定，因为除了研究目的的规定性之外，非结构型访谈不再要求计划性、导向性、控制性和标准化，而主张由访谈者与受访者自由交谈，在交谈互动中盈科而进、便宜行事。主张自然主义的定性研究者对此尤为强调，并将访谈过程看作一个社会建构的过程，是一种能够获得真实信息而不是进行一场“虚假谈话”的唯一访谈形式[①]。

詹宁斯针对结构型访谈、半结构型访谈和非结构型访谈之间的区别和联系进行了总结（见表4–6）[②]。与各种理论范式都会在本体论、认识论和方法论上展示出其不同之处一样，这几种访谈形式也一样。不过需要注意的是，詹宁斯将结构化访谈理解为更为严格的资料收集形式，并直接将其归并到定量研究的范畴，这是与笔者所持的观点有所不同的。在笔者看来，访谈主要是定性研究的资料收集手段，因此不应将其视为定量研究的方法。正如前文已经阐明的，由于访谈自身性质所决定，纯粹结构化的访谈是不存在的，因此，访谈也不会是定量研究的资料收集方法，除非把“询问式填答问卷”的过程也当作一个访谈过程。

表 4–6　不同类型访谈的区别

	结构化访谈	半结构化访谈（焦点访谈）	非结构化访谈
本体论	封闭的世界观——普遍的真理和事实	多重事实	多重事实
认识论	客观的（主体和研究单位）	主观的（参与者和现象）	主观的（参与者和现象）
方法论	定量	定性	定性
举例	标准化的访谈、问卷调查、民意测验、由访谈者完成的表格调查	深度访谈、问卷调查、群体访谈（焦点群体）	深度访谈、问卷调查、群体访谈（焦点群体）
形式	确定的程序；简短的回答	话题/主题提纲；开放式的问题	口头/个人生活经历；谈话
持续时间	时间短：一般 10~30分钟	时间较长：1小时或更长	时间最长：2小时或更长；许多个时间段

（二）深度访谈与焦点群体访谈

在人们的访谈实践中，有两种方法以其独特性逐渐成为访谈的典型

① Oakley Anne. Interview Women：A Contradiction in Terms［M］//Robert Helen. Doing Feminist Research. London：Routledge，1981：30–66.

② 盖尔·詹宁斯.旅游研究方法［M］.谢彦君，陈丽，译.北京：旅游教育出版社，2007：160.

方法，即深度访谈与焦点群体访谈。

1. 深度访谈

深度访谈（Deep Interview）一般采取非结构式的、个人间的、非正式的、开放式的访谈形式，是一种适合了解受访者个人经历、生活体验和意义建构的一种独特方法。在实践中，深度访谈有时也会与实地观察结合在一起，往往采取一对一当面访谈的形式。

以个人的方式与受访者接触、谈话，这给访谈者收集资料以极大的灵活性，资料的内容也往往具有鲜活而生动的品质，访谈过程也由此成为访谈者与受访者之间的一次社会建构过程。斯普拉德里（Spradley）曾对一次深度访谈情景做了如下的描述，从中我们可以体会出深度访谈的情境特点。

> 不久她笑了，把手放在她的胸脯上说“Tsetchwe”，这是她的名字，“Elizabeth”我指着自己说。她回答“Nisabe”……然后她肯定怀疑我是一个女人，就勇敢地把手放在我的胸脯上，证明我是女人，她又摸摸自己的胸脯，很多澳洲丛林的居民都这样做；在他们看来，所有的欧洲人都是一样的。她说“Tasu si”（女人），停了一下，她开始教我。

从中可见，对于访谈者与受访者来说，访谈过程的方向和内容都是双方共同建构的结果。在这个过程中，双方扮演着各自的角色，其间的互动程度将决定访谈的质量和深度。

尽管实际访谈过程可以千差万别，但一般而言，深度访谈应该是一个渐进的过程。按照多尔比里（Dolbeare）和舒曼（Schuman）为深度访谈所设计的富有特色的三轮访谈序列，第一轮访谈主要是探寻受访者的经历背景，第二轮访谈则让受访者在其该背景中重构亲历过程的细节，而第三轮访谈通常会让受访者反思其经历对自己的意义①。这个访谈模式充分考虑了深度访谈的目标、构成目标的支持元素、促发这些元素的背景条件这样一个内在的逻辑框架，因此，当访谈者依照这一模式组织访谈进程时，就会使得每一轮都成为下一轮的必要乃至充分条件。如此一来，访谈者所提出的问题、所引导的方向及所控制的节奏和范围，会在各个轮次中都得到比较全面的考虑。

不过，洛夫兰德等人认为，在深度访谈过程中，访谈者与受访者间的互动并非是线性的，而是像交响乐一样有着各种穿插、交汇和变调的。这在洛夫兰德等人所列举的“访谈者可以做什么”的条目当中看得很清楚。比如，允许深度访谈者：深入到所要描述经验的表面之下；停下来探究一个命题或问题；要求更多的细节或解释；询问研究对象的思想、感情及行动；让研究对象针对问题；回到早期的观点；复述研究对象的观点，检验是否准确；放慢或加快速度；转换当前的话题；承认研究对象的品性、视角或行动；使用观察技巧和社会技巧来推动讨论；尊重研究对象并且对他们接受访谈表示感谢。与此同时，也允许受访者：打破沉默，表达自己的观点；讲他们的故事，并给它们一个连贯的框架；反思早期的事件；成为专家；选择说什么及如何去说；分享重要经验，并教给访谈者如何诠释这些经验；表达在其他关系和环境中不被接受的想法和感情；获得认可和理解。

上述这些条目，看上去不免有些烦琐，如果严格泥守这些条条还有悖于深度访谈的本质规定性。作为一种典型的情境互动行为，每一次访谈都必然是别开生面、各不相同的，需要访谈者因时、因地、因人制宜。正因为如此，道格拉斯（Douglas）曾提出“创造性访谈”这一概念，专指两个人或更多的人聚在一起，以开放的态度创造性地交流各自的经验，以求获

① 埃文·塞德曼.质性研究中的访谈：教育与社会科学研究者指南［M］.周海涛，译.重庆：重庆大学出版社，2009：18–20.

得更为深刻的自我理解。在道格拉斯看来，对访谈者进行入门指导是不合适的，因为深度访谈主要发生在社会成员的日常生活世界，访谈和访谈者必须具有创造性，放弃那些固定的规则，适应不断变化的情况①。实际上，从洛夫兰德等人所列举的这些条目也可以感受到，深度访谈是一个互动的过程，其深度和质量，在很大程度上依赖于访谈者对访谈过程的驾驭能力。

为了能够对深度访谈的过程及相关的提问方式有一个总体概念，还是借用洛夫兰德等人“关于生活变迁的扎根理论访谈的问题”的例子来做具体的说明。建议读者仔细体会该例子中各种问题的布局、关系和形式，并回顾前文曾提到的深度访谈通常采取的“滚雪球”式的提问形式。在刚刚开始访谈实践时，不妨采取模仿的态度，逐渐掌握其规律后自己便可以从中求变了②。

表 4–7　一个例子：关于生活变迁的扎根理论访谈的问题

最初的开放性问题

1. 告诉我发生了什么（或你是怎样经历______的）。
2. 你什么时候第一次经历______（或注意到______）？
3. （如果是这样的话，）这是怎么回事儿？你是怎么想的？你怎么刚好______？如果有人影响了你的行为，是谁？告诉我他 / 她是怎样影响你的。
4. 能给我描述一下使你______的事件吗？
5. 造成______的是哪些原因？
6. 然后你的生活是怎样继续的？在______发生前，你是怎样描述你的观点的？你的观点又是怎样变化的？
7. 你怎么描述那时你是怎样一个人？

中间阶段的问题

1. 你对______有什么样的了解？
2. 当你知道______的时候，你是怎样的想法和感受？
3. 接下来发生了什么？
4. 谁卷入了其中？什么时候发生的？他们怎么进入其中的？
5. 告诉我，你是怎么学着去处理______的。
6. 从______起，你对于______的想法和感受发生了怎样的变化？

① Douglas J D. Creative Interviewing［M］. Beverly Hills，CA：Sage，1985.

② 约翰·洛夫兰德，戴维·A.斯诺，利昂·安德森，林恩·H.洛夫兰德.分析社会情境：质性观察与分析方法［M］. 林小英，译. 重庆：重庆大学出版社，2009：40–41.

续表

7. 从 ______ 起，你的生命中发生了哪些积极的变化？ 8. 从 ______ 起，你的生命中发生了哪些消极的变化，如果有的话？ 9. 你是如何进行 ______ 的？你在做什么？ 10. 你能给我描述一下在你 ______ 时，最具代表性的一天吗？（选择另一个时间）那么请告诉我，在你 ______ 时最具代表性的一天。 11. 你怎样描述你现在是怎样一个人。对这种变化，哪些因素起了作用？ 12. 当再回头看 ______ 时，你的脑海中还有其他什么样的事件浮现出来吗？你能分别描述一下吗？这些事件是怎样影响所发生的事情的？你对 ______（事件；导致的结果）是怎样的反应？ 13. 你能描述一下通过经历 ______，你最重要的收获是什么吗？ 14. 在两年（五年，十年，如果合适的话）之后，你如何看自己？讲讲那时你希望成为什么样的人。你怎么比较你希望成为的人和现在的你自己？ 15. 什么帮助你去控制 ______？你遇到了什么样的问题？告诉我这些问题的原因。 16. 在那段时间谁对你帮助最大？他 / 她是怎样帮助你的？ 17. 有什么组织发挥过作用吗？它们怎么怎么帮助你的？它发挥了什么样的作用？ **结束性问题** 1. 你认为对于 ______，最重要的方式是什么？你是怎样分析（或产生）它们的？在 ______ 之前，你的经验怎样影响了你对 ______ 的控制？ 2. 从你 ______ 之后，你的观点（或者行动，依话题及接下来的反应而定）发生了怎样的变化？ 3. 从你 ______ 之后，作为一个人，你是怎样成长起来的？告诉我你所发现和形成的读过 ______ 的力量。（如果合适）你现在最满意自己的是什么？辨认最满意你的是什么？ 4. 在经历了这些经验之后，你会给那些刚刚发现他们 ______ 的人一些什么样的建议？ 5. 有什么之前你没有谁想到，而在访谈中突然出现的事情吗？ 6. 你觉得还有什么事情能让我更好地理解？ ______ 7. 你有什么要问我吗？

这是一个很好的示例。它能够比较全面地反映出访谈的步调和方向，很好地体现了深度访谈从开放式问题向收敛式问题、从背景性问题向意义性问题、从描述性问题向诠释性问题不断转换、聚焦的逻辑过程。如果将这个思路运用于旅游研究，那么，不管是访谈旅游体验的问题、旅游意义的问题、旅游观念和态度的问题或者旅游认知的问题，都可以采取这样一个思路来设计访谈路线。

2. 焦点群体访谈

焦点群体访谈（Focus Group Interview）也称焦点团体访谈，在德语地区则被称为小组访谈（Gruppeninterview）或小组讨论（Gruppendiskussion）①。

① 伍威·弗里克．质性研究导引［M］．孙进，译．重庆：重庆大学出版社，2011：165.

顾名思义，所谓焦点群体，是指由一些（通常为5~10人，视问题的性质不同而有所变化）与研究目的高度相关的人员组成的临时群体，他们或者直接就是分析单位（如以焦点群体成员的个人旅游体验作为研究对象），或者是对分析单位有关情况有所了解的知情人（如通过安排若干旅游目的地居民进行群体访谈以了解所有居民对旅游发展的态度）。可以说，“焦点”（Focus）这个词就是被用来强调群体访谈时所遴选的成员是与研究目的及问题紧密关联的。这些成员可以是日常生活中存在的“自然的小组成员”，也可以是互不相识临时组织的群体成员。在旅游规划领域，为了摸清区域内旅游资源、旅游产品、旅游业的相关情况，往往需要组织若干次焦点群体访谈。不过，与旅游规划界利用焦点群体访谈来收集规划地的广泛信息不同，在旅游人类学、旅游社会学和旅游心理学领域，人们利用焦点群体访谈所收集的信息，往往集中在焦点群体成员自身，是直接相关于其个人旅游体验或个人旅游接待经验的。接下来的讨论，主要是站在后一种角度进行的，当然也基本适合于前一种情况。

以焦点群体访谈的形式收集定性资料有很多特点，其中最突出的包括以下几方面。

（1）互证性。在焦点群体访谈过程中，如果涉及事实性的语言表述，那么，就存在来自不同成员间对该事实是否真确的认定机会。这一点与一对一的深度访谈相比，是最突出的一个优势。焦点群体访谈者对此应充分加以利用，适时地调动焦点群体受访者对相关事实予以证实。

（2）互补性。中国有一句格言：“三个臭皮匠，赛过一个诸葛亮”，说的是群策群力、众人拾柴火焰高的道理。与一对一深度访谈相比，焦点群体访谈也存在互相补充事实的可能性。

（3）冲突性。另一种情况也会经常发生，那就是焦点群体成员间对访谈问题的认识存在着程度不同甚至根本性的差异。对于社会学、人类学和心理学研究人员来说，这可能被看作生活现实的缩影而予以接受甚至把它们当作研究的对象。

（4）应激性。尽管一对一深度访谈也是一种互动的行为，但焦点群体访谈则更能体现成员在表达意见时的应激反应倾向。某一成员选择表达或不表达及如何表达自己的意见，很可能是建立在此前其他成员的意见基础上。

（5）情境性。不仅有很多焦点群体访谈是刻意在某种真实的生活情境中进行的，而且，即使不是如此，单独组织的“闭门式”焦点群体访谈过程也会“自然生成”一个新的情境，它们或者是沉闷的，或者是热烈的，或者是欢快的，或者是愤怒的，或者是平和的，总会因话题的不同和现场人员的互动而展现不同的情境属性。访谈者不仅需要在现场有效理解这种情境的特性，而且要清楚这种情境特性对诠释焦点群体访谈资料的影响。

（6）建构性。焦点群体访谈也是一个社会建构过程。在访谈过程中，观点、态度、情绪、认知和意识体验，都是建构的，既存在个体差异，也存在达成共识的可能性。

比起一对一深度访谈或其他定性资料收集方法来，焦点群体访谈尤其会触及这种方法的认识论问题。对此，弗里克也有很全面的总结：小组讨论可以表明，人们的意见是如何在社会交流中形成的，特别是它们是如何被改变的，如何得到认可以及如何被压制的。人们通过小组讨论的方法可以在情境之中收集口述资料。陈述及意见表达都是在小组之中做出的，并且可能会得到小组成员的评论，成为一个或多或少的动态的讨论主题。这种动力及对个体观点的社会协商，在方法讨论中得到了更多的关注，也是将小组讨论当作一种方法讨论的一个结果。现在人们在方法讨论中之所以更加关注这种动力以及个体观点的社会协商，并将此视为现实之社会建构的一个重要的组成部分，也得益于有关小组讨论这一方法的讨论[①]。

根据社会心理学中的“阿希实验”不难想象，焦点群体访谈可能遇到的最大障碍是因“从众心理”“权威导向”和“酬赏激励”等因素所导致的发言不充分甚至失实的问题，这些也构成了焦点群体访谈法的主要局限性。这种情况还会随着焦点群体成员的组成情况及所讨论问题的性质而有所强化或弱化。一般地，如果成员间的关系是熟悉的、彼此认识的甚至存在上下属关系的，上述障碍可能会被强化；而问题是否涉及隐私，是否具有其他敏感性，是否关切到自身利益，是否属于重大事项，都会导致群体成员在交谈、讨论中做出立足于自身利害的策略性选择。在这种情况下，访谈者所扮演的主持人角色及对访谈过程的控制和组织就成为影响访谈深度和质量的重要因素了。

主持人在讨论中的角色和功能是另外一个众说纷纭的问题。在极少数的情况下，人们会完全依靠小组自身的动力，而不用通过主持人来进行调控，以避免他的干涉会对讨论的进展和内容产生（扭曲性）影响。不过，更为常见的做法，而且从实用性的角度来看也是更值得推荐的做法是通过一个主持人来对讨论加以调控[②]。为此，弗里克进一步介绍了人们在此提出的三种不同形式的调控策略。①形式上的领导：主持人的作用仅限于制定一个发言人名单以及确定讨论的开始、进展和结束；②主题上的调控：主持人除了上述任务之外还负责引入新的问题及对导论进行引导，以深化或扩展特定的主题和内容领域；③对互动动力的调控：除了以上内容之外，主持人的任务还包括推动讨论的展开，甚至为此使用刺激性 / 挑衅性问题，当讨论进展缓慢时让参与者形成观点对立的两派，当有人支配讨论时有针对性地让那些在讨论中比较沉默的小组成员

① 伍威·弗里克．质性研究导引［M］．孙进，译．重庆：重庆大学出版社，2011：164.

② 伍威·弗里克．质性研究导引［M］．孙进，译．重庆：重庆大学出版社，2011：161–163.

发言以起到平衡的作用。其他的可能性还有通过提供文本、图画等手段额外地激发讨论或者设定应该加以讨论的主题。

针对焦点群体访谈过程中访谈者所扮演的主持人的角色，弗里克还具体概括了以下几个工作步骤，对旅游研究中的焦点群体访谈也很有启发。

（1）在开始时，主持人需要解释说明（形式上的）工作流程，并提出对参加者的期待，即参与讨论，在可能的情况下就特定的话题展开争论，共同完成一项任务或者是共同解决一个问题。在不同的文化当中，这种开场白的组织会有不同的策略。当一位旅游人类学者深入到一些文化十分独特的少数民族族群并针对某些敏感问题组织焦点群体访谈时，访谈者尤其需要注意这一点。

（2）简短地介绍以使成员们相互认识，然后是热身阶段，以为讨论做准备。主持人应当在此强调成员们的共同特征，以促成或增强成员们对小组的归属感。

（3）真正的讨论以一个“讨论刺激”开始。讨论刺激可以是几个刺激性 / 挑衅性论点、一部短片、朗读一段文字或者提出一个有待解决的具体问题。

（4）特别是在那些成员们事先互不认识的小组中，小组讨论会经历陌生阶段、定向阶段、适应阶段、熟悉阶段及达成一致阶段和讨论枯竭阶段。

从这里可以看出，在焦点群体访谈过程中，访谈者不仅是直接的参与者、组织者和调控者，而且还是一个复杂情境中的参与者。就这一点而言，研究人员必须对焦点群体访谈所获得的资料的价值成分有所警觉——即意识到该资料在多大程度上保持了价值中立。如果访谈者在访谈过程中以访谈者身份参与但对访谈过程极少甚至没有任何引导、干涉或调控行为，那么，他 / 她就是扮演一个公开身份的在场旁观者（注意这几个限定性的词汇都具有认识论上的讨论空间）的角色；如果他/她以“自然成员”的身份参与焦点群体讨论过程并与各个成员形成“自然”互动，那么，他/她扮演的是一个隐蔽身份的在场自然参与者角色；如果他/她以访谈者的身份在访谈过程中公开引导、控制、调整访谈的节奏、方向和程度，那么，他/她扮演的则是一个可能决定访谈结论的控制者角色。这些角色的差异，显然会影响现场、左右互动，进而使所获得的资料呈现某种系统性的偏向。因此，以焦点群体访谈来获取资料，必须充分考虑这种方法是否适宜研究问题的属性和焦点群体成员的特性，这样才能保证资料具有适当的信度和效度。

（三）访谈法的技巧

访谈是否真的有什么技巧？离开了某些被标定为“技巧”的技巧，访谈者是否就寸步难行？一个能充分运用某些独门绝技来有效驾驭访谈过程的人，他的这些技巧到底应否写到教科书中以便传授给他人？对此笔者个人是持有疑问的，因为笔者相信决定访谈质量和深度的终极条件是访谈者在一个具体的访谈情境中能否有效调动他/她在专业领域所形成的知、情、意综合素养。在理查德·A.克鲁杰等人所著的《焦点团体：应用研究实践指南》[①]一书中，确实提供了一些技术性的建议，但是，统观这些建议，即使它们可能对个别初学者有一些指导，但笔者担心，按照他们的地图，未必能到达想去的地方，因为那些过于琐碎、肤浅和机械的建议，可能并不适合访谈法这种典型的社会互动过程。从认识论的角度来看，如果任何别的资料获取方法都可以有技巧的话，笔者也认为，最难以形成可遵循的技巧的资料收集方法，就是访谈法。这样说来，在本书其他地方都未曾以“技巧”为题进行讨论的情况下，现在却专论技

① 理查德·A.克鲁杰，玛丽·安妮·凯西.焦点团体：应用研究实践指南［M］.林小英，译.重庆：重庆大学出版社，2007.

巧，其实也是想起到一个“反向提醒”的作用。

但是，在一部导论性的著作中为初学者提供一些有关访谈实施过程中的基本参考思路，也许不至于误导读者将一些教条作为不可更易的法则来执行。因此，参考有关著作的观点，结合笔者对访谈法的认识，提出以下一些建议。它们算不上技巧，仅仅是一些提示。

1. 明确目标

目标是制约、引导人类行为最关键的因素，任何别的因素都无法替代它，因为它相当于做事时必须依循的“头脑”“本源”或“根本”，是纲举目张中的“纲”。认识到这一点，可以使没有访谈经验的研究人员能够自觉地寻找到工作方向。目标决定工具，目标决定路径，目标也决定方法。所以，在进行访谈时，从开始到结束，都应该用目标来驾驭访谈过程，做到一以贯之。比如，在访谈中，是要描述事物的样貌，还是解释现象的因果联系，抑或是诠释事物的意义？这些都是大的目标，访谈者需要做出选择。如果能够明确一次研究——如研究背包旅游者的旅游体验——是为了诠释意义，那么，这个目标在访谈过程中还可以细化为具体的几个工作目标：了解经历、挖掘细节、探寻意义。为了研究旅游者如何建构其体验并诠释旅游者赋予该体验以何种意义，就可以采用访谈法进行研究。

2. 确定对象

确定访谈的对象是决定访谈法成败的关键环节之一。不同的人有不同的经历与见识，语言表达的意愿、能力和方式也不同；不同的研究目的也决定了要访谈的对象是不同的。玛格丽特·米德在研究萨摩亚人的青春期问题时，由于允许进行该课题研究的时间已经所剩无几，于是开始不停地向两位好友询问萨摩亚女孩和年轻女人的性行为。这非常出乎那二人的意料。两人感到非常尴尬，于是开始运用萨摩亚人历史悠久的

“塔乌法阿塞”伎俩，即愚弄……正是这样，热情洋溢的、年轻的玛格丽特·米德，在1926年，犯下了她的滔天大错[①]。

在用访谈法收集资料时，受访者扮演的角色，一种是直接的分析单位——他们的言语资料就是研究人员的关注点的表征，这些资料是仅限于受访者自身的资料，其使用也以此作为范围；受访者的另一种角色则是充当访谈者与研究对象之间的中介，有时也被称为“掮客”，他们的言语资料虽然也可能包含或关联其自身，但更主要的是有关他人或他事的，这些受访者仅仅是一个“知情人”和报告人而已，因此并非是直接的分析单位——这些资料并非“黏附”于这些受访者身上，不是或不光是他们自身的特征。在后一种情况下，对访谈所形成的言语资料的使用，往往会超越受访者的范围，成为可以概推至一般的情况。正因为如此，研究者在确定访谈对象时，必须充分考虑这两种情况的差异。对于前一种，要选择能够充分讲述自我的人；对于后一种，要选择充分了解研究对象情况的人。当然，两种情况下都有一个共同的标准，那就是能够“诚实”陈述内心想法的人。

运用焦点群体访谈获取资料，还有一个确定受访群体规模的问题。一般地，对于复杂的、深刻的研究主题，焦点群体规模以小为上，3~5人可能都是合适的（不包含访谈者）；相反，对于泛泛的与日常生活场景和活动有关的研究主题，人数稍多可能更有利于营造具有前述诸多特性的访谈情境，因此，人数可多达7~12人；至于在真实情境或模拟情境中的访谈，则应以真实情境的实有人数为适宜。

3. 理解程序

尽管我们一再阐明访谈是一种由互动而激发的再生情境和过程，没

---

① 德里克·弗里曼.玛格丽特·米德与萨摩亚——一个人类学神话的形成与破灭［M］.夏循祥，徐豪，译.北京：商务印书馆，2008：5–6.

有严格的程序，但其中依然有一些基本的工作线路。抛开访谈过程中作为主体的互动不论，那么，访谈至少包括前期准备、进入现场和结束访谈这三个阶段性的工作。

在访谈前的准备阶段，访谈者应做好的工作包括明确访谈目的、拟定访谈纲要、协商有关事宜、选定受访者等事宜。这一阶段所做的工作越充分，后续工作环节就会越顺利。

在进入访谈现场这一环节上，没有一定之规，要视具体的研究意图和问题性质及情境特点而定。例如，倘若为了研究“裸体海滩”，访谈者可能会脱去衣服，在海滩上做裸体散步[①]；为了研究和尝试像朋友一样对待地域天使，访谈者可能会去买一辆大摩托车经常到某个地方的破旧酒吧[②]。对此类明显具有情境特点的现场的进入，需要仔细研究、深入体会并慎重对待，以便使访谈能够顺利地进行。当然，有时访谈并不是在如此典型的情境中进行的，例如，在研究无家可归的街头流浪汉时，每一次访谈都可能是在一个“弱感情境”或无关情境中进行的，这类研究的进入现场过程，每一次都是重新进入，需要访谈者善于随机应变。

退出访谈应该是谈话枯竭时的自然选择。显然，在这个阶段，对受访者的积极参与和良好表现致以感谢、鼓励是自然而然的事情，如果情况适宜，甚至还可以给予受访者思想或知识方面的必要回馈，这对于建立和维持与受访者的关系，往往是至关重要的。

4. 关注互动

言语互动是访谈的主体内容。对互动中进程、方向、重点、转换的把握，对细节的觉察，对遗漏的及时补救，都是需要引起特殊关注的问题。埃文·塞德曼对访谈互动环节提出了一些技巧性的建议。他认

---

① Dauglas J D，Rasmussen P. The Nude Beach［M］. Beverly Hills，CA：Sage，1977.

② Thompson H. Hell’s Angel［M］. New York：Ballantine，1985.

为，“技巧不代表一切，但它居于重要地位”[①]。在他整整一打的技巧清单中，包括这样一些条目。①跟随受访者所讲的内容：当你不理解时，提出问题；要求听到更多的信息；探究，而不是刺探；②多听，少讲，并提出真正的问题：避免引导性问题；提问开放性问题；③跟随，不要打断；④两种特别喜欢的方式：请受访者和你谈话，好像你是另一个谈话的参与者；请受访者讲故事；⑤要求受访者重构，而不是回忆；⑥聚集受访者注意力，并询问具体细节；⑦访谈时不因个人变化而起伏不定；⑧限制你自己的互动：只偶尔分享自己的经历；避免强化受访者的回应；⑨探究笑声；⑩顺从你的直觉；⑪谨慎地运用访谈提纲；⑫容忍沉默。塞德曼的这些建议，虽然未免匠气，但如果研究者愿意，也可以作为刚刚开始访谈实践时应予考虑和注意的一些问题。此外，陈向明在其《质性研究方法与社会科学研究》一书中，也从“访谈中的提问”“访谈中的倾听”和“访谈中的回应”等几个方面做了详细的讨论，可以参考。

5. 把握关系

访谈尤其是无结构访谈的目标是“理解”，因此，在访谈者和受访者之间建立起良好的关系是至关重要的。访谈者要善于站在受访者的角度思考问题，能够理解受访者的文化背景和个人处境，能够以推己及人的方式推进谈话，这样才能赢得受访者的信任，从而获得真实可靠的信息。不过，建立在亲密关系基础上的访谈过程也会带来问题，玛格丽特·米德的遭遇就是一个例子。此外，借助于深度参与而形成的亲密关系也可能使访谈者“成了当地人”，成了被研究群体中的一员，在不知不觉中放弃了自己的研究者角色，或者成了被研究群体的代言人，丧失了自己的研究立场和客观性。还有一些情况是，访谈者发现，由于文化

① 埃文·塞德曼.质性研究中的访谈：教育与社会科学研究者指南［M］.周海涛，译.重庆：重庆大学出版社，2009：85–103.

的根本隔阂，自己自始至终也没有与访谈者建立起真正的友谊；或者访谈者自以为与受访者关系不错，但其实不然。例如，上文曾提到的汤普森（Thompson）就曾遇到一件十分糟糕的事情，当他的研究接近尾声时，他遭到了地狱天使的野蛮鞭打。

在塞德曼看来，“访谈不仅是一种研究方法，而且是一种必须培育、维护，而后优雅地终止的社会关系。从某种程度上说，每一种访谈关系都是一件特制的艺术品，是被访者和访谈者的个性和相互交流互动方式的反映。同时，这种关系也反映了深度访谈的目的、结构和方法。”为此，他专门从这样几个方面讨论了访谈者对这种关系的把握原则：访谈是一种“我—你”关系；融洽的关系；社会群体认同与访谈关系；区分隐私、个人经历与公众经历；避免建立治疗性（或矫正性）关系；互惠与平等[①]。从整体上说，对访谈关系的把握原则，应该建立在认识论的基础上，访谈者应能够始终对自身的角色有清醒的认识，并能够对言语互动过程中由于自身的角色扮演所产生的影响做出客观的评估。换言之，访谈者要清楚这样的事实：由于自己与受访者的关系的性质和程度，使得所获得的信息在多大程度上保持了它的客观性和真实性。

6. 应对问题

访谈的进程往往是艰难的，而不会是一帆风顺的。在访谈时，什么问题都可能发生，需要访谈者做好应对的准备，这样才可临阵不乱，最终完成访谈任务。

首先，为访谈者所苦恼也经常遇到的问题是无法找到受访者。在旅游景区截住游客访谈？他们正在旅游体验的兴头上，或者已经累得筋疲力尽，根本不想与任何陌生人谈话。登门到潜在游客家中拜访？刚一敲

---

① 埃文·塞德曼. 质性研究中的访谈：教育与社会科学研究者指南［M］. 周海涛，译. 重庆：重庆大学出版社，2009：104-120.

门，原先约定好的家庭主妇可能忽然变卦，以“你看，我都忙成这个样子，哪有时间跟你聊天”为由，把你给打发了。这些情况，都是正常情况，只要心里有所准备，就不会因为这些遭遇而放弃访谈的努力。

其次，无对答或对答肤浅则是更为令人有挫败感的问题。访谈的人找到了，到齐了，但闷声不响或者问一句答一句，没有任何话语的延展和深入。这样的访谈，其结果只能是一些简单干瘪甚至根本无法解读的语音记录，对研究目的没有任何帮助。遇到这种情况，访谈者还是要从自身寻找原因，要使自己在心态、情态、形态和语态上努力“本土化”，以获得受访者的身份认同感。任何人，除了自闭症患者之外，不管性格如何，都有交流的欲望。他/她选择不交流或少言语的策略，只是因为情境不对或话题不对，访谈者要在这两个方面做出判断，并通过相应的调整来推动对话的拓展和深入。

此外，访谈中的安全问题也是访谈者自身应该注意的一个问题。深入特殊情境并以公开身份进行访谈，在很多情况下是一件有风险的事情。一些特殊的研究主题，或访谈者以某种不一定适宜的方式、在不当的场合和时机提出的问题，都有可能成为激化访谈双方矛盾的因素。访谈者应该接受有关方面的专门培训，并自己保持着充分的警觉，才能不至于在访谈中引发激烈的矛盾冲突。

三、采集

采集（Collecting）是指对以实物形态存在的定性资料进行收集的方法。这是除了观察和访谈之外最重要的收集定性资料的方法。采集的具体方法包括拾取、查阅、购买和复制等诸多途径。

在社会科学领域，用来作为定性研究资料的实物，专指那些承载了人类文化信息的物件，并不包含纯天然的物质实体。所谓的纯天然的实物，是指那些与个体或群体的人类没有任何经验事实联系的实物，如悠游自在于野外未受任何人惊扰的麋鹿，或深秋之日被一股大风吹送到院子中来却没有引来任何人关注的片片红叶，都不能作为定性研究的资料。但是，如果猎人捕获了麋鹿，把它的肉晾晒成肉干，把它的皮制作成衣物，或者把鹿头、鹿角清理干净做成标本挂在墙上，这时，鹿肉干、鹿皮衣物和鹿头、鹿角就可以用来作为定性研究的资料，因为此时它们都承载了人类的文化信息（比如，鹿皮的加工过程就可能经过了复杂的鞣制过程，包括浸水、去肉、脱脂、脱毛、浸碱、膨胀、脱灰、软化、浸酸、鞣制、剖层、修整、复鞣、中和、染色、加脂、填充、干燥、整理、涂饰、压花等一系列工艺环节）。同样，如果飘进院子中的红叶恰好被一位旅居异乡的人儿拾取，一番精心加工之后，他 / 她把它做成了一张别致的明信片并附上数语寄给了家乡的亲友，那么，这张明信片也许可以作为解读这个人此时心境的一个工具，于是成为定性研究的资料。

将实物作为定性研究的资料来源，陈向明借用哈莫斯雷与亚金森（Hammersley & Atkinson）的观点对此做了很好的阐明："任何实物都是一定文化的产物，都是在一定情境下某些人对一定事物的看法的体现；因此这些实物可以被收集起来，作为特定文化中特定人群所持观念的物化形式进行分析。任何实物都具有'合同'的性质，即表现了社会上某些人相互之间或者人与环境之间的一种'契约'。它们之所以被生产出来，是因为它们满足了社会上某类人的需要。作为特定时代特定文化环境下的产物，实物不应该看成'实在的'（Actual）、自足的（Self-contained）、不以人的主观意识而转移的客观'现实'[①]。"正是由于这种文化契约关系的存在，使得实物成为历史学、考古学、人类学研究中的重

① 陈向明 . 质的研究方法与社会科学研究［M］. 北京：教育科学出版社，2000：257.

要资料形式。同样，由于旅游世界的大量实物具有文化表征的功能，因此，旅游学也以实物为资料，并从符号学、文化学和人类学的角度来对这些资料所表征的意义现象进行研究。

可以作为定性研究资料的实物种类十分繁杂，不胜枚举。为方便起见，并从资料分析特征的角度考虑，以下主要讨论其中三种最常见的实物形态：文本、图像和物品。尽管这样的分类在概念上多少有些不够严谨之处（如一幅照片也可以算是一种文本），但从对这些实物进行采集和分析的目标和方法特性上看，它们算得上是比较典型的三种实物。

与观察、访谈相比，采集实物的过程往往涉及实物的权益归属问题，这是它的一个特殊之处。研究人员所采集的以实物形态存在的资料，有些可能有其原有的所有权人。要想获得这些资料的实物载体，意味着实物本身权益关系的转变。在这种情况下，往往需要采集人员以付费的形式购买才能获得。一言以蔽之，对于应该采取购买方式获得的实物资料却采取了其他不尽适当的方式获得，意味着研究人员没有遵守相应的伦理规则，是应当避免的。在 19 世纪和 20 世纪初，西方列强以学术研究名义在中国盗取各种人类学、考古学资料的行径，是科学研究史上不光彩的一页。

（一）文本采集

用于定性研究的文本资料（Text Data）是指那些用文字来传达意义、交流思想和描述事实的信息材料①。文本可以是一个句子，一个段落，也

① 在这里，笔者没有像袁方（《社会研究方法教程》）、风笑天（《社会研究方法》）等人那样选择使用“文献”（Literature）一词，原因是，一方面，“文献研究”或“文献分析法”已经在人们的研究实践中（尤其是学位论文写作中）造成了极大的误导，有太多的人误将“文献评述”或“文献综述”看作“文献分析”；另一方面，“文献”一词（不管是中文还是英文）在含义上有着“过去时”的“历史”色彩，与“文物”有些对应，主要指过去留存下来的一些正式文字材料，而在一般研究过程中则直指那些包含明确理论观点的学术文献，因此，其概念的外延不足以涵盖所有以文字形式存在、可作为定性研究对象的文本材料（如电话号码簿、工资条等）。因此，笔者不建议使用“文献研究”“文献分析”或“文献研究法”等术语。

可以是一个篇章，即“任何由书写所固定下来的任何话语”。作为定性分析对象的文本资料，通常以独立文件或档案记录的形式存，但同时也包括那些依附于各类实物介质而存在的文本，例如，刻写在建筑物上的楹联，各种摩崖石刻，以及后文专门讨论的图像、物品上的任何文字资料。

文本资料的形式多种多样，来源也各有不同。有的文本资料是研究者实地观察、访谈的结果（如前文已经讨论过的实地笔记和访谈记录），因此属于一手文本资料（此类资料的获取是观察和访谈的目标所在，前文已经讨论，在此不再赘述）；有的来自历史文献、公共文件（如政府公告、机构年鉴、统计资料、行政命令、公务凭证等）和个人的各种文字记录（如日记、传记、回忆录、信件、档案、凭据等），则属于二手文本资料。在定性研究中，除了一手文本资料的情况比较复杂之外（那些来自研究者实地观察或访谈的文本资料，也可能是被看作被观察者或受访者的特征，这样，分析单位就是那些被观察者或受访者了），多数情况下，都是直接将上述文本资料当作分析单位来对待，通过在这些社会人为事实上寻找关注点，来描述、解释或诠释这些文本资料的特征。

以下从旅游研究的角度，罗列一些常用的文本资料形式（见表4–8），以供读者参考。表中虽仍包含通过观察和访谈所获得的一手文本资料，但仅用作参照、比较。在表4–8中，文本资料在多数情况下是以纸质或其他可移动的实物形态存在的，可以直接采集；而在另一些场合，原始文字存在于某些不可移动的自然或人造物之上（如在黄鹤楼的墙壁上涂写的“×××到此一游”或“鹤去楼仍建，人来笛不吹”等文字，或在网站上公开的文字），这时，就需要将这些文字转录于纸质或其他可移动介质上，以供进一步的分析、解读。

表 4-8　旅游研究中不同类型文本资料的采集

文本资料属性	文本类型	主要获得渠道	常见文本形式示例
一手文本资料	观察笔记 访谈记录	实地观察 直接访谈	备忘录；实地笔记 访谈录音文字；访谈笔记
二手文本资料	公共文件 公开出版物 历史文献档案 媒体文稿	公开渠道 图书馆 博物馆 大众传媒 公共空间	书籍（尤其是旅游书籍）；电话号码簿；地图；邮政编码本；报纸、杂志、电视、广播和网络文稿；馆藏手稿
	机构文件	组合渠道	政府公告（如旅游质监所质监简报）；政府行政工作记录（如景区警察处警记录）；年鉴；机构年度或季度业绩公报；机构合同文本；机构会议记录；机构客人投诉汇编；机构网评文字；目的地旅游宣传册、宣传单；目的地网站宣传文字；景区文字解说系统；景区游览图；景区门票；店铺招幌文字（及图案）；旅行社旅游线路清单
	个人文件	组合渠道	日记；旅行日志；实习日志；个人游记；明信片；博客日志；微信日志；微信圈文字；私人信件；涂鸦文字；便利贴文字；私人手稿；凭证

文本资料的采集，由于类型不同，采集的途径也会有所差异。一些存在于公共空间、公共媒体的文本，基本没有采集的禁忌，可以根据需要自由取用。国外一些大学的图书馆、各类博物馆及公共媒体，拥有丰富的文本资料资源，但在国内由于各种屏障往往难以获得；国内的公共文本资料，只要仔细搜寻，并能准确辨识其真伪、评估其价值，也可以作为定性研究的文本资料。

各类机构除了公开发布的文件可以通过公开渠道获取之外，其内部交流的文本材料因涉及机密性问题而使采集变得困难，需要借助于合作关系、私人关系甚至其他手段（在不违背研究伦理和国家法律的前提下）采集。

个人文件是微观社会学、社会心理学和人类学定性研究者非常感兴趣的文本形式。在旅游研究领域，不管是旅游者还是旅游企业经营人员、旅游目的地居民，他们有关旅游的任何文字记录，都可能承载着显著的文化或商业信息，通过分析此类资料，不仅可以理解游客的需求、东道地居民的态度及旅游企业经营者的意向，而且可以探寻旅游世界的关系、意义和构成。这类资料虽然也有一些是公开的，如发布于网络上的旅行日志，但更多的为私人性质的文件，因此，需要借助于多种渠道来采集。

（二）图像采集

图像即图片和影像的统称。可供作为定性研究的图像资料，包括绘制的图画、拍摄的照片、摄录的影像等多种形式。

在人类文明的发展史上，人类所创造的图形、图案要比文字早得多。以象形文字为特征的中国文字，其起源也是一些图形、图案，这在甲骨文、金文上都可以看得十分清楚（如甲骨文中的鱼、虎、鹿、马的字形），以至于现代汉语也依然保留了这些象形文字的特色。作为一些人类早期文明形式的遗迹，有些原始图形、图案现在依然可以看到，有的还成为富有神奇魅力的旅游景观，如法国拉斯科洞窟中的动物壁画，就是人类美术史上最早的绘画记录，距今已有1.5万年左右的历史。它由一条长长的、宽狭不等的通道组成，其中有一个外形不规则的圆厅十分壮观，洞顶画有65头大型动物形象，有2~3米长的野马、野牛、鹿，有4头巨大公牛，最长的约5米以上，被视为惊世杰作，拉斯科洞窟也因此被誉为“史前的卢浮宫”。还有一种同样古老的图案制作形式是在岩穴、石崖壁面和独立岩石上通过彩画、线刻、浮雕手法而完成的岩画。在中国岩画中最具代表性的北系阴山岩画，是迄今为止我国已发现的岩画中分布最为广泛、内容最为多样、艺术最为精湛的岩画，五虎图就是阴山岩画的代表作。阴山岩画中最大面积的岩画达400平方米，真实地记录了在此生活的古代北方匈奴、敕勒、柔然、鲜卑、蒙古等游牧民族的生产、生活历史，也是极具旅游价值的古代岩画景观。在甘肃黑山、宁夏贺兰山、江苏连云港等地，都发现了这样一些十分珍贵的岩画景观。从旅游的意义而言，这些景观由于“镶嵌”于特殊的地理环境和人文空间，从而因其不可移动性而逐渐成为现代社会的旅游景观，而且是旅游世界中具有唯一性的重要旅游吸引物形式。

由此可见，人类涂抹、描摹、绘制、磨刻图案的传统由来已久。古人借助于在岩石上磨刻和涂画，来描绘人类的生活以及他们的想象和愿望，从而形成了令我们叹为观止的岩画景观，而这些以岩画形式存在的各种图像，则构成了文字发明以前原始人类最早的“文献”。它们不仅涉及原始人类的经济、社会和生活，同时还作为人类的精神产品，以其艺术魅力打动人心。即使到了现代，这种传统也没有中断。且不说今天已经发展成洋洋大观的美术、艺术世界，仅就那些随处可见的涂鸦之作而言，就足以看出，图形、图案是人类表情达意的重要工具，承载着丰富的文化信息，是研究相关的人类生活的重要依据。

进入机械复制的时代，由于摄影术的发明，使得图像的生成发生了革命性的转变。“众所周知，在文献领域中引起巨大变化的是印刷，即对文字的机械复制。但是，在此如果从世界史的角度看，这些变化只不过是一个特殊现象，当然是至关重要的特殊现象。在中世纪的进程中，除了木刻外还有镌刻和蚀刻；在 19 世纪初，又有石印术出现……可是，在石印术发明后不到几十年的光景中，照相摄影便超过了石印术。随着照相摄影的诞生，原来在形象复制中最关键的手便首次从所担当的最重要的艺术职能中解脱出来，而被眼睛所取代。由于眼看比手画快得多，因而，形象复制过程就大大加快，以至它能跟得上讲话的速度。如果说石印术可能孕育着画报的诞生，那么，照相摄影就可能孕育了有声电影的问世。而20世纪末就已开始了对声音的技术复制。由此，技术复制达到了这样一个水准，它不仅能复制一切传世的艺术品，从而使艺术作品的影响经受了深刻的变化，而且它还在一书处理方式中为自己获得了一席之地[①]。”正如本雅明所说的那样，诞生于19世纪30年代的摄影术，就这样不仅改变了艺术创作的传统方式，也改变了人类在对图像存有某种图腾崇拜心理的基础上已经发展起来的传统关系。这种现象在当今时代最为突出的表现，完全可以在旅游世界中广泛看到：在大众旅游时代，哪一个旅游者手里没有一个可以摄取其“旅游凝视”之下所感所见之景观的精致设备？从招摇的长枪短炮般的照相机，到便携式的各类手机，每一种设备都足以获取品质极佳的图片或影像。借助于旅游与摄影，使得现代人在自我与图像之间建立起了一种最为时尚、最具消费主义色彩同时也最具个体建构意义的新型关系。笔者曾在另一部著作中对此有过这样几句话，不妨抄录如下，用以传达笔者所理解的“旅游与摄影”的这种新型关系，以及笔者将旅游者所拍摄的影像作为研究对象的一种关注[②]。

> 人人都梦想过旅游。这在孩童的世界尤其是一个奢华的梦想。等人长大了，就会寻找机会、创造机会去旅游。
>
> 于是，人们漂洋过海，跋山涉水，足迹遍及世界各地。当人们返回来的时候，装进行囊的，不仅有异国他乡的珍玩奇物，还有旅途上千滋百味的记忆。
>
> 于是，我们问，旅游是什么呢？

① 瓦尔特·本雅明.摄影小史；机械复制时代的艺术品［M］.王才勇，译.凤凰出版传媒集团，江苏人民出版社，2005：49–50.

② 谢彦君.旅游摄影技法［M］.北京：中国旅游出版社，2010：2.

> 有人说，也许，旅游是对怀乡病的一种治疗过程吧！
>
> 是啊，旅游就是一种体验，就是一种观看或凝视，就是对一个我们感觉有些陌生但却依稀感觉到有某种渊源的事物的回访。
>
> 为了这次郑重的回访，每个旅游者都会为他的这次行程做一番准备。由于不相信自己的记忆力——每个旅游者都避免不了要不时地回味他的这次经历，由于不相信自己的表述力——每个旅游者都会情不自禁地向亲友复述他的这次经历，由于不相信自己在有限时间的观察力，所以，很多旅游者受惠于现代科技的贡献，都选择带着照相机上路。

这就是图像！不管是存放于图书馆、档案馆或博物馆的图像，还是晾晒在网络博客、日志、空间中的图像，还是研究者亲临旅游情境做有目的拍摄、绘制、录制而独立获取的图像，都可以成为定性研究的资料。之所以如此，是因为它们与文字一样，也在传达意义、交流思想、描述事实。从某种角度上说，图像比文本似乎更容易令人“信以为真”（尽管事实上并不尽然）。今天，各种以“微”形式存在于网络社交空间（包括微信、微博）的图像（包括微电影），都可以成为定性研究的资料，可以通过适当的途径采集、利用。

（三）物品采集

从旅游人类学的角度展开对旅游世界中一些人文现象的研究，除了观察、访谈，除了采集文本和图像，还可以通过收集一些与旅游存在某种事实联系的人工制品或自然物品来获取可供分析的资料。从这一点来看，旅游研究者多多少少需要扮演一个博物学家或收藏家的角色，以便在一些坛坛罐罐中创造自己的理论空间。

人工制品历来都是文化研究、文明研究的重要物证。从古至今，正是由于人类留下了此类物证，我们才可据以判断人类历史曾经历了史前时期、旧石器时代、新石器时代、陶器时代、青铜器时代和铁器时代等不同阶段。在考古学、人类学领域，人们利用那些发掘出来带有文物性质的人工制品来还原历史、理解人类社会，这已经是一个重要的学术传统。

在旅游研究中，可供作为定性研究资料的物品，必须是那些获得了旅游世界成员身份的物品，其中既有人工制品，也有纯粹的自然物。所谓“旅游世界成员身份”是指，不管这些物品是人造物还是自然物，但一定要与旅游产生事实性的意义关联。换言之，它们的存在表现为被赋予了“旅游意义”。比如，它们有的直接是为旅游而存在、创造的，如旅游者购买的具有景观标识的旅游纪念品；有的是因旅游而使其存在以及相应的功能指向发生了变化，如为旅游者所青睐的土特产品、手工艺品；有的本属于纯粹的自然物，如贝壳、珊瑚石、珍珠及其他种种自然物，因被旅游者拾取或购买并带回家中而获得了人文意义；有的则是可以表征某种个人身份的消费品（如LV包），被旅游者以某种典型的方式加以消费，从而使这种消费品在旅游世界呈现出独特的意义象征。

从整体上说，一件普通的物品，只要经由旅游世界的濡染，就会有“旅游意义”附着于其上，于是，它的物理量纲（包括尺寸、重量、体积、形状、色彩、质感、味道、音质）及社会量纲（如价格、图案、制造历史、使用历史、象征、品牌、权属、地方性等）就会获得对旅游现象予以描述、解释或诠释的功能，从而使这些物品成了很好的定性研究资料。

第三节 定性资料的分析

经过几十年来的积累，社会科学界对通过观察、访谈和采集而获得的定性资料进行分析的方法已经十分丰富。这当中，以针对文本资料的定性分析工具和方法的开发最为突出。本章剩下的内容主要介绍文本资料的定性分析方法。针对图像和物品的定性资料分析，只在最后做简单的讨论。值得一提的是，与我们对待资料收集方法的态度一样，尽管这里列出了“步骤”和“方法”，但这些都不是必须泥守的教条，仅仅是对探寻最恰当的独特分析工具和流程的一些启发。

一、定性资料分析的工具

定性研究作为实证研究的一个路径，一直在向着认识论意义上的“价值中立”靠拢。这其中的标志，就是定性分析的工具越来越成熟而规范。借助于计算机技术的支持，用于定性分析的工具软件的处理能力也越来越强大。这里仅简单介绍两款常用的定性分析工具软件。这些软件的操作程序并不复杂，后续的定性分析内容也不再对这些分析软件的操作方法予以演示。读者如有需要，可以阅读专门的操作手册来进行定性分析。

（一）MAXQDA 定性分析软件

MAXQDA 是一套专业用于定性和混合方法数据分析的软件包。这款软件作为一套 Windows 和 Mac 平台的通用工具软件，可以用来分析所有的非结构化数据，包括访谈、文章、多媒体和专项定性调查资料等。

MAXQDA 第一版发布于 1989 年。此后经过不断的版本升级，已经能提供强大的资料处理能力，成为定性研究人员十分喜用的一款定性分析工具软件。MAXQDA 的基本功能模块包括以下几个方面。

（1）组织和分类数据：使用 MAXQDA 来管理整个研究项目。包括访谈、焦点群体、在线调查、网页分析、图像分析、音频和视频文件分析、电子表格处理及对参考书目数据的处理，甚至能够对 Twitter 等自媒体的资料实现方便的数据导入。

（2）编码和检索：对数据文本采用不同的颜色、符号或表情符号来标注重要信息，建立符合研究目的的符码。

（3）分析和转录多媒体：使用 MAXQDA 可以直接编码音频和视频文件，而无须先创建一个转录文本。

（4）混合方法导出：集成定量方法或数据输入到研究项目中。链接定性数据到人口统计变量，量化定性分析，或计算统计频率。高级版 MAXQDA Plus 额外包括插件模块 MAXDictio，增加了定量文本分析功能到 MAXQDA 中，可以方便地分析词汇量或文本内容。

（5）可视化和理论测试：自动或手工生成数据的可视化。通过导出结果到报告和演示文档中，可以产生令人难忘的图像；也可使用制图工具 MAXMaps 来创建各种图像。

（6）导出和报告：MAXQDA 不会锁定数据，可以将文件的项目部分、单个文档、搜索结果或整个项目导为多种文件格式，如 Excel、Word、图像或 XML。

（二）NVivo 定性分析软件

NVivo 也是一款定性分析软件，也有分别适用于 Mac 和 Windows 不同平台的版本。利用 NVivo 可以分析各种文本材料（包括文档、PDF、音频、视频、照片、在线调查等文件），功能相当强大。NVivo 的基本功能包括以下几个方面。

（1）自动编码：借助于内嵌的结构化数据分析模块，可以对大量文本数据展开快速自动编码；也可以根据研究者确定的主题或观点对文本内容进行自动编码。

（2）数据分析：使用框架分析将大量数据浓缩成主题概要；使用社会网络分析来发现和研究网络中有影响力的信息流。

（3）信息组织：使用主题、个案和关联代码等来组成所需要的信息；使用强大的数据查询功能搜索信息；从文献管理软件（如 EndNote、Zotero、Refworks 和 Mendeley 等）导入和管理信息；从笔记软件（如 OneNote 和 EverNote 等）导入信息；使用备忘录和注释功能记录想法和见解；通过 API 直接从 SueveyMonkey 和 Qualtrics 导入调查。

（4）形成报告：产生编码结构报告；使用一整套可视化工具来实现数据可视化，实现研究结果和思想的直观分享；支持 Word 和 Excel 导出报告。

此外，NVivo 还支持与其他定量统计分析软件（如 Excel 和 SPSS）的文件进行合并、导出和导入。

（三）定性分析软件的可视化输出

数据分析结果的可视化，日益成为统计分析软件的共同追求之一。在两款定性分析软件的可视化输出功能方面，均具有很强的处理功能。概括起来，其中一些比较典型的可视化输出功能主要包括以下几个方面。

（1）编码条纹和高亮显示：通过此功能可以借助彩色编码条纹和高亮显示来查看数据的编码情况，非常方便识别和比较，审查编码的合理与否，也便于修改编码。如果编码工作是团队型的，还可以比较不同人的工作，为寻求一致性提供方便；

（2）生成图表：借助图表形式反映分析过程、结果和数据源，更能激发对新主题的发现。这些图表类型有：词汇树、词语云、探索图、比较图、思维导图、项目图、概念图、群集分析、层次结构图、地理信息化和社会关系图等。

熟练掌握这些可视化输出工具的功能和内容，可以有效地发挥定性分析工具的作用，既可以提高效率，也会使得研究成果的形式品质得以提升。

二、文本资料分析的步骤

文本资料是定性资料的主要形式。以语言形式存在的文本，其科学价值在于，它具有描述、解释和诠释等多重功能。文本的生成与存在，其目的就是为了向人们再现事实、解释因果关系或呈现意义。文本在发挥这三种功能时，比起图像和物品来（尤其是物品），其目的性更为鲜明、直接和主动，可以说是人类社会一种最为积极的事物表征形式。也正是因为如此，文本资料成了定性研究的主要资料形式，大量定性资料分析的方法是针对文本资料的分析而发展出来的。即使是以图像或实物的形式存在的定性资料，在进行定性分析时，也往往会通过转化为文本的形式以便做进一步的分析。因此，下文有关定性资料分析方法的介绍，也以文本分析为主。

（一）分析单位与关注点的确定

在本书的第三章中，曾专门讨论了分析单位和关注点这两个术语。在本章前文言及访谈、观察和采集三种收集资料的方法时，也曾或多或少涉及分析单位和关注点的问题，因为这三种收集资料的方法均涉及调查者应明确资料究竟归属于哪种分析单位的问题。确实，分析单位和关注点在研究方法尤其是研究实践上，应该当作十分重要的术语来对待，因为，一旦研究者知道了分析单位和关注点是什么，他就清楚自己该从哪儿获得资料、应该获得何种资料了。不幸的是，这是被很多刚进入研究领域的人忽略了的一个问题，以至于他们的研究过程总是迈不开步伐，无法顺利发展到下一阶段。正是出于这样的原因，笔者强调在研究设计阶段就要明确分析单位和关注点，这也是一个阶段性工作方向的问题。比如，进入资料分析阶段，已经把资料收集上来了，就一定要清楚这些资料是代表谁的，属于谁的，要知道这些资料能展示什么样值得关注的特征。所以，通过访谈、观察和采集所获得的定性资料，其分析单位究竟是什么，这是定性资料分析时一个需要再度明确的问题。明确了分析单位之后，关注点的问题也就容易解决了。

从整体上说，定性资料的分析单位取决于研究目的和资料来源两个方面。为了减少描述的困难，避免烦琐的叙述，可以用一个表格，借以归纳各种不同来源的定性资料的分析单位及其可能的关注点（见表4–9）。在这个表格当中，将来自图像和实物的定性资料也视为一种文本载体，相关的分析方法在本章最后将做简单的介绍。当然，这种归纳仅仅是举例性的，难免失之武断和片面。在有的情况下，资料来源与分析单位间的对应关系会因研究目的的变化而被打破，这是分析进程中经常会发生的情况。

从表4–9中可以看出，如果研究的目的及相应的关注点并非局限于文本自身的特征，那么，分析单位往往就会超越文本而变成各种其他形式，包括个体（如受访者或观察者）、群体（如焦点群体）和社会人为事实（如图像和各种物品），而此时文本可能仅仅被当作分析单位的特征（关注点）之一。在本节后文即将介绍的各种文本分析技术和方法中，针对的还是以文本为分析单位的定性研究。至于以图像和物品为载体而存在的文本，其分析方法完全可以参照这些方法。重要的是，在每一次分析实践中，研究者都要清楚地界定其分析单位和相应的关注点，这样会使得分析的进程更流畅、规范和全面。

表 4–9　不同类型及来源的文本的分析单位与关注点

文本类型与来源		研究目的与对象	分析单位	关注点	例示
访谈文本	深度访谈	受访者个人经验	受访者	文本	游客访谈、居民访谈
		受访者转述的他人事实	文本	文本特征	“掮客”讲述、叙事
	焦点群体访谈	受访者群体经验	受访者	文本	游客访谈、居民访谈
		受访者转述的他人事实	文本	文本特征	群体“掮客”叙事
观察文本	参与型笔记	观察者反身性体验	观察者	文本	观察者游记
	非参与型笔记	观察者观察的他人事实	文本	文本特征	观察者笔记
采集文本	文献与档案	研究文本自身	文本	文本特征	古人的游记
		研究文本相关的人、事	人、事	文本	游客的博客日志
	图载文本	研究图像的多重事实	图像	图像特征	图像广告的图案、色彩
		研究图像文本的内容	文本	文本特征	图像广告的文字内容
	物载文本	诠释物品的特征	物品	物品特征	宣传单、门票的文字
		诠释文本与人的关系	文本	文本特征	明信片、“铭迹”文字

（二）文本资料的初步整理

文本资料的整理起始于获得资料的那一刻，尽管这时的整理还仅限于是对资料做简单的归档、编号或审查工作。质的研究中资料整理要求比较严格，通常需要将资料的内容一字不漏地记录下来。比如，访谈中的录音记录必须逐字逐句地整理出来，不仅包括被访者的言语行为，而且包括他们的非言语行为（如叹气、哭、笑、沉默、语气中所表现的迟疑等）；观察笔记事后必须进行处理，对遗漏的细节进行补漏，对简化的内容进行扩展①。

整理文本资料过程中的一个重要工作是为整个资料建立一个完备的编号系统，以便于资料的归档和使用。在对图像资料和物品资料进行整理的时候，也需要有这样一个工作环节。这是定性分析之前必须要做的基础工作。在编号时，主要涉及这样一些基本信息：（1）文本资料的类型。依照上面的分类，可以用两位数将文本资料的类型做二级划分（如果想同时兼顾图像、实物两类，也可以做三级划分），如在十位数上以 1、2、3 分别表示“访谈文本”“观察文本”“采集文本”，以个位数上的数字表示具体的资料来源和类型。比如，以 11 表示“深度访谈文本”，以 12 表示“焦点群体访谈文本”；以 31 表示“采集的文献与文档”，以 32 表示采集的“图载文本”，33 表示采集的“物载文本”。以此类推。（2）登记各类文本相关研究者和被研究者的姓名、性别和职业等信息。（3）标注资料的各种时空信息，包括获得文本资料的地点和时间，文本资料所指涉的地点和时间。（4）对文本资料进行必要的形式、格式编辑。（5）必要时对文本资料做硬拷贝，以供分析时用来剪贴、分类，而将原件归档保存。

三、文本资料分析中的编码技术

编码既是定性资料分析的一个关键步骤，也是文本资料分析的一种基本技术。各种文本分析方法的运用，都几乎离不开以一个编码过程为基础。

（一）编码与符码的意义

要讨论文本分析中的编码技术，首先接触的一个术语便是符码（Code），或称之为“码号”。在定性研究中所说的符码，是指文本中那些能对相关问题做出描述性、解释性或诠释性说明的意义单元。为这些

① 陈向明．质的研究方法与社会科学研究［M］．北京：教育科学出版社，2000：272.

意义单元添加标签或标记的过程就是编码（Coding）。

对编码定义的解析，也许会有助于理解整个编码过程尤其是编码的目的。在这个定义中，文本分析的目的不外是发掘文本对于事实的描述、解释或诠释功能，这也是其他定性研究可能要达到的目的。在文本分析中，要达到这些目的（或其中之一），需要通过寻找文本中的有关意义单元来实现，而这些意义单元无非是借助于不同规格的文字——单字、单词、短语、句子或整个段落——来表征的。编码过程的目标是，寻找到这些承载了不同或相同意义的文字单元，并把它们标签化，以便作为进一步分析、建构理论认识的基础。

为了说明上述解释，先举一个初步的例子来说明研究目的、意义单元、符码和编码这些术语之间的联系。这个例子取自笔者在2010年发表于《旅游学刊》上的一篇文章[①]。针对如何认识旅游本质这一问题，笔者曾做过这样的实验：请5个刚入校的大学生描述他们的一次旅游经历，下面是被实验者的描述实录。

学生A的描述：初中时，与全班同学一起离开沈阳，坐火车到大连，在火车上一路很开心，到大连后，看到很多很美丽的景观。

学生B的描述：高考之后，我就和几个高中同学去了丽江。这是我第一次出远门。丽江的夜晚实在太迷人了。我们还去了玉龙雪山。在广州没有看过雪，在那里看到了，很激动。

学生C的描述：来大连之后，去过旅顺，看过一些很有文化的景观、博物馆，印象特别深刻的是木乃伊。

学生D的描述：小时候有一次跟着父母，从成都去了苏州、杭

① 谢彦君.旅游的本质及其认识方法——从学科自觉的角度看［J］.旅游学刊，2010，25(1)：26-31.

州、上海，一直在逛街，走路，看电视，觉得很好玩。

学生 E 的描述：假期跟父母从大连去了呼伦贝尔。草原是我第一次见到的，太辽阔了。还喝了酒，我第一次喝白酒。

不管是否带有成见（如想要借此证明什么观点）地去阅读这些学生对个人旅游经历的描述，都很可能从中发现某种模式性的东西：大家都谈到了什么，或者都没有谈到什么（这让我们想到了世界旅游组织关于“旅游”的定义，它强硬地把人们常识中不认可的现象也归入了“旅游”的范畴）。是否可以这样假定，当把“旅游”这两个字抛给这些学生时，他们通常会用自己的经历和话语，在不知不觉中诠释什么是“旅游”的问题。这个假定，如果通过有意识地对上述文本中所展现的意义单元予以特殊的关注，甚至加以标注（于是把它们当作了表征意义的符码），就可以看得更清楚，一个事实已经从这个实验中浮现出来：在所有人的描述中，都直接或间接地涉及一些旅游所共有的事实。这些事实如果用关键词加以概括，足以凸显出旅游的共性的东西：体验（美好的印象和愉悦的感受），异地（总是到离开常住地的地方），余暇（不占用工作或学习的时间，是一种暂时的行为）。而这，就是在用规范的方法对文本数据进行处理后得出的结论。

在上述例子中，每一个被下划线标注的文字段都是一个意义单元，标注之后也成了符码，标注的过程就是编码，而编码的目的是从中找到与研究目的相关的理论线索。在这个例子中，对文本进行编码的价值在于，它有助于我们重新理解“什么是旅游”这个旅游学科的终极问题。

在实际编码过程中，上述以“下划线”形式标注字段的方式，仅仅是创建符码的方式之一。除此之外，也可以借助于口述录音、书面列举、页边标注、卡片记录和计算机软件工具（比如，利用前文介绍的MAXQDA 和 NVivo 工具软件）识别并标注等手段来完成编码工作。图 4–4 引用了詹宁斯对此所做的归纳[①]。

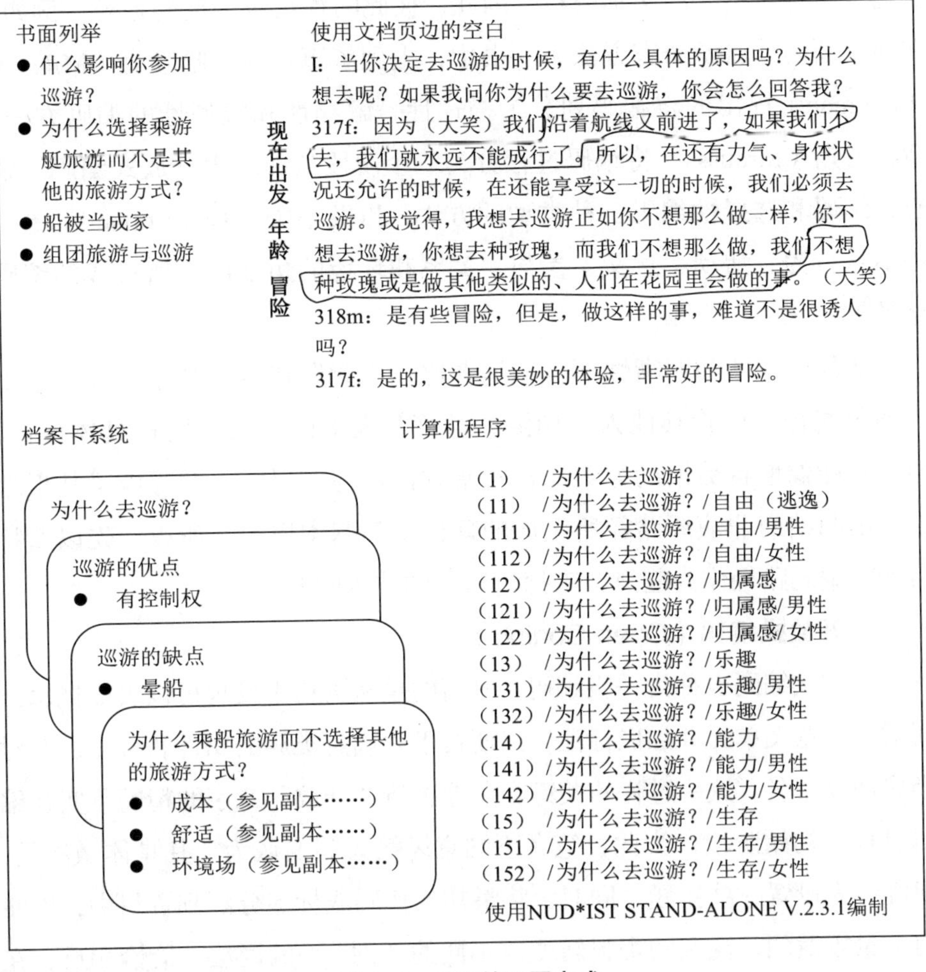

图 4–4　编码的不同方式

---

① 盖尔 · 詹宁斯. 旅游研究方法［M］. 谢彦君，陈丽，译. 北京：旅游教育出版社，2007：200.

（二）编码的方法

在长期的定性研究实践中，人们逐渐积累起了一些不同的编码方法。这些方法的提出往往出于不同的研究目的，依据不同的立场，站在不同的角度，针对不同的文本资料，因此，彼此间存在着一定的差异。例如，在詹宁斯的《旅游研究方法》一书中，提到了迈尔斯与哈勃曼（Miles & Huberman）提出的将编码划分为描述性、解释性和模型性的编码方法，斯特劳斯（Strausss）将编码过程分为三个阶段从而产生开放式编码、轴心式编码和选择性编码三种类型的方法，以及洛夫兰德（Lofland）等人提出从行为、活动、意义、参与、关系和环境的角度出发所形成的编码路径[①]。

就其单纯性和明晰性而言，笔者比较喜欢斯特劳斯基于过程而给出的编码路径。尽管其他人（如洛夫兰德等人）的方案也同样具体可行，但并不能像斯特劳斯的方案那样直指理论构建的目标，并呼应了扎根理论（由归纳而非演绎路径所生成的理论）的基本思想。所以，先以斯特劳斯的编码路径作为起点，来探讨编码的技术问题。

1. 开放式编码（Open Coding）

开放式编码也称为一级编码，其目的是从资料中发现可以表征概念类属的各个意义单元并加以标注，以便接下来确定类属的属性和维度，并对类属加以命名。这一过程的关键在于能否将“开放”二字的精髓落实在编码过程的初始阶段。为此，笔者不同意风笑天等人认为“其具体做法是，研究者先设置一些主题，同时，将最初的代码或标签分配到资料中，以便将大量零散的、混杂的资料转变成不同的类别”[②]的说法。恰恰相反，在

① 盖尔·詹宁斯.旅游研究方法［M］.谢彦君，陈丽，译.北京：旅游教育出版社，2007：197–199.

② 风笑天.社会研究方法［M］.4版，北京：中国人民大学出版社，2013：291.

开放式编码过程中，研究者要以一种开放的心态，尽量“悬置”个人的“定见”和研究界的“成见”，将所有的资料按其本身所呈现的状态进行编码。这种事先无定见的编码，需要研究者一心一意关注于文本中自然呈现的典型“意义单元”，借助于自己敏锐的直觉去捕捉这些单元并予以标注，因此，不准许“先设置一些主题”。如果将开放式编码、轴心式编码和选择式编码看作一个漏斗过程，那么，开放式编码在整个过程中处于开口的位置，编码的范围比较宽，其极限是直至再也找不到“有显著意义”的语义单元可作为符码。在对资料进行编码时，研究者的“敏锐的直觉”来自自己的原初研究目的，有了这个目的作为导引，研究者会自觉地在编码过程中留意一些具体的、概念上有一定联系的问题。在这个阶段研究者应该遵守的一个重要原则：既什么都相信，又什么都不相信，要任由那些可能与研究目的相关的意义单元从资料中自然浮现出来。

一般地，开放式编码应注意以下几点。

（1）编码时不要漏掉任何重要的信息，原则上编码越细致越好，直到符码出现饱和为止。

（2）如果发现新的符码并感觉缺乏充分的资料作为支撑（即无法判断这个新的符码是否已经达到饱和），应该补充收集原始资料。

（3）注意利用当事人使用的词语，特别是那些能够作为符码的原话，这是保证使理论或命题最终能够建立在“本土概念”基础上的条件之一。

（4）给每一个符码进行初步的命名，命名可以使用当事人的原话，也可以是研究者自己的语言，不要担心这个命名是否合适，因为这个阶段的命名具有备忘和初步定性的双重性质。

（5）在对文本资料进行逐行分析时，研究者要时刻保持对那些与研究目的相关的意义单元的警觉，善于就有关的词语、短语、句子、行动、意义和事件等询问具体的问题，例如，这些意义单元与研究有什么关系？它们具体提供了什么情况？为什么会发生这些事情？这个事件拥有什么类属或维度？

（6）在开放式编码结束时列出一个概念清单，它是一个涵盖了所有可能主题的概念空间。

2. 轴心式编码（Axial Coding）

轴心式编码又称为二级编码或关联式编码，其主要任务是探寻和建立开放式编码阶段被确定为基本符码中所隐含的各概念类属之间的各种有机关联。这些联系可以是因果关系、时间先后关系、语义关系、情境关系、相似关系、差异关系、对等关系、类型关系、结构关系、功能关系、过程关系、策略关系等。在轴心式编码中，研究者每一次只对一个类属进行深度分析，围绕着这一个类属寻找相关关系并确定其关联类型。最终在完成对所有类属的分析时，已经有可能构建一个基本的理论观点了，或者为这一步做好了铺垫。在这里，一个类属构成一个主轴，诸多类属共同支撑一个理论概念，而探寻类属就成了主轴式编码的基本目标。打个比方来说，如果将希腊的帕特农神庙比作要构建的理论概念，而把支撑这个神殿的诸多立柱比作要探寻的类属或维度，那么，在主轴编码阶段要探寻的，就是要找到这些立柱——它们应该是由那些相类似的大大小小的砖石（即文本中被标注为符码的同类意义单元）所堆砌而成的。一旦立柱得以确立，则理论大厦的建立便有了基础。

一般地，在进行轴心式编码时，应注意以下几点。

（1）研究者要时刻在头脑中保持一种分类意识，利用相关性、互斥性和周延性的分类直觉去对待开放式编码所积累的所有符码，不断试探着将这些符码按照其内在关联归并为不同的类属。

（2）在对概念类属进行关联性分析时，研究者不仅要考虑到这些概念类属本身之间的关联，而且要探寻表达这些概念类属的被研究者的意图和动机，将他们的言语放到当时的语境及他们所处的社会文化背景中加以考虑。这是一个对开放式编码所选定的意义单元（符码）进行回顾式再判断的过程，其目的是不使轴心式编码因为建立在开放式编码这一初次抽象过程的基础上而丧失了其“本土”基础。

（3）在轴心式编码阶段，研究者应善于对开放式编码所形成的符码进行取舍，也就是决定抛弃哪些符码，利用哪些符码，补证哪些符码，挖掘哪些符码。对此，大体的原则包括：抛弃那些没有理论价值的符码；利用那些已经清晰地显露其表征类属功能的符码；对那些缺乏足够资料支撑但同时预示着某种类属存在可能性的符码进行补充调查；对那些按照逻辑思考应该存在但却在文本资料中未以任何符码形式呈现的潜在类属，通过进一步的文本资料采集来挖掘其符码。

3. 选择式编码（Selective Coding）

选择式编码又称核心式编码或三级编码。其任务是在所有已发现的概念类属中，经过进一步的分析，最终选择一个“核心类属”，并将分析不断地集中到那些与核心类属有关的符码上面，在其间建立其观点性联系，逐渐走向命题性结论的过程。核心类属必须在与其他类属的比较中一再被证明具有统领性，能够将最大多数的研究结果囊括在一个比较宽泛的理论范围之内，并且在构建理论模型过程中居于主导地位。

其实，对文本资料进行编码分析的整个过程，就是一个选择、取舍的过程。在开放式编码阶段，选取的是那些自身有鲜明意义且可能与研究目的紧密相关的意义单元，抛弃的是那些无鲜明意义且与研究目的无关的文字或话语；在轴心式编码阶段，选取的是那些与研究目的相关，能够描述、解释或诠释某种概念类属的符码，放弃那些与此无关或它们自身彼此无关的符码；而在选择式编码阶段，是选取一个或几个能够作为理论支撑的主要类属，并借以实现从“资料—符码—概念类属”到“理论”的“惊险一跳”。因此，在选择式编码阶段，研究者需要做的最重要工作，是判断轴心式编码所确定的各个概念类属的主次关系，分辨出哪些是主要类属，哪些是次要类属，哪些是无关类属；同时也要判断哪些可能是独有（殊相）类属，哪些可能是共享（共相）类属。这种判断自然会导出一个行动纲领：理论研究过程中进行编码的终极目标，是选择一个主要类属或独有（殊相）类属作为创新性理论探讨（包括描述、解释或诠释）的主要对象，它们由此构成了理论研究所依赖的核心类属。

归纳起来，核心类属应该具有如下特征。

（1）核心类属必须在所有类属中占据中心位置，比其他所有的类属都更加集中，与最大数量的类属之间存在意义关联，最有实力成为资料的核心。

（2）核心类属必须频繁地直接或间接出现在资料中，或者说那些表现这个类属的指标或符码必须最大频度地出现在资料中；它应该表现的是一个在资料中反复出现的、比较稳定的现象。

（3）核心类属应该很容易地与其他类属发生关联，这些关联不是强迫性的，而是自然建立起来的，相互之间的关联内容也非常丰富。

（4）基于一个核心类属，可以发展出一个更具概括性的理论。随着核心类属被分析出来，理论很可能也就自然而然地浮现出来了。

选择式编码的具体步骤是：①明确文本资料的故事主线；②对主类属、次类属及其属性和维度进行描述；③检验已经建立的初步假设，填充需要补充或发展的概念类属；④挑选出核心概念类属；⑤在核心类属与其他类属之间建立起系统的联系。如果在分析伊始便找到了一个以上的核心类属，可以通过不断比较的方法，将相关的类属连接起来，剔除关联不够紧密的类属，最终形成一个核心类属。

（三）编码技术举例

尽管在上述关于编码方法的概念性讨论中笔者试图将定性研究的编码技术说清楚，但恐怕依然不能使读者完全领会其中的细节。为此，可以通过一个例子，用以说明斯特劳斯三阶段编码方法的基本思想。需要注意的是，这个例子主要在于说明解释性定性研究的编码策略，它不同于关注文本背景意义的诠释性定性研究。为此，将前文引述过的资料的原始文本再度呈现如下：

学生 A 的描述：初中时，与全班同学一起离开沈阳，坐火车到大连，在火车上一路很开心，到大连后，看到很多很美丽的景观。

学生 B 的描述：高考之后，我就和几个高中同学去了丽江。这是我第一次出远门。丽江的夜晚实在太迷人了。我们还去了玉龙雪山。在广州没有看过雪，在那里看到了，很激动。

学生 C 的描述：来大连之后，去过旅顺，看过一些很有文化的景观、博物馆，印象特别深刻的是木乃伊。

学生 D 的描述：小时候有一次跟着父母，从成都去了苏州、杭州、上海，一直在逛街，走路，看电视，觉得很好玩。

学生 E 的描述：假期跟父母从大连去了呼伦贝尔。草原是我第一次见到的，太辽阔了。还喝了酒，我第一次喝白酒。

针对这个资料，有几点需要先明确：①不言而喻，这个资料是口述话语整理出的文本；②这个资料最初的取得，是有清晰而独特的目的的，即希望通过学生的表述，来探寻“旅游是什么、什么是旅游”这样一个重要问题，而当初为了寻求其答案，并没有直接“让学生给旅游下定义”，而是请学生“描述他的一次‘旅游’经历”，这个方法有其现象学理论基础；③从资料的代表性而言，学生的结构可能显得单纯，这个问题涉及定性资料的“饱和”问题。

明确了这几个前提条件之后，就可以按照斯特劳斯的编码策略，展开为这份资料进行编码的历程了。

首先对资料进行“开放式编码”。按照前文的概念性描述，在对这个资料进行编码时，忌讳的是有“成见”“定见”甚至“偏见”，而要的是“开放态度”，要寻找各个有价值的意义单元，并予以标注。

于是，经过认真阅读之后，笔者可能做了这样一些标注（读者不妨也自己试一试，先不要往下阅读）：

学生 A 的描述：初中时，与全班同学一起离开沈阳，坐火车到大连，在火车上一路很开心，到大连后，看到很多很美丽的景观。

学生 B 的描述：高考之后，我就和几个高中同学去了丽江。这是我第一次出远门。丽江的夜晚实在太迷人了。我们还去了玉龙雪山。在广州没有看过雪，在那里看到了，很激动。

学生 C 的描述：来大连之后，去过旅顺，看过一些很有文化的景观、博物馆，印象特别深刻的是木乃伊。

学生 D 的描述：小时候有一次跟着父母，从成都去了苏州、杭州、上海，一直在逛街，走路，看电视，觉得很好玩。

学生 E 的描述：假期跟父母从大连去了呼伦贝尔。草原是我第一次见到的，太辽阔了。还喝了酒，我第一次喝白酒。

在上述文本编码中（为了将相互挨着但却意义不同的词语标注

成不同的符码，笔者不得不用两种不同的下划线来加以区别），笔者感觉自己是持有一个“完全开放的态度”，似乎没有什么成见——其实，怎么会没有一点成见？笔者毕竟还是按照某种原则“选择”了某些文字而“放弃”了另一些文字。这中间的微妙之处，需要读者自己去体会。

按照要求，接下来需要给这些符码列一个条目清单。它们包括：初中；全班同学；离开；沈阳；火车；大连；火车；开心；大连；看到；美丽；景观；高考；我；高中同学；去了；丽江；第一次；出远门；丽江；夜晚；迷人；我们；去了；玉龙雪山；广州；看过；雪；看到；激动；来；大连；去过；旅顺；看过；文化；景观；博物馆；印象；深刻；木乃伊；小时候；有一次；父母；程度；去了；苏州；杭州；上海；逛；街；走路；看；电视；觉得；好玩；假期；父母；大连；去了；呼伦贝尔；草原；第一次；辽阔；喝了；酒；第一次；喝；白酒。

看到这些乱哄哄的文字堆砌，读者也许已经懵了，以至于再也想不起开放式编码过程中一些需要注意的其他事项。鉴于此，不妨先就这些符码做一番整理，看看它们是否已经自成条理而且还达到了某种“饱和”。这需要进入第二阶段：轴心式编码。

留心观察一下，就会发现，上述符码是有规律可循的。可以不必先在脑子中树立什么类属的概念，且在一张大一点的空白草纸上逐一地把它们重新抄写一遍，抄写过程中要给属于不同意义单元的符码以不同的“地儿”，而每遇到一个“意指”不同的符码就给它们另辟一块空间存放它们。于是，你就可能得到与下面这个结果大同小异的一张纸（见图4–5）。

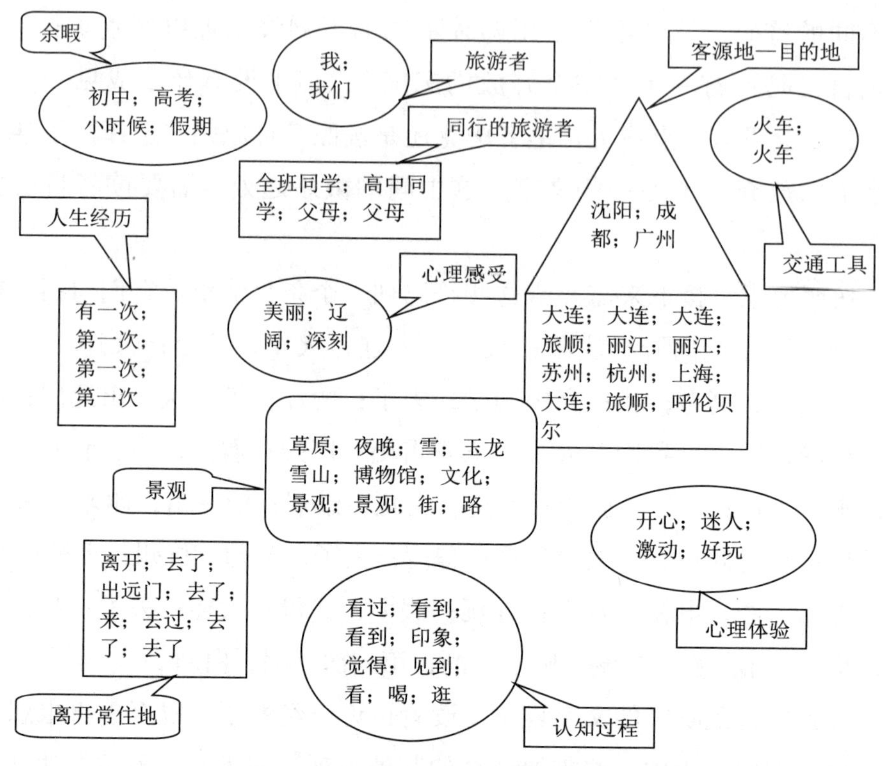

图 4–5　轴心式编码对符码进行归并的结果

图中带箭头的标注文字，是轴心式编码中第二个环节的工作成果，笔者一并在该图中呈现出来。于是，似乎已经从这些符码中看到了如下的消息：客源地，旅游者，余暇，乘坐交通工具，目的地，景观，感受……如果再次叩问“旅游是什么、什么是旅游”“如何诠释‘旅游’一词的含义”等问题，那么，从学生的陈述中（也许有人认为学生不具有完全的代表性，即符码未达到饱和，鉴于此，不妨再做访谈，包括访谈一些公务人员。但有一点要注意，向这些人询问的时候，所用的问题一定要和笔者这里的问题完全相同：“请描述你的一次‘旅游’经历”），我们似乎已经近于获得了给“旅游”这个概念做出理论解释的概念属性了：

它们从空间、时间和心理感受三个方面描述或支撑旅游发生的事实，而心理感受又涉及感知对象和内在体验两个方面。到此为止，轴心式编码的任务基本完成了。可以用表格来归纳这个编码的成果，其中已经开始包含一些浮现于符码、萌生于头脑中的理论脉络。（见表 4–10）

表 4–10　轴心式编码所获得的概念类属

<table>
<tr><th rowspan="2">时间概念</th><th colspan="2">空间概念</th><th colspan="4">主体概念</th><th>客体概念</th><th rowspan="2">介体概念</th></tr>
<tr><th>客源地</th><th>目的地</th><th>人生经历</th><th>认知过程</th><th>心理感受</th><th>心理体验</th><th>景观</th></tr>
<tr><td>初中
高考
小时候
假期</td><td>沈阳
成都
广州</td><td>大连
大连
大连
旅顺
丽江
丽江
苏州
杭州
上海
大连
旅顺
呼伦贝尔</td><td>有一次
第一次
第一次
第一次</td><td>看过
看到
看到
印象
觉得
见到
喝了
喝
看
走
逛</td><td>美丽
辽阔
深刻</td><td>开心
迷人
激动
好玩</td><td>草原
夜晚
雪
玉龙雪山
博物馆
文化
景观
景观
街
路</td><td>火车
火车</td></tr>
</table>

从表中读者应该能明确地读出“轴”（维度）的概念来。到了这一环节，它已经明白无误地表明，在表述“旅游”这个概念时，不能忽略的“主轴”至少应该包括时间、空间、主体、客体和介体这五个方面。缺少其中的某一方面，旅游现象都不会发生。说到这里，我们似乎还应该产生一个疑问：这个文本资料还遗漏了什么没有？为了回答这个问题，读者可以再去访谈，直到发现再也没有新增符码了——即所谓达到饱和了，就可以放心前行了。

在这个材料中，似乎符码都很“给力”，既充分又紧凑，也没有什么剩余，在轴心式编码阶段，不需要舍弃一些开放式编码阶段已经被纳入符码范畴的文字单元。这在具体的每一次调查研究中并不总会出现这种情况。

在选择式编码阶段，是确定可以作为支撑理论模型的核心类属。在这个例子中，轴心式编码完成之后，可以得到很多尝试性的理论命题：旅游是一种时间现象；旅游是一种空间现象；旅游依赖于行为主体的存在；旅游依赖于行为客体的存在；旅游依赖于行为媒介的存在；旅游是主客体之间的互动；旅游是一种时空交错现象；旅游是一种个体行为；旅游是一种感知或认知；旅游是一种心理体验……可以看出，轴心式编码已经提供了很多理论启示。

不过，如何借助于轴心式编码所给予的启示，在选择式编码阶段真正实现从“资料—符码—概念类属”到“理论”的“惊险一跳”？上述这些理论命题，哪一种更具有纲领性、一般性、根本性？这其实是定性研究最为关键的一步。如果说开放式编码的工作技工可以做、轴心式编码的工作工程师可以做的话，那么，选择性编码只有理论基础雄厚、对现实问题有深刻认识的理论工作者或科学家才可以真正做得好、做到位。因此，很多定性研究，到了选择式编码这个环节，不是趴着不跳，就是跳而不出半步，或者跳起但又摔死，分别给人以懒惰、平庸或疯狂的感觉。作为发现理论的科学家，在这个定性研究的这个阶段（其实也包括定量研究的最后阶段），懒惰而不跳不行，跳而不精彩不行，一跳而失足跌入谬论之渊也不行。这就是“惊险”二字的深刻意涵。

在这个例子中，为了完成这惊险的一跳，必须先完成选择式编码。首先需要在时间、空间、主体、客体和介体这五个维度中确定可以作为核心类属的维度。如果是一个旅游地理学家，他可能会倾向于看重空间的维度，将旅游解释成为一种空间现象；如果是一位休闲学家，他可能比较留意时间的概念，将自由时间作为旅游的必要条件来看待，并进而认为自由时间代表着旅游现象的一切根源；如果是社会心理学家，他可能会毫不犹豫地选择主体作为旅游活动发生的核心类属，以肯定作为主体的旅游者在旅游世界中扮演的主导角色；如果是一位经济学家或企业管理人员，他可能认为没有作为媒介的酒店业、餐馆业、交通运输业及其他相关产业，旅游是不可能发生的，或者，即使勉强发生了，也没有那么多魅力了，那么，他就会选择介体这一维度作为核心类属。由此可见，选择性编码在很大程度上依赖于研究人员的"定见"或"成见"，甚至还会受到"偏见"的影响，其选择结果很可能有所不同，这就是本体论本身宿命性的特点。如果说，开放式编码强调符码生成的"客观性"、轴心式编码强调概念类属生成的"逻辑性"的话，那么，选择式编码所强调的，将是核心类属生成的"智慧性"。因此，能否有效地调动已有的知识，并超越这些知识的局限，来选择一个恰当的核心类属来提纲挈领地描述、解释或诠释所研究现象的本质，对于进一步实现理论升华具有十分重要的意义。

结合选择式编码对核心类属所应具备的特征的要求，可以得出对本轴心式编码所形成的若干类属的选择式编码结论：以主体概念作为回答"旅游是什么、什么是旅游"这一旅游学终极问题的核心类属。对这一类属进一步做深度编码分析会发现，这一概念类属本身是由个人的人生经历、认知过程、心理感受、心理体验这些二级类属所支撑的，它们又是以相应的诸多符码加以说明、表征或证实的（见表 4–10 中以黑体字表示的各级类属和相应符码）。也就是说，二级类属有其充分的经验材料（访谈的话语证据）作为支持，而核心类属则以丰富的、充分的和重要的二级类属为支撑，它拥有科学实证所必需的可靠资料基础。

有了这个"文本资料—符码—概念类属—核心类属"的严格逻辑链

条，便可以尝试做出一个走向理论的“惊险一跳”了——给旅游重新下一个定义，以便回答“旅游是什么”“什么是旅游”这一问题。这个定义是这样表述的：“旅游是个人利用其自由时间并以寻求愉悦为目的而在异地获得的一种短暂的休闲体验[①]。”

（四）编码的几点注意事项

在编码实践中，还有几个方面需要引起注意。

1. 研究目的与编码的关系问题

研究者在编码过程中应该始终对研究目的保持警觉，这样才能对文本原始材料中与主题相关的符码产生足够的敏感性，这一点，即使在开放式编码阶段也应如此。不管具体的研究目的如何，在更一般的层面上，这些不同类型的目的可以归结为描述性、解释性和诠释性三种类型。当研究目的不同时，编码的策略和方法会有很大的不同。前述所引用的例子，以解释性为主，因此其编码不同于注重挖掘对话背景意涵的诠释性编码。为了说明这个问题，可以引用弗里克所举的开放式编码的例子，读者可以仔细体会这一编码策略与前述重在解释的编码策略之间的不同[②]。弗里克所用的文本涉及对健康的主观定义。研究者试图通过诠释来揭开述说者所讲述的带有明显抽象定义色彩的文本背后的思想逻辑。显然，这一点和上边所举的例子是不同甚至相反的。诠释性研究所做的开放式编码，更多地允许研究者做主观性的判断和联想，鼓励研究者对符码进行概念性的抽象（即所引材料中的“编码”），而这些又进而构成了诠释性定性研究最终成果“写作”的基础。弗里克更详尽的相关阐述可以参阅其著作中的有关部分。

---

① 谢彦君．基础旅游学［M］.4 版，北京：商务印书馆，2015：56.

② 伍威・弗里克．质性研究导引［M］．孙进，译．重庆：重庆大学出版社，2011：249.

关于分割和开放式编码的范例

那么，我[1]/ 个人[2]/ 对健康[3]/ 的联想[4]/ 是：人体组织[5]/ 完全能正常运作[6]/，包括所有[7]/ 蕴含在其中的[8]/ 有机体[9]/ 的生物化学过程[10]/，所有的循环[11]/，当然还有[12]/ 我个人[13]/ 及一般人[14]/ 的精神状态[15]/……

1/ 开场白，开始

2/ 强调与自己的联系，与他人划清界限，这是当地典型的套话吗？他不需要实现寻找

3/ 参见 4，抓住了研究的问题

4/ 建立联系

5/ 保持距离的，普遍的，与开场白（宣称是个人想法）相互矛盾，教科书，谈及人类，但将其视为机械

编码：机械化的人类观

6/ 技术的，熟练的，技术性教材表达，机械模型，标准化，标准思考，标准化要求（谁不能完全正常运转，就是病了）

编码：能正常运转，规范性要求

7/ 完全的，全部包括在内的，最大化的，不做区分，平衡状态

8/ 监禁，封闭的系统，存在着在外的东西，被动的，外部控制的，被包含在内者的内在动力

9/ 参见 6

10/ 教科书范畴

11/ 全面的，机械模型，自我调节的封闭体系，按规则运行，混乱的对立面

编码：机械性的－肉体的健康观念

12/ 补充，和之前所讲内容对立的新观点，健康概念包括两个（或者更多）相互区别的内容

编码：多维性

13/ 谈及个人，但立刻又保持距离，非常可观地讲述涉及自身的事情，避免太接近采访者和自己

编码：在个人层面与普遍层面之间摇摆

14/ 普遍意义上的，抽象的人类形象，规范性，更容易看出独特性

编码：距离

15/ 机械性的，带有消极意味，不良状况，静态的（"他的状态究竟怎样"）

特别需要再次申明的是，上述编码技术与前引五名学生描述文本中的编码技术的不同，可能会引起读者的困惑。其实，这种用法上的差异，实际上既来自使用编码技术时已经形成的两个不同传统，也源自笔者所区分的研究目的的差异。在社会学传统中的解释性、描述性研究中，其编码过程中所用的符码通常被当作"标记符"来用；而在语言学传统中的诠释性研究中，其编码过程中的"符码"却可能是被当作"标志值"来用的。正因为如此，在弗里克的例子中，那些"编码"（如"距离""多维性"等，是对诸符码的再度命名），实际上充当的是"标志"（从统计学的角度来理解"标志"和"标志值"这两个术语更方便一些。如"性别"是标志，"男""女"则是其标志值）。这个问题瑞安和伯纳德也都指出过："在定性研究中，编码服务于两个截然不同的目的。第一，代码（即'符码'，引者注）充当标记符用于全部资料中标注文本，以便于以后检索。标记符不和任何固定的文本单元发生联系；它们能标注出简单的短语，或在多页之间延伸。第二，代码充当值被分配给固定的

单元。在这里，代码是被应用到固定的、不重叠的分析单元中的名义的、定序的或定比的值。不重叠的单元可以是文本（如段落、页、文件）、情节、案例或人物。作为标记符的代码是和扎根理论及图式分析相联系的，作为值的代码是和经典内容分析和内容辞典相联系的。这两种类型的代码不是互相排斥的，但如果对这两个概念使用一个注释——代码——则可能令人误解[①]。”在这里，由于我们连续引用了两个不同的例子，却在使用同一个名词“符码”或“编码”，为此，不得不将瑞安与伯纳德的这个叮嘱引述如上。这也为了使读者进一步理解文本分析中的两个不同传统的差异及解释性、描述性的定性研究与诠释性定性研究在编码时的差异。

从整体上说，如果研究目的旨在形成对事物特征的全面描述，则研究人员需要特别留意文本中具有描述特征功能的符码；如果研究目的旨在发现并解释现象的依存、因果关系，那么，研究者要注意所有那些有因果逻辑的符码；如果研究是为了发现意义、诠释价值，研究者就需要关注与此相关的符码。有时，一个内容丰富的文本资料中可能含有三种不同类型的信息或符码，如果研究目的仅仅局限于三者中的一种，编码过程就可以放弃那些只与另外两种目的相关的符码。这一点读者可以通过几次独立的练习而体会出其中的要义。

2. 符码的“饱和”与否的问题

定性研究与定量研究的逻辑差别之一是，它不凭借样本容量即样本大小来证明自身作为事实证据的价值，因此，不能用定量研究中通行的“样本大小”的标准来衡量定性研究是否有代表性——一些并非以理论概

---

① 杰瑞·W.瑞安，H.拉塞尔·伯纳德.数据处理与分析方法［M］//诺曼·K.邓津，冯伊娜·S.林肯.定性研究（第3卷）：经验资料收集与分析的方法.风笑天，等，译.重庆：重庆大学出版社，2007：836.

推为目的的描述性和诠释性研究更是如此。文本分析过程中的编码过程充分地体现了这一点。如果文本资料中的符码在一份文本中既已达到饱和（这恐怕需要利用第二份文本资料才能证明），那么，采集第二份文本的价值已经不存在，在这种情况下，意味着研究对象是由一个样本单位（如前所述，其实笔者不主张在定性研究中使用样本的概念，如果研究目的并非概推总体的话）构成的，而且是合法的。反之，如果一份文本无法达到符码的饱和，那么，补充采集文本就成为必要，直到发现符码达到饱和为止——即伴随着文本资料的增加，新的符码却不再出现了。

3. 编码的细分程度问题。

从文本到符码、概念类属、核心类属，其间是一个抽象过程，符码的确定是这个过程的基础。在选定一个意义单元作为符码时，其实是一个概念细分的过程。编码人员应采取何种细分策略，其间存在着某种分寸感的把握。一篇有标题的文本，读者可以把这个标题当作能统御整篇文本的一个符码，或者说，把整个文本文字作为一个符码来看待。但这样未免过于抽象了。相反，如果将一篇有500字的文本细化出500个符码，其支离琐细的程度可想而知，显然也是没有意义的编码，因为过度细化的编码只能使人只见树木不见森林，甚至将定性范式转化为定量范式了。所以，这两个极端均不可行。恰当的编码是根据文本情况和研究目的在这两极中寻求适度的平衡。

四、文本资料分析的方法

文本分析的基本策略是对文本原始材料所形成的概念性启示加以“范畴化”“类属化”或“情境化”。换言之，在各种文本资料分析当中，其中一部分文本分析的目的是要建立范畴，形成概念，对事物的基本性质给出概念性的描述；一部分文本分析的目的是探寻事物的类属关系，认识事物的内部构成和外部联系，形成对有关事物更为全面的认识；还有一些文本分析的目的是将典型的事物置于某个典型情境 / 语境之中，通过文本分析抽离出事件的情境构成元素，以期在更抽象的层次概括事件在情境中所拥有的关系和可能形成的变化。在这个过程中，研究人员所组织的工作是对具体的非结构性文本材料所能表征的一般性特质的抽象化或理论化过程。人们借助于一些特有的文本分析方法，使某种理论认识逐渐从文本的原始素材当中呈现出来。前文所讨论的编码技术，虽然从本书写作架构的安排上似乎是一种独立的文本资料处理技术，但实际上，这些编码技术的基本思想其实可以在各种文本资料分析方法中体现出来，因此带有很强的基础性。而在具体的文本资料分析实践当中，人们所采用的分析方法，却可能因研究目的、关注点、材料特性、个人偏好及工具可得性等因素而有所不同。因此，上述编码方法可以作为各种文本资料分析的共同基础或基本技术手段，而接下来要介绍的几种文本资料的分析方法，则各有其独到的特点。

针对不同的文本资料和特殊的研究目的，人们已经探索了一些专门的文本分析方法。从瑞安和伯纳德所引用的泰什（Tesch）对定性分析方法的类型学总结中即可略见一斑（见图 4–6，其中以斜体字标注的内容为定性分析的一些特殊方法）[①]。

在泰什的分类中，可以注意到这样一个思路：他将语言学传统和社会学传统的文本资料分析做了根本性的区分。在语言学传统中，通常将文本作为分析的对象，所得的结论可能会走向修辞学、符号学等领域；而在社会学传统中，往往将文本作为透视人类经历的一面窗户或工具，从中所得出的结论一般属于社会学、人类学、社会心理学等领域。由此

① 杰瑞 · W.瑞安,H.拉塞尔 · 伯纳德.数据处理与分析方法［M］//诺曼 · K.邓津，冯伊娜 · S.林肯 . 定性研究（第 3 卷）：经验资料收集与分析的方法 . 风笑天，等，译 . 重庆：重庆大学出版社，2007：823–824.

很容易就想到，一些后现代主义符号学家，包括德里达、巴特、福柯等人，他们的有些作品，更主要地属于语言学传统的文本分析，他们的研究结论更多地走向“诠释意义”，比如，巴特所著的《符号帝国》一书；相反，从社会学传统进入的文本资料分析，其研究结论将不仅局限于“诠释意义”，还会致力于“描述事实”甚至“解释因果”，重在对情境或语境中的行为做出解释。理解了这一点，对把握文本分析的方法论十分重要，不至于对各类文本分析方法的使用产生困惑。

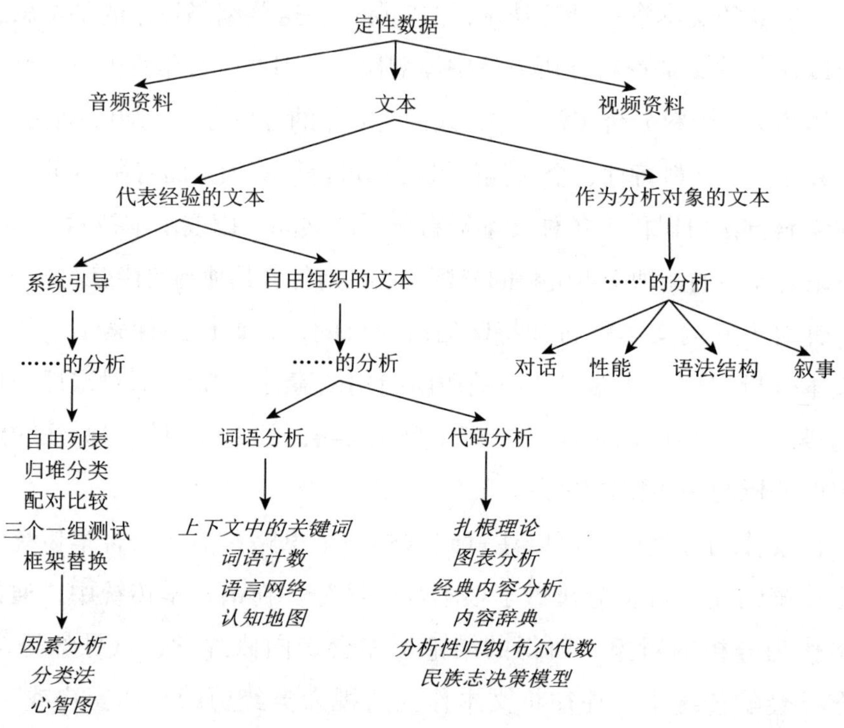

图 4-6 定性分析法方的类型学（泰什）

在泰什的分类框架中，作为文本分析对象的内容构成，既有代表经验的文本内容，也有直接作为分析对象的文本内容，它们都可以作为文本分析的对象。但它们却引导了两种不同的分析路线。在旅游研究领域，针对旅游目的地解说系统的原始文本、各种标识性文本及旅游世界各种行为主体所撰写或使用的独立文本进行社会学意义上的文本分析，尤其具有重要的意义。对于旅游研究工作者而言，文本分析的对象无非是文本的内容，而研究目标则是揭示文本所表征的社会现象的某种特征和规律，因此，这种研究所采取的路线主要还是社会学的传统。借助于文本分析，研究人员试图洞察旅游者、旅游目的地居民或社区服务组织机构的体验、感受、关系、行动、角色、功能和使命，理解旅游世界内在运动、演化的规律，诠释旅游行为的个体建构和社会建构的意义。显然，这样的文本分析通常会涵盖描述、解释和诠释三种具体的工作手法。不管采用哪一种文本分析方法，都可以从这三个具体目标中加以理解和组织，从而明确每一次文本资料分析的焦点所在。

在这里，文本分析被表述成是一种直接面向文本内容所组织的一种分析过程，因此也可以把文本分析称为内容分析。不过，在现行的一些文献中，有关内容分析（Content Analysis）的表述是另有其含义的。在有的著作中，人们把内容分析与其他一些具体的文本分析方法相提并论，视之为文本分析的诸多方法之一（如詹宁斯等人的著作）。但是，也有一些从事社会学或传播学研究的学者，往往倾向于将内容分析当作更具一般性的基本定性研究类型，而不是具体的一种分析技术或手段。如风笑天曾转引拉扎斯菲尔德和贝尔森的观点并认为：内容分析是一种对传播所显示出来的内容进行客观的、系统的、定量的描述的研究技术[①]。显然，这里所表述的内容分析已经不是一种定性研究了，在一定程度上，与一些只在定性研究中主张内容分析的学者是不同的，这势必造成一些

① 风笑天．社会研究方法［M］.4 版，北京：中国人民大学出版社，2013：209.

混乱。琼恩·基顿的表述则更倾向于从分析的对象角度加以描述，观点也更为具体：“内容分析是分析讯息内容的最基本的方法，它为研究者考察人类传播的内容提供了量化的研究手段。而且，可用来考察人们事后对已发生的交流情境的回忆，并从中发现值得注意的话题；也可用来考察在假定的情境中，被试可能的语言反应，以及某些存在中间媒介的传播（如歌词和政治广告等）①。”这个表述给人的印象是只要是针对传播内容所做的分析，都是内容分析。试想，文本历来都是最主要的内容载体（此外还有图像和物品），因此，把文本分析等同于内容分析也自然在情理之中了。在这些定义中，尽管研究者们把内容分析表达为“基本方法”或“研究技术”，但其整体描述却显示出他们都倾向于将内容分析作为一种包容了多种技术和方法的基本定性研究类型，而非具体的一个技术手段。而且，受自然科学方法的影响，内容分析也日益显露其定量化倾向。此外，这些定义也隐含着一个更广泛的边界：内容分析并不局限于文本，也可能涵盖由肢体语言所表征的人类行为。因此，内容分析的分析单位，就不只是单词或短语、完整的思想或句子、主题、段落或短小的全文，还可能包括角色或说话者、传播行为或过程、情境②。

从笔者选择在文本分析的框架中讨论内容分析这一术语的用法的出发点来说，笔者的倾向是将内容分析看作文本分析的一般目的（其具体目的可以再分化为描述、解释和诠释）而非文本分析的一种具体技术或特殊方法。这样做的理由是，纵观各类教科书的有关内容可以发现，即使它们将内容分析单列为定性研究及文本分析的一种方法，但在实际操作中，内容分析总是要利用其他具体方法才能展开自己的工作过程。这意味着它自身缺乏方法上的单纯性和独立性。这一点与扎根理论的命运

① 琼恩·基顿.传播研究方法［M］.邓建国，张国良，译.上海：复旦大学出版社，2009：252.

② 琼恩·基顿.传播研究方法［M］.邓建国，张国良，译.上海：复旦大学出版社，2009：258.

十分相似。即使很多人选择将扎根理论视为文本分析的方法，但其实它往往是贯穿于整个定性研究过程的，至少占据了该过程中的大多数环节。因此，笔者不将内容分析、扎根理论作为文本分析的单一方法来看待，是基于这样的认识：内容分析主要是就分析的目标或对象而论的，扎根理论是一种理论生成原则或哲学，它通常要借助编码这种具体的方法才能最终走向理论模型。二者在定性研究过程中要比那些在后文探讨的具体方法更为综合，对那些方法也具有一定程度上的包容性。换言之，在本书所说的内容分析，是指对所有信息载体（包括文本、音频、视频、器物或物品等）所包含的信息或内容进行分析。这种内容分析的技巧，涵盖词频统计、语义网络和心智图等各种技术手段和方法。由于在所有信息载体中文本是最主要、最传统和最突出的信息载体，而且，对文本资料的分析也总是针对其内容展开的，因此，文本分析的主要目标就是内容分析。

下面介绍的文本分析方法，分别是通过词频统计和编码两条路线对文本进行内容分析，体现了社会学传统的内容分析路线。这里并未对语言学传统的文本分析进行讨论。这些方法也展示了针对音频、视频和物品等信息载体进行内容分析时可供参考的逻辑和技术路线，前提是只要将这些信息载体的内容负载转换成文本形式即可。

（一）词频统计

将文本原始资料中的词汇作为统计对象，以计数的形式展开文本的内容分析，即图 4–5 中泰什用于对自由组织的文本进行词语分析时的“词语计数”，它适用于揭示任何体裁文本中的概念模式。这种分析技术虽然在名义上被归类于定性研究所采用的方法，但实质上它更倾向于一种定量分析手段，是一种对文本原始文字和词汇的数量统计，采用这种方法所形成的研究结论不能像一般定性研究那样呈现直接的事实性真理。

换言之，借助词汇统计所形成的结论，只有统计效度，不一定有事实效度，不能就此认定“事实确实如此”，尤其当样本容量偏小时更是如此。在泰什所列举的将文本作为经验事实的社会学传统中，诸如词频统计、语义网络、心智图等方法，实际上都是具有一定定量倾向的定性文本分析技术，因为它们均以词汇的组合、关联与统计作为发展结论的线索。这是定性研究走向定量化的实证路线留下的最明显的轨迹。下面首先讨论其中的词频分析方法。

在文本中特定词汇出现的次数称为词频。词频统计的基本思想是对文本所包含词汇的使用规律进行探索。一般来说，不管是借助于访谈所获得的言语文本，还是来源于一些网络或其他媒体的文献材料，都隐含着相关言语提供者在使用语汇方面表现的倾向性、偏好、规律或形式，这些便奠定了词频统计的逻辑基础。将词频分析作为文本资料内容分析的方法，其意义在于，一些其他更富有定性色彩的分析方法，在某种程度上也只是延伸了这种定量分析的认识论思想。

举个例子来说，假设人们对《红楼梦》这部著作前八十回和后四十回的作者持有异议，一种观点认为全书均为同一作者所写，另一种则认为前后两部分是两个人所写，以至于当代有某不揣鄙陋之人还以此为理由重续后四十回，被讥为与曹公原著根本不搭界的狗尾续貂之作。那么，借助于词频分析（而不是像传统的历史学家或考古学家那样通过考古手段或借助于历史文献来获得结论），就可以从统计的角度，通过比对前后两部分作品中文句与词语（尤其是词、赋中的文句与词语）的呈现模式（诸如“那泪直流下来”“卿须怜我我怜卿”“用浮言劝慰”或“人心天意”等词语出现的频率）是否具有一致性来判断作者身份是否为一人。如果模式一致性得到了统计上的显著性证实，就可以推断作者为同一人。但这种推断只是统计推断，而非事实断定。统计推断是通往事实断定的一个桥梁或向导。

词频分析也可以帮助研究者发现文本中的主题。例如，瑞安（Ryan）和韦斯纳（Weisner）在洛杉矶指导青少年的父亲和母亲们用他们自己的语言去描述他们的孩子。“从这个包罗万象的问题的回答中，瑞安和韦斯纳辨别出所有独一无二的词语并记录下父母们使用每个词的次数。例如，母亲们更多地使用诸如朋友、有创意、时间和诚实；父亲们则更多地使用诸如学校、好、缺乏、学生、欣赏、独立的和极端的等词。这表明，母亲在第一次提及中会表达出对人与人之间问题的关注，而父亲似乎将成就导向的和个人的问题放在首位[①]。”最近十多年以来，在中国的旅游研究领域，人们利用词频统计的方法对旅游研究的学术文献进行内容分析的实例屡见不鲜。比如，2003 年，笔者曾通过统计互联网上与旅游研究相关的词汇及国外旅游研究文献数据库中的相关词汇，对国内外旅游研究的领域、研究深度、跟进程度、热点趋向等方面进行了比较研究[②]。吴必虎等人近年也曾借助于词频统计对旅游研究的热点领域进行跟踪或研判[③]。此外，张凌云等人对旅游学术共同体的研究格局、学术网络进行分析，也属于这方面的研究例证[④]。

用于对文本材料进行词频统计比较方便的工具是 Excel 软件，其功能简洁明了，很容易上手。此外，国内外也有一些专门为词频统计开发的软件，如 ROST 系列的 ROSTCM6，ROST WordParser 等，可供选用。

---

① 杰瑞 · W.瑞安,H.拉塞尔 · 伯纳德.数据处理与分析方法［M］//诺曼 · K.邓津，冯伊娜 · S.林肯 . 定性研究（第 3 卷）：经验资料收集与分析的方法 . 风笑天，等，译 . 重庆：重庆大学出版社，2007：830.

② 谢彦君 . 旅游与接待业研究：中国与国外的比较［J］. 旅游学刊，2003，18（5）：20–25.

③ 吴必虎，邢珏珏.旅游学学科树构建及旅游学研究的时空特征分析——《旅游研究纪事30年》［J］. 旅游学刊，2005，20（4）：73–79.

④ 张凌云，等 . 近十年我国旅游学术共同体的发展格局与分类评价［J］. 旅游学刊，2013，28（10）：116–125.

而前文介绍过的定性研究计算机软件 NVivo 在其 NVivo Plus for Windows 版本中，包含了词频统计功能，并可以给出词云（Word Cloud）之类的可视化输出。

（二）语义网络

语义网络（Semantic Network），又译作语言网络，是一种以网络格式表达人类知识构造的形式。它最初是由奎林（J. R. Quillian）于 1968 年在研究人类联想记忆时提出的一种心理学模型。奎林认为，记忆是由概念间的联系实现的。后来，他又把它用作知识表示①。目前，语义网络已经成为人工智能中应用较多的一种知识表示方法，尤其是在自然语言处理方面的应用，主要用于自然语言理解、表示命题信息。

利用语义网络进行定性分析，目标是呈现事物的概念与状态，描述二者间的关系。它是由结点和结点及结点之间的弧组成，结点表示概念（事件、事物），弧表示它们之间的关系。因此，从结构上来看，语义网络一般由一些最基本的语义单元组成。这些最基本的语义单元被称为语义基元。可用如下三元组来表示：

[结点 1，弧，结点 2]

$$\text{中国国旗} \xrightarrow{\text{颜色}} \text{红色}$$

在语义网络当中，每一个结点都代表着一个实体，用以表示各种事物、概念、情况、属性、状态、事件、动作等，而每一个弧则代表着某种特定的语义关系，表示它所连接的两个实体之间的语义联系，包括类属关系、属性关系、包含关系、时间关系、位置关系和相近关系等。

在对文本展开语义网络分析时，上述各种以弧所表示的关系，是语

① 注意，这里的语义网络与蒂姆·伯纳斯-李及其同事在世纪之交提出的语义网（Semantic Web）是完全不同的概念，其译名对应万维网（World Wide Web）而来，而语义网络是相关的基础理论。二者仅中文名称类似，英文原文 Network 与 Web 无任何混淆。

义网络分析的重点，构成了文本分析理论模型生成的基本路线。因此，在此进一步予以解释。

1. 类属关系

类属关系是指具有共同属性的不同事物间的分类关系、成员关系或实例关系。它体现的是“具体与抽象”“个体与集体”的概念。在语义网络分析中所展现的类属关系，其最主要特征是属性的继承性，即处在具体层的结点可以继承抽象层结点的所有属性。常用的属性包括（其示例见图 4–7）以下见几方面。

（1）Is–a：其直观含义为“是一个”，“……是……的一个实例”。ISA 表示一个事物是另一个事物的实例，指出一个类的一个特定成员。一个类表示一组对象。

（2）A–kind–of：其直观含义为“是一种”，表示一个事物是另一个事物的一种类型。AKO 关系用来连接一个类与另一个类。AKO 一般不用来表示特定个体之间的关系，那是 ISA 的功能。AKO 用来连接一个个体类和它的父类，这里的个体类就是一个子类。

（3）A–member–of：其直观含义为“是……的一员”，即表示一个事物是另一个事物的成员，反映了个体与集件（类或集合）之间的关系。

（4）Instance–of：此关系用来建立 AKO 关系的逆关系，表示一个事物是另一个事物的实例。

2. 属性关系

属性关系是指事物及其固有属性之间的关系。某类事物的对象一般都有一个以上的属性，而每个属性又对应着某一个值，由此属性及其取值组合成某一特性。性别如果为人的一个属性，那么，男性就是某人的一个取值，二者组合会构成此人的性别特征。常用的属性关系包括（其示例见图 4–8）以下两种。

（1）Have：其直观含义是“有”，表示事物和属性的“占有”关系，在语义网络关系中，表示一个结点具有另一个结点所描述的属性。

（2）Can：其直观含义为“能”“会”等，表示属性和事物之间的能力或技能关系。在语义网络关系中，表示一个结点能做另一个结点的事情。

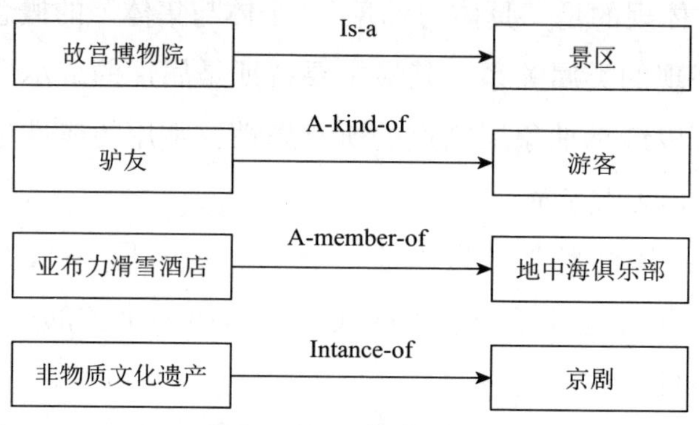

图 4–7　语义网络分析中的几种类属关系

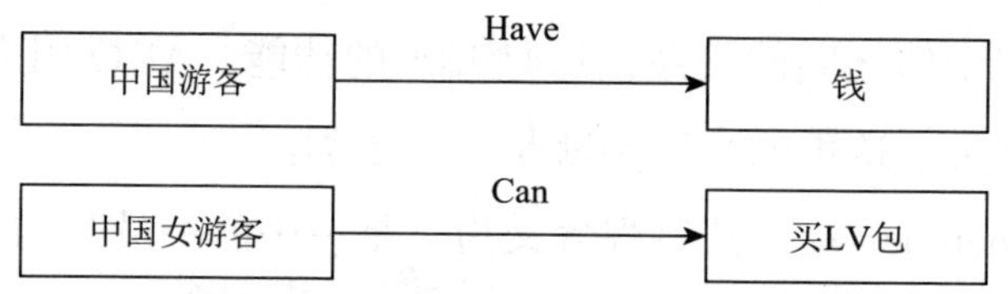

图 4–8　语义网络分析中的几种属性关系

3. 包含关系

也称为聚类关系，是指具有组织或结构特征的“部分与整体”之间的关系。它和类属关系的最主要区别就是包含关系一般不具备属性的继承性，或者说，作为整体的部分，一旦以部分的形式存在，便与整体几乎没有任何一点相似性。汽车由车轮、车厢和发动机构成，但汽车并非它们。在语义网络分析当中，常用的包含关系有两种互逆的表示方法：Part–of 表示一个事物是另一个事物的一部分；Composed–of 表示一个事物是由另外几个事物构成的。

4. 时间关系

时间关系是指不同事件在其发生时间方面的先后关系。在语义网络分析当中，常用的时间关系有：Before 表示一个事件在一个事件之前发生；After 表示一个事件在一个事件之后发生；At 表示某一事件发生的时间。

5. 位置关系

位置关系是指不同事物在空间位置方面的关系。在语义网络分析当中，常用的位置关系有：Located–on 表示一物在另一物之上；Located–at 表示一物在何位置；Located–under：表示一物在另一物之下；Located–inside：表示一物在另一物之中；Located–outside 表示一物在另一物之外。

6. 相近关系

相近关系是指不同事物在形状、内容等方面相似或接近。在语义网络分析当中，常用的相近关系有：Similar–to 表示一个事物和另一个事物相似；Near–to 表示一个事物和另一个事物接近。

在旅游研究中利用语义网络对文本进行内容分析，一个重要的启发是，可以借此重塑旅游情境中的事件、行为和关系，勾勒各种旅游情境的独特品质和魅力所在。在这种分析当中，语义网络中的结点不仅可以表示某一个事物或者概念，也可以表示情境和动作。建立在某种“深描”基础上的文本资料，常常可以在内容上赋有丰富的结点和关系，借助于语义网络分析，可以概括出该情境的结构和关系形式。这些，都是靠语义网络分析中的结点和弧的联结完成的。

与个体结点一样，以表现情境为目标的关系结点同样可以划分为概念结点和实例结点，实例结点和概念结点之间可以用 ISA 弧联系。每一动作（或情况）结点可以是某个概念的一个实例，可以有一组向外的弧，称为实例框，用以说明与该实例有关的各种变量（如动作发出者、接受者、动作状态、程度等）。这种在情境中以事件为核心进行语义网络分析，通常最基本的构成要素是“事件”“施动者”“受动者”和“情境元素”，由此构成了一个复合型的多元关系网络。不过，在语义网络分析中，总可以把这种多元关系转化成一组二元关系的组合，或二元关系的合取。具体来说，多元关系$R(x_1,x_2,...,x_d)$总可以转换成$R_1(x_{11},x_{12})\wedge R_2(x_{21},x_{22})\wedge...\wedge R_n(x_{n1},x_{n2})$。

以一篇游客所撰写的泰国游记的片段来说明语义网络分析的基本方法。

> “昨天晚上一到泰国，我就根据导游的介绍陪着处长去芭堤雅的一家酒店观看人妖演出。处长平时挺严肃的，我作为他的一名小科员，年龄又差距很大，一直是很怕我们处长的。可是，处长昨晚很放松，一边观看表演，一边喝啤酒，还拍着我的肩膀喊‘哥们’。在高潮阶段，处长站起来摇摇晃晃一直往前挤。我上前拉他，但他一甩手，把我的眼镜打掉了，结果被拥挤的其他游客踩得粉碎……”

显然，这个文本材料不仅仅呈现了某种单一的事实和关系，而且还是一个活生生的在场体验记录，是一份情境式的材料，隐含着前文所列举的各种关系。对于这样一份材料，如果仅仅做简单的语义网络关系分析，将无法勾勒旅游情境下个体行为的一般规律，也无法生成某种有价值的理论。

为了抽象出文本的核心意涵，先对文本做一下初步的概览，看看是否有将这个复杂的文本予以简化的余地，以便使语义网络分析成为可能。

阅读资料时会注意到，在这段文字中，实际上存在两个情境：“平时”情境和“昨晚”情境。为了不使语义网络分析变得太复杂甚至不可能，只能对这两个情境进行取舍，或者分作两个语义网络分析题材。可以尝试按照后者来进行语义网络分析。

首先，在日常情境中的“我”与“处长”的关系，可以用图 4-9 的语义网络分析结果展现出来。在这个语义网络关系图中，ISA、Have、AKO、Manager-of 构成了一系列描述性的关系事实，有的属于类属关系，有的属于属性关系，有的属于等级关系。这些描述性关系事实的核心，是由年龄差和地位差构成的人际差序格局，它注定要决定日常生活世界中处于该格局不同地位的人拥有不同的权威，从而决定了他们不同的行为模式。在该图中，这种行为模式由 Can 所构成的关系所解释。综合这些借助于语义网络分析手段所呈现的文本内涵，基本可以得出这样的结论：日常生活世界的行为受权威的序格局所制约。

接着，可以回到文本所呈现的另一个自然情境：泰国芭堤雅人妖表演现场。运用语义网络手段对这部分文本做内容分析的结果，展现在图 4-10 当中。在该图中，主要呈现的是一个行为场及行为主体的在场行为表现所构成的事件集合。

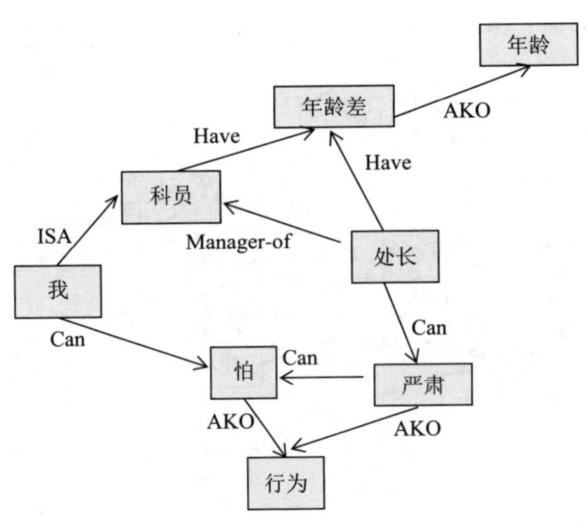

图 4-9　日常生活情境中的“我”与“处长”关系：语义网络分析结果

一个非常有趣的现象是，在图 4–10 当中，复杂的关系网络，基本上只能用两种关系符号来加以表示，那就是“Can”和“Located–at”。观察这些“Can”所表达的关系，基本都是行为主体与行为客体之间“施动”与“被动”及“互动”的关系；再观察与这些“Can”不同的另一组概念及关系标识符，则都是“Located–at”，即表征空间和场所的语汇。于是，该文本所呈现的旅游情境的内容，就集中在“场所”和“行为”这两个根本点上，并且，行为的特征为“放松”所主导，由 ISA 所关联的一些动过，是“放松”的实例。

如果再将图 4–10 的结果与图 4–9 的结果相互比较，一个更为突出的命题会逐渐浮现出来：人们在日常环境中的行为模式，与在旅游情境中的行为模式，有着根本的不同。如果结合特纳的“反结构”，科恩的“体验”，杰克森特米哈伊的“畅爽”，以及笔者对日常生活世界与旅游世界的划分等观点，上述语义网络分析的结果，就更有解释力了，可以作为笔者所提出的日常生活世界与旅游世界二分法模型的一个佐证（参见第二章的图 2–4）。

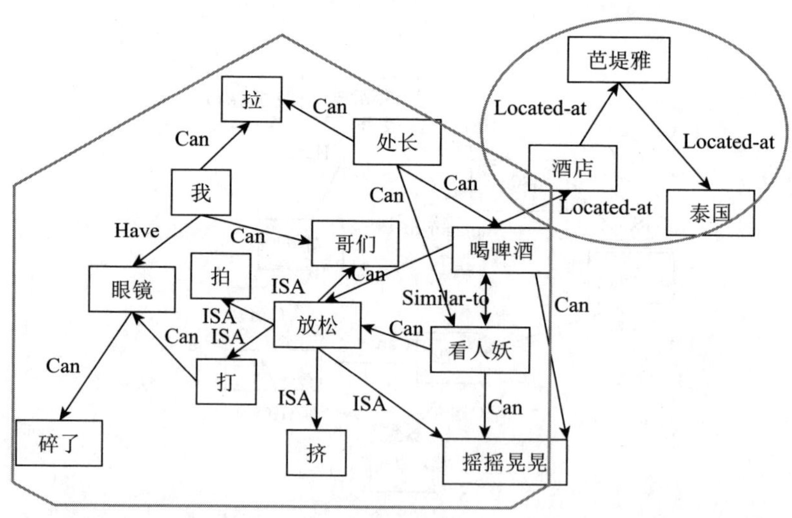

图 4–10　旅游情境中的“我”与“处长”：语义网络分析结果

值得补充的是，在定性研究领域，类似于语义网络这类分析方法已然不少，有的属于这种方法的派生，有的是这种方法基本思路在某个领域中的变相应用。这种注重挖掘关系的分析方法，得到了很大的发展，也催生了不少专门的计算机分析软件。比如，利用 CiteSpace 对科学研究的文献所形成的各种关系进行考察，也与语义网络分析方法有很多相同之处。在中国知网上已经能够自动根据文献关键词生成的共现网络，也具有类似的逻辑路线。

（三）心智图

心智图（Mind Maps），也译作思维导图，是一种将思维过程和逻辑加以形象化的方法，用模拟或展示人的思维线索来对文本资料所关涉的事物之间相似性进行视觉化分析的工具。这种图形的基本构造模仿人的大脑在自然思考状态下的放射性特征，将每一种进入大脑的资料，不论是感觉、记忆或是想法——包括文字、数字、符码、香气、食物、线条、颜色、意象、节奏、音符等，都可以作为思考所调动的材料，并围绕某个问题中心，依循不同的线索向外发散，其中会形成众多的节点，每一个节点代表与中心主题的一个连结，而每一个连结又可以成为另一个中心主题，再向外发散出次级节点，由此呈现出放射性的多元结构，从诸多维度共同对核心问题构成描述或解释关系。

制作心智图的一个常用方法是在一个对象文本中识别出彼此具有相似性或差异性的数据（如词汇），然后，再赋予每一个由相似数据构成的组合以一个相应的维度——即采用多维定标（Multidimensional Scaling，即MDS，也译为多维尺度）的方法确定数据的类属维度，最终形成一个多维度的组合数据网络，从而得到一个视觉化的词汇关系网络图。如果资料的繁复程度有限，这个过程可以手工完成，倘若资料十分复杂，也可以利用 MindManager，XMind，FreeMind 或 MindMapper 等分析软件来完成。

在詹宁斯的《旅游研究方法》一书中，作者给出了自己在从事田野调查时所制作的一个心智图，可供批判地参考[①]。之所以说要批判地参考，是因为该例子算不上典型的心智图，其中所混杂的关于研究范式的罗列，还可能会对读者产生误导，因为这个范式清单的内容及其所暗示的形成过程，已经背离了心智图乃至整个文本资料定性分析所强调的理论或结论是文本资料自身的“自然呈现”这一根本原则。詹宁斯在心智图中带入了一些前置性的内容，这已经是一种勉强的先入之见。

瑞安与伯纳德给出的例子，虽然与旅游的主题不太相关，但对心智图这一概念及其技术应用的解释，却更为明晰。他们提供的是一个关于喀麦隆人的疾病术语的心智图（见图 4–11），能很好地说明心智图是对

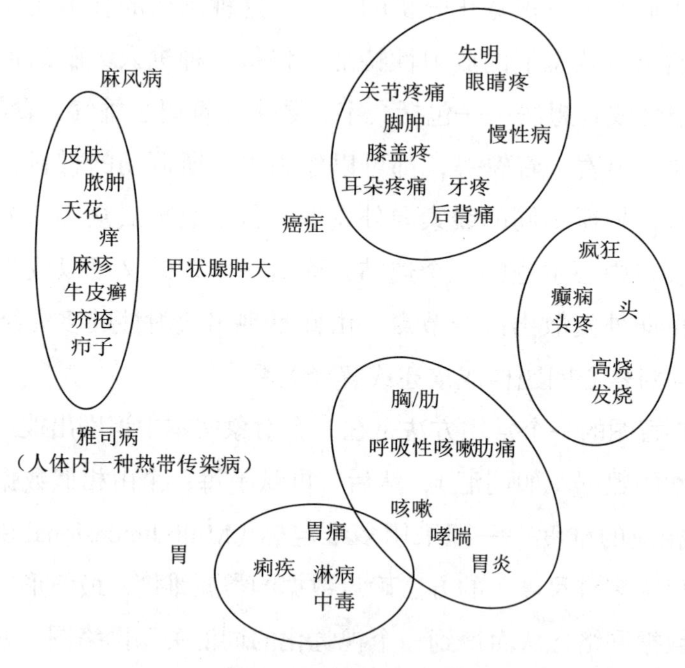

图 4–11　喀麦隆人的疾病术语的心智图

① 盖尔·詹宁斯.旅游研究方法［M］.谢彦君，陈丽，译.北京：旅游教育出版社，2007：208.

相似性词汇进行重组的技术[①]。但在该图中，对于维度的标定却并不够明确，依然还在很大程度上隐含于各组词汇群当中，因此也未能完全展示心智图的全部特征。

典型的心智图是辐射状的图形，仿佛自“心脏”沿着动脉、静脉和毛细血管向周围拓展的一个完整体系，其中的动脉便是“主维度”，静脉可视为“次维度”或“亚维度”，而毛细血管对应的是各个具体的数据资料，它们在文本分析中即为各个词汇或短语。不管是借助于计算机分析软件还是手工绘制，心智图的形式都是高度个人化的结果，但其所构建的内容模式却保持着一般的科学实证所要求的价值中立特性。

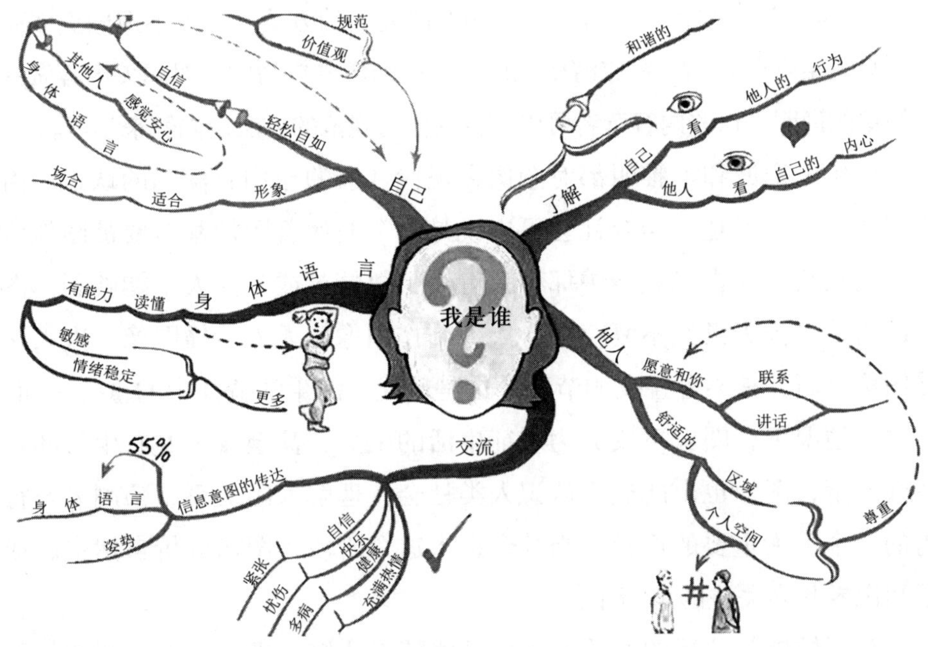

图 4–12　心智图图例：关于“我是谁”

① 杰瑞·W，瑞安，H.拉塞尔·伯纳德.数据处理与分析方法［M］//诺曼·K.邓津，冯伊娜·S.林肯.定性研究（第 3 卷）：经验资料收集与分析的方法.风笑天，等，译.重庆：重庆大学出版社，2007：828.

图 4–12 引用一幅心智图作为例示，从中可见心智图的基本形式、风格和制作思路，也可看出心智图在形式上的个人化风格和内容上的实证性原则（这些图来自网络检索，特向不知名的作者致意）。如果将图 4–11 按照这种风格重新绘制，就可以成为一个真正的心智图了。这个尝试可以由读者自己来完成。

五、图像与实物资料的定性分析

有关图像与实物资料的定性分析，由于在这些领域，就所积累的分析方法的规范性而言，或者还是不够成熟，或者是属于过于专门化、专业化（比如，考古学、博物学等对历史文物的研究）的方法，本书不拟做更多展开，只是结合个人的一些旅游研究体会，以图像分析为例，对相关内容做一点简单的说明。这些内容读者可以不将其作为规范的方法论内容来学习。

居伊·德波和本雅明都对图像在现代社会的作用有深刻的认识。由于媒体越来越发达，当今社会可以说是一个充斥着图像甚至要被图像所淹没的社会。在古代社会中那种只有极少数精英或专业人士能够制作图像的时代，今天已经不复存在。人人制作图像，人人传播图像，人人接受图像，而且是不舍昼夜的节奏，这是现代人的生活特征中的重要一面。在这种情况下，图像不仅成为表征生活的工具，甚至成了左右生活的存在性元素，图像也由此成为认识人类社会、理解人际关系、预测人类行为的一个极为重要的途径。当社会进入这个阶段，图像分析自然也就成了知识界共同关注的事情了。

对图像进行分析的最前沿领域是伴随着认知心理学和人工智能发展起来的计算机图像分析技术。这个领域的未来发展，也许会发生革命性的突破，并对人类社会产生深刻的影响。但是，本书目前对图像分析所能讨论的内容，显然不能也不应该进入这一层次。笔者尽管希望在理论上能够建立在前沿的旅游研究成果的基础上，但在技术上，必然还是不得不停留在手工作坊式的传统图像分析技术上。当然，这种技术是嫁接在此前我们已经讨论过的各种分析方法的基础上的。

对图像进行分析，包含着两个着眼点：一个是图像形式，一个是图像内容。形式与内容，构成了图像的两个基本维度。图像分析可以首先沿着这两个维度展开。

图像的形式维度具有某些共同的亚维度或者组成元素。通常，尺寸、比例、色彩、形状、线条等，都是图像的基本形式量度。在这一层级以下乃至进一步延伸所获得的多级测量，共同构成了图像分析的形式特征。比如，色彩以下，还可以分消色与彩色，彩色以下，还可以再区分色相、色调、色值、明度、饱和度等，色相则有赤、橙、黄、绿、青、蓝、紫不同的取值。

在研究中对图像展开如上的分析，并不应该停留在以上简单的形式认知结果上。旅游研究对图像形式的重视，其根本在于，图像形式与旅游行为之间具有内在的解释关系。例如，旅游者在购买明信片时，其对色彩的偏爱，可能既有情境性因素的影响，也有文化背景的作用，也包含着人类对色彩的某种共同认知（比如，红色代表着热情、活力、中国色等）。图像的形式特征具有“说话”能力，仿佛在“讲故事”，因此，图像的形式特征分析，不应该仅仅停留在形式表面，要透视形式的性格，洞悉形式的意涵，抽象形式的理论表征。这是旅游研究过程中对图像做形式分析时需要注意的。

图像分析更为重要的方面是内容分析。图像的内容，既有构成性（元素性）的内容，也有集合性（主题性）的内容，还有从构成到集合所形成的足以影响阅读者个人建构性认知结果的内容。在对图片展开的定性研究过程中，一方面要识别图像的这些内容构成，并力求做到价值中立，也要注重对图像主题的整体性主题诠释，还要善于衔接二者之间的逻辑联系。只有这样，才能既保证图像分析的实证品质，又不至于因见树不见林而导致对图像的扭曲理解，引致错误的理论认识。

从操作过程上来看，图像分析大致包含几个环节：①对图像的形式元素进行提取，其中主要包括尺幅、比例、图形、线条、色彩、质地等，构成图像形式分析的基本维度；②根据基本形式维度对图像的形式元素做进一步分解，为绘制形式构成的树状图做准备；③对图像的内容元素进行编码，建立饱和的内容符码数据库，这个过程的第一步可以先借助于词频统计来做探测性的编码准备；④对内容符码进行关系识别，逐渐形成内容的维度、元素等构成性关系联结，这个过程可以利用语义网络和心智图的分析模式来加以组织；⑤将形式分析与内容分析进行综合，逐渐向理论生成过程靠拢。

根据这个思路，笔者曾与学生于佳等共同完成了一项有关乡愁图片的分析工作。在这项研究中，上述图像的形式分析和内容分析两个环节被整合成为一个统一的过程，并形成了一个主导整个分析过程的内容分析框架（见图 4–13）。

有关实物资料的定性分析工作，在逻辑上也是针对实物所承载的信息来展开的。在这种情况下，关键的一环是将这些信息做文本化转化。在面对实物时，尽管实物不会讲话，但需要首先承认实物有某种“有话要说”的欲望和能力。从符号学的角度来说，一件实物就是一个“能说”（能指），它所承载的信息就是“所说”（所指）。实物分析的使命，是将这个“能说”与“所说”加以关联并做出描述、解释和诠释，最终形成抽象的抽象的理论认识。有关这方面的工作，读者可以结合此前所介绍的一些方法，并查阅更为专门化的书籍，来解决自己要解决的问题。本书对此不做进一步展开。

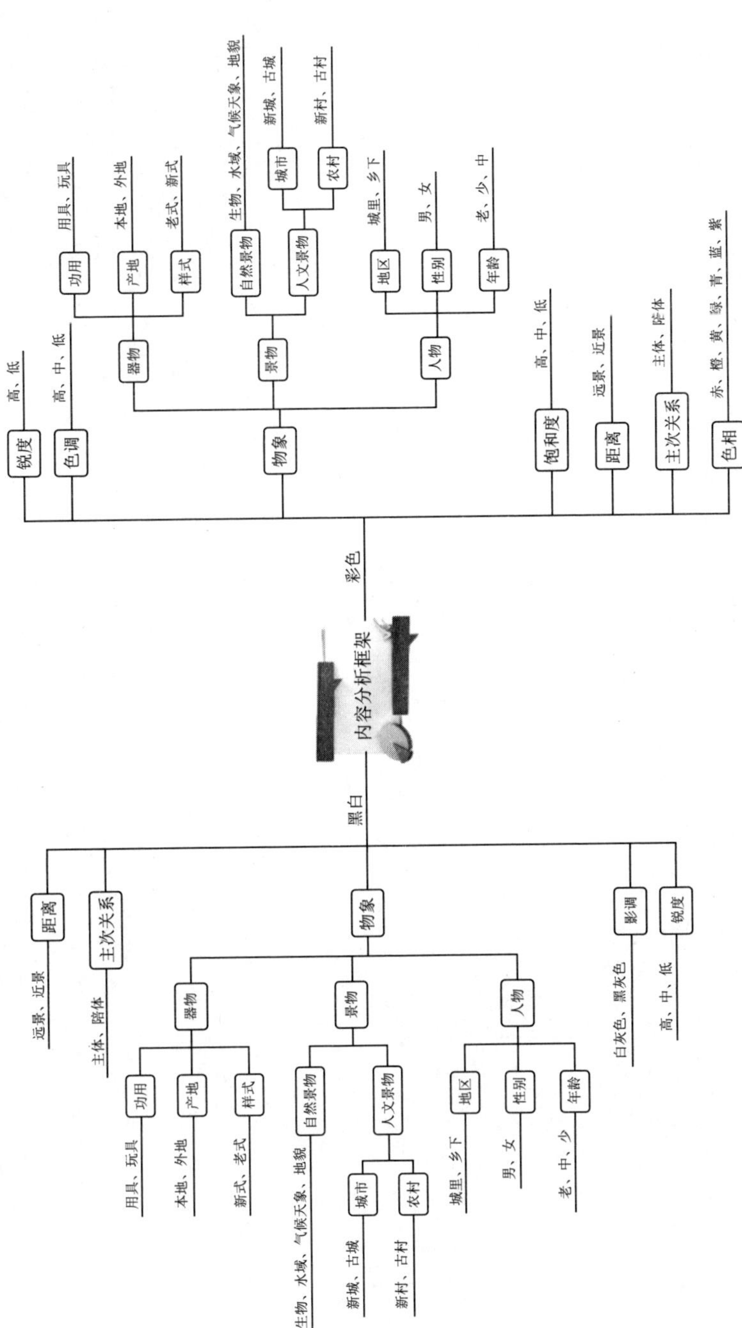

图 4-13　乡愁图片的内容分析框架

第五章

旅游研究的定量方法

第一节　定量研究及其资料收集与整理

一、定量研究的特点

在本书第二章，曾讨论过定量研究与定性研究的基本区别和联系（见该章第二节相关部分）。在定性研究一章，也从对照的角度直接或间接地涉及定量研究。传统上，区别定量研究与定性研究的尺度，主要是依据所采用的资料的属性及这些资料在获得渠道上的一些技术性差异。换言之，如果说定性研究是借助于访谈、观察、收集实物等手段获取资料并对这些非数值型资料进行分析的话，那么，定量研究则是通过各种直接或间接途径获得数值型资料并对其展开分析的过程。概括地说，定量研究不同于定性研究的地方，主要体现在以下几个方面。

首先，从研究目标上来看，与定性研究可以兼顾描述性研究、解释性研究和诠释性研究三个目标不同，定量研究的目标主要是做描述和解释，基本不去做诠释。更进一步说，定量研究的描述和解释，也有不同于定性研究的描述和解释之处，其间的差异主要体现在形式而非本质上。换言之，定量研究的描述尽管也体现在对事实的呈现，其解释也是对因果关系的探寻或概括，但其表达形式则完全是数值化和抽象化的，甚至主要以构建数理模型作为终极目标。由于数理模型内部变量定义域的可调整性，使得定量研究还可以做预测性判断，因此，定量研究不仅可以进行从局部到整体的概推，也可以进行时间序列上的延展。这一点，定性研究是无法做到的。定性研究所获得的关于事实的描述模型及关于因果或其他关系的解释模型，往往具有概念模型的形式和特点，而且依此模型做抽象外推要受到很大的约束，因为，在多数情况下，定性研究所获得的解释模型往往是情境嵌入的，影响因素极为复杂，这与定量研究的解释模型基本属于剥离了情境条件的情况显然不同。

其次，从研究的问题来看，与定性研究相比，对于那些意义类、对话类、过程类及与具体情境高度相关甚至深度嵌入的问题，定量研究通常是无能为力的。相反，对于任何形式的数值资料，包括各种二手统计资料和借助于专门调查所获得的一手数据资料，只要这些数值资料中存有潜在问题及其规律，存在某种可从中概括或抽象的模型，便都可以作为定量研究的问题。

再次，从研究的科学原则来看，定量研究在尊重客观性、可重复性原则的基础上，相信事物存在从量变到质变的普遍倾向。这种研究尤其强调大数规律的稳定性，因此其目标往往是致力于发掘这种潜在的、内隐的大数规律。近年来，大数据作为一种定量研究的素材的涌现，进一步推动了定量研究在网络时代可以发挥的作用。

最后，从研究的效度和信度来看，定量研究往往借助于抽样调查的途径获得有关总体相关特征的推断信息，从而使定量研究建立在概率论的基础上，由此所形成的结论也主要是一种统计结论，而不一定是逻辑结论，更不是事实结论。例如，就相关关系而言，任何两组对应的数据都可以计算出两者的相关系数，但该结果并不必然意味着二者间确实存在逻辑或事实上的相关关系，对此后文的相关分析部分的内容将做出进一步予以阐释。这样的研究结论，就其信度和效度来说，只能做出统计意义上的评估。

二、定量资料收集

用于定量研究的资料有多种来源。通常，把出自特殊研究目的而专门组织的一次性调查所获得的数据，称为一手资料或原始资料。相反，借助于各种已有渠道所获得的现成的数据，称为二手资料或次级资料。在本书第三章曾述及利用调查问卷来获得经验材料的内容，由这种调查工具和组织方式所形成的数据，属于一手资料。在我国，政府部门长期实行的统计报表制度，已积累了大量的公共数据资源，可供各类研究者使用，它们属于二手资料。

一手资料与二手资料相比各有其特点，有时还能在优缺点上形成互补。比如，一手资料比较突出地体现了专门性、合目的性、及时性、全面性和系统性的特点，而二手资料则更多地体现了权威性、公共性、连续性和广泛性等特点。由于两种资料的获得途径不同，二者也在可获得性、费用高低及可信度方面形成差异。对于两种数据来源的选择决策，首先要考虑的因素应是研究目的。一般地，在研究目的既定的前提下，则应考虑使用二手资料的可能性。凡可以通过二手资料解决的问题，人们一般不会再组织专门的调查去获取一手资料。涂尔干在撰写《自杀论》时，完全以二手资料作为经验事实，由此所得到的理论建树，并未因采用二手资料而稍有逊色。不过，在大多数情况下，为了完满地完成一项富有创新意义的研究，研究者必须借助于独立的调查方案设计，以便直接从研究对象及其分析单位获得专门的一手资料。这些资料体现了研究人员对研究对象的独特关注。不管是借助于普查、重点调查、典型调查还是抽样调查，一手资料都是与研究主题最为相关的数据，是影响一次研究的科学创新程度最基本的事实基础。

下面仅就旅游研究过程中可能用到的通过问卷调查获得一手资料的

方法及通过查阅文献获取二手资料时应注意的一些问题做概要的介绍。至于通过科学实验和数学计算等途径获得一手资料的技术和方法，本书不再做详尽的介绍，读者可查阅更为专门化的方法论书籍以求更具指导意义的相关信息。

（一）通过问卷调查获得一手资料

有关问卷调查的一些技术性问题，尤其是问卷编制问题，本书第三章已经有所涉猎，此处不再赘述。下面仅略谈问卷的填写和回收方面的技术问题。

从程序上来说，问卷一经编定，便涉及问卷填写的问题。在这个环节，有几种调查方式可供选择使用。

1. 邮寄问卷

邮寄问卷是在被调查者有一定的读写能力并有意愿填写和回寄问卷的前提下采取的一种问卷填写方式。1993 年，当笔者在英国开展“赴华度假旅游市场研究”课题时，一部分调查问卷是采用此种方式获得数据信息的[①]。此种问卷填写方式的可行性，取决于问卷长度、问题适当性（凡涉及隐私、敏感问题或增添填写成本的问题，均为不适当问题）、回收问卷期限、被调查者的配合意愿、经费限制等方面。在大多数情况下，邮寄问卷并非一种好的调查策略，这不仅因为返回率会很低，而且也意味着，邮寄问卷可能也存在着比任何其他调查方式都要高的系统性误差。

2. 派员问填

这种填写方式是根据抽样框所确定的调查对象所在的地方和时间点，派专门的调查员到现场进行观察和询问，然后亲手填写，或将问卷直接发放给被调查人员或相关人员，并协助他们完成问卷填写工作。这是问

① 谢彦君 . 旅游世界探源［M］. 北京：旅游教育出版社，2013：190–209.

卷调查最常用的填写方式，能够较好地保证问卷的真实性和完整性。这种方法的优点是显而易见的。比如，调查人员可以现场对调查对象相关的问题做出反应，并监控问卷填写过程的有效性。由于增进了人际沟通的可能性，因此，不仅可以提高问卷填写的效率和效果，而且还可以在调研过程中产生新的认识，为此后的理论建构提供更坚实的事实基础，也可能影响到下一步的研究方向。当然，这也是最为耗时费力而且财务开支最大的一种调查方式。

3. 在线自填

随着网络的普及，人们开始利用这一新的媒体完成调查问卷的填写工作。将设计好的问卷导入一些专门的网站，或利用其他网络渠道发放问卷，然后由网站访问者或信息接收者自愿填写调查问卷，因此是很便捷的网络问卷收集方式。目前国内已有专门的问卷网站，不仅可以上传自己设计的问卷，还有供选择使用的问卷模板。比如“问卷星”和“问卷网”等网站，已经成为广受欢迎的问卷调查网站。这些网站受众面广，费用较低，管理容易，问卷回收的速度也比较快。不过，这种问卷填写渠道因取决于被调查者对网络的运用能力、亲近程度及填写意愿等因素的影响，也会存在显著的系统性偏误，因此，仅适合一些与此类样本适配度高的研究项目和问题。

4. 电话问填

与其他调查方式相比，通过电话询问被调查对象然后填写问卷的方式，可谓比较老旧的方式了。这种方式在电话普及的时代刚刚到来的时候还可能是一种时髦的方法，但如今已经受到很大的局限，只在极特殊和少见的场合才被加以利用。人们宁愿将这种方式用于定性研究中访谈资料的获取途径，而不太会选择通过此种方式完成调查问卷的填写工作。不过，对于一些简单的问卷，当调查对象容易通过电话访问而接近时，这种问卷填写方式还是一种可行的方式。

（二）通过查阅文献获取二手资料

实际上，二手资料的来源相当广泛，从官方或其他各种机构公布的统计数据到历来发表的学术文献和档案资料，可谓无所不包，它们构成了可资利用的海量信息。

在詹宁斯所著的《旅游研究方法》一书中，详细列举了二手资料的常见来源，其中包括：公共文件、档案文件、行政文件、正式研究报告等。这些文件有的是一些历时性的记录，有的则属于共时性的描述①。国内外已有大量机构定期或不定期地提供有关旅游的此类信息。其中，比较重要的专业渠道参见下面所提供的信息（见表5–1）。

表5–1　一些常用二手资料的获得渠道

可获得二手资料的专业网站	
世界旅游组织电子图书馆	http：//www.e–unwto.org/
世界旅游组织（World Tourism Organization，UNWTO）是联合国专门机构，其宗旨是促进旅游事业发展，使之有利于经济发展、国际间相互了解，以及和平与繁荣，总部设在西班牙马德里。其前身是1947年成立的国际官方旅游联盟，1975年改为现名，2003年11月成为联合国专门机构。世界旅游组织提供了一个非常重要的出版物——《旅游统计年鉴》，通常会提供超过200个国家、地区的旅游统计数据	
联合国数据中心（UN–data）	http：//data.un.org/
联合国数据中心提供的公开数据源，可以检索下载旅游相关数据	
联合国贸易与发展会议	http：//stats.unctad.org/handbook
联合国贸易和发展会议（United Nations Conference on Trade and Development，UNCTAD）是联合国处理有关贸易和发展问题的常设机构，简称“贸发会议”，是由发展中国家倡议并根据第十九届联大1995号决议于1964年成立的，总部设在日内瓦。其发布的《国际贸易和发展统计手册》涉及服务贸易，而服务贸易中包含国际旅游部分。可以通过上面网址取得Excel格式的国际旅游方面的数据	

① 盖尔·詹宁斯.旅游研究方法［M］.谢彦君，陈丽，译.北京：旅游教育出版社，2007：65–67.

续表

可获得二手资料的专业网站	
世界旅游及旅行理事会	http：//www.wttc.org/
世界旅游及旅行理事会（World Travel & Tourism Council，WTTC）旨在提高社会对旅游及旅行行业重要性的认知、促进政府和企业之间的协同作用、增加收益的同时保护自然、社会和文化环境。WTTC创立于20世纪80年代后期，在过去的15年中，WTTC与多名经济咨询家和研究人员合作，完善其工作方法，也鼓励各国提出自己对本国旅游业经济影响的测算和理解。WTTC及其合作伙伴牛津经济中心（Oxford Economics）每年分全球、区域和国家三个层级提供旅游卫星账户调研报告和数据	
世界经济论坛	https：//www.weforum.org/reports/
世界经济论坛 （World Economic Forum，WEF）是一个非官方的国际组织，总部设在瑞士日内瓦。其前身是1971年“欧洲管理论坛”，1987年“欧洲管理论坛”更名为“世界经济论坛”。因论坛每年年会都在瑞士的达沃斯召开，故也称“达沃斯论坛”。论坛旨在探讨世界经济领域存在的问题，并促进国际经济合作与交流。世界经济论坛从2006年开始推出各国旅游竞争力报告，运用多个指标分析各国旅游竞争力的情况	
中华人民共和国文化和旅游部	http：//www.mct.gov.cn/
中华人民共和国文化和旅游部的网站，在“政务公开”菜单下面有“统计数据”，除了提供各种旅游相关的统计公报外（全国饭店统计季度公报，全国旅游统计年度公报），还每月发布入境游客数据，主要是来自公安部出入境管理处的通关登记	
中国国家统计局	http：//data.stats.gov.cn/
中国国家统计局提供的“国家统计数据库”，可以在线查阅旅游相关的月度、季度和年度数据。该数据库也包括星级酒店的统计、旅行社统计、旅游就业统计等专题内容，并且数据可以以Excel格式下载存储	
中经网产业数据库	http：//cyk.cei.gov.cn/
中国经济信息网（简称中经网）成立于1996年6月，由国家信息中心控股。专业从事经济研究、决策咨询和信息内容供应服务，是代表国家信息中心对社会提供服务的唯一窗口。该数据库有专门的旅游板块，很多大学或研究机构购买了该数据库的授权，查询、下载数据非常方便	
中国经济与社会发展统计数据库	http：//tongji.cnki.net/
中国期刊网（cnki.net）提供了一个名“中国经济与社会发展统计数据库”，集中发布统计年鉴数据（例如《中国旅游统计年鉴》《中国连锁餐饮住宿业统计年鉴》等），可以下载Excel格式数据	
其他包含旅游相关数据的出版物	

续表

可获得二手资料的专业网站
《中国旅游年鉴》 是全面反映中国旅游事业发展概况和成就的专业年鉴，收载有中国旅游事业的方针、政策、专论、统计数据及有关的信息资料等。一般包括：文献、专文、大事记、全国旅游概况、地方旅游业、公报、政策法规、统计资料、旅游机构、旅游研究等。该书由中国旅游出版社从1990年开始出版至今
《中国国内旅游抽样调查资料》 由国家旅游局政策法规司、国家旅游局数据中心主编，分为上下两篇：上篇为在华（内地）停留时间在3个月以内的入境游客抽样调查资料，由综合分析报告和调查分类数据两部分组成。下篇为国内旅游抽样调查资料，对城镇居民和农村居民的国内旅游抽样调查结果
《中国饭店业务统计》 由中国旅游饭店业协会主编，中国旅游出版社出版，用翔实的数据呈现酒店业的最新动态，包含客房出租率、平均房价等指标财务指标，有分地区、分星级的详细比较

任何一种二手资料都是为了某种特殊的目的而被采集并发布出来的，尽管其中一些资料往往属于基础性数据，但依然存在着使用上的条件限制，其最突出的一个问题便是统计口径问题，因为这直接影响到数据与研究目的的适配程度。

统计口径是指关联于某个统计指标的数据所属的内涵和外延的界定问题。由于各种原因，一个统计指标在不同的历史条件、文化形态、制度环境等方面会呈现出内涵和外延上的不同规定性。在不能充分理解这种规定性的情况下贸然使用该指标所关联的数据，会造成一致性方面的困难甚至谬误。在中国，旅游统计制度曾几经变革，有些统计指标（如旅游收入、旅游者人数等）的含义和口径在最近数十年中都有变化。而在国际上，有关国内旅游统计的指标口径，也存在着欧美不同体系的差异。这使得国内旅游人数和收入等指标的国际比较变得很困难。研究人员在使用二手资料时，必须对资料所属的统计口径有清晰的理解，并能在保持一致性的前提下有效使用相关数据。

三、定量资料的初步整理

对各种到手的资料，都需要经过一个初步的整理过程，以便展开下一步的系统分析工作。这项工作的内容大致包含资料审核、资料清洗、资料分组等内容。尽管资料分组在某种程度上已经属于对资料的初步分析工作，但仍是一项基础性工作，因此一并在此加以介绍。

（一）资料审核与清洗

资料审核与清洗的目标是解决资料在数据质量上的问题。资料审核是传统的、以手工和人力操作为主的资料整理方式，而数据清洗主要是近年来由于大数据时代的到来及各种规模庞大的调查数据的涌现而兴起的一种新的数据整理技术，通常借助于一些高效的计算机软件来完成。

不管是传统的资料审核还是新兴的数据清洗，所要解决的问题都不外是资料的真实性、完整性和及时性的问题。如果资料在这些方面存在缺欠，将直接影响研究结论的效度和信度。虚假、残缺和过时的资料会导致垃圾进去、垃圾出来的结果，即使资料加工、处理和分析的过程再华丽，从中得出的结论也不可能具有科学价值。一般而言，二手资料在可得性方面的局限，一手资料在调查范围、问题涵盖面及测量深度等方面所存在的先天不足，这些都可能影响资料的完整性。及时性涉及的是时间效度的问题。如果资料所属的时间与调查的规定时间不对应，那么，必然带来资料属性上的缺欠。这些，都要通过资料审核尽可能加以解决。

近年来，在席卷全球的信息化浪潮中，互联网、移动互联网、云计算、物联网等技术迅猛发展、不断创新，相应地，在各个领域所积淀的数据也呈现爆炸式增长的势头，由此也使得这些数据成为重要的生产要素和社会财富。在这种情况下，对于利用一些特殊的网络数据抓取技术而获得的资料，更需要从技术层面对资料进行清洗，以保证资料的品质。

数据清洗技术是在汇聚多个维度、多个来源、多种结构的数据之后，对数据进行抽取、转换和集成加载。在这个过程中，除更正、修复系统中的一些错误数据之外，更多的是对数据进行归并整理，并储存到新的存储介质中。在整个数据清洗过程中，提升数据的质量是数据清洗的根本目的。常见的数据质量问题可以根据数据源的多少和所属层次分为以下四类。

单数据源定义层：其清晰目标是查找违背字段约束条件（如日期出现 1 月 0 日）、字段属性依赖冲突（如两条记录描述同一个人的某一个属性，但数值不一致）、违反唯一性（同一个分析单位出现了多次）的数据，并予以修补。

单数据源实例层：其目标是针对单个属性值含有过多信息、拼写错误、空白值、噪声数据、数据重复、过时数据等问题时所采取的清洗策略。

多数据源定义层：其目标是针对同一个实体的不同称呼（如冰心和谢婉莹，用笔名还是用真名）、同一种属性的不同定义（如字段长度定义不一致、字段类型不一致）等问题进行逻辑关联和关系界定。

多数据源实例层：其目标是针对数据维度、数据重复、拼写错误等存在的问题进行清洗。

此外，在数据处理过程中产生的“二次数据”，也会有噪声、重复或错误的情况。甚至数据的调整和清洗本身，也会涉及格式、测量单位和数据标准化与归一化等方面的问题，这些都会对研究结论产生比较大的影响，因此也构成数据清洗的目标。

针对以上数据质量中普遍存在的空缺值、噪声值和不一致数据的情况，可以采用人工检测、统计学方法、聚类、分类、基于距离的方法、关联规则等方法来实现数据清洗。通常情况下，人们对空值的处理，一般采用估算方法，例如，采用均值、众数、最大值、最小值、中位数填充。估值方法会引入误差，如果空值较多，会使结果偏离较大；对于错误值的处理，通常采用统计方法来处理，例如，偏差分析、回归方程、正态分布等，也可以通过简单规则库检查数值范围或基于属性的约束关系来识别错误；对于不一致数据的处理，主要体现为数据不满足完整性约束，因此可以通过分析数据字典、元数据等，梳理数据之间的关系，并进行修正。

目前，数据清洗已经作为一个专门化的技术领域，在此不过多地涉及其他相关内容，有兴趣的读者可以查阅专门的相关文献。

（二）编制次数分配

编制次数分配属于数据整理的范畴。次数分配又叫频数分配或频数表，它是将总体（或样本）各单位按照一定的标志加以分组，并同时列出各组的总体（或样本）单位数。这种表格是最常用的统计数据表现形式之一，能简洁地刻画研究对象的一般特征和基本结构。一般地，次数分配表的结构由两部分组成：标志值及其分组，各组所对应的次数（频数）。

在利用统计分析软件对数据进行分析时，次数分配往往是被当作一个分析目标来对待的，因此，相关的次数分配表及对应的直方图都会在资料输入数据库之后按指令自动生成，无须在资料整理阶段单独处理。但是，次数分配可以说是最基本的统计工具，而且，在一些小规模的调研过程当中，很可能不需要利用复杂的统计方法以及数据分析工具（如 SPSS 统计软件包）来分析，仅用次数分配表便足以应对研究的需要，因此，下面还是简要介绍一下次数分配表的编制。

次数分配因其所采用的分组标志的不同而被区别为品质标志次数分配和数量标志次数分配两种，后者也称为变量数列。表 5–2 使用的是品质标志（区域）作为分组依据，是一个典型的品质标志次数分配，而表 5–3 因使用数量标志（房间数）作为分组依据而成为一种典型的变量数列。

表 5–2　2015 年入境外国游客的区域分布

区　域	人数（万人）
亚　洲	1662.00
美　洲	311.53
欧　洲	489.14
大洋洲	77.64
非　洲	58.02
其　他	0.21
总　计	2598.54

资料来源：国家旅游局数据中心。

变量数列可以进一步根据其分组形式再划分为单项式变量数列与组距式变量数列两种。

单项式变量数列中的各组仅仅包含一个数值。由于这种分组形式是对总体（或样本）单位的变量值作简单的罗列，因此它只能适合于变量值较少、变量值的变动范围较小而且变量为离散型变量的情况（见表 5–3）。

表 5–3　某山岳旅游地的民宿拥有客房数情况

拥有客房数（间）	民宿数（家）
10	2
14	1
15	1
23	2
42	1
合计	7

组距式变量数列中的各组则由两个大小不等的数值构成，二者代表着变量值的一个变动范围。每一组中较大的数值称为该组的上限，较小的数值称为下限，上限与下限的平均值叫作该组的组中值，上限与下限的差称为该组的组距。表 5–4 是一个典型的组距式变量数列。

表 5–4　2015 年入境外国旅游者人数（按年龄分组）

年　龄	游客人数（万人）
14岁以下	101.43
15~24岁	205.03
25~44岁	1184.25
45~64岁	949.76
65岁以上	158.07
合　计	2598.54

资料来源：国家旅游局数据中心。

要想了解在某一组以下或以上的次数一共有多少，甚至想知道这个总次数占所有单位数的比例有多大，就可以通过编制累积次数分配表并计算相应的累积频率来达到目的。比如，针对表 5–4 的资料，可以尝试提出这样的问题：来中国旅游的外国游客中，44 岁以下的人有多少？占多大比例？25 岁以上的人又有多少？占多大比例？这时，可以通过编制累积次数分配表来回答这些问题。

表 5–5 中的第三栏给出的是向上累计频数和频率，第四栏给出的是向下累积频数和频率。它们可以分别回答上面刚刚提过的问题。

从表 5–5 中可以看出，来中国旅游的外国游客中，44 岁以下（含 44 岁）的有 1184.25 万人，占总数的 45.6%；25 岁以上的人有 2292.09 人，占总数的 88.2%。

表 5-5 2015 年入境外国游客人数（频数、频率及上下累积）

年 龄	旅游者人数（万人）		向上累积		向下累积	
	频数	频率%	频数	频率%	频数	频率%
14岁以下	101.43	3.9	—	—	2598.54	100.0
15~24岁	205.03	7.9	306.46	11.8	2497.11	96.1
25~44岁	1184.25	45.6	1490.71	57.4	2292.08	88.2
45~64岁	949.76	36.5	2240.47	93.9	1107.83	42.6
65岁以上	158.07	6.1	2598.54	100.0	—	—
合计	2598.54	100.0	—	—	—	—

概括起来，组距式变量数列的编制需要注意以下几个问题。

（1）组数与组距的确定。

组距式变量数列中的组数的多少与组距的宽窄具有相依关系。在变量值的最大变动范围（通常用全距 R 来表示，R 为原始资料中的最大数值与最小数值之差）一定的前提下，组数越多，组距自然就越窄，其结果是保留了较多的资料细节，但却以损失变量数列的概括性为代价。相反，组数越少，组距就会越宽，变量数列越概要，损失的原始信息也越多。在确定组数与组距时，需要在这两种情况中进行权衡。

一般地，组数的多少会与原始数据的多少有些关系。原始数据很多时，可以多分几组，相反，就可以少分几组。需要提醒的是，过少的分组决策有可能使原始资料的分布模式彻底被抽象掉，从而使变量数列的编制失去意义。

通常，当组数确定时，可以根据下面的公式计算组距的大致宽度；或者相反，当已经决定要用多宽的组距时，也可以反过来求可以划分的组数。公式为：

$$组距 = 全距 / 组数$$

当采用不等组距分组时，上述公式就不能发挥作用了。不等组距用于变量值的分布极不均衡的场合。当试图描述总体分布的实际模式时，不等组距常常会掩饰这种模式，因此要特别注意。下文提到的“开口组”也是不等组距的一种形式。

（2）组限的确定。

确定组限需要考虑三个问题：使组中值位于数据比较集中的地方以增强其代表性；使各组具有互斥性，同时又避免遗漏；组限形式上的美感以及计算组中值的方便性。表 5–6 提供了几种常见的组限形式。

表 5–6　组限表示法举例

一式	二式	三式	四式
20~30	20~29	20以下	10~
30~40	30~39	20~30以下	20~
40~50	40~49	30~40以下	30~
50~60	50~59	40~50以下	40~

表 5–6 中一式是比较常见的组限形式，既适用于连续型变量，也适用于离散型变量。但需要注意的是，这种组限在互斥性上暗藏着陷阱，所以，一般遵循“上限排外”的原则来处理正好等于组限的变量值。二式在互斥性上达到了完美，但这种形式只适合于离散型变量或圆整到整数位的连续型变量。三式的适用范围最广，而且也满足互斥性的要求，只是形式上稍嫌烦琐一点。四式是一式的简化，但失之含糊，尤其在最大一组中让人感到困惑。

在这四种组限形式当中，有的组是敞开式的，称为开口组，如三式中的“20 以下”和四式中的“40~”。开口组的存在总是因为在原始调查资料中含有个别极大或极小的数值，使规范的组限形式难以实现。在后期的统计分析过程中，这种开口组须转化成某个代表值才能实施进一步的数值运算，通常的折中办法是依循临近组或整个分组的规律性来加以推断。结果，自然就低估（当最大值一组是开口组时）或高估（当最小值一组是开口组时）了原始数值的水平，这便是开口组的缺点。

四、统计图表的运用

在对定量资料进行初步整理以及后续的分析过程中，往往会利用图表的形式来直观地表现资料所隐含的规律或特征。因此，统计图与统计表都是直观、形象、概括地表现数据资料的良好形式，有必要了解其基本的运用规则。

（一）统计表的制作

从形式上看，统计表是由纵横交叉的直线组成的左右两边不封口的表格形式。完整的统计表要有总标题、横行标题、纵栏标题、统计数字及附加部分等内容（见表 5–7）。

表 5–7　2015 年度重点旅游城市星级饭店规模结构

指　标	五星级	四星级	三星级	二星级	一星级	合计
饭店数量（家）	556	1128	1764	601	21	4070
占全国同等级饭店比例（%）	70.47	47.49	34.60	27.36	23.80	35.58

资料来源 :《国家旅游局关于 2015 年度全国星级饭店统计公报》。

表中的“2015 年度重点旅游城市星级饭店规模结构”为总标题，简要而全面地概括统计表的内容；“指标”和“五星级”“合计”等为纵栏标题，解释每一栏数据的属性；“饭店数量（家）”为横行标题，解释每一行数据的组别；表下的“资料来源”为附加部分，带有注解的性质；当然，表中的统计数字提供了基本的统计信息。

（二）统计表的编制原则

在编制统计表时，要注意以下几点。

（1）标题。统计表中的各种标题要确切、简明，能概要地反映所要表达的内容。总标题一般要清晰地列明时间、地点和资料性质；纵栏标题要适用通行的指标；横行标题要根据分组结果明确地加以罗列。

（2）表式。表格的形式要力求美观。统计表的两端一般不封口（不设墙线），上下基线略粗一些，表中各栏以细线隔开。表的整体形式一般以横式的矩形为佳。

（3）数字。表中数字要位置对齐（一般以个位或小数点为准），凡相同数字，都要一一填写；数字缺漏的空格，用“……”填充；不需要或不应该有数字的地方，用“—”填充。

（4）各种标注。表中的纵栏标题要附计量单位，如果全表计量单位相同，也可将计量单位置于表上端总标题之后；必要时要注明资料来源、制表人和填表日期等资料；当统计表的栏目较多时，为了便于阅读，也可以为各栏目编号（习惯上对数据栏与非数据栏采用不同的符号编排顺序）。

（三）统计图的绘制

根据不同的标准，统计图可以分成不同的类型，每一类统计图都有自己的功能和特点。在此仅介绍几种典型的统计图。需要注意的是，在很多情况下，这些图形都可以通过一些统计或数据软件（如 Excel 软件或后文将作为数据处理基本工具的 SPSS 软件）在数据输入之后直接生成。比如，SPSS 可以对一组数据给出相应的图形，包括直方图或条形图、饼图（或称圆形图）、折线图和散点图。当然，具体选择何种图形来表达数据，要根据数据的性质和类型来定。表 5–8 大致汇总了不同类型的数据在使用统计图时的适当性。

表 5-8　数据类型与适用的统计图

数据类型	特征	均值	统计图类型			
			直方图	饼图	折线图	散点图
定类数据	品质分类	无	可以	可以	不可以	不可以
定序数据	排序	有	可以	可以	不可以	不可以
定比数据	数值	有	可以	可以	可以	可以

1. 直方图（Histogram）

直方图是专门用来表现变量数列的次数（或称频数）分布状况的一种图形。这种图形可以描述总体在各个变量上的水平，从而刻画出总体的结构，由于直观易懂，因此广为流行。图 5-1 是一个简单的次数分配直方图，而图 5-1 则是一个组距式变量数列直方图。

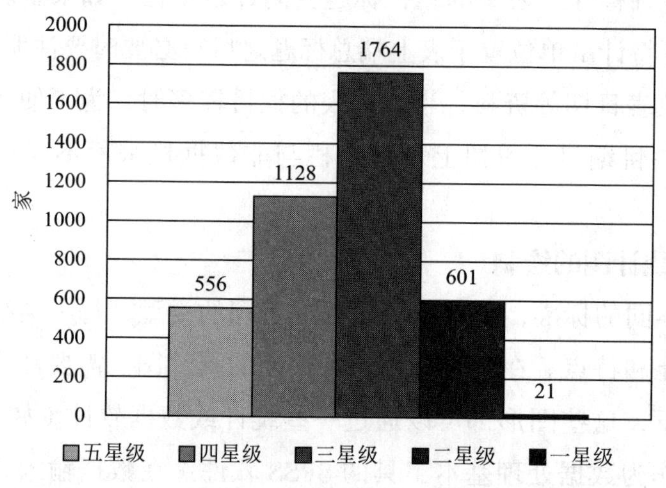

图 5-1　2015 年度重点旅游城市星级饭店规模结构

当变量数列的分组采取等距式分组时，直方图的绘制十分简单，只需要确定适当的坐标尺度，以横轴表示变量值，纵轴表示各组的对应次数，便可以绘制出漂亮的直方图。

如果变量数列有开口组或采取不等距分组，直方图的绘制略微复杂一些。这时，需要对开口组的组距进行推算，需要对不等组距的各组的次数进行调整（按组距平均分配次数），才能绘制出正确的直方图。

直方图既可以依据实际次数（频数）来绘制，也可以依据频率绘制。正是由于这个原因，直方图中各矩形所表示的面积之和，代表总体单位总数，在频率直方图中即等于 1。

2. 条形图（Bar Chart）

条形图就是用相互分离的矩形来表示指标数值的一种图形。实际上，直方图也是一种条形图，但它是条形图中的一个特例。其特殊之处在于，直方图的每个矩形之间没有间隔；直方图的数值总是指总体（或样本）的单位数，而不是指变量值（即标志值）；直方图的矩形的面积有实际意义，面积之和为频率的总和（100% 或 1）。这些特点是一般条形图所不具备的。与此不同，条形图只用条形的长短来表示指标数值的大小（见图 5–2）。

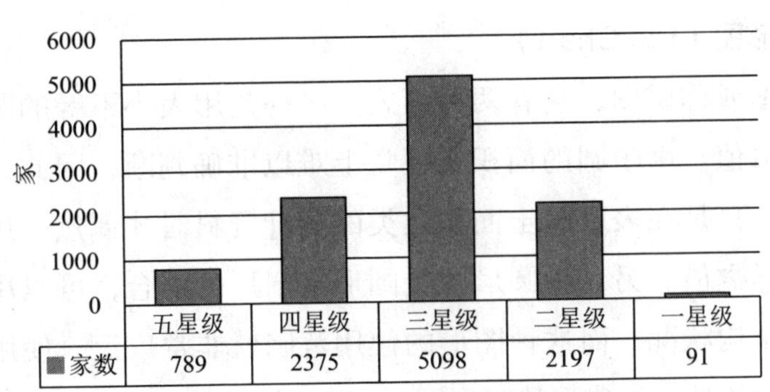

图 5–2 2015 年全国星级酒店规模结构

图 5–3 是与图 5–2 在形式上有一点区别的条形图，该图改垂直条形为水平条形，在置放形式上有了变化，而其用条形长短来代表数值水平

的实质并没有改变。不过，图 5–3 还有另一个不同于图 5–2 的地方：它还是一个组合式条形图，利用每一组三个指标（散客花费、团体花费和小计）来反映更复杂的情况，以供对现象做多角度的比较。

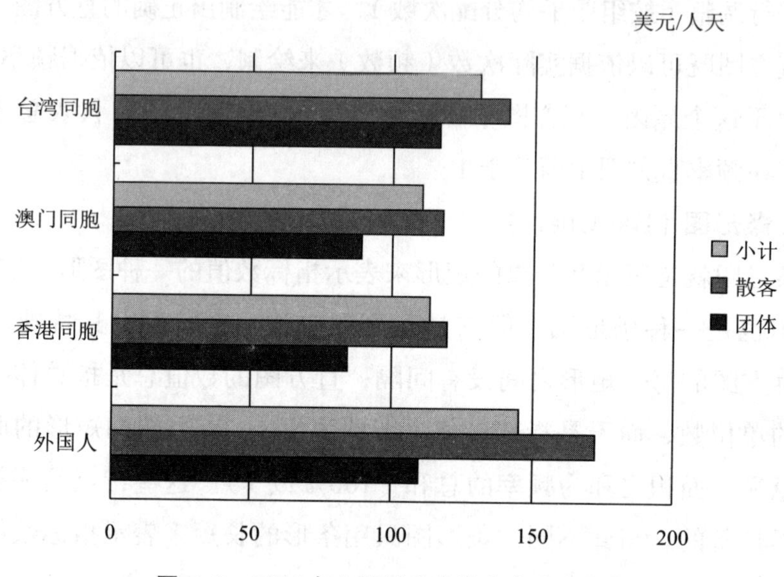

图 5–3　2000 年入境过夜旅游者人均天花费

3. 圆形图（Pie Chart）

圆形图或称饼图，它有两种形式。一种是用大小不等的圆形代表不同的指标数值。由于圆的面积在视觉上难以准确判断，因此这种圆形图很少使用，只是在表示国土面积之类的统计资料时才偶然一用，同时还会标注实际数值。另一种圆形图是圆形与扇形的结合，可以用来刻画总体内部的结构状况，而这种图形的使用范围就非常广泛，使用频率也很高。图 5–4 就是一种典型的圆形图。

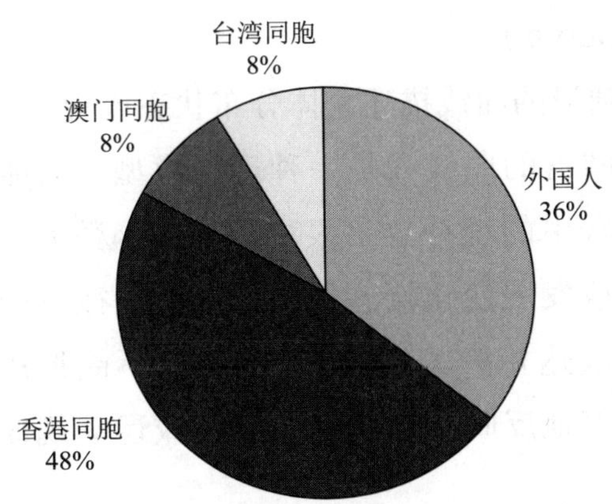

图 5-4　2015 年入境过夜游客人数所占比例

4. 折线图（Polygon Chart）

折线图是针对离散变量或间断登记其变量值的连续型变量所使用的一种图形。这种图形适合表现在时间序列上有连贯性的资料，能比较好地描述现象的发展轨迹和一般趋势。图 5-5 是折线图的一个例子。

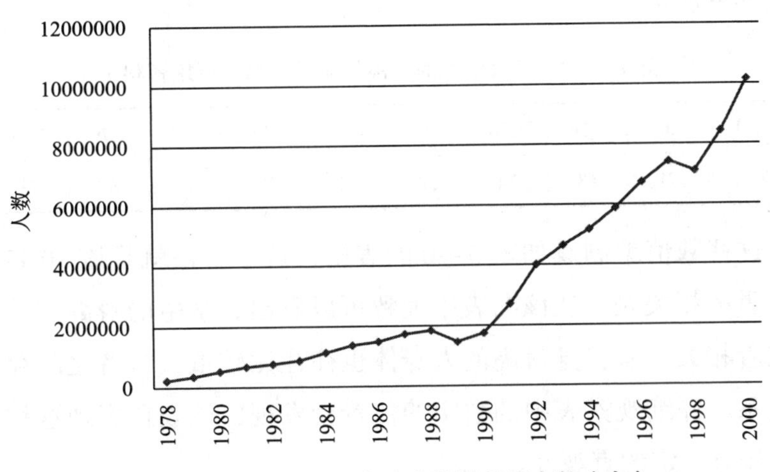

图 5-5　1978—2000 年来华旅游外国人数（人）

5. 曲线图（Curve）

曲线图是以圆滑的曲线描述总体分布状态或现象发展变化规律的图形。一般来说，圆滑的曲线只是一种理论模型，只能从严格的函数关系中获得，而实践中的统计数字很难与任何函数完全吻合，所以，有关总体分布状态或发展变化轨迹的统计资料往往只能绘制出折线或散点图（一种用于表达相关关系的图形），而不能形成曲线。但是，曲线模型却可以一般地反映总体的分布模式或运动规律，因此是很有价值的。

6. 散点图（Scattered Plot）

如果要探讨两个变量之间是否存在相关关系，则可以利用散点图来加以描述。当然，以散点图的形式来反映变量间的关系，一般只适用于单相关。借此可以初步观察出变量之间关系的性质、形式和程度。例如，假设从某教学班中随机抽取 10 名学生，记录其身高与体重两个变量的数值如表 5–9 所示。

表 5–9　10 名大学生的身高与体重资料（原始资料）

身高（m）	1.67	1.56	1.78	1.68	1.60	1.71	1.62	1.79	1.74	1.69
体重（kg）	71	48	74	58	52	71	67	81	73	61

将这些数值编制成如表 5–10 的表格，这个表格就是该 10 名学生身高与体重的相关表。从该图表中大致可以看出，学生的身高与其体重之间存在着相关关系：身材高的人身体也往往比较重，二者之间存在着正相关关系。仔细观察表中的数字的位置会发现，该表在表现这种相关关系的时候有一定的直观性。

表 5-10　10 名大学生的身高与体重资料（相关表）

体重（kg）＼身高（m）	1.55~1.60	1.60~1.65	1.65~1.70	1.70~1.75	1.75~1.80	合计
80~90					1	1
70~80			1	2	1	4
60~70		1	1			2
50~60		1	1			2
40~50	1					1
合计	1	2	3	2	2	10

将上述资料绘入一个由身高、体重双变量构成的坐标系中，就能直观地看到身高与体重之间呈现的正向对应关系。这种图形便是散点图，如图 5-6 所示。

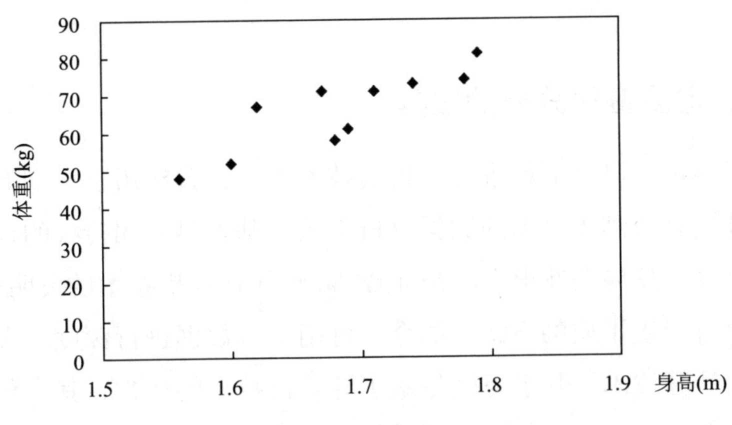

图 5-6　10 名大学生身高与体重的散点图

从散点图上，一般可读出以下信息：

（1）相关的性质是正相关还是负相关。从本例来看，由于身高增加体重往往也随之增加，因此属于正相关。

（2）相关的形式是线性还是非线性相关。本例显然是线性。但需要注意的是，有些样本在观察范围内是线性的，但超出了样本范围之后，这种线性关系可能不复存在。所以，进行相关关系的统计分析常常离不开对现象本身的逻辑认识。

（3）相关的紧密程度如何。如果数据都密集地围绕着某种线性或非线性关系排列，则表明这种相关关系是强相关。相反，如果各个数据点十分零散，即使大致能刻画出某种依赖倾向，但这种相关也是弱的。如果各个数据严格地分布在某种理论函数曲线（包括直线）上，则可以认定变量间的关系是完全相关。

第二节　定量资料分析的工具与步骤

一、定量资料分析的工具

用于对定量研究资料进行分析的技术工具，曾经历了深刻的演化过程。计算机时代到来之前的数据分析工具，基本是利用传统的计算工具做手工运算，其局限性很大。20 世纪 60 年代计算机技术的发明和完善，使数据分析产生了质的飞跃。如今，可用于对数据进行深度、大规模加工处理的计算技术，几乎完全是基于计算机技术的产物，其中包括著名的数据处理软件如 SPSS、SAS、Excel、Minitab、Turbostats 和 R 软件等。下面仅就其中几款最常用的统计分析软件做简单的介绍。

（一）统计产品与服务解决方案（SPSS）

Statistical Product and Service Solutions（SPSS），全称为“统计产品与服务解决方案”软件。该软件早期名称为“社会科学统计软件包”

（Statistical Package for the Social Sciences），后经多次升级换代，可用于进行统计学分析运算、数据挖掘、预测分析和决策支持等数据处理工作，功能强大，使用方便，被广泛应用于自然科学、社会科学和工程技术的各个领域，具有极大的影响力。该软件拥有可运行于多个操作系统的不同版本，而且各版本每年保持一定的升级更新，以便于用户的使用。至2017年的最新版本为SPSS24.0。

以2010年推出的SPSS18.0版本为例,SPSS主要包含17个功能模块：基础程式（Base System），高等统计建模（Advanced Models），回归分析模型（Regression Models），多变量表格（Custom Tables），时间序列分析（Forecasting），类别资料分析/多元尺度方法（Categories），联合分析（Conjoint），精确检验（Exact Tests），缺失值分析（Missing Value Analysis），类神经网络（Neural Networks），决策树（Decision Trees），资料准备（Data Preparation），复杂抽样（Complex Samples），直接营销建模（Direct Marketing），自扩展技术（Bootstrapping），资料收集（Data collection Data Entry），程序扩展（Programmability Extension）。可以说，SPSS所包含的这些功能模块几乎可以解决任何统计数据的分析处理要求。“没有做不到的，只有想不到的”这句话用在这里来形容SPSS的强大功能，似乎并不为过。

不过，在通常情况下，研究人员并不需要了解上述所有功能模块的相关技术。在一般的社会科学研究中，常用的分析模块主要涉及解决这样一些统计问题：频数（次数）统计，包括计数和计算单个变量的百分比；列联表处理，借以获得两个或两个以上变量的列联表分析；均值处理，用以计算均值或某个变量的平均数；变异值处理，用以计算方差等变异指标；相关与回归分析，用于处理多变量的相关和回归关系；因子与聚类分析，用于对变量进行压缩以及聚合；图形处理，用于制作数据的图形。本章后文的数据分析处理，大多可依据 SPSS 程序完成，当然在其他软件中也往往可以实现。有关 SPSS 软件的操作指导，既可以查阅软件自带的说明书，也可以登录其官方网站寻求解答，还可以阅读公开出版的相关书籍。

（二）统计分析软件（SAS）

统计分析软件（Statistical Analysis System，SAS）是由美国北卡罗莱纳州立大学 1966 年开发的统计分析软件。经过多年来的完善和发展，SAS 系统在国际上已被誉为统计分析的标准软件，在各个领域得到广泛应用。2016 年该软件推出的最高版本为 SAS9.4。

SAS 由数十个专用模块构成，功能包括数据访问、数据储存及管理、应用开发、图形处理、数据分析、报告编制、运筹学方法、计量经济学与预测等，把数据存取、管理、分析和展现有机地融为一体，功能强大，操作简便，内容齐全。

SAS 软件的常用统计分析模块集中在 Base SAS、SAS/STAT、SAS/GRAPH 几个部分，此外还有 SAS/QC、SAS/ETS 和 SAS/OR 等专门用于进行全面质量控制、计量经济学和时间数列分析及运筹学方法的模块。

在几个统计分析模块中，Base SAS 能够制作从简单列表到比较复杂的统计报表，可进行基本的描述性统计及相关系数的计算，进行正态分布检验等。

SAS/STAT 覆盖了所有的实用数理统计分析方法，提供了 80 多个过程，可进行各种不同模型或不同特点数据的回归分析，如正交回归 / 面回归、响应面回归、Logistic 回归、非线性回归等，且具有多种模型选择方法。可处理的数据有实型数据、有序数据和属性数据，并能产生各种有用的统计量和诊断信息。在方差分析方面，SAS/STAT 为多种试验设计模型提供了方差分析工具。另外，它还有处理一般线性模型和广义线性模型的专用过程。在多变量统计方面，SAS/STAT 为主成分分析、典型相关分析、判别分析和因子分析提供了许多专用过程。SAS/STAT 还包含多种聚类准则的聚类分析方法。

SAS/GHAPH 可将数据及其包含着的深层信息以多种图形生动地呈现出来，如直方图、圆饼图、星形图、散点相关图、曲线图、三维曲面图、等高线图及地理图等。

（三）R 软件

R 软件是一个自由、免费、源代码开放（GNU）的软件，可用于统计分析和统计制图。其前身是 S 语言，为美国贝尔实验室的 Rick Becker 等人于 1976 年开发的一种用来进行数据探索、统计分析、作图的解释型语言。1993 年，新西兰奥克兰大学的 Robert Gentleman 和 Ross Ihaka 等人开发了一套软件来实现 S 语言，由于这两位学者名字的首字母都是 R，所以该软件被命名为 R 软件。该软件于 1995 年成为一个开源系统，1997 年 R 核心开发小组成立，并维护 R 代码至今。截至 2016 年 10 月 31 日，R 软件的最新版本是 3.3.2，其容量约 62 兆。

R 软件的思想是：它可以提供一些集成的统计工具，包括各种数学计算、统计计算的函数，从而使用户能灵活地进行数据分析，甚至创造出符合需要的新的统计计算方法。因此，R 软件也是一种数学计算的环境，是一种简便而强大的编程语言，可操纵数据的输入和输出，可实现分支、循环，用户可自定义功能。目前，R 软件已经形成了完整的体系，可用于数据分析、数据提取和转换、模型拟合、描述推断、预测、绘图及报告输出。

R 软件的最大特点是开放源代码，因此它是一个开放的平台。全球用户参与 R 软件的研发，因此涌现了大量基于 R 平台的拓展功能包。例如，用于绘图及数据可视化分析的ggplot2包；用于绘制地图的ggmap包，用于生存分析的survival包；用于结构方程分析的sem包等。截至2017年2月，R软件累计有10061个功能包可供下载使用。全世界各个学科领域的教授、研究生、工程师、程序员，他们既可以是R软件的用户，同时也可以是开发者。由于这些软件包的贡献者了解各个学科领域的特定需求，努力跟进最新的研究成果，敏锐捕捉未来的发展趋势，从而使R软件的专业程度和蓬勃活力成为该软件的最大核心优势。

R软件的学习需要一些时间和努力。不过，一些R软件的图形界面工具，降低了难度、提高了效率，例如，RStudio、Rattle、R Commander等。此外，大量关于R软件的相关书籍、视频和学习材料可资利用，如CRC出版社的"The R Series"书系，Springer出版社的"Using R!"书系，R软件官方网站也列出数百部相关书籍。

二、定量资料分析的步骤

在人们普遍利用计算机数据分析软件进行数据分析的今天，研究人员如何能够摆脱技术导向的束缚，使得研究过程能够直击研究的终极目标，从而提高分析的效率，这在确立资料分析的步骤这一环节上也可以看出高下来。在笔者看来，定量资料分析的重点在于清醒地知道自己要什么，对研究的最终目的始终做到心中有数。与此相比，建立数据库仅仅是为数据分析打下一个基础，而执行分析操作程序更仅仅是一个手足运动的过程。在确定分析目标之前和之后的这两个环节，尽管也都有一些技术含量甚至存在某些诀窍，但都属于技术操作，是一个熟能生巧的过程。真正的挑战还在于明确分析的目标。

（一）建立基本数据库

借助于专门调查，尤其是借助于问卷调查，研究人员可以获得各种必要的基础性数据。这些数据需要整理录入到计算机数据库系统，才能供研究人员使用特定的分析工具进行分析。这个录入数据的环节，便是建立基本数据库的工作。

一份调查问卷通常包含很多调查项目，它们将构成后续数据分析时所要面对的变量。由于在问卷设计阶段采用了各种便于取得资料的问题和答案形式，因此，在将这些问题和答案录入到数据库系统时，常常需要做一些数据转换、编码、赋值或变量命名工作。一些基本的具体操作技术，后文再进一步略作讲解。

（二）明确分析目标

所谓明确分析目标，就是指要对定量资料做哪些分析，获得哪些参数值或统计计算结果，必须先做到心中有数，“用目标带动，再选择方法”，而不是相反，“用方法牵制目标”。由于数值的计算过程完全由计算机来运行，因此，只要目标明确，便可以很轻松获得相关指标的计算结果。从这一点来看，在研究过程中始终保持对分析目标的敏感和明确，会使得研究效率大大提高，而不至于陷入技术或工具的泥沼，最终出现南辕北辙的情况。在科学研究过程中，目标与方法之间的关系，其实是本与末的关系。

为了概括常用的定量研究分析目标，笔者总结了一个目标清单，以供参考（见表 5–11）。当然，这仅仅是一个常规的分析目标清单，而且还局限在本书将要介绍的有限范围之内，其价值仅仅是为了强调在数据分析过程中总要以目标为导向而不是以方法或工具为线索的重要性。在一项具体的研究课题当中，很可能分析目标是独特的、细化的或综合的，不会局限于表中所罗列的内容。

表 5-11 定量资料分析的常见目标

分析目标		目标描述	计算指标	
目标类型	目标性质		名称	结果
次数分配	结构性	理解总体或样本各单位在各变量组上的分布情况	频数（次数）分配	图表
			频率分配	
平均指标	代表性	理解总体或样本标志值的一般水平或集中趋势。用抽象化的单一指标数值代表全部标志值	算术平均数	计算总体参数或样本统计量
			众数	
			中位数	
			算数平均数之差	
成数		理解总体或样本中具有某种特征的单位数占单位总数的比例	成数	
			成数之差	
变异指标	离散性	理解总体或样本标志值的变异情况，同时衡量相应的代表性指标的代表能力	全距	
			平均差	
			标准差	
			方差	
			变异系数	
方差分析	均值异同	判断多个总体均值是否相等，或者说，检验定类测量与定距测量之间的关系	$\frac{\text{组间均方}}{\text{组内均方}}$	F检验
相关分析	相关关系	判断变量间是否存在相关关系	相关系数r	系数r
回归分析	因果关系	判断变量间是否存在因果关系	回归系数	构建模型
			回归模型	
因子分析	类属关系	根据变量间的相关性和相似性对变量进行缩减	因子载荷	因子
聚类分析	聚合关系	根据变量或个体（Case）间的距离而对总体或样本单位进行分组、聚合，形成不同的集群	距离	聚类

（三）操作统计分析软件

借助任何计算机统计软件包来实施定量分析的指标计算过程，都是程序性的或机械性的，是一个熟练过程。不管是 SPSS，还是 SAS 或 R 软件，要想得心应手地去操作它们，唯有下一番实在功夫去做练习：练习，练习，再练习。从最初的数据录入、建立数据库，到按照分析目标求取各种总体参数值或样本统计量指标，以及最终对分析结果进行图表化或可视化的呈现，所有这些，除了靠实实在在地去反复练习之外，别无其他捷径。而且，笔者还认为，这种操作过程，从教学的效率和效果来看，不能指望单纯靠阅读教科书的"操作指南"，更别完全依赖教师的口头传授。有很多细微的、个人化的操作诀窍，往往需要靠上机实践的反复摸索才能捕捉到。根据笔者在 1993 年最初接触并使用 SPSS 做英国赴华度假旅游市场研究课题的经验，SPSS 的运用技巧，完全是通过目标逼迫和操作练习而养成的。在笔者看来，科学研究过程中的所有能力，最容易培养的便是这种技术操作能力。长则半年，短则一个月，一个勤奋用功的学生，便可以完全掌握类似 SPSS 这类统计分析软件中的最基本也最常用的一些分析工具的操作技巧。正因为如此，本书作为一部目标瞄准旅游研究方法论的著作，不拟对上述任何一种统计分析软件做一步步的示范性讲解，仅对一些能显示"以目标带动技术操作"的程序或步骤做一些简单提示。读者若想得到有关方面的更详尽的指南，有大量手册或教程性的著作可以参考。

第一步，初步接触。熟悉统计分析软件的基本功能和操作界面。任何一款统计分析软件，都有其独特的功能组合和操作界面。随着计算机技术的发展，这些软件越来越趋向于人机友好的界面设计潮流，因此也越来越易于操作。不过，对于一个从未接触过某一统计分析软件的初学者来说，花一些时间来熟悉该软件的基本功能模块、操作界面、目标菜单等内容，将是必要的和必然的。以 SPSS 为例（以下同。SPSS16.0 及以后版本已提供中文界面。本书考虑到英文界面的稳定性和整体协调性，依然以英文界面为主，适当辅以中文标注），其基本的数据编辑器窗口由两个窗口组成：一个是数据浏览窗口，一个是变量浏览窗口，如图 5-7 所示（见该图左下角的 Data View 和 Variable View），它们是 SPSS 分析的基础。而在该图的上端，则顺序列有 SPSS 的功能模块，包括 File（文件）、Edit（编辑）、View（视图）、Transform（转换）、Analyze（分析）、Graphs（图形）、Utilities（应用）、Window（视窗）和 Help（帮助）。每个功能模块均有下拉菜单，提供详尽而明确的细分功能选项。

第二步，建立数据库。统计分析的基础是数据库的建立，数据库的数据来源通常是问卷调查的结果。因此，将问卷中的信息输入到计算机从而建立数据库，是统计分析实际操作的第一步。

在问卷中，一般包括两个信息框架：变量及其数值。在建立数据库时，这两个框架一般分开来进行，第一阶段是输入变量信息，第二阶段则是输入相对应的数据信息，而这两项工作正是借助于 SPSS 数据编辑器的变量浏览窗口和数据浏览窗口来分别完成的（见图 5-7 和图 5-8）。

在变量浏览器窗口上端，可见 Name（名称）、Type（类型）、Width（范围）、Decimals（小数）、Label（标签）、Values（数值）、Missing（缺省）、Columns（栏目）、Align（对齐）、Measure（测度）等功能选项，表明在建立数据库的时候，必须根据调查问卷的原始项目进行相关的变量化处理，以便于后续的数据（变量值）输入和分析。

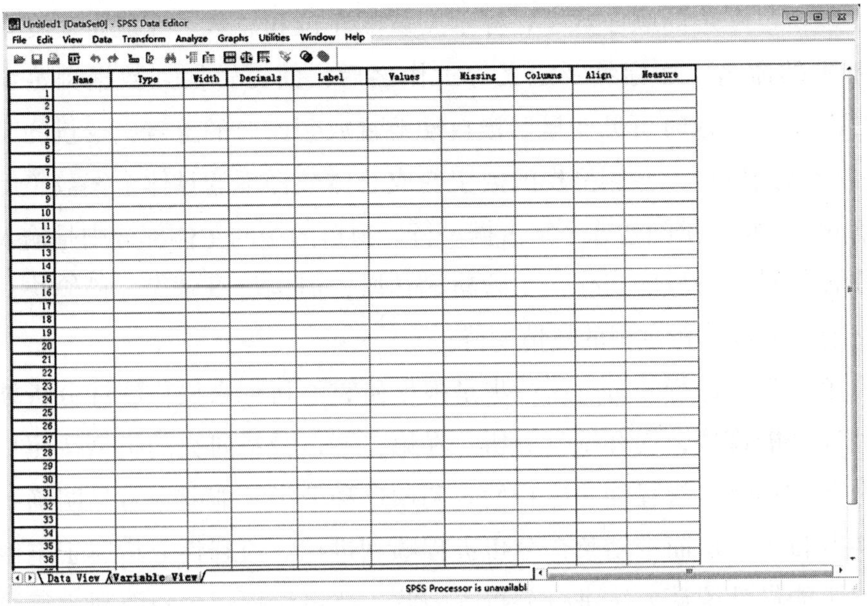

图 5–7　SPSS 统计分析软件的基本界面（变量浏览窗口）

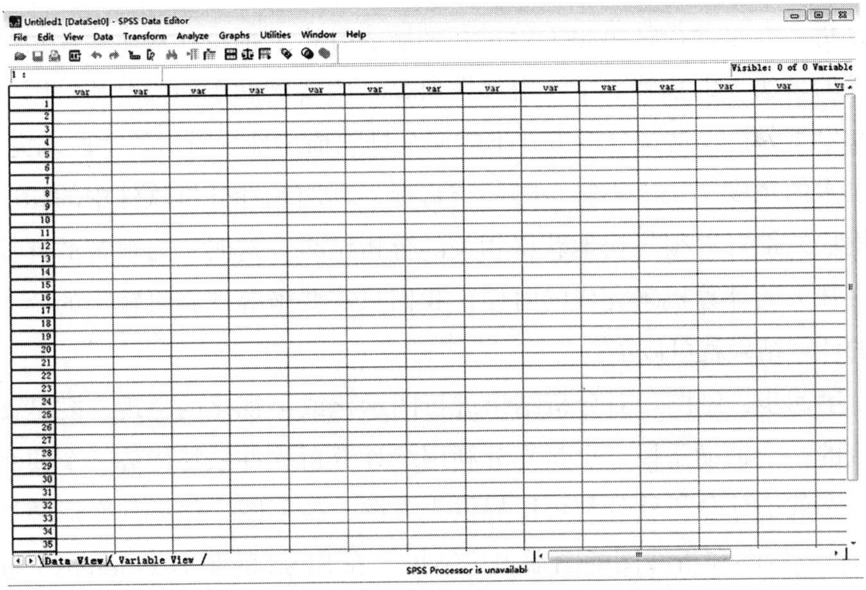

图 5–8　SPSS 统计分析软件的基本界面（数据浏览窗口）

该窗口左边的顺序数字，标示变量的序位和总数。完成了对变量进行基本的命名、加标签及定义等工作之后，便可转换到数据浏览窗口（见图 5-8）。这时可见变量名被自动地置放到窗口的上端，变量的其他标签隐藏到后台，左侧呈现的数字变成总体或样本的具体个案数（即样本容量），每一份问卷或个案占据一行。窗口的中间主体部分则是输入的变量值。这个阶段的工作，尽管略显枯燥，但也可以做得轻松愉快，只要怀有对后续分析过程的热情期待。

第三步，进行分析。这一步是根据研究的目标来操作统计分析软件的相应功能模块，展开统计分析。在第二章，曾将研究的类型按照目的划分为描述性、解释性和诠释性。利用这种分类，能够很容易明确统计分析的目标，从而带动整个分析进程顺利进行。诠释性分析属于定性研究，不能借助统计方法进行分析，因此，这里所探讨的对资料进行统计分析的目标主要集中在描述性和解释性分析。一般而言，频数分析、均值分析、方差分析甚至相关分析和列联表分析，都重在对事实（包括相关性的事实）的描述。至于解释性研究，则要借助于回归分析、因子分析和聚类分析（这些分析也并不能完全排除描述性分析）等手段来完成。从技术的角度来说，不管是哪一类目标，利用统计分析软件中的相应功能模块，都可以很轻松地获得相关的分析结果。这时，当艰苦的计算工作由强大的计算机来完成的时候，我们只需要坐等计算机输出的令人振奋的计算结果就可以了。

第四步，制图。对分析结果进行图示化或可视化的呈现，既是便于交流的一个辅助手段，也是充分利用统计分析软件独特优势一个便宜选择。多数统计分析软件都可以提供直方图、条形图（包括其变形叠加条形图）、饼图和折线图的图形表达结果。在 SPSS 的制图（Graphs）选项中，只要指定所需制图的变量，就能轻松输出相应的图形，相关操作技巧并不复杂，且均可在 SPSS 的帮助索引中找到。相关图形样式与前述统计图无异。

第三节　定量资料分析的方法

对资料进行定量分析所使用的方法，基本都属于统计方法，利用的是诸如 SPSS 这样的统计分析软件。显然，这个过程离不开对统计学、数理统计学乃至概率论的一些基本原理的掌握，需要研究人员比较熟悉诸如统计推断、假设检验等方面的基本知识。但是，由于这些内容已经远远超出了本书的范围，这里不拟对相关知识做系统的介绍，仅从旅游研究实践的角度出发来极其概要地介绍几个进行统计分析必须了解的核心概念和基本原理，而且其目标也仅仅是方向性的，以应用为导向的。读者如果想透彻而系统地把握相关知识，建议阅读更为专门化的相关著作。

一、统计知识准备

正如前文第三章所曾指出的那样，在很多情况下，科学研究过程无法或无须实施全面调查来完成科学研究的任务。相反，大量的研究都会采取抽样调查的形式，通过获取总体中的部分单位的数据，来对总体的相应指标进行推断、估计或检验。随着概率论的发展，这个研究路径已经获得了坚实的理论支撑，从而使得研究人员可以充满信心地借助于样本数据来完成科学研究的任务。为了更好地理解并实施这个研究过程，下面简单介绍几个重要的统计学概念，其中最为核心的概念是“概率”，它统辖着与抽样调查相关的理论和研究策略。

（一）频率、概率与概率分布

先以一次简单的实验来说明频率、概率与概率分布这几个概念。

连续20次投掷一枚硬币，观察硬币出现正面向上的次数，会得到什么结果？也许会得到2次、5次、16次甚至20次正面向上的结果。将出现正面的实际次数（假如16次）与投掷硬币的总次数对比，便得到一个相对数16/20，其计算结果为0.8。我们称这个数值为“掷硬币出现正面”的频率，它是一个实际发生的数值。显然，投掷20次硬币最终出现正面的频率为0.8这一结果，很可能与你内心的预期有所冲突：你觉得这个结果有点离谱。

那么，假如你能耐得住性子，坚持不懈一直反复投掷一枚硬币并进行观察，这时，就会发现，随着投掷次数的大幅度增加，出现正面和反面的比率在逐渐接近1/2，最后，当投掷次数很多很多，甚至接近无限多的时候，这个频率开始稳定在1/2或0.5这个数值上。

这样一个可以预期的稳定的频率值，就是概率，它被用来表示某种事件发生的可能性的大小。研究这种数值的计算方法的理论就叫概率论。按照概率的这一定义，概率的取值总处在0与1范围之内。概率等于0，表示事件不可能发生；概率等于1，表示事件必然发生；概率接近0，表示事件发生的可能性很小；概率接近1，表示事件发生的可能性很大。

在这里，投掷硬币的过程相当于在做一次实验。实验是指对任何已知的可能出现的结果做出判断的整个过程。表5–12列出了一些实验的例子及它们可能发生的结果。

当将全部可能的结果都考虑进去时，就可确定实验的样本空间。所谓样本空间就是指所有可能的实验结果构成的集合，而任一实验结果则称为样本点，它是样本空间的元素之一。例如，抛掷硬币所形成的样本空间包括出现正面和反面两种情况。可以记为：$S=\{$正面，反面$\}$，其中 S 表示样本空间，其他的实验可以类推。

在实际进行实验的过程中，每一次具体实验的结果是不确定的。比如，抛掷硬币出现正面或反面，事先无法判断。这种结果不确定的事件构成了随机事件。如果将这种随机事件的结果赋予数值加以表示的话，就引入了随机变量的概念。对于任何特定的实验而言，随机变量就是每一个可能的实验结果，这个结果恰好产生的一个数值，便是随机变量的偶然取值。

表 5–12　实验与样本空间

实　验	实验结果
抛掷硬币	正面或反面向上
调查旅游目的地居民对发展旅游的态度	支持，不支持，无所谓
抽查饭店食品卫生情况	合格或不合格
足球比赛	赢、输、平
掷骰子	出现1、2、3、4、5、6点
观察旅游者乘机购买保险情况	购买或不购买

按照随机变量的取值状态划分，它可以分为离散型随机变量与连续型随机变量两种。离散型随机变量只拥有有限可列的取值，而连续型随机变量的取值范围可以分割成无限小数。将实验中的随机变量的全部取值及其相应的概率加以排列，就得到了所谓的概率分布。图 5–9 为离散型随机变量（以投掷硬币为例）的概率分布图示，图 5–10 为连续型随机变量的概率分布（概率密度函数）。

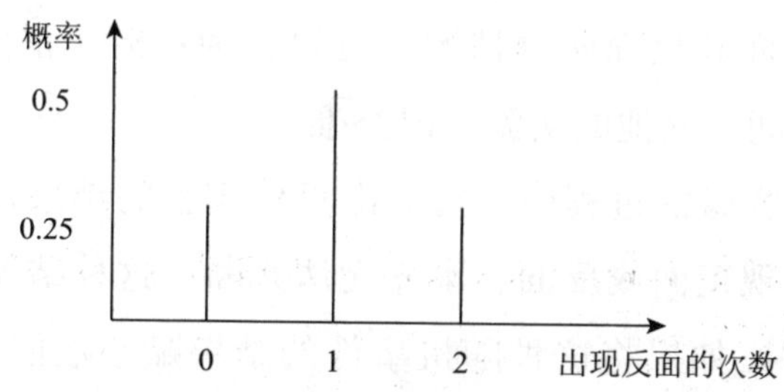

图 5-9　一枚硬币抛掷两次出现反面的次数的离散变量概率分布

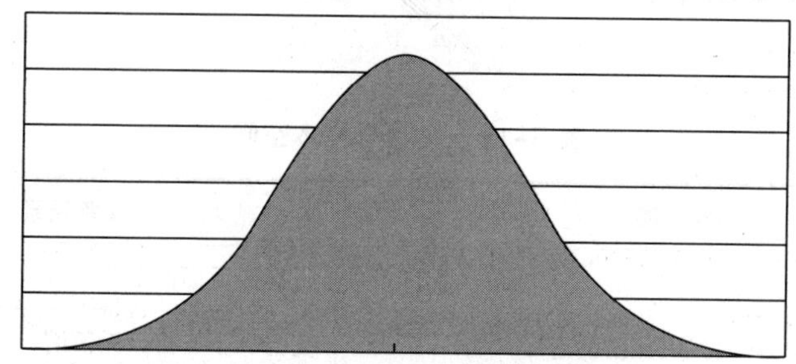

图 5-10　一个连续变量概率分布的图示

（二）几种重要的理论分布

数理统计学的发展，提供了很多成熟的理论分布模型。其中，可供旅游研究加以利用的几种常用理论分布有二项式分布、正态分布、卡方分布、泊松分布等。其中，泊松分布由二项式分布演进而来，卡方分布则在自由度（也可简单理解为样本单位数）很大时（这在旅游研究中是非常常见的）又接近正态分布，因此，下面仅对二项式分布和正态分布略作介绍。

1. 二项式分布

所谓二项，就是指所研究问题的变项只有两个相互对立的取值，如是与否、高与低、男与女等。如果观察到的实验结果每一次都是以互相对立的两种特征表现出来的话，这种实验就属于二项式实验（也称贝努里实验）。二项式实验具有下列特征：

（1）每一次实验有两种可能的结果。比如成功或失败，合格或不合格，正确或错误，同意或反对，等等。

（2）通过实验收集的资料是不连续的，因此，二项式分布是一种离散分布。

（3）每一次实验结果中出现成功的概率 p 是一样的，同样，出现失败的概率 q 也是一样的。例如，每一次抛掷一枚硬币，都可以期望正面向上的概率是 0.5；再比如，假设新采购的 100 听软饮料当中有 10 听是变质饮料，那么，可以预期，每次抽取到变质饮料的概率都是 0.10。

（4）各次实验出现的结果并不具有一定的形式，每次实验都是各自独立的，因此，多次重复实验的结果并不表现为均匀的、有节奏的形式。比如抛掷硬币，实验结果不会以正、反、正、反、正、反……这种规则形式出现。

在二项式实验中，成功的次数是一个重要的离散型随机变量。如果令 x 表示观察 n 次实验中出现成功的次数，则 x 的取值就可能是 0，1，2，3，$\cdots n$。通常将此类离散型随机变量的概率分布称为二项式概率分布。

2. 正态分布

正态分布是连续型随机变量的一种概率分布，也是一种非常重要、应用领域极其广泛的概率分布，其概率密度函数用符号 $f(x)$ 表示。由于正态分布所具有的某些性质，使它适用于许多必须用样本做出推断的情况，而且，正态分布与许多现象的实际观察结果非常接近。比如，人类的身高、体重和智商的分布，旅游者个性心理类型的分布，某种听装旅游食品的单位重量分布等。

由正态分布密度函数所决定的正态分布曲线通常具有以下一些特征：

（1）曲线以变量值 $x=\mu$（总体均值）为对称轴，其中心位置由 μ 决定。

（2）密度曲线同 x 轴所围成的面积等于 1，μ 对称轴两边曲线下面的面积相等，各为 1/2。

（3）当 $x=\mu$ 时，正太分布密度函数 $f(x)$ 取最大值；x 离 μ 越远，$f(x)$ 值越小；当 x 趋于无穷大时，曲线以 x 轴为渐进线。

（4）曲线的陡峭程度由总体标准差 δ 决定，δ 越大，曲线越平缓，δ 越小，曲线越陡峭（见图 5–11）。

（5）当 $\mu=0$，且 $\delta^2=1$ 时的正态分布称为标准正态分布。

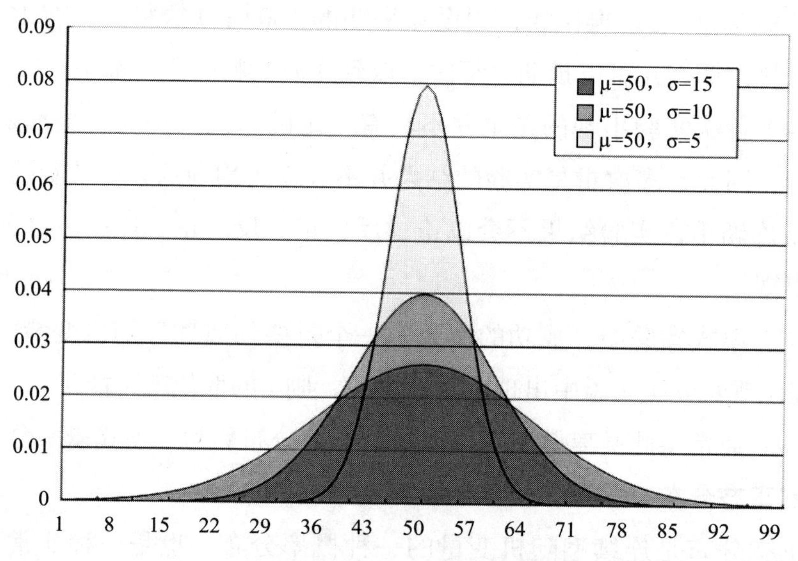

图 5–11　平均数相同而标准差不同的正态分布

在实际应用当中，可以通过查标准正态分布函数表的方法来计算正态分布函数的值。该表用正态分布的概率密度曲线下面的面积来表示正态随机变量取某个区间内的值的概率。由于在正态曲线下面的全部面积代表这个分布的总体，因此其数值用 1 来表示。图 5–12 是该表中的三个典型数值所对应的面积情况。

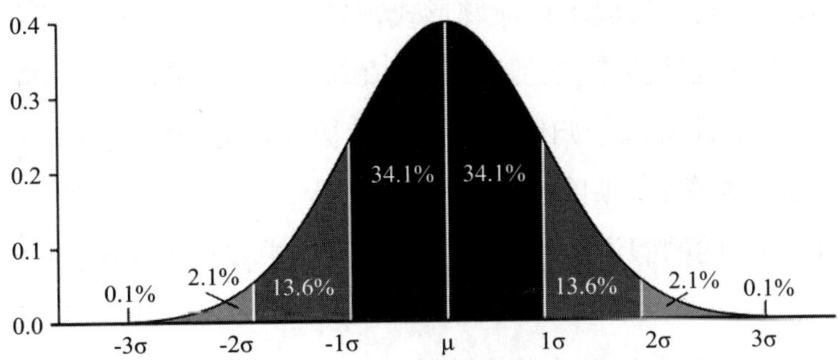

图 5-12　正态分布曲线下平均数两侧各若干标准差范围内的概率关系

（1）在正态曲线下面以均值 μ 为对称轴左右各加或减 1 个标准差 δ 的范围内，包含着总面积中的 0.6826。

（2）在正态曲线下面以均值 μ 为对称轴左右各加或减 2 个标准差 δ 的范围内，包含着总面积中的 0.9545。

（3）在正态曲线下面以均值 μ 为对称轴左右各加或减 3 个标准差 δ 的范围内，包含着总面积中的 0.9973。

由于正态分布曲线下面积所对应的概率与围绕总体均值左右各加减若干标准差的距离，是构建统计假设检验和统计推断的置信区间的两个对应指标，因此，上述数值也就意味着，如果用样本指标在其左右各加上一定单位的抽样误差，便可以推断对应的总体参数的数值了。只要调查过程遵循抽样调查的原则和程序，那么，这种统计推断就具有其理论上的可行性了。上述正态分布及相关的概率论和数理统计理论，都对此提供了系统的阐释。

（三）参数估计与假设检验

统计推断一般可以分为两大类，即参数估计和假设检验。参数估计是根据一个随机样本的统计值（如样本平均数或样本成数，参见本书第三章图 3-3）来估计对应的总体参数的数值。假设检验在逻辑上与参数估计具有不同的方向，它首先以统计命题形式预判总体参数的数值，然后再通过一个随机样本的统计值来检验这个假设在统计意义上的真伪。因此，从逻辑上看，参数估计接近于归纳法，而假设检验接近于演绎法。如前所述，在实证研究的语境下，归纳法是证实的过程，演绎法则存在证伪的可能性。秉持证伪目的的假设检验则符合科学哲学中波普尔所主张的证伪主义范式。

在进行区间估计而不是点估计的情况下，不管是参数估计还是假设检验，一个共同的推断程序是建立置信区间。置信区间的构成包含着三个决定因素：样本均值 $\bar{x}$、抽样标准误差 $\delta_{\bar{x}}$（其含义相当于抽样误差）及相应的概率度（即置信水平，以 Z 表示）。置信水平越高，置信区间的范围越大；置信水平越低，置信区间的范围就越小。同时，置信水平严格地对应着抽样标准误的系数（在这里有 1、2、3，它们对应的概率或把握程度，分别如上述正态分布曲线下的面积的 68.26%、95.45% 和 99.73%。当然，Z 也可以取其他数值，如通常会选择 1.96，这时，对应的概率或把握程度则为整数的 95%）。置信区间的一般形式（以平均数的置信区间为例）如下式：

$$\bar{x} - Z\delta_{\bar{x}} \le \mu \le \bar{x} + Z\delta_{\bar{x}}$$

从式中可见，置信区间的宽窄与多个因素有关。直接的影响因素是抽样标准误差的大小和设定的置信水平的高低，间接的影响因素则是样本的容量大小与总体标准差的大小，而这两个因素会直接决定抽样标准误差的水平。样本容量越大，或总体标准差越小，则抽样标准误差就越小，在既定的置信水平下，置信区间就会变窄，参数估计的精度就提高；反之，抽样标准误差就会增大，而置信区间就会变宽，参数估计的精度就降低。关于建立置信区间的操作性例子，详见后文的均值分析等内容。

参数估计是一种归纳逻辑，其目标是提供有关总体参数的证实性结论。与此相反，当采用抽样调查的方式来研究总体的某些特征时，如果遵循的是定量研究的演绎逻辑，那么，通常会利用统计假设检验来判断某个理论命题在统计意义上的真伪。这种假设检验从对总体参数所做的一个假设开始，然后收集样本数据，计算出样本统计量，进而运用这些数据测定以假定命题形式存在的某一总体参数在多大程度上是可靠的，并做出接受或拒绝该假设的判断。

在假设检验过程中，始终包含着两个重要的思想：反证法思想和小概率原理。反证法思想就是先假定某一命题为真，通过计算样本统计量和抽样误差，便可以在一定置信水平上来检验该假设的真伪。通常将假设为真的待检验命题称为原假设或零假设，用 H_0 表示，而其对立假设亦称为备择假设或对立假设，用 H_1 表示。如果检验中出现不合理现象，则表明“H_0 为真”的假设是错误的，应该拒绝 H_0；如果检验中未出现不合理现象，则认为“H_0 为真”的假设可能是正确的，不应该予以拒绝 H_0。值得注意的是，当分析的结果表明不能拒绝原假设时，这只意味着不能采取任何矫正行动。只能说“不拒绝”（Not to Reject），却不能说“接受”（Accept），因为原假设永远不能被证实，所以不能“被接受”。从这里也可以看出归纳性推理所存在的局限——因无法穷尽观察事实而不能证实一个命题的全真性，相反，在进行演绎性推理时，前提与结论之间却可以正当地建立“证实性的结论”。

小概率原理则认为，小概率事件在一次试验中几乎不可能发生。如果小概率事件在一次试验中居然发生了，则有理由首先怀疑原假设的真实性，从而拒绝原假设。在实践中，小概率原理关于小概率的值并没有统一的规定，通常的做法是根据实际问题的要求规定一个显著性水平 α（$0<\alpha<1$），当一个事件发生的概率不大于 α 时，即可拒绝原假设。α 通常

可以取 0.05，0.01……

显然，由于假设检验是依靠样本信息推断总体的相应参数，这就决定了所做出的推断不能保证不犯错误。在假设检验中，可能犯的错误被归纳为两种类型：

第Ⅰ类错误。当 H_0 为真却做出了拒绝 H_0 的判断，这个时候就犯了第Ⅰ类错误。这类错误也称为“弃真”错误，即在原假设成立的情况下却拒绝了原假设，从而把正确的假设当作错误的假设抛弃了。

在假设检验中，犯第Ⅰ类错误的概率记为 α，称其为显著性水平，可用下式描述：

$$P\{\text{拒绝 } H_0 | H_0 \text{ 为真}\} = \alpha$$

第Ⅱ类错误。当 H_0 不成立而却接受了 H_0，这时，就犯了第Ⅱ类错误。这类错误也称为“纳伪”错误，就是将错误的假设当作正确的假设接受了。

在假设检验当中，犯第Ⅱ类错误的概率记为 β，可以用下式描述：

$$P\{\text{接受 } H_0 | H_0 \text{ 为假}\} = \beta$$

表 5–13 给出了对这两类错误的概要描述。

表 5–13　对原假设采取的行动与假设本身真伪的关系

对假设 H_0 采取的行动	自然状态	
	H_0为真	H_0为假
接受H0 拒绝H0	判断正确 第Ⅰ类错误	第Ⅱ类错误 判断正确

通常，人们总是希望发生“弃真”或“纳伪”的错误的概率都很小，但实际上这是做不到的，因为它们彼此本就相互排斥，即 α 与 β 的值不可能同时很小。也就是说，在样本容量给定的情况下，如果减少犯第Ⅰ

类错误的概率，就可能增加犯第Ⅱ类错误的概率。由于第Ⅰ类错误（弃真）相对于第Ⅱ类错误（纳伪）所导致的后果更为严重，因此，在实践中人们通常是对犯第Ⅰ类错误的概率严加控制，然后，再适当考虑或尽量减少犯第Ⅱ类错误的概率。一般把这种只对犯第Ⅰ类错误的概率加以控制，而不考虑犯第Ⅱ类错误的检验问题，称为显著性检验问题，而 α 的取值称为显著性水平。

从统计假设检验的程序上看，一般包括以下几个环节。

（1）根据研究问题的需要提出假设，包括原假设和备择假设。原假设必须包括等号在内，而备择假设则视问题的性质“≠”“<”和“>”三者之间进行选择。检验结果仅有两种可能性，如果接受原假设，就必须拒绝备择假设，这时，就可能会犯第Ⅱ类错误，而第Ⅱ类错误往往是未知的。所以，接受原假设时，其确切含义应该是，根据样本值尚不能推翻原假设，但不能保证原假设为真。反之，如果拒绝原假设，就必须接受备择假设，这时可能犯错误的概率是 α。

（2）找出检验的统计量及其分布，即确定适当的统计检验方法。假设确立后，要决定接受还是拒绝，都是根据某一统计量出现的数值，从概率的意义上来判断的。这个统计量服从什么分布，是由许多因素决定的，需要做全面考虑。一般需要注意的事项有：所观察的是单变量、双变量还是多变量的效应；所利用的数据是定比、定距、定类还是定序测量；要比较多少组样本；在做比较时，从组中所抽取的样本是否是独立的（换言之，从某一个总体抽取样本时会不会限制了从另一个总体抽取样本？如果不会，则为“独立的”）；所抽取的样本容量的大小。

（3）设定显著性水平 α，即选择所允许犯第Ⅰ类错误的概率。α 确定后，拒绝区域也就随之而定。如果拒绝区域在两侧，则为双侧检验，曲线两端尾部各占 $\alpha/2$ 的面积为拒绝区域；如果拒绝区域在曲线的一侧，则为单侧检验，左边或右边的 α 的面积为拒绝区域的面积。α 到底取多大为合适，取决于犯第Ⅰ类错误和犯第Ⅱ类错误之后产生的后果及人们所需付出的代价。如果 α 的值定得很小，就要冒接受一个不真实的原假设的较大 β 概率的风险；反之，如果 α 的值定得很大，则要冒拒绝一个真实的原假设所带来的风险。

（4）确定决策规则。在确定了显著性水平 α 之后，根据统计量的分布就可以规定决策规则，找出接受区域和拒绝区域的临界值。例如，在总体平均数的假设检验中，当 α=0.05 时，双侧检验标准正态分布 z 的 $\alpha/2$ 的临界值为 ±1.96，在此临界值之外，就拒绝 H_0；反之，则接受 H_0。

在假设检验中采取什么样的概率分布，也有一些基本的原则。就样本容量大小而言，通常需要在正态分布与 t 分布之间做出选择。表 5–14 扼要地说明了在进行均值假设检验时选择适当的概率分布的原则。不过，就社会科学尤其是旅游研究而言，样本容量通常都远大于 30，因此，都是运用正态分布做假设检验。

表 5–14　在均值假设检验时，采用正态分布或 t 分布的条件

	当总体标准差已知时	当总体标准差未知时
样本容量n>30	正态分布，z表	正态分布，z表
样本容量n≤30 假定总体服从或 接近正态分布	正态分布，z表	t分布，t表

对于成数的假设检验来说，理论上应该选择二项分布作为适当的概率分布，因为资料是离散的，而不是连续的。但是，随着样本容量的增加，二项分布就趋向于正态分布，因此也可以用正态分布代替二项分布近似地描述抽样分布。具体地说，如果用正态分布代替二项分布，样本容量必须不小于 30，而且 np 和 nq 都必须不小于 5。

（5）根据样本数据计算的统计量的数值做出假设取舍决策。如果统计量的值落在拒绝区域内（包括临界值），或者说该值大于临界值，就说明原假设与样本描述的情况有显著差异，应该拒绝原假设；如果落在接受区域，或者说该值小于临界值，就说明样本和原假设描述的情况的差异是不显著的，则不能拒绝原假设。一般情况下，要否定原假设 H_0，只要一个反例就足够了。否定了 H_0，也就避免了第Ⅱ类错误，所以根据被否定的原假设做出的决策就具有可靠性。

上述统计假设检验的基本内容和逻辑，在后文的方差分析、相关分析、回归分析、因子分析和聚类分析等具体分析方法中，都将反复用到，因此，不另举例说明。

二、描述性统计分析

描述性统计分析主要是针对研究对象做频数统计、频率分析、均值计算、列联表分析及相应的图形展现。这些分析以提供基本的特征值为目标，对研究对象的基本事实加以描述，因此，是统计分析的基础性工作。

利用 SPSS 等统计分析软件，可以很轻松地完成上述描述统计分析工作。

（一）频数（次）和频率统计

如前所述，频数也称为频次或次数，频率则是频数的百分比形式。频数统计是描述性统计分析中最简单的工作，也是最直观的统计分析形式。在一个频数分组数列（即变量数列，参见表 5–5）中，频数是对应于各个变量组而形成的相应总体（或样本）单位数分布。频数和频率分析就是为各个变量组核定此单位数及其相应的百分比，从而观察总体或样本各单位在某一变量组的分布情况。它基本上是一个结构性认识工具。

在SPSS程序菜单中打开所要分析的文件，即进入了SPSS统计分析软件的变量浏览窗口和数据浏览窗口，如图5–7和图5–8。为了进行频数分析，首先要选定一个变量作为频数分析的对象，其目的是观察该变量在不同取值情况下，对应的单位数（频数）情况。假如数据库文件中包含有诸如性别、年龄、收入等人口统计特征，或者包含有旅游者在餐饮、住宿等方面的支出等数据，那么，都可以对这些变量做直接的频数分析。

假设一项包含183份有效问卷的旅游者消费行为调研，其“年龄”变量的频数和频率（包括累积频率）统计的SPSS输出结果如下。

表5–15　变量“年龄”的频数分析——SPSS程序

Output（输出）
Frequency（频数）
Statistics（统计量）
Visitor Age（游客年龄）

N	Valid（有效）	183
	Missing（缺失）	0

游客年龄		人数	比率	有效比率	累计比率
Valid	A1/20以下	12	6.6	6.6	6.6
	A2/20~30	37	20.2	20.2	26.8
	A3/30~40	36	19.7	19.7	46.5
	A4/40~50	48	26.2	26.2	72.7
	A5/50~60	38	20.8	20.8	93.5
	A6/ 60以上	12	6.6	6.6	100.0
	总计	183	100	100	

在上列所有输出信息当中，包含有分析目标为“频数”（Frequency）、变量为“年龄”（Visitor Age）、单位数“N”、有效单位数（Valid）和“缺省值”（Missing）及“比率”（Percent）、“有效比率”（Valid Percent）、“累积比率”（Cumulative Percent）等信息。

显然，上述 SPSS 操作过程可以针对每一个变量来施行，其结果是获得所有拟分析变量的频数分析结果。该结果还可以进一步以直方图等图形形式加以形象化的表达。

（二）计算均值、标准差

SPSS 所处理的均值为算术平均数，它是测量一组数据代表性水平或集中趋势的指标。与均值构成一对儿的统计指标是标准差，是用以测量同一组数据离散水平或该组算术平均数对该组数据代表性高低的一个变异指标。借助于 SPSS 统计软件，这两个指标都很容易获得。

SPSS 在计算均值时可以通过两个程序来完成，一是使用频数分析程序的一个功能（方式 1），另一个则直接使用 SPSS 的均值计算程序（方式 2）。下面以一个假设的样本资料（游客餐饮消费情况），通过一个详细的程序列表来说明两种不同计算路径的操作方法（可参考维尔的著作①）。

表 5–16　SPSS 的均值计算步骤示例：计算均值

假设在 SPSS 数据库中有 183 名游客的性别及在中餐馆的餐饮支出“E/F”（Expenditure on Food，餐饮支出）资料，试计算游客餐饮支出变量的平均值。

方式 1：直接使用“描述统计”的“频数”程序计算

此种方式是针对样本 183 名游客的餐饮消费数据直接计算均值，不对游客做任何分组。可以想象，其计算公式是：

$$\bar{x}=\frac{\sum x_i}{n_i}\ \text{或}\ \bar{x}=\frac{\sum x_i f_i}{\sum f_i}$$

在 SPSS 程序中，可以按以下步骤操作：

（1）选择“Analyze”（分析），再选择“Descriptive Statistics”（描述统计），再选择“Frequencies”（频数）。

（2）选择“E/F”（餐饮支出）移入“Variable（s）”（变量）对话框。

（3）选择“Statistics”（统计量），并点击“Mean”（均值）。

（4）点击“Continue”（继续）。

① A. J. 维尔 . 休闲与旅游研究方法［M］. 聂小荣，丁丽军，译 . 北京：人们大学出版社，2008：261.

续表

（5）点击“OK”（确定），以正常方式运行“Frequencies”程序。结果即可得“餐饮支出”变量的均值（如为 327.00 元）。在 SPSS 上的统计输出形式是：

Output–Statistics
Expenditure on Food

N（频数）	Valid（有效）	183
	Missing（缺失）	0
	Mean（平均值）	269.60

方式 2：使用“比较均值”计算程序

如果我们想知道游客在男女两个性别组上的餐饮消费支出水平，以便对其进行比较，那么，计算平均数的过程，其所依据的公式虽然同样是上述公式，但运算却是分组进行的，这时，可以换一种方式计算平均数。其 SPSS 操作程序是：

（1）选择“Analyze”（分析），再选择“Compare Means”（均值比较），接着选“Means”（均值）。

（2）选择“Visitor Gender”（性别）变量，并把它放入“Independent List”（自变量列表）对话框。

（3）选择“E/F”（餐饮支出）并把它放入“dependent list”（因变量列表）对话框。

（4）点击“OK”（确定），每个程序组的均值便都计算出来了。相应的输出结果，显示了不同组的不同的餐饮支出水平的均值。在该表的最后一栏，给出的是标准差（Std. Deviation）的计算结果。

Output–Report
Expenditure on Food

Gender（性别）	Mean（均值）	N（频数）	Std. Deviation（标准差）
Male（男性）	327.00	86	22.31
Female（女性）	218.80	97	19.60
总计	269.60	183	20.76

均值和标准差计算的结果，意味着研究者获得了有关数据组变量值的代表水平及相应变量值的分布离散程度指标。均值在一个绝对量上体现了现象的一般水平，而标准差的计算结果，则表明两个事实。一是均

值代表水平的高低——在均值相等的情况下，不同组所计算的同一变量的标准差越大，则意味着该组均值的代表性越低。二是标准差自身具有的独立意义：它直接描述总体或样本数据分布的离散程度——在均值相同的情况下，标准差越大，说明该组数据的变异程度越大，分布越离散。也正是这个原因，标准差才具有了可以衡量均值代表性高低的功能。

在上述说明中，反复强调了这样一个前提：理解或比较不同水平标准差的含义时，其前提条件是均值必须相同。在现实生活中，这个前提并不容易满足。因此，为了能够免除数据本身均值高低及量纲差异的影响，在比较均值水平不同的数据组的分布情况时，人们通常采用变异系数来作为衡量指标，即将标准差与相对应的均值对比（即标准差 / 均值），所获得的相对数，即变异系数，它是可以对任何均值水平、量纲进行比较的变异指标。

（三）列联表分析

列联表分析也是 SPSS 中经常用到的分析工具。它是将两个或多个品质变量联系起来，以描述频数在变量间的分布情况。因此，列联表本质上依然是频数表。由于变量分类同时依据两个变量的特征，因此，列联表又称交互分类表。交互分类的目的是将两变量分组，然后比较各组的交叉关联分布状况，以判明所考察的各属性之间有无关联，即是否独立。这种分析标志着研究的目的已经从单纯的描述性分析进入到解释性分析中来。

一般地，若总体中的个体可按两个属性 A 与 B 分类，A 有 r 个等级 A_1，A_2，…，A_r，B 有 c 个等级 B_1，B_2，…，B_c，从总体中抽取容量为 n 的样本，设其中有 n_{ij} 个个体的属性属于等级 A_i 和 B_j，n_{ij} 称为频数，将 $r \times c$ 个 n_{ij} 排列为一个 r 行 c 列的二维列联表，简称 $r \times c$ 表。若所考虑的属性多于两个，也可按类似的方式做出列联表，称为多维列联表。

在使用 SPSS 进行列联表分析时，需要分别指定行变量和列变量。表 5–17 给出了 SPSS 的列联表分析的基本步骤。有关其他类型的列联表分析（如计算百分比和三维列联表），它们的分析目的略有不同，读者可以参考其他方法论书籍。

表 5–17　SPSS 的列联表分析步骤

假设在 SPSS 数据库中储存有“家庭人口”及“前往工业旅游景区旅游的同行者”两个变量资料。那么，想要通过简单的列联表分析，了解同行者情况与家庭人口的关系，就可以利用 SPSS 分析程序来完成。

步骤：

（1）选择“Analyze”（分析），再选择“Descriptive Statistics”（描述统计），然后选择“Crosstabs”（列联表或交叉表）。

（2）将变量“FamNo.”（家庭人口）选入“Columns”（列）框。

（3）将变量“WWhom”（同行者）选入“Rows”（行）框。

（4）选择“OK”，结果如下：

Output

列联表：如果去工业旅游景区旅游，您会选择与谁同行？

家庭人口	同行者					合计
	家庭（成人）	家庭（带孩子）	朋友	单位组织	其他	
单身	6	14	12	7	0	39
2人	2	7	2	8	0	19
3人	14	75	38	34	1	162
4人	6	26	5	11	1	49
5人及以上	3	15	7	3	1	29
合计	31	137	64	63	3	298

三、推断性统计分析

下面将要讨论的，主要是依据样本数据对总体参数做出统计推断或假设检验的知识。为此，可以将相关内容一概归并为推断性统计分析。需要说明的是，应用 SPSS 进行以下几种分析时的操作难度并不高，但如果以文字描述整个操作流程和技术，不仅程序烦琐，而且因操作路径富于变化，很难面面俱到，也颇不适合在本书中予以充分讨论，因此，后文有关内容，将主要致力于问题和目标导向的方法介绍，而免去对 SPSS 相关操作内容的技术罗列。如果读者确需从头熟悉这些技术操作，可以很容易找到更为详尽的 SPSS 操作指南类的书籍以佐其用。

（一）方差分析

方差分析（Analysis of Variance，ANOVA）又称变异数分析，旨在通过计算方差之比来检验均值之间差异的显著性。换言之，方差分析首先验证的是总体的均值是否相等，然后再判断定类测量的自变量对定距测量的自变量（参见本书第三章“测量什么”一节的相关内容）是否存在显著性影响，检验它们之间有无关系，相关程度如何。因此，这里所说的方差分析，其完整含义是“均值的方差分析”。

对均值进行比较（Compare Means）是指一个定类变量（如性别）的类别（如男、女）在另一定距尺度（如游客满意度）上的均值差异。在统计分析中，比较均值属于单变量（Univariate）的范畴，这意味着所要衡量的对象只有一个（本例中即游客满意度）。从方法而言，比较均值的统计技术也是多种多样的。仅从 SPSS 所提供的方法来看，在其“比较均值”下拉菜单中，就有均值（Means）、单样本 T 检验（One-sample T Test）、独立样本 T 检验（Independent-sample T Test）、配对样本 T 检验（Paired-sample T Test）、单因素方差分析（One-way ANOVA）。其中均值检验是直接利用 SPSS“均值”程序对两个群体的平均值是否存在显著性差异进行假设检验；而其他各种 T 检验都是在样本容量小于 30 的情况下所做的假设检验。关于这些检验的 SPSS 操作程序，本书从略，下面仅就方差分析加以介绍。

进行方差分析时，始终会涉及独立样本的概念，SPSS 程序操作也常常会要求先明确是独立样本还是相关样本。二者的区别在于，独立样本中每个处理水平（需要根据研究目的来具体确定，如广告类型、饮料品牌、旅游目的地类别等）均来自于同一总体的不同样本，换句话说，随机地给予不同的样本不同的处理水平。相关样本的每个处理水平均来自于同一总体的同一样本，换句话说，每个样本都要给予相同的处理水平。为了更明了其间的关系，可以用“黄山、青城山两个旅游目的地的偏好测试”这个例子来加以说明。在独立样本中，每位受册者都是随机选取一个旅游目的地做偏好测试，并给予评点；而相关样本中，每位受测者同时要做两个目的地的偏好测试，并分别给予评点（见表 5–18）。

表 5–18　独立样本与相关样本的区别

独立样本			相关样本		
受测者	目的地类型	评点	受测者	黄山	青城山
1	黄山	5	1	4	5
2	黄山	4	2	3	5
3	青城山	4	3	5	3
4	黄山	4	4	4	4
5	青城山	3	5	4	4
…	…	…	…	…	…

注：评点分值为受测者的主观意向打分。

在用独立样本进行方差分析时，由于研究设计的差异，会有很多不同的种类，从而构成了一个方差分析家族。如果自变量只有一个，所做的方差分析即为单因素方差分析；如果有两个自变量，则称为双因素方差分析；如果对多个变量进行方差分析，则称为多变量方差分析。本书仅对单因素方差分析予以介绍。

方差分析的基本原理是对方差的比较，即通过求得组间方差（用变量在各组的均值与总均值之偏差平方和的总和表示，记作 SSb，组间自由度 dfb）与组内方差（用变量在各组的均值与该组内变量值之偏差平方和的总和表示，记作 SSw，组内自由度 dfw）两类方差的比值，来判断多个均值之间差异的显著性。这个比值也被表达为 F，因此，利用 F 所进行的方差分析也称为 F 检验。一般地，方差分析的原假设是在总体中各组均值无显著差异，即全相等，或者表述为变量之间无关。因此，所计算的 F 统计量的数值越大，表示均值的差越大；若该值大于所设定的临界值，就需要拒绝原假设而接受备择假设。当接受备择假设时，意味着均值间有差异，或者在变量间相关。

常用的方差分析是单因素方差分析。利用 SPSS 进行方差分析也极其简便，所涉及的菜单和步骤都很简明，无须在此详加罗列，关键在于对分析结果的读取和解释。

（二）相关分析

相关分析用以考察变量与变量间的依存关系。在 SPSS 软件中专门提供了相关分析模块，其中包含了双变量相关分析、偏相关分析和距离分析三部分内容。本书仅介绍双变量相关分析的基本原理，并不涉及详细的 SPSS 操作方法。

数学和统计学通过建立现象之间的相互依存关系模型来模拟这种关系的数学性质。通常，这种关系按其相互联系的紧密程度和对应程度，可分为函数关系与相关关系两种类型。函数关系是指变量间保持的那种严格的一一对应的依存关系。如爱因斯坦提出的那个被誉为“最优美的”公式 $E=mc^2$，就是一个刻画物体的能量与相应的质量之间关系的函数表达式。还有几何学借助于圆的半径来计算该圆周长的公式 $L=2\pi R$，也是一个严格的函数关系。与此相对，变量间存在的并非严格对应的依存关系，便是相关关系。比如，遗传学上关于子辈身高与父辈身高的依存关系，便体现了相关关系的特点。对事物间相关关系的理解和分析。构成了相关与回归分析的基本内容。

需要注意的是，相关分析与回归分析具有不同的含义。相关分析是借助于若干分析指标（如相关系数、相关指数等）对变量间的依存关系的性质和程度进行测定的过程，而回归分析是对那些具有相关关系的变量，采用函数表达式来表达各变量之间相互关联的形式的过程，推断或预测自变量变化对因变量的影响，是回归分析的目标。回归分析往往以相关分析为前导。只有当相关分析结果肯定了变量间存在直接的统计联系时，进一步的回归分析才有意义。

“回归”和“相关”这两个术语是英国遗传学家高尔顿（Galton）首次提出的。他曾研究人的身高在父辈与子辈之间的关系，结果发现：①父辈身材高的，子辈的身材往往也高；父辈身材矮的，子辈的身材往往也矮；②但是，父辈身材特别高的，其子辈的身材不再像父辈那样也特别高；父辈身材特别矮的，其子辈的身材并不像父辈那样矮。换言之，父辈身材特高或特矮的，其子辈身材却只是比较高或比较矮，更倾向于人类的平均身高。高尔顿将前一种情况概括为“相关”，而将后一种情况概括为“回归”。如今，这两个术语都成了统计学当中的专门术语。

1. 相关关系的种类

对于现象（变量）之间的相关关系，可以按照不同的标准加以分类。分类的结果能更清晰地描述相关关系的某些特征。

首先，按照相关关系的性质可以分为正相关和负相关。当两个（或两个以上）变量间存在着相关关系，若一个（或几个）变量发生增加或减少的变化，而另一个也同时同方向地发生相应的增加或减少的变化，则称这种相关关系为正相关。相反，若一个（或几个）变量增加而另一个变量反而减少，则称这种相关关系为负相关。

其次，按照相关的形式可以分为线性相关和非线性相关。如果变量间的相关关系可以表达为一次函数，就说明现象间的联系是直线型的，这时称为线性相关；如果变量间的相关关系不能用一次函数来刻画，则说明变量间存在曲线型的依存关系，这时称为非线性相关。

再次，按照相关的程度可以分为完全相关、不完全相关和完全不相关。完全相关也即函数关系，意味着变量间存在严格的一一对应的依存关系；完全不相关又称为零相关，是指变量间不存在统计意义上的依存关系，彼此互不影响；不完全相关指变量间存在的程度不同的依存关系，它具体还可以分为弱相关和强相关（或显著相关和不显著相关）。不完全相关是相关与回归分析的主要对象。

最后，按照自变量的多少可以分为单相关和复相关。单相关又称为简单相关，是指一个自变量与一个因变量之间的相关；复相关又称多元相关，是指一个因变量对两个或两个以上的自变量之间形成的相关。

相关关系的这些不同类别可以通过图形来加以描述（除了多元相关之外）。描述相关关系的直观图形称为散点图。

2. 相关表与散点图

相关表是描述变量间相互依存关系的表格形式，一般只适用于单相关。通过相关表，可以初步观察出变量之间关系的性质、形式和程度。相关表与前文曾讨论的列联表有相似之处，但二者的不同在于，相关表必然是相互依存变量间的关系，而列联表可以是任何两个变量间的频数联合统计。

将相关表中两个变量对应的数据绘制到平面直角坐标系中，便可得到展现相关关系的图形，即散点图。

有关相关表和散点图的示例，参见本章第一节的表 5-10 和图 5-6 及相关解释。

图 5-13 和图 5-14 分别给出了不同性质和程度的相关关系图示。其中，图 5-13 主要是线性关系，图 5-14 则列举了现实生活中的几种典型的非线性相关关系。这当中有抛物线型的，也有指数曲线型的，有 U 形曲线，也有接近成长曲线的型式。

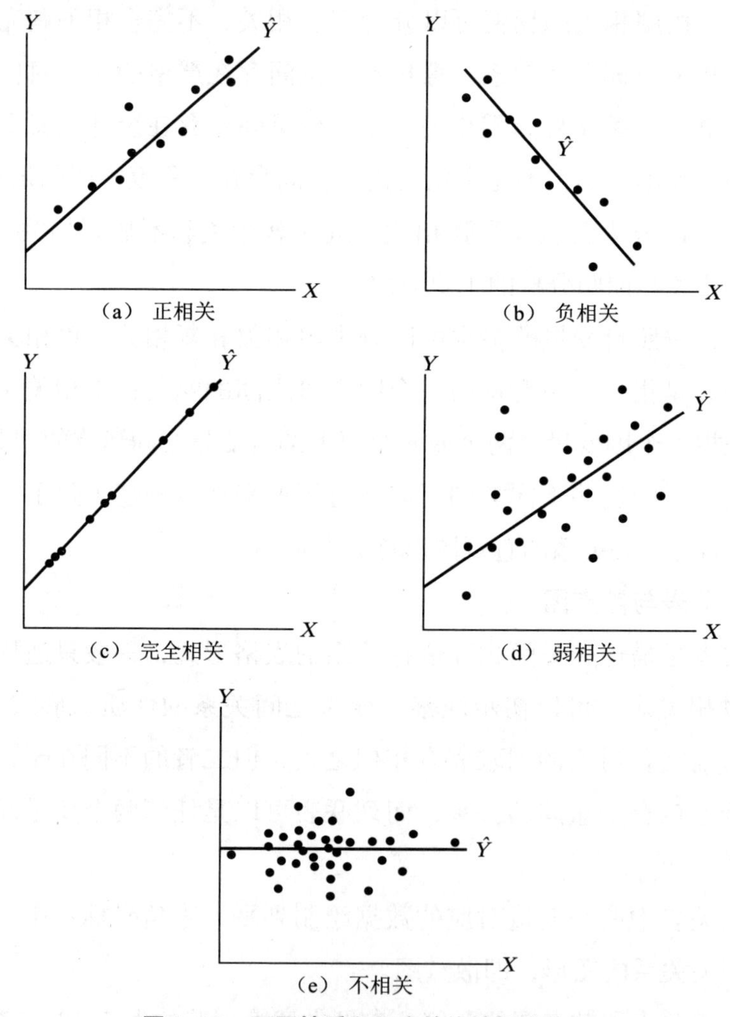

图 5-13　不同性质和程度的线性相关关系

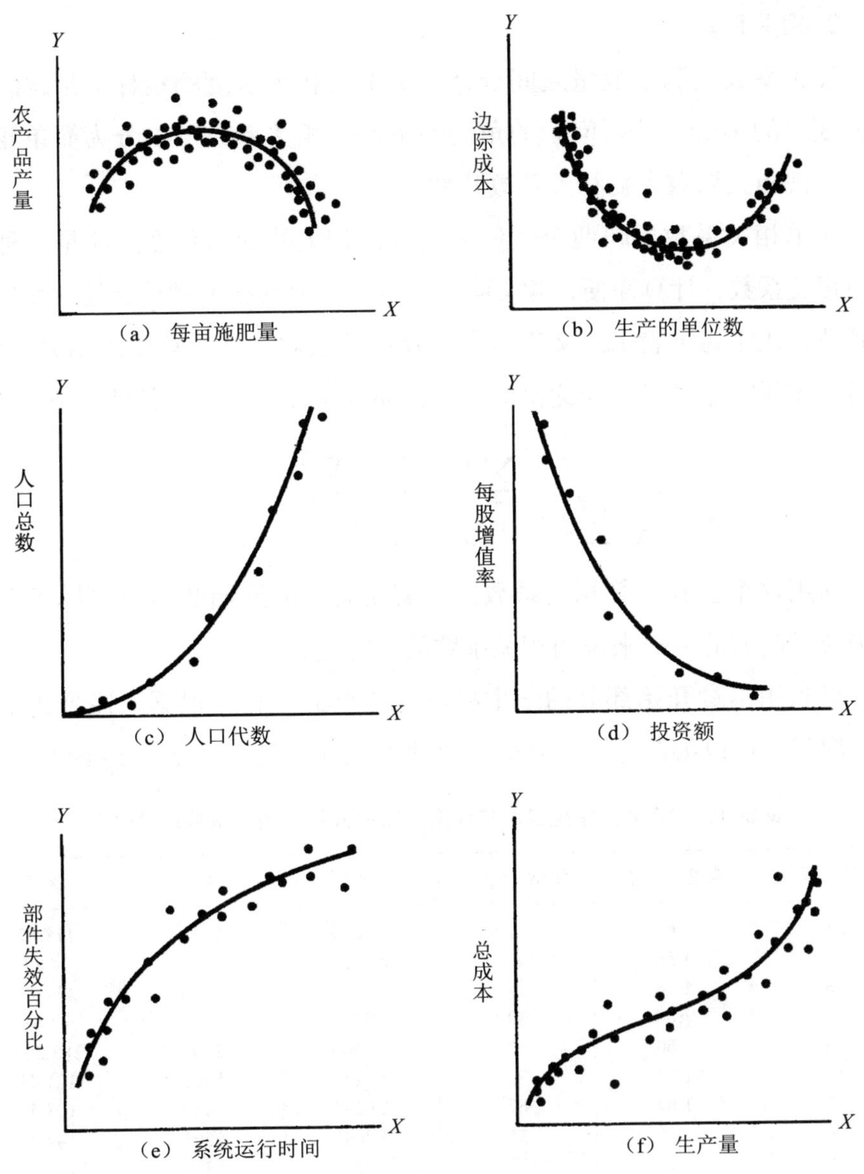

图 5–14　不同类型和程度的非线性相关关系

3. 相关系数

相关系数是测定变量之间统计意义上的相关程度的指标。根据线性相关变量的多少、分析问题的角度的不同，相关系数可以分为简单相关系数、偏相关系数和复相关系数几种。

简单相关系数反映两个变量之间线性相关的紧密程度。这是一种常用的相关系数，计算简便，含义明了。后文所说的相关系数都是指简单相关系数，用字母 r 表示，又称为皮尔森相关系数，是最常用的相关系数，专门用作测定变量 X 和 Y 之间联系的性质和程度的指标，其计算公式为：

$$r=\frac{n\sum XY-\sum X\sum Y}{\sqrt{n\sum X^2-(\sum X)^2}\sqrt{n\sum Y^2-(\sum Y)^2}}$$

利用这个公式计算相关系数，只需要总体的原始数值就可以了。下面仍通过此前的例子来说明相关系数的计算过程。

仍利用本章开始部分的学生身高与体重的资料。根据上述公式中涉及的项目，可以编制一个计算表，以便简化计算过程（见表 5–19）。

表 5–19　10 名大学生身高与体重的相关分析（相关系数计算表）

序　号	身高（m）	体重（kg）	X^2	Y^2	XY
1	1.67	71	2.7889	5041	118.57
2	1.56	48	2.4336	2304	74.88
3	1.78	74	3.1684	5476	131.72
4	1.68	58	2.8224	3364	97.44
5	1.60	52	2.5600	2704	83.20
6	1.71	71	2.9241	5401	121.41
7	1.62	67	2.6244	4489	108.54
8	1.79	81	3.2041	6561	144.99
9	1.74	73	3.0276	5329	127.02
10	1.69	61	2.8561	3721	103.09
合　计	16.84	656	28.4096	44030	1110.86

将表中最后一行的合计数代入相关系数的计算公式，得：

$$r = \frac{n\sum XY - \sum X \sum Y}{\sqrt{n\sum X^2 - (\sum X)^2}\sqrt{n\sum Y^2 - (\sum Y)^2}}$$

$$= \frac{10 \times 1110.86 - 16.84 \times 656}{\sqrt{10 \times 28.4096 - 16.84^2}\sqrt{10 \times 44030 - 656^2}}$$

$$= \frac{61.56}{71.31} = 0.8633$$

计算结果表明，10 名大学生的身高与体重之间存在高度的相关关系。或者说，在大学生的体重变化当中，有 86.33% 的变化可以由身高因素加以解释。在理解相关系数的计算结果时，需要注意以下几点。

首先，相关系数是而且仅仅是一个统计指标，只在统计意义上有它的价值。它的应用本身还必须结合对现象之间关系事实的逻辑分析。

其次，相关系数 r 的取值范围是：$|r| \leqslant 1$，即 $-1 \leqslant r \leqslant 1$。$r$ 的绝对值越接近于 1，表示变量间的相关关系越紧密，该值越接近于 0，表示变量间的线性相关关系越弱；当相关系数的取值小于 0 时，表示现象之间的关系是负相关关系，相反，得值为正时，表示是正相关。

此外，通常称 r^2 为判定系数，它是一个比相关系数 r 更为稳健的测定变量间相关关系的指标。所以，在实际应用中，可以根据所研究的问题的性质选择其中一个作为决策依据。

4. 利用 SPSS 进行相关分析

在 SPSS 软件的相关分析模块，可以解决相关分析的所有问题。通常，在进行相关分析之前，可以利用散点图对两个变量之间的依存情况做一个初步的判断。利用 SPSS 中的“图形”功能，即可获得两个变量的散点图。简单的操作程序是：打开一个 SPSS 数据文件，选择“图形”→“旧对话框”→“散点/点状”命令，打开“散点图/点图”对话框，通过选定“简单分布”选项，即可得到两个变量（双变量）的相关关系散点图。

如果要对此相互依存的双变量做进一步的相关关系分析，则利用SPSS中的“分析”功能来完成。简单的操作程序是：打开一个SPSS数据文件，选择“分析”→“相关”→“双变量”命令，打开“双变量相关”对话框，在此对话框中，需要分别对“变量”“相关系数”“显著性检验”及“标记显著性相关”等项做出选择。对于双变量相关分析而言，只需在“双变量相关”对话框中每次从左侧所列的变量中选择两个存在依存关系的变量到右侧空白框中即可。与此同时，在所列的三个相关系数（即“Pearson”“Kandall的tau-b”和“Spearman”）做出标选，通常选用皮尔森相关系数，可以适合所有定距变量；对于一些定序变量或不满足正态分布假设的等间隔数据，也可以标选其他两种相关系数。在“显著性检验”选项中，主要是决定单侧检验还是双侧检验；如果标选“标记显著性相关”，则会在相关系数输出结果的右上角上以“*”号标记显著性水平为0.05，以“**”号标记显著性水平为0.01。显然，标记越多，则越显著。

（三）回归分析

上述相关分析的目标在于认识现象（变量）间是否存在依存关系，这种关系的紧密程度及相互影响的方向。在推断统计的相关分析中，还会相应给出这种统计推断的显著性水平。通常，这种分析并不能通过一种现象或几种现象的变化来推断、预测另一种现象相应变化的具体数量，因此，从这一点而言，相关分析属于中间过程的分析。与相关分析紧密联系的回归分析将进一步解决变量间相互影响的具体数量问题。

回顾前文提到的相关关系类型中的线性相关和非线性相关，可以很自然地联想到回归分析的两种对应类型：线性回归和非线性回归。如果是多元线性和多元非线性回归，其图形则不能在这种平面直角坐标系中绘出。

在相关分析中不区分因变量和自变量而只注重观察两个变量之间的依存度，这种情况在回归分析中发生了变化。回归分析的目标是观察自变量的变化究竟引起了因变量多大的变化，因此，回归分析实际上也是一种因果分析。在 SPSS 中有多种回归分析方法，本书只介绍最简单、最常用的线性回归分析。

1. 一元线性回归分析

一元回归分析需要借助于一组相互存在依存关系的数据来建立一个一元线性回归模型，用于分析一个自变量 x 与一个因变量 y 之间线性关系的数学方程。其一般形式为：

$$\hat{y} = \beta_0 + \beta_1 x_1 + \varepsilon$$

式中，x 为自变量，$\hat{y}$ 为因变量 y 的估计值，又称理论值。它是根据回归方程和给定的自变量 x 的值计算得到的结果。β_0 与 β_1 通称为回归方程的参数。β_0 是回归直线的截距，即 x=0 时的 $\hat{y}$ 值；β_1 是回归直线的斜率，又称为回归系数，表示自变量每变化一个单位时 $\hat{y}$ 的平均增减量，它的符号与相关系数 r 的符号总是一致的；ε 为随机误差项。

传统上，为一组资料配合一个简单线性模型的过程称为回归方程的拟合。这个过程的核心便是确定参数 β_0 与 β_1 的值。为了能够使拟合的结果得到一条最满意的直线（尽可能离所有的原始数据点都最近），我们还需要利用最小二乘法。这种方法可以满足以下两个条件：

$$\sum(y - \hat{y}) = 0$$

$$\sum(y-\hat{y})^2 = 最小$$

将$\hat{y}=\beta_0+\beta_1x_1+\varepsilon$代入上面的第 2 个等式中，得到：

$$Q=\sum(y-\beta_0-\beta_1x)^2$$

式中，x 与 y 是自变量与因变量的实际可观测值。利用这些数值，借助于以下的标准方程组，所求出的 β_0 与 β_1 的值将使 Q 为最小：

$$\begin{cases}\sum y=n\beta_0+\beta_1\sum x\\ \sum xy=\beta_0\sum x+\beta_1\sum x^2\end{cases}$$

或者，解出该方程组，得到求解 a 与 b 的公式：

$$\beta_1=\frac{n\sum xy-\sum x\sum y}{n\sum x^2-(\sum x)^2} \qquad \beta_0=\frac{\sum y}{n}-\beta_1\frac{\sum x}{n}$$

根据上述模型，在散点图上拟合一条直线，这条直线距离各原始数据点的距离的平方和为最小（见图 5–15）。

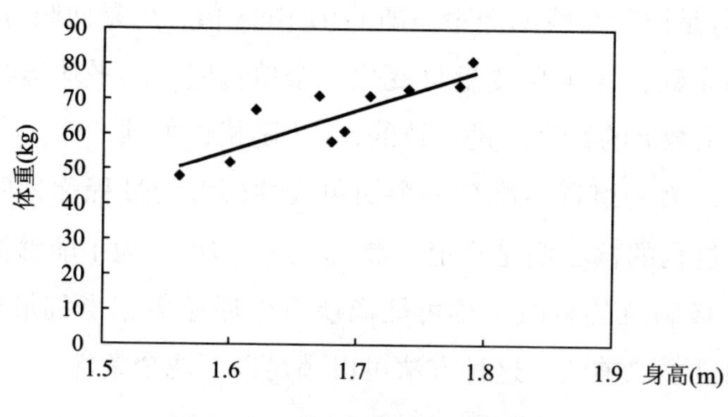

图 5–15　身高与体重的线性回归

需要明确的是，一元线性回归的分析过程，是建立在若干假设的基础上的。这些假设包括：回归模型中的因变量 y 和自变量 x 之间具有线性关系；误差项是独立随机变量，且呈正态分布，其均值为零，方差为常数，即同方差；误差项无序列相关，即误差项的变化与自变量 x 的变化无关。

以上述假设为基础，如果借助 SPSS 进行一元线性回归分析，其操作的技术路线可以按照一些 SPSS 操作手册指南来一步步完成。在此，本书主要从问题目标的角度概括一下借助于 SPSS 来进行一元线性回归需要完成的工作，这些目标包括以下几方面。

（1）用样本数据绘制散点图，初步判断变量之间是否存在线性相关关系。这个环节的操作与前文相关分析中的散点图绘制步骤相同。

（2）确定因变量和自变量，初步设定回归方程。利用“分析”功能的“回归”→“线性”命令，打开“线性回归”主对话框，之后便可将自变量和因变量分别选入对应的栏中。

（3）估计参数，建立回归预测模型，并利用检验统计量对对回归模型进行各项检验。这一过程通过打开“线性回归：统计量”对话框，可以完成回归系数、残差和模型拟合度等计算过程。在回归系数方框中的“估计”项，可以输出回归系数 β 值、回归系数的标准误、标准化回归系数 Beta、t 值的双尾检验显著性水平。这是系统默认选项。在同一对话框的“残差”方框内，勾选“Durbin–Watson”，可以输出残差序列相关系数的 DW 检验，用来检验回归模型的残差项是否存在相关，也就是残差独立性检验。在该对话框其他复选项中的“模型拟合度”，可以输出被选入模型和剔除出模型的变量列表，并给出拟合优度的检验，包括复相关系数 R，判定系数 R^2，校正判定系数（调整 R^2），估计的标准误和方差分析摘要列表。这是系统默认的选项。

（4）检验通过后，可以用回归模型进行预测，分析评价预测值。

在上述过程中所进行的各项检验当中，有几项需要在此对其技术要求再加以稍作解释。其中包括：

（1）回归方程的拟合优度检验。这是对样本观测值是否聚集在回归直线周围及其紧密程度的检验，它反映了回归方程对因变量的解释程度。这一检验所用的指标是判定系数 R^2，即 y 的观测值与其期望之间的相关系数的平方，也即回归平方和在总平方和中所占的比率。其取值范围为［0，1］，实际计算出的数值越大，表示回归效果越好，即拟合优度越好，也说明因变量 y 的变化中有相当于该比率的变化是由自变量 x 的变化引起的。

（2）回归方程的显著性检验。这是检验因变量与自变量之间的线性关系是否达到了重复出现的显著性水平，其依据是回归平方和与残差平方和二者的比值的大小，以 F 表示，因此也称为 F 检验。如果比值 F 很小，说明自变量对因变量的解释力很大，配合的回归直线有意义；如果 F 值检验达不到显著水平，说明自变量对因变量的解释力很差，配合回归直线没有意义。

（3）回归系数的显著性检验。这一检验所依据的假设是总体回归系数 $\beta_1=0$；对截距的检验假设是，总体回归方程的截距 $\beta_0=0$。两个检验的方法均为 t 检验。

（4）正态性检验。这是考察因变量 y 的取值是否符合正态分布，借助于考察残差分布的正态性来完成。其中最简便易行的方法是绘制残差直方图和累计概率图来检验。由于抽样会造成偏差，残差不可能完全呈正态分布，只能近似于正态分布。具体的 SPSS 操作过程见后文的示例。

（5）同方差或方差齐性检验。方差齐性是指残差的方差分布是常数，即同方差，与自变量或因变量没有关系。一般采用绘制因变量预测值与残差的散点图来检验。图中代表残差的点应该随机分布在一条穿过零点的水平直线的两侧。

（6）误差无序列相关检验。当回归方程中的误差项不独立，或者说，误差项存在序列相关，这时可能会导致最小二乘法估计方差增大，回归系数 t 检验失效，导致根据回归模型的任何估计与假设做出的结论都不可靠。因此，可利用 DW 检验作为考察误差是否存在序列相关。DW 的取值范围是 0<DW<4，其统计学意义是：当 DW ≈ 2 时，残差与自变量相互独立；当 DW−2 时，相邻两点的残差毫不相关，互相独立；当 0<DW<2 时，相邻两点的残差正相关；当 2<DW<4 时，相邻两点的残差负相关。

下面利用前例 10 名大学生的资料作为线性回归分析的综合示例，来说明借助 SPSS 进行线性回归分析的主要目标。本示例集中对最终输出结果进行说明和解释，不对具体操作过程做详细说明。

表 5–20 即为 SPSS 的输出结果之一，显示的是“模型汇总”，给出的是模型拟合优度和 DW 检验的结果，同时还给出了复相关系数（R）和判定系数（R^2），以及校正判定系数（调整 R^2）、估计的标准误差和误差独立性检验。这一结果显示，10 名学生的“身高”与“体重”两个变量的复相关系数为 0.863，意味着彼此依存度较高，存在线性关系；判定系数（R^2）为 0.745，说明自变量“身高”可以解释因变量“体重”变化的 74.5%，模型拟合度较好；DW 检验值为 1.124，小于残差 2，残差与自变量存在弱的正相关关系。

表 5–20　模型拟合优度和 DW 检验结果

模型	R	R^2	调整 R^2	标准估计的误差	Durbin–Watson
1	0.863[a]	0.745	0.713	5.63379	1.124

a. 预测变量：（常量），身高。
b. 因变量：体重。

表 5–21 为 SPSS 输出的方差分析结果。该表列出了方差分析的来源（回归和残差）、方差的平方和、自由度（df）、均方、F 检验值及显著性

水平（Sig）。从表中各个数值可以看出，F=23.393，Sig=0.001，即显著性检验p值为0.001，表示回归方程整体解释变化量达到了显著性水平，也就是自变量和因变量的线性关系达到了显著性水平。

表 5-21　方差分析

模型		平方和	df	均方	F	Sig.
1	回归	742.483	1	742.483	23.393	0.001[a]
	残差	253.917	8	31.740		
	总计	996.400	9			

a. 预测变量：（常量），身高。
b. 因变量：体重。

表5-22是SPSS输出的回归系数分析的结果。该表列出了模型、未标准化回归系数B值和标准误差、标准化回归系数、回归系数显著性检验t值及显著性水平。该结果表明，模型的常数项是−137.509，自变量“身高”的回归系数是120.611。同时，t检验的结果分别都达到了较高的显著性水平（分别为0.011和0.001），常数项和回归系数都具有较好的统计学意义，自变量和因变量的线性关系比较显著，可以建立线性回归方程模型：

$$\hat{y}=-137.509+120.611x$$

表 5-22　回归系数

模型		非标准化系数		标准系数	t	Sig.
		B	标准 误差	试用版		
1	（常量）	−137.509	42.032		−3.272	0.011
	身高	120.611	24.937	0.863	4.837	0.001

a. 因变量：体重。

由于在进行线性回归分析时同时勾选了“线性回归：统计量”对话框中的“残差”选项，因此，SPSS 输出结果中还提供了“残差统计量”的相关数值（见表 5–23），其中包括预测值、残差、标准预测值、标准残差的描述性统计量，即极小值、极大值、均值、标准偏差和个数。由于残差、标准预测值和标准残差的均值均为 0，且标准偏差的标准预测值为 1，其标准残差为 0.943，都说明残差项与自变量是独立的。

表 5–23　残差统计量 [a]

	极小值	极大值	均值	标准 偏差	N
预测值	50.6442	78.3848	65.6000	9.08285	10
残差	−7.11755	9.11912	0.00000	5.31159	10
标准 预测值	−1.647	1.408	0.000	1.000	10
标准 残差	−1.263	1.619	0.000	0.943	10

a. 因变量：体重。

为了形象地反映残差分布的特征，在“线性回归”对话框中执行“绘制”命令，进入“线性回归：图”对话框，然后，将左侧方框中的“ZPRED”（标准化预测值）移入右侧 x 自变量框，将“ZRESID”（标准化残差）移入 y 因变量框，同时勾选“标准化残差图”方框中的“直方图”和“正态概率图”选项，即可在 SPSS 线性回归分析的输出结果中得到直方图、回归标准化残差的 P–P 图及散点图，如以下各图所示。

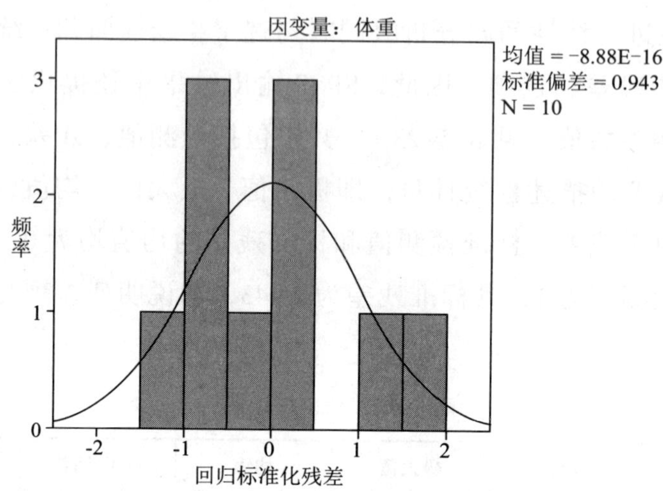

图 5-16　回归标准化残差的直方图

回归标准化残差的直方图用以直观检验样本观测值是否符合正态分布。在本例中，直方图基本呈钟形，接近于正态分布曲线所描绘的分布型式，几乎没有异常值。

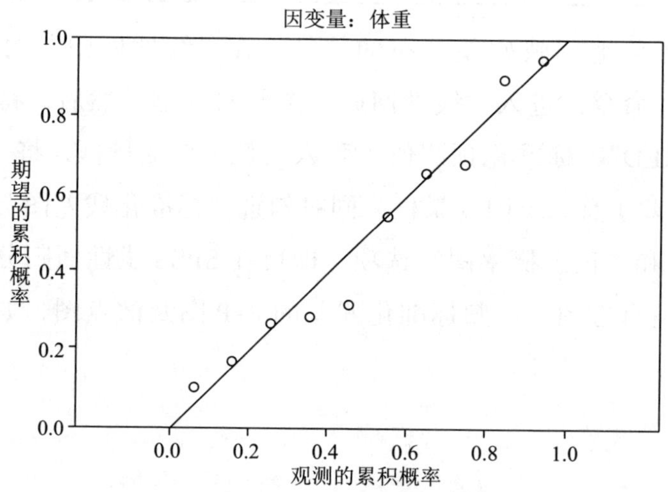

图 5-17　回归标准化残差的标准 P-P 图

回归标准化残差的标准 P–P 图，就是标准化残差的正态概率分布图，也是用以检验样本观测值是否符合正态分布的。该图的判断标准是：分布图是一条左下至右上呈 45° 倾斜的直线，则该样本分布为正态。在本例中，基本符合正态分布的标准。

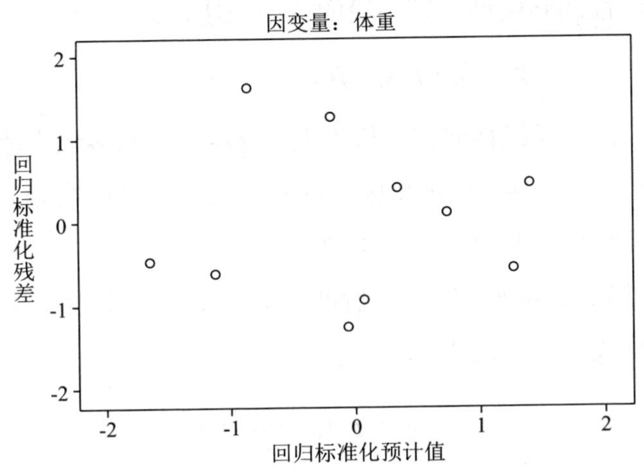

图 5–18　标准化预测值和标准化残差散点图的交叉分布

图 5–18 所展示的散点图，是标准化预测值和标准化残差散点图的交叉分布图，用来检验样本观测值的独立性和残差符合同方差即方差齐性的假设。该图的判断标准是：如果散点在 0 值上下水平随机分布，则表示样本观测值是独立的，且符合方差齐性的要求。本例即是如此。

2. 多元线性回归

上一节主要讨论了涉及一个自变量和一个因变量的简单线性回归分析。在实际生活中，一种现象仅仅受一个因素影响的情况十分少见。相反，很多社会经济现象都十分复杂，其任何变化都可能是多种因素构成的影响所致。比如，一个国家旅游入境人数的突然减少，也许由于周边国家发生的经济危机，或者本国政治局势的动荡，旅游产业长期不规范经营形成的累计性后果的突然爆发，可能还有诸多其他因素。如果这些影响因素与被影响的现象之间是一种线性关系，那么，就可以进行多元线性回归分析，以便考察因变量与各个自变量之间相互依存的数量变化关系。

在多元回归分析中，根据自变量数目的多少，分别有二元、三元甚至更多元的线性回归模型。其一般的模型表达式为：

$$\hat{y} = \beta_0 + \beta_1 x_1 + \beta_2 x_2 + ... + \beta_n x_n + \varepsilon$$

下面仅仅以二元线性回归分析为例，介绍传统的多元线性回归分析参数的估计方法。非线性回归模型则仅仅介绍几个常用的非线性模型形式。

（1）二元线性回归模型及其构建。

二元线性回归模型是用于分析两个自变量与一个因变量之间线性关系的数学方程式。其表达式为：

$$\hat{y} = \beta_0 + \beta_1 x_1 + \beta_2 x_2 + \varepsilon$$

上式中，β_0为常量；β_1、β_2称为偏回归系数，β_1表示x_1变化的一个单位，而x_2保持不变的情况下y值的平均变化量；β_2表示x_2变化一个单位，而x_1保持不变的情况下，y值的平均变化量；ε为去除各自变量对y的影响后的随机误差。

（2）利用 SPSS 进行多元线性回归分析。

如果利用 SPSS 对多元线性回归模型的参数进行估计，则不需要动用上述求解各参数估计值的最小二乘法方程组，只需要依循 SPSS 操作程序进行即可，其基本程序也与一元线性回归分析有相通之处。其基本步骤是：确定因变量和自变量，初步设定多元回归方程；估计参数，建立多元线性回归方程；利用检验统计量对回归模型进行各项检验；检验通过后，可以应用回归模型进行预测，分析评价预测值。

在进行多元线性回归分析时，要明确这种分析必须建立在以下几个基本假定的基础上：变量间存在线性关系；误差项是独立随机变量，且呈正态分布；因变量的各个观察值之间必须是相互独立的；误差项的方差为常数，即同方差，方差齐性；各个自变量无多重共线性关系，即各个自变量彼此之间不能有较高的相关（相关系数不能大于 0.700）。这些假设是多元线性回归检验的基础。

在对多元线性回归模型进行检验时，通常包括以下内容：

第一，回归方程的拟合优度检验：在多元线性回归拟合优度检验中，适用于一元线性回归的判定系数 R^2 由于会随着方程中引入自变量数量的增多而增大，因此，此数值已经与方程拟合度的好坏没有关系，所以，R^2 必须经过校正才可以使用，以此作为检验多元线性回归方程的拟合优度。

第二，回归方程的显著性检验：仍使用 F 检验，原理与一元线性回归方程相同。

第三，回归系数的显著性检验：即使是 F 检验的结果显示回归方程具有显著性，但这只是对 n 个自变量这一整体而言的，并不意味着每个自变量对因变量的影响都是显著的。因此，需要对每个回归系数的有效性进行检验，以确定哪些自变量的影响是显著的，哪些自变量的影响是不显著的。对于不具显著影响的自变量，要从方程式中剔除。与一元线性回归系数的显著性检验相同，多元线性回归系数检验也使用 t 检验。

第四，线性相关检验：R 表示因变量与所有各自变量之间的线性相关程度，其取值范围在 0~1，数值越接近 1，表示线性关系越强，数值越接近 0，则表明线性关系越弱。

第五，正态性检验：与一元线性回归系数的检验方法相同，绘制残差直方图和累计概率图来检验。

第六，同方差或方差齐性检验：与一元线性回归系数的检验方法相同，绘制赢不了预测值与残差的散点图来检验。如果图中代表残差值的各个点随机分布于一条穿过 0 点的水平直线两侧，则表示残差符合同方差或方差齐性。

第七，多重共线性检验：这一检验的目标是测定多元回归模型中的自变量之间是否存在较高的相关关系。如果某些自变量之间存在高度相关，就会给自变量的贡献评价带来困难。通常，检验多重共线性的指标有多种，包括容许度、方差膨胀因子（VIF）、特征值、条件指数和方差比例等，一般可以综合参考使用，但多数情况下也可单纯使用容许度指标。容许度的取值介于 0~1，取值越低，表明自变量之间越是存在共线性问题，相反，取值越接近于 1，则表明自变量之间共线性问题越弱。

3. 非线性回归分析

在现实生活当中，很多现象之间的依存关系并不是一种线性关系，而是呈现一些曲线模式，如抛物线、指数曲线、双曲线等各种各样的非线性关系。在这种情况下，仍用线性模型来进行分析就十分牵强，甚至与实际情况大相径庭。这时，就需要利用非线性模型进行拟合，进行回归分析。在统计研究中较为常见的非线性回归模型有下列几种：

（1）二次抛物线：$\hat{y} = \beta_0 + \beta_1 x + \beta_2 x^2$。

（2）指数曲线：$\hat{y} = \beta_0 e^{\beta_0 x}$。

（3）双曲线：$\frac{1}{\hat{y}} = \beta_0 + \beta_1 \frac{1}{x}$。

（4）对数曲线：$\hat{y} = \beta_0 + \beta_1 \log^x$。

（5）幂函数曲线：$\hat{y} = \beta_0 x^{\beta_1}$。

（6）成长曲线：$\hat{y} = \frac{1}{\beta_0 + \beta_1 e^{-x}}$。

在多数情况下，非线性回归问题可以通过变量的变换，将其转化成线性回归问题，然后再应用前面介绍的线性回归分析方法来解决非线性回归问题。也可以直接利用SPSS的“分析”功能，执行“回归”命令进入“非线性”或“曲线估计”对话框，便可直接进行非线性回归分析了。相关操作技术在此不再赘述。

（四）因子分析

在科学研究领域，常常需要面对概念性的问题。比如，“同情心”“歧视”“旅游动机”“失范”“生活方式”“愉悦”“社会疏离感”“具身体验”或“自尊”等概念，其内涵相当复杂，即使是直接理解这些概念有时都有困难，要想借助于实证手段来对相关概念所表征的现象加以科学解释、证实，甚至进而建立起不同概念之间的联系，就更加不容易了。为了达到这后一个目标，必须将这些概念转化成可测量的操作性定义。这在社会与行为科学研究领域及旅游学研究领域，都是很重要的课题。因子分析的目标，就是通过研究某一关键概念所属众多变量之间的内部依赖关系，探求观测数据中的基本结构，并用少数几个假想变量来表示这种结构。这些假想变量就是“因子”（Factors）。因子分析就是研究如何以最少的信息丢失把众多的观测变量压缩为少数几个因子，而这些因子能够形成对某个概念主要解释角度或方面的最主要信息。

罗森伯格（Rosenberg）[①] 曾用以下10个题目（测项）来研究“自尊”这一概念。他认为，这10个题目所共同反映的内容，便是“自尊”（self-esteem）。在他看来，一个自尊感强的人，会在这10个项目上得到高分。这10个项目包括：X_1 大体说来，我对自己十分满意；X_2 有时我会觉得自己一无是处；X_3 我觉得自己有很多优点；X_4 我自信我可以和别

① Rosenberg M. Society and the adolescent self-image [M]. Princeton, NJ: Princeton University Press, 1965.

人表现得一样好；X_5 我时常觉得自己没有什么好骄傲的；X_6 有时候我的确感到自己没有什么用处；X_7 我觉得自己和别人一样有价值；X_8 我十分地看重自己；X_9 我常会觉得自己是一个失败者；X_{10} 我对自己抱持积极的态度。

尽管今天看来，因其所罗列的题项多为同义反复，罗森伯格的这个测量“自尊”的方案未必像他自己所说的那样能够深刻地反映“自尊”这一概念的内在含义及其所涉及的内容结构，但它还是体现了“因子分析”的基本思想：也许每个题项都各有侧重，但是影响这些题项分数高低的共同原因，就是“自尊”这一构念①。为了要证实研究者所设计的题项的确是在测量某一个构念的潜在特质，并厘清这一潜在特质的内在结构，能够将一群具有共同特性的测量分数，抽离出背后构念的统计分析技术，就是因子分析（Factor Analysis）。笔者于 1994 年曾利用这一技术对英国赴华度假旅游市场的旅游动机进行分析，结果在一个李克特量表的 26 个测项中得到了 7 个因子，发掘出了英国赴华度假旅游市场游客的

① 构念一词英文为 Construct，是指心理意象（Mental Images），即浮现于脑海中的影像或构思（Ideas）。在因子分析中，这个概念被用来指研究者为了某些特定的研究或是要对某个理论进行延伸从而“发明”一些构念，因此，它是一些“新”的尚未定型的概念，而且常常是由一些更为明晰的、可测量的旧有概念所组成或解释。在因子分析中，构念这一概念之所以重要，是因为它反映了概念生成的一个重要路径：从具体的测量题项到因子，再到构念，最终形成明确的新概念，这本是一个理论创新（范畴创新）的路径。在罗森伯格的例子中，如果“自尊”是因子分析的结果，则它在开始就仅仅是一个“构念”；如果它开始时是按照“自尊”这个概念作为起点对它加以因子分解，那么，它就是因子分析的目标，旨在认识“自尊”这一既有“概念”所表征的现象的内在结构。所以，像“同情心”“失范”“旅游动机”这些在学术界及有较为成熟的定义的术语，在因子分析中不能称为“构念”而是“概念”，相应的因子分析则是对这些“概念”的概念化过程。两种不同的因子分析目标和过程，事实上体现了两种因子分析类型：探索性因子分析和验证性因子分析。前者是对一个概念性变量探索其所具有的因子，后者则是以因子（预测变量）为建构基础来验证其是否代表一个变量（潜在变量）或构念。不过，在实际的因子分析过程中，这两种因子分析类型很难说是彻底分开进行的。二者往往或隐或显地结合在了一起，或使得因子分析成为一个互相可逆的混合研究过程。此外，因子分析与定性研究中的类属分析有时可以结合使用，彼此可以成为互证的研究同一问题的两种不同方法。

心理动机的内在结构[①]。

一般在利用SPSS进行因子分析之前，研究者对于某个概念性变量（如“失范”或“旅游动机”）的因子结构（即此变量是由哪些因子构成的）并无预先假定，而是由SPSS进行因子分析之后，以因子载荷来提取因子，并对因子加以命名。由于这种因子分析带有“探索”的意味，因此称为探索性因子分析（Exploratory Factor Analysis，EFA）。大多数因子分析属于此类，因此，通常所说的因子分析，都是指探索性因子分析。在本书前文第三章中，曾在“概念化”一节探索了多个概念（如“同情心”“社会地位”“旅游消费行为”等）的概念化问题，其思考路线就是在现实生活中为某一个概念寻找注解——可以证明该概念实际含义存在的真实现象或事实依据。如果把这些内容纳入因子分析框架，也属于探索性因子分析的对象。

不过，也存在另一种情况。有时研究者在着手进行研究时，已经对某一变量的结构关系有所了解，或者对这种结构关系有了相当的理论及推论基础。比如，某个变量的度量是由若干个不同的子量表所组成，此时所进行的因子分析，便是用以验证或确认这些因子是否可以代表此变量。这种因子分析则被称为验证性因子分析（Confirmatory Factor Analysis），常被用来发展一个已有理论的新的构念。

从技术过程来理解因子分析，那么，可以明确的是，因子分析的目的，就是“减少变量的数目、确认数据的基本结构及尺度”。

1. 因子分析的基本原理与样本要求

因子分析在原理上是通过建立相关矩阵（Correlation Matrix）来生成新的变量，而一个新的变量都是原始变量的线性组合。所产生的新变量

① 谢彦君，道格拉斯·杰弗瑞. 按需求特征细分英国赴华度假旅游市场［J］. 旅游学刊，1994（5）14–18.

即为因子（Factor），而每一个线性组合的系数则称为因子载荷（Factor Loading）。用公式表示就是：

$$x_i = a_{i1}f_1 + a_{i2}f_2 + a_{i3}f_3 + ... + a_{im}X_i + u_i \qquad (i = 1,2,3\cdots,k)$$

其中：f_1，f_2，…，f_m 叫作公因子（Common Factors），即因子分析当中通常所说的“因子”，它们是各个观测变量（或观测题项）所共有的因子，解释了变量之间的相关；u_i 称为特殊因子（Unique Factor），它是每个观测变量所特有的因子，相当于多元回归中的残差项，表示改变了不能被公因子所解释的部分；a_{ij} 称为因子载荷（也称因子载荷量、因子负载），它是第 i 个变量在第 j 个因子上的载荷，相当于多元回归分析中的标准回归系数（$i = 1$，2，$\cdots k$；$j = 1$，2，…，m）。

在这一因子分析模型中，因子的个数最多可以等同于观测变量数（或称为题项数），通常渊源小于观测变量的个数。

通常，人们会使用李克特量表来获得观测变量的数值。由于因子分析是一种互依分析（Analysis of Interdependence），因此，在样本容量方面的要求是，最低不应低于 50 个样本单位，最好在 100 个以上。如果考虑到观测变量（即观测题项）的数目，那么，样本单位数至少应为题项数的 5 倍，最好是 10 倍以上。

2. 因子分析的统计检验

在整个因子分析过程中，为了保证分析的效度与信度，需要借助于一系列统计量来对因子分析各个环节所产生的结果进行检验。这里将相关的检验值、基本意义及其判别标准统一加以罗列（见表 5–24），供操作者参考使用。后文所提供的因子分析示例，也基本以此作为线索。

表 5–24　因子分析中的重要统计检验值

检验值	意义	判别
KMO	取样足够度检验	KMO是Kaiser–Meyer–Olkin所提出的取样足够度量数，其值介于0与1之间。计算所得数值越接近1时，表示变量间的共同因子越多，越适合进行因子分析。低于0.5，则不适合进行因子分析。一般KMO至少在0.6以上
Bartlett	球形度检验	Bartlett球形度检验如已达到显著水平，应拒绝原假设（原假设为：变量间的偏相关矩阵不是单位矩阵）。这意味着总体的相关矩阵间有共同因子存在，适合进行因子分析
因子载荷（Factor Loading）	因子与变量的相关系数	这是因子分析中的一个最重要统计量。其绝对值越大，表示该因子与对应变量的关系越密切
特征值（Eigenvalue）	每个音字的因子载荷的平方和	某一个因子的初始特征值值大于1时，即可视此因子为一有意义因子
判定系数R^2	特征值除以变量的数目	
公因子方差（Community）	所有因子能够解释各变量的总变异的比例	公因子方差又称为共同度、共同性或公共方差，其值越大，说明变量能被因子解释的程度越高。它的意义在于说明，如果用公因子替代观测变量后，原来每个变量的信息被保留的程度
因子得分（Factor Score）	将每一个变量的观测值的标准化值乘以其系数（因子载荷），再将这些值加总后即得	因子得分又称因子值，它是因子对应每个样本单位的值。有了它，就可以把因子当作变量来用，进行其他的统计分析，如结合人口统计变量做聚类分析等
Cronbach α	信度测量	Cronbach α值≥0.70时，属于高信度；0.35≤Cronbach α值<0.70时，属于中等信度；Cronbach α值<0.35时，属于低信度
半分信度	信度测量。只是半分量表的信度而已，会低估原来量表项目的信度	必须用Spearman–Brown公式来加以矫正，并视其是否等长，按Cronbach α标准来判断
Spearman积差相关	同质性检验	同质性检验是测量一个概念的各属性与总量表之间的相关性。相关系数最好在0.30以上，而且达到统计上的显著性水平

3. 利用 SPSS 进行因子分析示例

为了比较完整地展示因子分析的主要步骤，下面以一个实际调查数据作为例子来加以说明。其中并不过多地讲解 SPSS 的具体操作技巧，而主要是以问题带方法的形式来展开讨论的内容。

（1）数据采集：利用李克特量表收集观测变量的取值。

在笔者指导的学生①所设计的一份有关工业旅游的调研问卷中，以李克特量表的形式提出了如下的问题：您是否认为以下因素可能会阻碍您的工业旅游体验？该量表包含有 12 个观测变量（题项），被调查者根据个人的意见对各个题项给出自己的选择。共有 303 份有效问卷供进一步的因子分析。该量表的原始结构和内容如表 5–25。

表 5–25　用以测定影响工业旅游体验因素的李克特量表

问题：您是否认为以下因素可能会阻碍您的工业旅游体验？				
观测变量	**不会阻碍**	**极小阻碍**	**较大阻碍**	**严重阻碍**
设置固定的参观线路	○	○	○	○
设置玻璃、栅栏和铁链等隔离生产制作现场	○	○	○	○
现场属于特殊的高热、高冷或潮湿的环境	○	○	○	○
现场有特殊的气味	○	○	○	○
现场有作业噪声	○	○	○	○
参观距离太远	○	○	○	○
参观角度受限	○	○	○	○
现场因作业要求而光线晦暗	○	○	○	○
因作业的周期性限制游览	○	○	○	○
强制性安排人员陪同	○	○	○	○
作业现场禁止拍照	○	○	○	○
无法参与作业过程	○	○	○	○

① 谢彦君，胡迎春，王丹平 . 工业旅游体验的具身障碍及其移除（待发表）。

（2）观测变量的描述统计结果。

为了对所收集到的原始数据有一个概要的了解，可以在因子分析的同时输出基本的描述统计量，如表 5-26 所示。在建立数据库时，分别将“不会阻碍”“极小阻碍”“较大阻碍”和“严重阻碍”赋以 1、2、3 和 4 的数值。在 SPSS 程序的“分析”功能中，执行“降维”→“因子分析”命令，在“因子分析”对话框中将所要分析的 12 个变量移至“变量”框中，执行“描述”命令进入“因子分析：描述统计”对话框，勾选“单变量描述性”，可以对被调查者的态度取向有一些基本的了解。

表 5-26　描述统计量

观测变量	均值	标准差	分析 N	缺失 N
设置固定的参观线路	2.04	0.839	303	0
设置玻璃、栅栏和铁链等隔离生产制作现场	2.25	0.859	303	0
现场属于特殊的高热、高冷或潮湿的环境	2.78	0.874	303	0
现场有作业噪声	2.82	0.841	303	0
现场有特殊的气味	3.15	0.849	303	0
参观距离太远	2.87	0.734	303	0
参观角度受限	2.89	0.745	303	0
因现场作业光线导致视觉不适	3.03	0.759	303	0
因作业的周期性而限制游览	2.64	0.784	303	0
强制性安排人员陪同	2.35	0.907	303	0
生产作业场景禁止拍照	2.20	0.899	303	0
无法参与作业过程	2.33	0.909	303	0

（3）取样切当性：KMO 与 Barlett 检验。

如果在“因子分析：描述统计”对话框中同时勾选“KMO 和

Bartlett 的球形度检验”，那么，输出结果中就会有表 5–26 的数据。如表 5–27 所列的判别标准那样，KMO 值至少要达到 0.6 以上，且达到应有的显著性，才适合进行因子分析。本例 KMO=0.843，显著性水平为 0.000，表明适合进行因子分析。

表 5–27　KMO 和 Bartlett 的检验

取样足够度的 Kaiser–Meyer–Olkin 度量		0.843
Bartlett 的球形度检验	近似卡方	1375.448
	Df（自由度）	66
	Sig.（显著性）	0.000

（4）因子载荷（旋转后的成分矩阵）。

因子载荷是因子分析中最重要的概念和指标，是连接观测变量和因子之间的纽带。当因子之间完全不相关时，因子载荷就是观测变量与因子之间的相关系数。因此，因子载荷不仅表示了观测变量是如何由因子线性表出的，而且反映了因子和变量之间的相关程度。也就是说，在前文所列因子分析方程式中系数 a_{ij} 的绝对值越大，表示因子 f_i 和 x_i 的关系越密切。

为了通过 SPSS 获得因子载荷，在“因子分析”对话框，执行“旋转”命令，进入“因子分析：旋转”对话框，在“方法”复选框中勾选“最大方差法”，同时在“输出”中勾选“旋转解”，便可得到“旋转成分矩阵”的分析结果。这便是因子分析获得“旋转解”的过程。对初始相关系数进行“旋转”的目的是，进一步凸显数据值在坐标上的位置，使得原来“不大不小”的值变得“特别大”或“特别小”。表 5–28 为利用前述工业旅游体验的资料进行因子分析时所获得的“旋转成分矩阵”。此表显示了因子与观测变量间的相关系数。从该资料中获得的因子有 3

个，列于成分栏下。因子 1 与观测变量"生产作业场景禁止拍照"间的因子载荷是 0.747；因子 2 与观测变量"强制性安排人员陪同"的因子载荷是 0.153。前者相关程度较高，后者几乎不存在相关关系。

表 5–28　旋转成分矩阵[a]

观测变量	成分		
	1	2	3
生产作业场景禁止拍照	0.747	0.222	–0.016
强制性安排人员陪同	0.696	0.153	–0.011
无法参与作业过程	0.692	0.274	–0.043
设置固定的参观线路	0.671	–0.143	0.315
设置玻璃、栅栏和铁链等隔离产制作现场	0.625	0.144	0.307
因作业的周期性而限制游览	0.491	0.461	0.167
参观角度受限	0.242	0.826	0.136
参观距离太远	0.291	0.780	0.196
因现场作业光线导致视觉不适	0.001	0.720	0.398
现场属于特殊的高热、高冷或潮湿的环境	0.191	0.083	0.821
现场有特殊的气味	–0.059	0.276	0.816
现场有作业噪声	0.177	0.398	0.690

注释：提取方法为主成分分析；旋转法指具有 Kaiser 标准化的正交旋转法；a 代表旋转在 6 次迭代后收敛。

进一步观察表 5–28，可以发现，观测变量"因作业的周期性而限制游览"与三个因子的相关系数（因子载荷）都没有超过 0.5。按照一般的判定标准，当某一变量与任何因子的相关系数都不高于 0.5 时，因其区别效度过低而应在初始分析时将该变量予以剔除，以增加整体问题（本例在后续研究中最终开发出“具身障碍”这一理论概念）的收敛效度（因子内部各变量对该因子的相关程度，以接近 1 为佳）和区别效度（某一因子及其所属各变量与另一因子及其所属各变量之间的相关程度，以接近 0 为佳）。表 5–29 为剔除了“因作业的周期性而限制游览”一观测变量后所得到的仅有 11 个观测变量的新的“旋转成分矩阵”。从中可见，调整后，因子载荷得到了进一步的改善。

表 5–29　旋转成分矩阵 [a]

观测变量	成分		
	1	2	3
生产作业场景禁止拍照	0.750	0.216	–0.008
无法参与作业过程	0.706	0.285	–0.043
强制性安排人员陪同	0.697	0.144	–0.001
设置固定的参观线路	0.670	–0.147	0.317
设置玻璃、栅栏和铁链等隔离生产制作现场	0.632	0.152	0.304
参观角度受限	0.252	0.831	0.141
参观距离太远	0.303	0.787	0.200
因现场作业光线导致视觉不适	0.007	0.720	0.404
现场属于特殊的高热、高冷或潮湿的环境	0.184	0.072	0.824
现场有特殊的气味	–0.054	0.279	0.814
现场有作业噪声	0.171	0.382	0.700

注释：提取方法为主成分分析；旋转法为具有 Kaiser 标准化的正交旋转法；a 表示旋转在 6 次迭代后收敛。

（5）共同因子的抽取与命名。

因子抽取是因子分析的目标，因子命名是因子抽取之后走向理论化过程的“惊险一跳”。因此，这个过程是因子分析的重要一步，也是避免不了主观判断的一步。在表 5–30 中，已经可以看出，收敛于因子 1 的观测变量共有 6 个，收敛于因子 2 的观测变量有 3 个，收敛于因子 3 的观测变量也有 3 个。仔细审读每个因子所对应的变量的内在含义，如果能够发现，它们之间不仅存在统计上的依存关系（因子载荷都比较高），而且还存在着可理解的逻辑联系，那么，就可能意味着，这些变量通过一个潜在因子共同表征某个单一事实。这就是因子分析的真谛所在。当然，如果逻辑审查发现该因子所属各变量之间缺乏可理解的联系，那么，就意味着，因子分析的统计结果与事实之间可能存在鸿沟，其原因可能由于数据原始瑕疵（填写问卷者的胡编乱造），或者说明存在某种更深层次尚未被认识的某种机理，或者说明某种偶然因素导致因子载荷的统计显著性。不管怎样，遇到这种情况，进一步的统计结论都只能很慎重地给出。

对本例的因子与变量间的关系进行逻辑审读，其结论比较容易得出，因此，因子命名也相对容易。但是，由于因子命名本身会有可能带来新概念的产生，甚至进而成为一个有启发意义的理论范畴，所以，因子命名这“惊险一跳”在本例中也被视为重要一环。结合本研究课题的总体设计，综合考虑各观测变量之间的关系及对各因子的解释强度，本例提出的三个因子名分别是制度障碍、物理障碍和功能性障碍。

表 5-30　因子抽取与因子命名

因子项目	问卷题项	因子载荷	因子命名
因子1	生产作业场景禁止拍照	0.747	制度障碍
	强制性安排人员陪同	0.696	
	无法参与作业过程	0.692	
	设置固定的参观线路	0.671	
	设置玻璃、栅栏和铁链等隔离产制作现场	0.625	
	因作业的周期性而限制游览	0.491	
因子2	参观角度受限	0.826	物理障碍
	参观距离太远	0.780	
	因现场作业光线导致视觉不适	0.720	
因子3	现场属于特殊的高热、高冷或潮湿的环境	0.821	功能性障碍
	现场有特殊的气味	0.816	
	现场有作业噪声	0.690	

有关因子分析时因子数目抽取多少为好的问题，有一条基本原则是：抽取的因子数目越少越好，而抽取的因子所能解释变量的变异程度则是越大越好。后者通过“特征值检验”和“共同性检验”便可以获得统计意义上的答案。

（6）特征值检验。

对因子分析的结论进行特征值判别，可以把握因子分析的质量。特征值（Eigenvalue）是每个因子载荷的平方和。一般认为，如果某个因子的初始特征值大于 1，此因子就是一个有意义的因子。在 SPSS 分析中，特征值在默认输出结果中以“解释的总方差”表格给出。在本例中，大于 1 的因子共有 3 个（因子 1 为 4.612；因子 2 为 1.806；因子 3 为 1.108），如表 5–31 所示。

表 5–31　解释的总方差

成分	初始特征值			提取平方和载入			旋转平方和载入		
	合计	方差的%	累积%	合计	方差的%	累积%	合计	方差的%	累积%
1	4.612	38.430	38.430	4.612	38.430	38.430	2.817	23.477	23.477
2	1.806	15.053	53.483	1.806	15.053	53.483	2.453	20.438	43.915
3	1.108	9.231	62.715	1.108	9.231	62.715	2.256	18.800	62.715
4	0.832	6.937	69.652						
5	0.687	5.729	75.380						
6	0.597	4.972	80.352						
7	0.552	4.602	84.954						
8	0.446	3.720	88.674						
9	0.402	3.349	92.023						
10	0.381	3.174	95.197						
11	0.318	2.648	97.845						
12	0.259	2.155	100.000						

注释：提取方法为主成分分析。

（7）共同性（公因子方差）检验。

共同性（Communality，又称为共同度、公因子方差），指观测变量方差中由公因子决定的比例，即所有因子能够解释各变量的总变异的比例。在表 5–32 中，3 个因子能够解释观测变量“设置固定的参观线路”的总变异的比例是 0.570，对变量“参观角度受限”的总变异的解释比例是 0.760。显然，解释比例越高，说明如果用这些因子替代观测变量后，原来每个变量的信息被保存下来的比例也越高。

表 5–32　公因子方差

题项	初始	提取
设置固定的参观线路	1.000	0.570
设置玻璃、栅栏和铁链等隔离生产制作现场	1.000	0.506
现场属于特殊的高热、高冷或潮湿的环境	1.000	0.718
现场有特殊的气味	1.000	0.745
现场有作业噪声	1.000	0.667
参观距离太远	1.000	0.731
参观角度受限	1.000	0.760
因现场作业光线导致视觉不适	1.000	0.678
因作业的周期性而限制游览	1.000	0.481
强制性安排人员陪同	1.000	0.508
生产作业场景禁止拍照	1.000	0.607
无法参与作业过程	1.000	0.555

注释：提取方法为主成分分析。

（8）因子得分（因子值）。

因子得分（Factor Score，又称因子值）是因子对应于每个样本单位（亦称个案、案例）上的值。这个值相当于在原始调查问卷上增加了 3 个新的变量之后，被调查者所填写的个人意见。因此，每个被调查者都会针对这三个变量给出自己的数值。在这种情况下，可以将这 3 个因子当作自变量，将其所获得的值与其他变量（如人口统计变量中的性别、年龄等）相互结合，进行诸如相关分析、聚类分析等。这就是因子得分的价值。

在用 SPSS 进行因子分析时，进入“因子分析”对话框，执行“得分”命令，进入“因子分析：因子得分”对话框，勾选“保存为变量”，并在方框中勾选“回归”，便可将因子得分追加存储到数据库中，成为新增的变量，并被标注为 FAC1、FAC2 和 FAC3。

对于因子分析的总体结果，还可以进行信度检验，所使用的检验统计量有 Cronbach α、Split-half 和 Spearman 积差相关检验。相关判别标准可参阅表 5-32，具体操作方法不再赘述。

（五）聚类分析

1. 聚类分析的目的

聚类分析（Cluster Analysis，又称集群分析）是一种分类方法。凡分类，都有一个基本准则需要遵循：所分的类群，应努力达到类内（组内）同质（Homogeneity），类间（组间）异质（Heterogeneity）。聚类分析也以此为目标。

常见的分类方法，都是按照某一个标准对事物加一分类。如按照性别将人群划分为男性与女性；按照党派将人群分为共产党员、国民党员或无党派人士等。这种分类往往容易操作、边界清晰、结论明确。但实际上，人群或人群的行为，绝非某一个标准所能限定。按照单一标准划分人群，并最终根据这个划分结果得出有关该人群的一般行为取向及性质，这种做法在科学上会有悖事实，在政治上会被认为是歧视。例如，特朗普在聚会中说“这个国家来美国学习的人都是间谍”，这样的分类及其行为判断，就明显是一种歧视，发生在美国总统身上是不可理喻的。因此，在科学研究当中，人们会努力增加对事物分类时所依据的标准，甚至希望获得有关“这一个”的独特分类结果——获得一个很小很小但很独特、确切的类群。这种努力在市场营销领域特别普遍，人们特别希望了解某些“利基”细分市场（Niche Segment）的规模和特征。

从数学的角度说，传统上，当分类所使用的变量多到三五个以上时，以手工计算相关数据就十分困难了。计算机的发展解决了这个问题。尤其是SPSS统计分析程序，已经能十分轻松地处理几十个变量的数学运算。因此，多变量的聚类分析就变得切实可行了。

聚类分析既可以针对变量来进行，也可以针对样本单位来进行。前者类似于因子分析，称为R分析（R–Analysis），后者称为Q分析（Q–Analysis）。市场营销领域利用聚类分析的方法通常采用Q分析，是根据多个变量（通常包括人口统计变量和消费行为变量甚至因子得分等）将被调查者划分若干类群，即细分市场（Segments），以便根据这些细分市场的具体特征组织市场营销活动。

不管是R分析还是Q分析，选择分析变量都是聚类分析的重要环节。在这方面，并无成熟的理论支撑，人们往往根据实际工作经验和所研究问题的特征人为地选择一些变量，通常的考虑包括：①与聚类分析的目标紧密联系；②反映分类对象的特征；③在不同研究对象上的值具有明显差异；④变量之间不应该高度相关；⑤变量数量不宜过多。

其中，能够避免变量间高度相关的一个办法，就是先进行因子分析，借助于这种降维方法而获得的新的不相关变量来解决变量间的相关问题。这时，因子得分就派上用场了。

在进行聚类分析时，关于分类数的确定，也是一个迄今尚未完全解决的问题，主要的障碍是对类的结构和内容很难给出统一的定义。戴米尔曼（Demirman）曾给出了根据树状结构图来确定分类数的准则，可供参考。

（1）准则一：任何类都必须在邻近各类中是突出的，即各类重心之间距离必须大。

（2）准则二：各类所包含的元素都不要过多。

（3）准则三：分类的数目应该符合使用的目的。

（4）准则四：若采用几种不同的聚类方法处理，则在各自的聚类图上应发现相同的类。

2. 聚类分析的方法

聚类分析的方法很多，其中应用比较广泛的有层次聚类法（Hierarchical Cluster Analysis，又称系统聚类法）、非层次聚类法（Non-Hierarchical Methods）和二阶聚类法（Two-step Cluster，又称两步聚类法）几种。在SPSS中，非层次聚类法由K均值聚类（K-Means Cluster）程序来执行；层次聚类法由层次聚类分析（Hierarchical Analysis）程序来执行。表5-33概括了三种方法特点。

表5-33 聚类分析的三种方法

聚类方法	应用程序	基本特点			
层次聚类法	层次聚类分析（Hierarchical Analysis）程序	可将观测值或变量加以分类	用7种方法来分类，可以保存分组数据	可衡量类间的异质性	能处理小量数据
非层次聚类法	K均值聚类（K-Means Cluster）程序	必须事先确认分类数目	能保存观测值的分组数据（被分到哪一类的数据）、距离数据（与中心点的距离数据）		可处理大量数据
二阶聚类法	Two-step聚类（Two-step Cluster）程序	以既定的聚类（如男性、女性）为准，对其连续变量（如收入、年龄）进行分析	能处理类别及连续变量，同时建立聚类模式；可以保存分组数据	能将聚类模式保存到外部的XML文件（新数据可更新此聚类模式）	可处理大量数据

（1）层次聚类法。

层次聚类法有两种：聚集法（Agglomerate Hierarchical Method，又

称集结法）和分解法（Divisive Hierarchical Method，又称区分法）。聚集法是首先把每个样本单位（或称个案、案例）各自看成一类，先把距离最近的两个个案合并为一类，然后重新计算类与类之间的距离，再把距离最近的两类合并，每一步减少一类，这个过程一直持续到所有的个案归为一类为止。分解法与此恰好相反，首先是把所有个案归为一类，然后把最不相似的个案分成两类，每进行这样一步都再增加一类，直到每个个案都自成一类为止。可见，二者在原理上基本相似，只是方向相反。通常人们会使用层次聚集法来进行聚类分析。

层次聚类法的核心是计算类与类之间的距离。通常，有五种常用的计算距离的方法：最短距离法（Single Linkage），最长距离法（Complete Linkage），平均联结法（Average Linkage），质心法（Centroid）和离差平方和法（Ward’s Method）。在 SPSS 程序当中所用的聚类方法中，组间联结（Between-group Linkage）、组内联结（Within-group Linkage）和最近邻元素法（Nearest Neighbor）属于单一联结法，最远邻元素法（Farthest Neighbor）属于完全联结法，质心聚类法（Centroid Clustering）和中位数聚类法（Median Clustering）属于平均联结法。

（2）非层次聚类法（K 均值聚类）。

非层次聚类法是在分类过程中，将原有的聚类打散，重新形成新的聚类。非层次聚类法也有几种不同的计算方法，其共同点是都先选出某些种子点（Seed Point）作为聚类的中心。K 均值法是使用得比较普遍的方法，其步骤为：①指定要形成的聚类数（K 个），对样本进行初始分类并计算每一类的重心（均值）；②调整分类，计算每个样本点到各类重心的距离，把每个样本点归入距重心最近的那一类；③重新计算每一类的重心；④重复上述两个步骤，直到没有样本点可以再调整为止。这种方法的关键是选择初始分类，不同的初始分类用于同一数据也可能会得出不同的结果。

（3）二阶聚类法。

二阶聚类法的目的是在分类之后，对每一类进行更深入的统计分析，或者对定类变量（如性别、职业等）加以分类并进一步做统计分析。如果使用的变量是定距或定比变量，则必须利用 SPSS 的“转换”程序先加以分类化。其操作是执行“转换”（Transform）→“重新编码”（Recode）。

3. SPSS 聚类分析操作程序示例

利用 SPSS 进行聚类分析，其操作程序并不复杂。

在“分析”功能模块，执行“分类”命令，则有“两步聚类”“K-均值聚类”（非层次聚类法）和“系统聚类”（层次聚类法）三个下拉菜单命令可供选择。下面仅以“系统聚类”为例，简要说明 SPSS 的聚类分析操作程序。其他两种方法，读者如有需要，可以找提供相关操作指南的 SPSS 书籍来阅读。

通过执行“系统聚类”命令，即可进入“系统聚类分析”对话框。在此将所选变量移入“变量”框，并勾选“统计量”“个案”和“图”，便可进行聚类分析了。

当然，在“系统聚类分析”对话框，当对“统计量”“绘制”“方法”和“保存”进一步执行指令时，还需要对一系列选项做出决策。

当进入“系统聚类分析：统计量”对话框时，通常可以勾选“合并进程表”，以了解 SPSS 是如何将个案加以聚集、分类的过程，当然，不选此项也无妨。如果在“聚类成员”复选框中勾选“无”，意味着不做任何预设，而让 SPSS 自动进行分类。如果勾选“单一方案”，那么，最少聚类数应是 2。

当进入“系统聚类分析：图”对话框时，可以勾选“树状图”。在

“冰柱”框中，勾选“所有聚类”，并在“方向”框中勾选“垂直”。

当进入“系统聚类分析：方法”对话框时，如果没有特殊需要，可以选用预设的“组间联结”。

当进入“系统聚类分析：保存”对话框时，按本例可在“聚类成员”中勾选“单一方案”，并填写“聚类数”为2。

图5–19为根据本工业旅游体验问卷调查结果，通过选择“性别”“年龄”“受教育程度”“职业”“月收入”等14项原始调查题项和3个因子得分共计17个变量所做的聚类分析所得到的树状图。从图中可以看出，聚类分析的结果，将303个个案（即样本单位，也即被调查者）划分了不同的类群。最终选择多少个类群进行解释，这需要根据前文所提到的戴米尔曼四个准则来加以判断。本书在此不再做进一步的详细解释。

本书援引参考文献

（一）国外作者著作

[1] A. J. 维尔 . 休闲与旅游研究方法［M］. 聂小荣，丁丽军，译 . 北京：中国人民大学出版社，2008.

[2] 阿巴斯·塔沙克里，查尔斯·特德莱 . 混合方法论：定性方法和定量方法的结合［M］. 唐海华，译 . 重庆：重庆大学出版社，2010.

[3] 艾尔·巴比 . 社会研究方法［M］.8 版，邱泽奇，译 . 北京：华夏出版社，2000.

[4] 埃米尔·迪尔凯姆 . 自杀论［M］. 马韵文，译 . 北京：商务印书馆，1996.

[5] 艾米娅·利布里奇，里弗卡·图沃 – 玛沙奇，塔马·奇尔波 . 叙事研究：阅读、分析和诠释［M］. 王红艳，译 . 重庆：重庆大学出版社，2008.

[6] 爱因斯坦 . 爱因斯坦文集［M］. 徐良英，等，译 . 北京：商务印书馆，1979.

[7] 艾·爱因斯坦，利·英菲尔德 . 物理学的进化［M］. 周肇威，译 . 长沙：湖南教育出版社，1999.

[8] 安德里亚·方塔纳，詹姆斯·H. 弗里 . 访谈：从结构式问题到引导式话题［M］// 诺曼·K. 邓津，冯伊娜·S. 林肯 . 定性研究：经验资料收集与分析方法 . 风笑天，等，译 . 重庆：重庆大学出版社，2007.

[9] 安·格雷 . 文化研究：民族志方法与生活文化［M］. 许梦云，

译．重庆：重庆大学出版社，2009.

［10］埃文·塞德曼．质性研究中的访谈：教育与社会科学研究者指南［M］．周海涛，译．重庆：重庆大学出版社，2009.

［11］保罗·D. 利迪，珍妮·埃利斯·奥姆罗德．实用研究方法论［M］．顾宝炎，牛冬梅，陈国沪，等，译．北京：清华大学出版社，2005.

［12］柏拉图．柏拉图对话集［M］．王太庆，译．北京：商务印书馆，2004.

［13］Burns Robert. Introduction to Research Methods［M］. Melbourne：Longman，1997.

［14］查尔默斯．科学究竟是什么［M］．鲁旭东，译．北京：商务印书馆，2007.

［15］C. W. 莫里斯．编者序言［M］// 米德．心灵、自我与社会．赵月琴，译．上海：上海世纪出版集团，2005.

［16］达尔文．有关物种起源的见解的发展史略［M］// 达尔文．物种起源．周建人，叶笃庄，方宗熙，译．北京：商务印书馆，1997.

［17］达尔文．人类的由来［M］．潘光旦，胡寿文，译．北京：商务印书馆，1997.

［18］D. Jeffrey，Y. Xie.The UK Market for Tourism in China［J］. Annals of Tourism Research，1995，22（4）：857-876.

［19］D M. 斯．进化心理学［M］．熊哲宏，张勇，晏倩，译．上海：华东师范大学出版社，2012.

［20］Douglas J. D. Creative Interviewing［M］. Beverly Hills，CA：Sage，1985.

［21］丹尼·L. 乔金森．参与观察法［M］．龙筱红，张小山，译．重

庆：重庆大学出版社，2009.

［22］大卫·A. 欧兰德森，埃德沃德·L. 哈里斯 . 做自然主义研究：方法指南［M］. 李涤非，译 . 重庆：重庆大学出版社，2007.

［23］大卫·希尔弗曼 . 如何做质性研究［M］. 李雪，张劼颖，译 . 重庆：重庆大学出版社，2009.

［24］大卫·休谟 . 人性论［M］. 关文运，译 . 北京：商务印书馆，2013.

［25］德尔伯特·C. 米勒，内尔·J. 萨尔金德 . 研究设计与社会测量导引［M］. 风笑天，等，译 . 重庆：重庆大学出版社，2004.

［26］德里克·弗里曼 . 玛格丽特·米德：一个人类学深化的形成与破灭［M］. 夏循祥，徐豪，译 . 北京：商务印书馆，2008.

［27］Denzin N K. 解释性交往行动主义：个人经历的叙事、倾听与理解［M］. 周勇，译 . 重庆：重庆大学出版社，2004.

［28］Devellis R F. 量表编制：理论与应用［M］. 魏勇刚，龙长权，宋武，译 . 重庆：重庆大学出版社，2004.

［29］笛卡尔 . 谈谈方法［M］. 王太庆，译 . 北京：商务印书馆，2000.

［30］笛卡尔 . 探求真理的指导原则［M］. 管震湖，译 . 北京：商务印书馆，2009.

［31］E. G. 古巴 . 代序［M］// 大卫·A. 欧兰德森，埃德沃德·L. 哈里斯 . 做自然主义研究：方法指南 . 李涤非，译 . 重庆：重庆大学出版社，2007.

［32］恩格斯·路德维希 . 费尔巴哈和德国古典哲学的终结［M］// 马克思恩格斯选集 4 卷，北京：人民出版社，1972.

［33］恩格斯 . 在马克思墓前的讲话［M］// 马克思恩格斯选集 .3 卷，

北京：人民出版社，1972.

［34］恩格斯．致马克思［M］// 马克思恩格斯选集 .4 卷，北京：人民出版社，1972.

［35］费尔南多・萨瓦特尔．哲学的邀请——人生的追问［M］. 林经纬，译 . 北京：北京大学出版社，2007.

［36］Frederick J Gravetter Lori-Ann B. Forzano. 行为科学研究方法［M］. 邓铸，等，译 . 西安：陕西师范大学出版社，2005.

［37］弗朗西斯・弗 . 西博格 . 后现代主义哲学通论［M］// 陈喜贵，冯俊，等，译 . 后现代主义哲学讲演录 . 北京：商务印书馆，2003.

［38］Fowler F. J. 调查研究方法［M］. 孙振东，龙藜，陈荟，译 . 重庆：重庆大学出版社，2004.

［39］Ford E. D. 生态学研究的科学方法［M］. 肖显静，林祥磊，译 . 北京：中国环境科学出版社，2012.

［40］盖尔・詹宁斯 . 旅游研究方法［M］. 谢彦君，陈丽，译 . 北京：旅游教育出版社，2007.

［41］格雷 . 文化研究：民族志方法与生活文化［M］. 许梦云，译 . 重庆：重庆大学出版社，2009.

［42］格雷伯恩 . 旅游：神圣的游程［M］// 瓦伦・史密斯 . 东道主与游客：旅游人类学研究，张晓萍，等，译 . 昆明：云南大学出版社，2002.

［43］黑格尔 . 小逻辑［M］. 贺麟，译 . 北京：商务印书馆，1980.

［44］赫尔穆特・费尔伯 . 术语学、知识论和知识技术［M］. 北京：商务印书馆，2011.

［45］胡里奥・阿兰贝里 . 现代大众旅游［M］. 谢彦君，等，译 . 北京：旅游教育出版社，2014.

［46］Hunter W. C. China’s Chairman Mao：A Visual Analysis of Hunan Province Online Destination Image［J］.Tourism Management，2013（34）：101–111.

［47］普里戈金 . 时间的再发现［J］. 科学杂志，1984，39（4）：246. 转引自杨仲耆，申先甲 . 物理学思想史［M］. 长沙：湖南教育出版社，1993.

［48］加勒特 · 汤姆森 . 笛卡尔［M］. 王军，译 . 北京：中华书局，2014.

［49］基顿，邓建国，张国良 . 传播研究方法［M］. 上海：复旦大学出版社，2009.

［50］杰弗里 · 亚历山大 . 社会学二十讲：二战以来的理论发展［M］. 贾春增，董天民，等，译 . 北京：华夏出版社，2000.

［51］杰瑞 · W. 瑞安,H. 拉塞尔 · 伯纳德 . 数据处理与分析方法［M］// 诺曼 · K. 邓津，冯伊娜 · S. 林肯 . 定性研究（第 3 卷）：经验资料收集与分析的方法 . 风笑天，等，译 . 重庆：重庆大学出版社，2007.

［52］金奇洛 . 多元智力再思考［M］. 霍力岩，等，译 . 北京：中国轻工业出版社，2004.

［53］卡麦滋 . 建构扎根理论：质性研究实践指南［M］. 边国英，译 . 重庆：重庆大学出版社，2009.

［54］凯西 · 卡麦兹 . 建构扎根理论：质性研究实践指南［M］. 边国英，译 . 重庆：重庆大学出版社，2009.

［55］考夫卡 · 格式塔心理学原理［M］. 黎炜，译 . 南京：浙江教育出版社，1997.

［56］克利福德 · 格尔兹 . 文化的解释［M］. 纳日碧力戈，等，译 . 上海：上海人民出版社，1999.

[57] 克里斯多夫·哈恩.质性研究中的资料分析：计算机辅助方法应用指南[M].乐章，陈彧，译.重庆：重庆大学出版社，2012.

[58] 拉弗拉卡斯.电话调查方法：抽样、选择和督导[M].沈崇麟，译.重庆：重庆大学出版社，2005.

[59] 理查德·A.克鲁杰，玛丽·安妮·凯西.焦点团体：应用研究实践指南[M].林小英，译.重庆：重庆大学出版社，2007.

[60] 理查德·E.帕尔默.诠释学[M].潘德荣，译.北京：商务印书馆，2012.

[61] 雷蒙·阿隆.社会学主要思潮[M].葛智强，胡秉诚，王沪宁，译.北京：华夏出版社，2000.

[62] 列宁.哲学笔记[M]//列宁全集.38卷，北京：人民出版社，1959.

[63] 利迪，奥姆罗德.实用研究方法论：计划与设计[M].顾宝炎，等，译.北京：清华大学出版社，2005.

[64] 琳达·格鲁特，大卫·王.建筑学研究方法[M].王晓梅，译.北京：机械工业出版社，2004.

[65] 洛夫兰德，等.分析社会情境：质性观察与分析方法[M].林小英，译.重庆：重庆大学出版社，2009.

[66] 罗伯特·F.德威利斯.量表编制：理论与应用[M].魏勇刚，龙长全，宋武，译.重庆：重庆大学出版社，2004.

[67] 罗素·哲学问题[M].何兆武，译.北京：商务印书馆，2007.

[68] 露丝·贝哈.动情的观察者：伤心人类学[M].韩成艳，向星，译.北京：北京大学出版社，2012.

[69] 迈克尔·林奇.科学实践与日常活动：常人方法论与对科学的

社会研究［M］. 邢冬梅，译 . 苏州：苏州大学出版社，2010.

［70］马丁 · J. 甘农 . 异域文化之旅：体悟 23 个国家的文化象征［M］. 黄华光，徐立源，译 . 北京：当代世界出版社，2004.

［71］马尔科姆 · 沃特斯 . 现代社会学理论［M］.2 版，杨善华，等，译 . 北京：华夏出版社，2000.

［72］中共中央马克思恩格斯列宁斯大林著作编译局 . 马克思恩格斯选集［M］.4 卷，北京：人民出版社，1972.

［73］马克思 . 关于费尔巴哈的提纲［M］// 马克思恩格斯选集 . 1 卷，北京：人民出版社，1972.

［74］马克思 . 致约 · 魏德迈［M］// 马克思恩格斯选集 . 4 卷，北京：人民出版社，1972.

［75］诺曼 · K. 邓金 . 解释性交往行动主义［M］. 周勇，译 . 重庆：重庆大学出版社，2004.

［76］Oakley Anne. Interview Women：A Contradiction in Terms［M］//Robert Helen. Doing Feminist Research. London：Routledge，1981.

［77］欧文 · 戈夫曼 . 日常生活中的自我表演［M］. 徐江敏，译 . 昆明：云南人民出版社，1988.

［78］欧文 · M. 柯匹，卡尔 · 科恩 . 逻辑学导论［M］. 13 版，张建军，潘天群，顿新国，等，译 . 北京：中国人民大学出版社，2014.

［79］乔治 · 瑞泽尔 . 当代社会学理论及其古典根源［M］. 杨淑娇，译 . 北京：北京大学出版社，2005.

［80］乔金森 . 参与观察法［M］. 龙筱红，张小山，译 . 重庆：重庆大学出版社，2008.

［81］乔纳森 · H. 特纳 . 社会学理论的结构［M］. 吴曲辉，等，译：杭州：浙江人民出版社，1987.

[82] 乔治·H. 米德 . 心灵、自我与社会 [M] . 赵月琴，译 . 上海：上海世纪出版集团，2005.

[83] 琼恩·基顿 . 传播研究方法 [M] . 邓建国，张国良，译 . 上海：复旦大学出版社，2009.

[84] 齐美尔 . 群体的量的确定性 [M]// 齐美尔 . 社会是如何可能的：齐美尔社会学文选 . 林荣远，译 . 桂林：广西师范大学出版社，2002.

[85] 罗杰·雷克 . 改变心理学的 40 项研究——探索心理学研究的历史 [M] . 北京：中国轻工业出版社，2004.

[86] Rosenberg M.Society and the Adolescent Self-image [M] . NJ：Princeton University Press，1965.

[87] Schatzman L.，Strauss L. Field Reasearch Strategy for a Natural Sociology [M] . NJ：Prentice-Hall，1973.

[88] Spradley J. P. Participant Observation [M] . New York：Rinehart & Winston，2016.

[89] 塞德曼 . 质性研究中的访谈：教育与社会科学研究者指南 [M] . 周海涛，译 . 重庆：重庆大学出版社，2009.

[90] 萨缪尔森 . 经济学（下册）. [M] . 高鸿业，译 . 北京：商务印书馆，1982.

[91] 莎士比亚 . 莎士比亚全集 [M] . 3 卷，朱生豪，译 . 北京：人民文学出版社，1978.

[92] 斯蒂芬·F. 梅森 . 自然科学史 [M] . 上海外国自然科学哲学著作编译组，译 . 上海：上海人民出版社，1977：1.

[93] 唐·埃思里奇 . 应用经济学研究方法论 [M] . 朱钢，译 . 北京：经济科学出版社，1998.

[94] 塔沙克里，特德莱 . 混合方法论：定性方法和定量方法的结合

[M]. 唐海华，译. 重庆：重庆大学出版社，2010.

[95] 特里斯，阿伯特. 用户体验度量 [M]. 周荣刚，等，译. 北京：机械工业出版社，2009.

[96] Thompson H. Hell's Angel [M]. New York：Ballantine，1985.

[97] 梯利. 西方哲学史 [M]. 文竹，译. 北京：中国华侨出版社，2017.

[98] 托马斯·库恩. 科学革命的结构 [M]. 4版，金吾伦，胡新和，译. 北京：北京大学出版社，2016.

[99] 瓦尔特·本雅明. 摄影小史：机械复制时代的艺术品 [M]. 王才勇，译. 凤凰出版传媒集团，江苏人民出版社，2005.

[100] W. C. 丹皮尔. 科学史 [M]. 李珩，译. 北京：商务印书馆，1997.

[101] W. C. 丹皮尔. 科学史及其与哲学和宗教的关系（下册）[M]. 李珩，译. 北京：商务印书馆，1997.

[102] W. H. 牛顿－史密斯. 科学哲学指南 [M]. 成素梅，殷杰，译. 上海：上海科技教育出版社，2006.

[103] 伍威·弗里克. 质性研究导引 [M]. 孙进，译. 重庆：重庆大学出版社，2011.

[104] 西尔弗曼. 如何做质性研究 [M]. 李雪，张劼颖，译. 重庆：重庆大学出版社，2009.

[105] 休·库利坎. 心理学研究方法导论 [M]. 卢家楣，译. 重庆：重庆大学出版社，2011.

[106] 雅伯·F. 古布里厄姆，詹姆斯·A. 霍尔斯泰因. 诠释实践之分析 [M]//诺曼·K. 邓津，伊冯娜·S. 林肯. 定性研究：策略与艺术. 风笑天，等，译. 重庆：重庆大学出版社，2007.

［107］伊冯娜·S. 林肯 . 范式间的争议、矛盾及正在出现的融合［M］// 诺曼·K. 邓肯，伊冯娜·S. 林肯 . 定性研究：方法论基础 . 1 卷，风笑天，等，译 . 重庆：重庆大学出版社，2007.

［108］伊·普里戈金，伊·斯唐热 . 从混沌到有序：人与自然的新对话［M］. 曾庆宏，沈小峰，译 . 上海：上海译文出版社，1987.

［109］罗伯特·K. 殷 . 案例研究：设计与方法［M］. 周海涛，李永贤，张蘅，译 . 重庆：重庆大学出版社，2004.

［110］约翰·奥莫亨德罗 . 人类学入门：像人类学家一样思考［M］. 张经纬，任珏，贺敬，译 . 北京：北京大学出版社，2013.

［111］约翰·洛夫兰德，戴维·A. 斯诺，利昂·安德森，林恩·H. 洛夫兰德 . 分析社会情境：质性观察与分析方法［M］. 林小英，译 . 重庆：重庆大学出版社，2009.

［112］约翰·W. 克雷斯威尔 . 研究设计与写作路径：定性、定量与混合研究的路径［M］. 崔延强，译 . 重庆：重庆大学出版社，2007.

［113］约瑟夫·A. 马克斯威尔 . 质的研究设计：一种互动的取向［M］. 朱光明，译 . 重庆：重庆大学出版社，2007.

［114］詹姆斯·格莱克 . 混沌：开创新科学［M］. 张淑誉，译 . 上海：上海译文出版社，1990.

（二）国内作者著作

［1］保继刚，等 . 旅游学纵横：学界五人对话录［M］. 北京：旅游教育出版社，2013.

［2］陈澔 . 礼记集说（下卷）［M］// 四书五经 . 北京：北京古籍出版社，1995.

［3］陈向明 . 质的研究方法与社会科学研究［M］. 北京：教育科学出版社，2000.

［4］范岱年 . 科学哲学和科学史研究［M］. 北京：科学出版社，2006：121.

［5］风笑天 . 社会研究方法［M］. 4 版，北京：人民大学出版社，2013.

［6］冯友兰 . 中国哲学小史［M］. 北京：中国人民大学出版社，2005.

［7］韩非 . 韩非子［M］. 北京：北京燕山出版社，1995.

［8］胡适 . 科学与人生观［M］. 上海：亚东图书馆，1923.

［9］黄殿祺 . 中国戏曲脸谱［M］. 北京：北京工艺美术出版社，2001.

［10］李猛 . 常人方法学［M］// 杨善华 . 当代西方社会学理论 . 北京：北京大学出版社，1999.

［11］李淼 . 群体规模对旅游体验质量的影响［M］// 谢彦君，等 . 旅游体验研究：走向实证科学 . 北京：中国旅游出版社，2010.

［12］梁漱溟 . 中西学术之不同［M］// 梁漱溟 . 中国文化的命运 . 北京：中信出版社，2010.

［13］林鸿溢，李映雪 . 分形论：奇异性探索［M］. 北京：北京理工大学出版社，1994.

［14］刘敬东，张玲玲 .《实践论》《矛盾论》导读［M］. 北京：中国民主法制出版社，2017.

［15］逻辑学词典编辑委员会 . 逻辑学辞典［M］. 长春：吉林人民出版社，1983.

［16］罗志希 . 科学与玄学［M］. 北京：商务印书馆，2012.

［17］彭丹 . 旅游体验过程中的符号解读［M］// 谢彦君，等 . 旅游体验研究：走向实证科学［M］. 北京：中国旅游出版社，2010.

[18] 任嵘嵘，吴凯，科普领域的质性研究：MAXQDA 软件使用［M］. 北京：中国科学技术出版社，2015.

[19] 孙九霞，马涛 . 旅游发展中族群文化的再地方化与去地方化［M］// 孙九霞 . 旅游人类学：理论与经验 . 北京：社会科学文献出版社，2013.

[20] 孙中欣，张莉莉 . 女性主义研究方法［M］. 上海：复旦大学出版社，2007.

[21] 汪奠基 . 中国逻辑思想史［M］. 上海：上海人民出版社，1979.

[22] 王守仁 . 阳明先生集要（上册）［M］. 北京：中华书局，2008.

[23] 吴必虎，邢珏珏 . 旅游学学科树构建及旅游学研究的时空特征分析——《旅游研究纪事 30 年》［J］. 旅游学刊，2005，20（4）：73-79.

[24] 谢彦君 . 灵水识谭［M］. 北京：中国旅游出版社，2017.

[25] 谢彦君 . 旅游体验研究：一种现象学的视角［M］. 天津：南开大学出版社，2005.

[26] 谢彦君 . 旅游体验研究：一种现象学的视角［M］. 北京：中国旅游出版社，2017.

[27] 谢彦君，等 . 旅游体验研究：走向实证科学［M］. 北京：中国旅游出版社，2010.

[28] 谢彦君 . 旅游世界探源［M］. 北京：旅游教育出版社，2013.

[29] 谢彦君，彭丹 . 旅游、旅游体验和符号——对相关研究的一个综述［J］. 旅游科学，2005（4）：1-6.

[30] 谢彦君 . 基础旅游学［M］. 北京：中国旅游出版社，1999.

[31] 谢彦君 . 旅游摄影技法［M］. 北京：中国旅游出版社，2010.

［32］谢彦君．旅游与接待业研究：中国与国外的比较［J］．旅游学刊，2003.

［33］谢彦君，道格斯·杰弗瑞．英国旅华度假旅游市场的基本统计特征及需求倾向［J］．旅游调研，1994.

［34］谢彦君．旅游体验研究的意义、方法与方向［M］// 谢彦君，等．旅游体验研究：走向实证科学．北京：中国旅游出版社，2010.

［35］谢彦君，于志远，周广鹏．中国旅游城市竞争力评价理论与实践中的问题辨析［J］．上海：旅游科学，2010，24（1）：1–8.

［36］邢占军．测量幸福：主观幸福感测量研究［M］．北京：人民出版社，2005.

［37］杨国枢，文崇一，吴聪贤，李亦园．社会及行为科学研究法（下）［M］．重庆：重庆大学出版社，2006.

［38］杨仲耆，申先甲．物理学思想史［M］．长沙：湖南教育出版社，1993.

［39］袁方．社会研究方法教程［M］．北京：北京大学出版社，1997.

［40］张东荪．认识论［M］．北京：商务印书馆，2011.

［41］张凌云，兰超英，齐飞，等．近十年我国旅游学术共同体的发展格局与分类评价［J］．旅游学刊，2013，28（10）：114–125.

［42］张梅琳．新编统计学［M］．上海：立信会计出版社，1994.

［43］周世斌．音乐教育与心理研究方法［M］．上海：上海音乐出版社，2006.

后 记

1998年，东北财经大学旅游管理专业的第一批硕士研究生入学。从此，我开始了为期20余年的旅游研究方法课程的教学工作，并一直持续到现在。这门课程的开设，既基于我个人从事科学研究工作对方法和工具价值的切身体会，也来自我于1993—1994年在英国留学时所观察到的国外大学教育对方法论课程的普遍重视，所以力主在研究生教育中开设此门课程。自2001年起，在旅游管理专业博士研究生教育过程中，我又开始讲授这门课程；2008年，在克服了一些阻碍之后，我又在本科课堂开始讲授旅游研究方法一课。这样，从2008年之后，每年三个层次共计整整180学时的旅游研究方法课程，一直由我本人讲授，直到今年初正式离开东北财经大学。

在20世纪90年代的中国大学中，开设方法论课程还十分鲜见，但当时国外相关领域的可借鉴成果却已积累得相当丰富。在旅游研究领域，此前已有史蒂芬·史密斯的《旅游分析手册》(此书中文版书名改为《旅游决策分析方法》)和两部探讨旅游研究方法的论文集出现。能够接触这些前沿性的方法论研究成果，是我在英国留学的重要收获。不过，以这些已有成果为基础为中国学生讲授方法论课程，对我而言，还有一个消化过程，我也从此开始自编讲义，努力使教学内容更加适合中国学生的需要。后来，在2000年，艾尔·巴比的《社会研究方法》经由邱泽奇先生翻译在中国出版，我如获至宝，课程内容因此而得到了极大的丰富。2001年盖尔·詹宁斯的《旅游研究方法》问世之后，我又迅速组织学生将此书翻译成中文，从此，旅游研究方法在国内算是基本生根发芽，我的方法论教学也深受巴比和詹宁斯著作的影响。

不过，尽管巴比的著作不管从内容上、形式上还是语言上都近乎完美，但它于旅游研究并无独特关注；詹宁斯的著作虽倾其所能集中探讨旅游研究这个独特领域的方法论问题，但瑕疵不少，内容驳杂，很多地方又语焉不详。尤其重要的是，这些著作不可能顾及方法论知识在中国科学界本土化过程中所带来的一系列问题（其中最突出的，莫过于“为方法而方法”的工具主义研究导向所产生的巨大负面影响）。因此，在我看来，在中国探讨研究方法的问题，不能忽略在方法的传播与流行过程中所产生的问题。要想直面这个问题，则又必须站在科学哲学的高度，才可以形成疏导之功，而不至于产生因噎废食的不良后果。

基于这样的认识，我一直在筹划自己撰写一部旅游方法论方面的著作。这个工作实际上始于 2002 年，当时詹宁斯的著作已经译就，又恰值我在美国做访问学者，有较充裕的时间和资源来着手这项工作。在这半年中，除了拟定大纲之外，也撰写了将近三万字的文稿。然而，2003 年 3 月回国之后，这个工作就搁浅了，直到 2008 年才又开始，一边思考问题，一边积累材料，一边谋划结构，一边断断续续写上一些章节，拖拖拉拉到 2017 年，终于仅仅剩下半章的内容，但自此又搁浅了。这期间，由于历时太久，早先写作的内容又往往被抛弃、删改、重写；为了达成始终一贯的风格和协调自洽的内容与观点，每次捉笔要开始新的写作，都需要重读自己先前的文字，这个过程，现在看已经说不清楚到底是快乐还是痛苦，因为二者总是兼而有之。说来可笑，这次能够将书稿最终完成，竟然要感谢今年 7 月 9 日的一次意外的足伤。卧床不起一个月以来，我竟然有机会将本书的写作使命彻底终结，也算是一次让人明白人生之患得患失的大可不必。

2018 年，对我个人来说，又经历了一次意料之外的大变动：受海南大学党委书记武耀廷教授的殷切感召，我从东北财经大学调往海南大学。无疑，这对我而言，是一个极大的挑战。尽管与我的内在性格没有多少冲突，但看上去，总还是一件莫可理解的事情。在今年 4 月 22 日《旅游学刊》主办的一次“中国旅游：40 年，再出发”的座谈会上，我出言以“携手海南：花甲之年再出发”来调侃我的心情，引得在场的人哄堂大笑。不过，这句话其实发自于内心，它也将成为鞭策我未来人生和工作的动力。

仿佛“后记”总是一个可以不那样“价值中立”的文字空间，它容许作者可以在此表达自己伴随着作品的形成过程所产生的情感涟漪，因此，我也想利用这一角之地，对与此著作的成就有关的人表示感谢。不过，由于这部著作所经历的时间是马拉松式的，其中要感谢的人和事属实不少，我不得不做一点取舍。首先，我要感谢海南大学党委书记武耀廷教授、副校长王崇敏教授，他们为了我的调动事宜做了很多工作，也为我解决了在海南大学工作与生活的各方面问题；其次，我要感谢东北财经大学的校领导，他们对我的这次离开，表示了充分的理解，也展现了足够的温情，我祝愿东北财经大学在这些领导的带领下会越来越好；最后，我要感谢海南大学旅游学院的韦开蕾院长及其所带领的领导班子和教职员工，他们对我的接纳，对我工作与生活中所遇到的问题的解决和帮助，尤其是我这次住院期间所给予的特殊关怀，让我感到海南不仅气候温润，人情也极温暖。住院期间也承蒙远近各方朋友为我协调治疗方面的事宜，在此一并表示感谢。

我也要感谢此番为本书写序的保继刚教授。他其实也算是我的老师，曾与张广瑞教授、杜江教授作为我的博士论文答辩委员会的成员，幸而有此师生之谊。这次在我恳请他赐序时又慨然应允，足见他一直以来对我的抬爱之情。我在旅游教育界蒙同行所赐甚多，在此也一并表示感谢。

在本书写作过程中，东北财经大学旅游与酒店管理学院的吴凯博士，曾提供了一些非常有用的资料，也提出了一些建议，并向我介绍了 R 软件的一些最新发展，对此表示感谢。

在本书中，我从大量文献资料中汲取了丰富的营养，既有消化得没了踪迹的，也有直接引用作为观点支撑的。书得以成，离不开前人的这些成果，对此我深怀敬意。接触并浸润于方法论学科的这些年，使我对泛言空论、浮夸无根的学术风气，增添了更多的反身性批评意识，这都要感谢方法论领域广大研究者的长期努力所积累的丰富成果。

来海南大学之后，得益于海南大学所提供的方便，我的几位博士和硕士研究生陆续负笈跨海来琼。他们不仅苦修学业，而且在我这次“失能”入院之际，尽心照料，让我倍感温暖。为此，我要感谢他们。

这次住院，也辛苦了夫人和儿子，他们不辞劳苦来琼护理。每日吃饱喝足，便可畅心于读书和写字，这才保证了本书能在此期间得以完成。为此，我要特别地感谢夫人和儿子。

学问之路，无尽无休；人间关爱，相成相续。谨以此书，献给一直支持我的各位师友和学界同人。

由于学养有限，本书涉猎又广，其中乖谬鄙陋之处必不乏见，恳请读者不吝赐教。

谢彦君

2018 年 9 月 3 日，于海南大学东坡湖畔